中国物流专家专著系列·2020

智慧物流生态链系统形成机理与组织模式

刘伟华 著

中国财富出版社有限公司

图书在版编目（CIP）数据

智慧物流生态链系统形成机理与组织模式／刘伟华著．—北京：中国财富出版社有限公司，2020.12

（中国物流专家专著系列）

ISBN 978-7-5047-7347-0

Ⅰ.①智…　Ⅱ.①刘…　Ⅲ.①互联网络—应用—物流管理—研究 ②智能技术—应用—物流管理—研究　Ⅳ.①F252.1-39

中国版本图书馆 CIP 数据核字（2020）第 217614 号

策划编辑 王　靖　　**责任编辑** 邢有涛　李　娜
责任印制 梁　凡　　**责任校对** 杨小静　　**责任发行** 敬　东

出版发行	中国财富出版社有限公司		
社　　址	北京市丰台区南四环西路 188 号 5 区 20 楼	**邮政编码**	100070
电　　话	010-52227588 转 2098（发行部）		010-52227588 转 321（总编室）
	010-52227588 转 100（读者服务部）		010-52227588 转 305（质检部）
网　　址	http：//www.cfpress.com.cn	**排　　版**	宝蕾元
经　　销	新华书店	**印　　刷**	天津市仁浩印刷有限公司
书　　号	ISBN 978-7-5047-7347-0/F·3242		
开　　本	710mm×1000mm　1/16	**版　　次**	2020 年 12 月第 1 版
印　　张	22.5	**印　　次**	2020 年 12 月第 1 次印刷
字　　数	392 千字	**定　　价**	98.00 元

前　言

伴随着第四次工业革命的全面兴起，社会经济开始进入智慧的新时代。智能生产、智能工厂等智能制造正在引领制造方式变革。同时，以云计算、大数据、物联网、人工智能、5G为代表的新一代信息技术，促使实体经济和虚拟经济高度融合。在各种智能技术的不断融合、叠加、迭代和进步中，智慧经济正在开启全新革命，以"数据+算力+算法"为核心的智慧经济决策模式正在推动供需快速匹配。经济协同化、自动化与全球化成为未来智慧经济的焦点。

物流业作为提升国民经济运行质量和效率的战略性产业，拥有全面融入共享经济、发展智慧经济的场景和条件。智慧物流以"数字驱动"和"协同共享"为根本，以可视化、可感知、可调节为目标，以"价值提升"为中心，通过推进产业数字化变革和网络化转型，重塑产业分工和优化资源配置，实现发展方式的转变和产业新生态的构建。目前我国进入了新旧动能转换的关键时期，以智慧物流为工具，实现多维度颠覆式创新，形成经济社会发展的新动力、新产业、新业态和新模式，不仅是提高物流产业国际竞争力的重要举措，是助力国内产业转型的必备条件，也是有效促进政府物流体制改革的必要抓手。

智慧物流发展的过程中，许多利益相关的企业，在高度复杂和分散的物流市场中进行合作和竞争，形成了"智慧物流生态链"。智慧物流生态链是以数据共享、信用机制、物联网技术为支撑，以平台运营中心为核心，由供给生态群、生态运营商与需求生态群组成的链状结构。其中，两端的供给生态群和需求生态群通过物联网形成社群并相互影响。生态运营商通过平台运营中心，在大数据、人工智能等技术支持下，实现两个社群的高效匹配。智慧物流生态链的建设有利于各方资源的集聚，从而降低企业生产成本，提高经济效益。

受科技部国家重点研发计划"智慧物流管理与智能服务关键技术"（课题编号：2018YFB1601401）的资助，本人有幸承担了子课题——"物流生态链形成机理、生态结构与组织模式"的研究。该课题研究物流生态链的形成动因，探究生态位理论与物流企业发展规律之间的内在联系，提炼智慧物流生态链中各企业实现生态自组织的发展规律；分析物流生态链的系统构成，探索物流生态链的合理结构，提出智慧物流生态链结构设计原则，总结物流生态链的组织模式，探索不同企业主导下的最优组织模式。因此，本书作为科技部国家重点研发计划课题的成果，重点围绕物流生态链，以青岛日日顺物流有限公司的实际物流场景为支撑，进行针对性理论研究。

本书共分为 15 章，第 1 章是绪论，第 2 章是智慧经济视角下面向生态链的智慧物流系统架构研究，第 3 章是智慧物流的发展路径与发展模式研究，第 4 章是基于生态位理论的智慧物流生态链形成动因研究，第 5 章是基于生态位理论的智慧物流生态链自组织发展研究，第 6 章是智慧物流生态链绩效影响因素框架研究，第 7 章是智慧物流生态链组织协同影响因素研究，第 8 章是智慧物流生态链组织效率影响因素框架探索研究，第 9 章是制造商与物流商的物流智慧化协同改造研究，第 10 章是电商智能供应链中考虑数据共享与平台赋能的智慧物流生态合作研究，第 11 章是电商平台主导下的智慧物流生态链组织效率影响因素框架探索研究，第 12 章是智慧物流生态链设计及其实证分析研究，第 13 章是智慧物流生态化指数的构建与应用研究，第 14 章是信息不对称下考虑信任行为的智慧物流生态链冲突处理机制研究，第 15 章是基于社会网络分析法的智慧物流生态链可持续运营风险评价研究。

本书的部分理论研究成果已经先后发表或投稿在 *Transportation Research Part E*：*Logistics and Transportation Review*、*Production Planning and Control*、*International Journal of Logistics*：*Research and Application*、*Industrial Management and Data System*、*Journal of Cleaner Production* 等国际高水平学术期刊，以及国内的《供应链管理》《物流技术》等专业学术期刊。

本书文稿的撰写也得到了我们团队研究生的大力支持。博士生王迪（第 2 章）、申欣冉（第 14 章）、闫晓宇（第 6 章）、魏婉莹（第 15 章）、梁艳杰（第 7 章）、龙尚松（第 10、12 章）、魏爽（第 8 章），以及硕士生王思宇（第 5 章）、吴文飞（第 4 章）、金瑞（第 3 章）、张嘉慧（第 11 章）、侯家和（第 9 章）、王思雨（第 13 章）等先后参与了国家重点研发计划的研究，合作发表了许多国际和国内学术论文。其中，侯家和还参与了全书的校对和文献格式统一工作。

本书在写作过程中得到北京航空航天大学的黄海军副校长，天津大学的李波教授、彭岩副教授、杨道箭副教授、霍艳芳副教授和高举红副教授，中国科学技术大学的余玉刚院长、郭晓龙副教授和刘和福教授，西南交通大学的刘晓波院长、马祖军教授和贺政纲教授，香港理工大学的蔡灿明（Tsan－Ming Choi）教授，南开大学的李响教授，浙江大学的 Paul Tae－Woo Lee 教授，英国诺森比亚大学的周莉教授，瑞典林雪平大学的唐讴教授以及美国普渡大学的 J. George Shanthikumar 教授的指导、建议与帮助，在此表示感谢。本书在写作过程中，也得到了国内许多物流企业包括青岛日日顺物流有限公司（日日顺物流）、中国外运股份有限公司（中外运）、北京京东物流有限公司（京东物流）、天津苏宁物流有限公司（苏宁物流）、菜鸟网络科技有限公司（菜鸟网络）、天津陆路港投资有限公司（天津陆路港）、世能达物流（天津）有限公司（世能达物流）、上海申丝物流有限公司（上海申丝物流）、中储南京智慧物流科技有限公司（中储南京智慧物流）、安得物流股份有限公司（安得物流）、上海益嘉物流有限公司（上海益嘉物流）、诺得物流股份有限公司（诺得物流）、唯品会信息科技有限公司（唯品会）、广东林安物流集团（林安物流）等公司的指导和帮助，限于篇幅在此不全部点名致谢。特别感谢青岛日日顺物流有限公司王正刚首席执行官（CEO）、于贞超总经理、段红杰院长、董栋副院长，以及海尔集团品牌管理部总经理王梅艳、海尔电器集团品牌运营总经理陶菊中等在调研中给予的大力支持。特别感谢中国物流与采购联合会贺登才副会长、蔡进副会长，中国物流与采购联合会电子商务物流与快递分会万莹秘书长，汽车物流分会执行副会长马增荣、研究室周志成主任，危化品物流分会秘书长刘宇航，采购与供应链管理专委会胡大剑主任、金蕾副主任对实证调研工作的支持与帮助。最后，还要感谢中国财富出版社有限公司王波社长以及物流学术出版中心王靖、李娜等编辑对本书出版所做出的辛勤工作。

智慧物流作为智慧供应链的重要组成部分，本书的撰写有幸得到了国家社科基金重大项目“智慧供应链创新与应用研究”（项目编号 18ZDA060）的大力资助，在此一并感谢。作为对智慧物流生态链理论与方法的粗浅探索，本书必然存在疏漏与不足之处，敬请各位读者批评指正。

本书可作为物流管理专业、物流工程专业、供应链管理专业的本科生、研究生教学参考资料，也可作为智慧物流相关课程的教学参考书，对物流与供应链管理领域的管理人员和技术人员也有一定的帮助。

刘伟华
2020 年 2 月 22 日

目　录

1 绪论

1.1 研究背景与研究意义

党的十九大提出我国经济已经转向高质量发展阶段，随着新一轮科技革命和产业变革的不断发展，智慧物流日益受到国家重视。近年来，国家推进“互联网+”行动计划。作为十一项重点行动之一，2016年7月，国务院总理李克强主持召开国务院常务会议，从国家层面安排部署“互联网+”高效物流，鼓励智慧物流发展。国家发展改革委、交通运输部、商务部、工业和信息化部等相关部门推进政策落实，在多个领域开展试点示范，营造了智慧物流发展的良好政策环境。

伴随新一轮技术革命深入推进，新一代信息技术正在成为产业发展的强大引擎。从互联网到移动互联网，再到物联网、云计算、大数据、人工智能、区块链等，新一代信息技术是产业数字化变革的重要前提。物流业作为支撑国民经济发展的基础性、战略性和先导性产业，智慧物流发展正在形成行业共识。一批具有行业影响力的智慧物流企业加快涌现。物流行业正利用新时代发展的战略机遇，借力“互联网+”，深化物流业与商贸业、制造业联动融合，重塑产业生态体系，迈向价值链中高端，打造智慧物流发展新动能。物流互联网为产业全面“在线化”奠定了重要基础，数据和算法正在成为企业核心能力，这深刻改变了传统企业的商业模式和运营模式。

当前，消费主导时代已经来临，终端消费者需求日趋多样化、定制化，消费者的感知和体验成为企业竞争关键，这对供应链的敏捷性和时效性提出了挑战。供应链“权力中心”正在发生转移，从传统的生产推动向消费拉动转换，由“以企业为中心”逐步向“以客户为中心”转变，大规模批量生产正在让位于大规模定制，这就要求提高整个产业供应链的柔性、响应速度和服务质量。物流业是连接企业和客户的重要“触点”，贯穿供应链全链条，具有驱动产业链重构的基因。

物流业上下游合作方式正在迅速发生重构，物流生态链也随之迅速兴起。当前，我国面临产能过剩的挑战，以资源占有来创造价值的传统发展模式，将逐渐被整合利用资源的平台经济模式所取代。协同共享成为发展理念和社会共识，一方面，通过打造社会化物流平台，打破了传统企业边界，将吸收更多利益相关方参与进来；另一方面，通过更广泛的连接和社会化协同，深化相关方的分工协作，实现过剩资源的社会化转变，有望形成协同共生的产业新生态。物流生态链正顺应这一发展趋势，成为适应平台经济发展潮流的新型组织模式。

在生态链经济模式下，生态链成员通过跨产业纵向、横向整合与创新来重构价值链，形成全球化的开放式闭环共享生态系统，创造出全新的用户价值和经济价值；同时，通过系统不断更新、迭代实现生态链可持续的稳定发展。而这一理念在智慧物流经济下得到更充分的体现，呈现出整合共生、跨界互融、可持续发展的特点，形成了企业的智慧物流生态链发展模式。从基本结构来看，智慧物流生态链具有三个主要的组成部分：供给生态群、物流生态运营商与需求生态群。一方面，物联网使得两端的供给生态群和需求生态群产生了相互影响的正向互补关系；另一方面，物流生态运营商通过智慧仓储、智慧云配实现两个社群的高效匹配。

智慧物流生态链的出现顺应了时代发展的需求，然而这一新兴的组织模式却尚未在理论上得到研究。因此，迫切需要在新的经济视角和产业视角下，对智慧物流生态链的运作机理、组织模式和运营方法进行深入研究。这一研究有以下几个方面的意义。

首先，可以为深入理解智慧物流生态链组织与管理方法提供必要的理论基础。智慧物流生态链是一种新型的企业组织模式，是适应当前平台经济和生态经济的全新企业合作网。对这一生态链的运行机理和组织模式进行研究，可以为企业创新在物流领域的利益协同、运行协同、资源协同的体制机制，重构物流领域政府、行业、企业、最终用户的生态关系，提供必要的理论方法支持。

其次，可以为智慧物流与其他产业融合提供思想和方法指导。本书提出的相关方法与理论，大多数来自以日日顺物流、菜鸟网络、京东物流等为核心的生态场景的综合提炼，在高度总结和具象后，形成可供复制、改进和提升的具体组织与管理方法，这将为物流与其他产业实现进一步生态融合发展提供思想方法指导，为智慧物流产业升级提供模式红利。

最后，可以为丰富智慧物流产业实践提供重要的指导。通过本书的研究，可以为研究“智能制造”战略下的互联工厂端到端物流生态链共创共赢机制、“一带一路”倡议下多式联运多主体协同运行机制、“乡村振兴”战略下城乡共同配送的物流社会资源共享机制提供重要理论基础。除此以外，本书提出的智慧物流生态指数，可以为企业判断当前智慧物流生态运营的整体绩效提供参考，也可以为智慧物流生态化行业指数构建提供重要支持。

1.2 智慧物流生态链的典型特性分析

当前，国内学者在物流服务供应链领域、企业生态链领域进行了大量研究。但这些研究都是基于传统的企业运营视角，尚未考虑到物流平台的特性对生态链运营和组织方式的影响。众所周知，平台是允许多个最终用户交易的双边（多边）市场。随着互联网技术的推广，平台被更普遍地认为是促进生产者和消费者进行价值互动的载体。根据经济学对平台经济的分析，产业界的观察和已有文献的总结，发现智慧物流生态链中的平台相比传统企业具有如下特性。

（1）网络外部性。网络外部性是新经济中的重要概念，指每个用户使用某产品获得的效用或价值与用户的总数量正相关。这也就意味着网络用户数量的增长，将会带动用户总所得效用的几何级数增长。网络外部性包括需求端正、负外部性，供给端正、负外部性，也可以分为直接或间接网络外部性。直接网络外部性是由于消费同一产品的用户数量增加而直接导致商品价值增大的变化；间接网络外部性是随着某一产品使用者数量的增加，该产品的互补品数量增多、价格降低而产生的价值变化。

（2）数据驱动。平台相比传统企业的一个重要优势在于能够获取更多的重要数据。数字化是指运用计算机将我们生活中的图像、声音等其他类型的信息转化为计算机语言的过程。数据驱动是平台识别客户需求、匹配供需和改进业务的基础。例如，58 速运结合海量数据为货主、商户、司机做精准画像，进行智能优选匹配，优化运输各环节，并将这些数据进行深度挖掘分析，优化整个配送产业链的运转。

（3）用户匹配。用户匹配是指平台利用信息技术，在一定匹配规则的基础上精准地连接相应的供应商和客户，以保证供应商和客户之间的核心交互。例如，“箱满路”等货运平台的目标是根据货主的需求，成功匹配相应的物流服务提供商。理想匹配需要的数据各不相同，可以是静态信息（身份、性别、国籍等），也可以是动态信息（位置、不断变化的用户偏好等）。平台获得的信息越多，收集、组织、分类、解析数据的算法设计得越好，供应商和用户之间越能得到有效的匹配。

（4）边际成本低。边际成本低体现在网络增加一个成员的成本几乎为零，相比普通企业来说更具有竞争力。很多研究平台的文章都假设平台增加或减少一个使用者不会为平台带来额外的成本。

（5）技术赋能。对于智慧物流平台而言，互联网技术的发展使得他们能够定期收集客户信息的“大数据”，与供应商相比，平台更善于预测市场需求。选择生态合作时，平台会与合作企业实时共享许多信息（如需求信息），与此同时，智慧物流平台还会利用自身拥有的各种技术（如大数据技术，AI技术）对生态合作企业提供技术支持，即平台的赋能行为。赋能行为越来越被各大智慧物流平台所关注，例如菜鸟网络，京东物流等，成为智慧物流生态链的核心竞争力之一。以菜鸟网络为例，菜鸟网络与圆通速递构建了生态合作伙伴关系，菜鸟网络为圆通速递提供技术赋能，如2018年菜鸟网络与圆通速递合作建设超级机器人分拨中心，2019年与其合作建设5G分拨中心。

（6）生态共享。企业之间通过相互信任，默契合作，聚集在某一有利的区域，实现合作共享。由于集群内的企业靠利益分配机制无形地结合在一起，它们在这个区域组织内形成了一致的声音，在应对不确定性外部环境方面（技术、市场和政策方面）能快速反应，在时间方面能够领先于竞争者从而获取竞争优势。生态共享注重在产业的价值链条上获得竞争优势，实现价值链上资源的整合，使价值链上各企业和谐共生发展。

正是由于上述的特性存在，使得智慧物流生态链与传统的物流服务供应链相比，研究内容和研究方式上发生了明显的变化。因此，传统的物流服务供应链研究方法在智慧物流生态链问题中并不完全适用，这就迫切需要围绕平台的生态链特性，在充分考虑物流服务特性的基础上，探索智慧物流生态链系统形成机理与组织模式，同时对国内智慧物流服务经验进行总结提升，使之成为一定条件下具有普遍适用性的管理方法。

本书受科技部国家重点研发计划“智慧物流管理与智能服务关键技术”（2018YFB16 01401）资助，重点研究智慧物流生态链形成机制、生态结构与组织模式。具体内容包括研究物流生态链的形成动因，探究生态位理论与物流企业发展规律之间的内在联系，提炼智慧物流生态链中各企业实现生态自组织的发展规律；分析物流生态链的系统构成，探索物流生态链的合理结构，提出智慧物流生态链结构设计原则，实现各数据交换模块结构的优化；总结物流生态链的组织模式，探索不同企业主导下的最优组织模式。

1.3 理论框架和研究内容

1.3.1 理论框架

本书将着重探讨智慧物流生态链系统形成机理和组织模式的几个关键问题，围绕智慧物流生态链的形成机理、组织效率、组织模式、设计与发展四个层面来研究。本书的理论框架如图 1－1 所示。

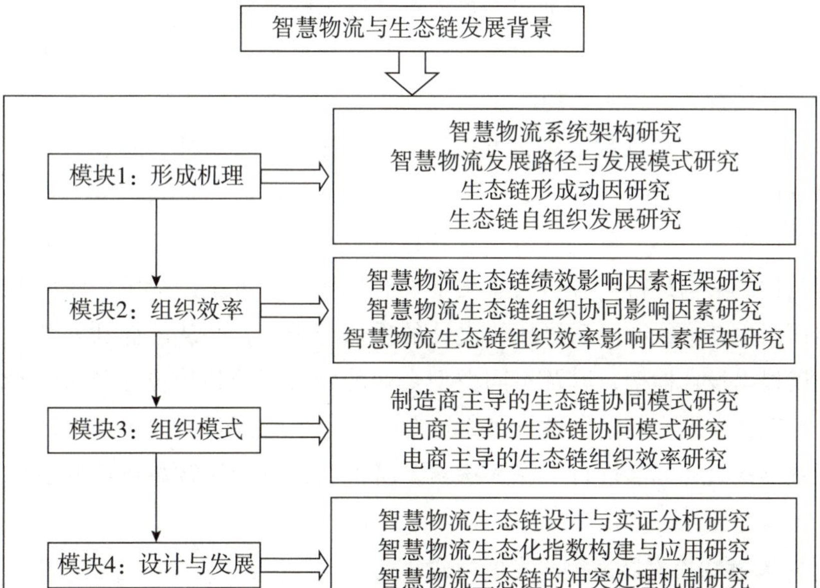

图 1－1　本书的理论框架

本书的研究内容充分考虑了智慧物流特性和平台特性对智慧物流生态链组织过程的影响，这个研究内容共分四个模块。其中，模块 1 是形成机理模块，主要研究智慧经济视角下面向生态链的智慧物流系统架构、智慧物流的发展路径与发展模式、基于生态位理论的智慧物流生态链形成动因、基于生态位理论的智慧物流生态链自组织发展四个方面内容；模块 2 是组织效率模块，主要是开展智慧物流生态链绩效影响因素框架、智慧物流生态链组织协同影响因素、智慧物流生态链组织效率影响因素框架三个方面内容的研究；模块 3 是组织模式模块，主要围绕制造商与物流商的物流智慧化协同改造、电商智能供应链中考虑数据共享与平台赋能的智慧物流生态合作、电商平台主导下的智慧物流生态链组织效率影响因素框架三个方面问题开展研究；模块 4 是设计与发展模块，智慧物流生态链设计及其实证分析、智慧物流生态化指数的构建与应用、信息不对称下考虑信任行为的智慧生态链冲突处理机制、基于社会网络分析法的智慧物流生态链可持续运营风险评价研究四个方面的内容。

各部分的主要研究内容如下。

1. 智慧经济视角下面向生态链的智慧物流系统架构研究

新兴技术的发展驱动着物流行业的智慧化转型，面向生态链的物流管理成为新时代背景下企业管理的生命线和重要利润源泉。不同于传统的经济运作方式，智慧物流以数字化、可视化、平台化为重要特征，智慧物流的生态链管理作为一个新兴概念，是一项系统工程，其成败在很大程度上取决于基础的架构设计。本书首先提出了智慧物流生态链的结构与特点，并对两个现有智慧物流架构进行了分析，总结了现有架构设计方案的缺陷。在此基础上提出面向生态链的物流系统架构设计的重点与难点，并从内部和外部环节两个角度提出设计框架，以及不同类型企业的物流系统架构设计要求。最后通过日日顺物流的实际案例进行了实证分析。本书首次对面向生态链的智慧物流系统架构设计方法进行了深入探索，所得结论可以为智慧物流发展提供有益的参考。

2. 智慧物流发展路径与发展模式研究

本书从发展路径和发展模式两个方面分别研究了中国的电商企业、物流企业和制造企业在当今背景下发展企业智慧物流的特点，并对部分典型企业的实践案例进行分析。本书从电商企业、物流企业、制造企业分析了其发展智慧物流的路径，给出电商企业、物流企业、制造企业发展智慧物流的典型模式，并进行了相应的对比，为今后我国企业发展智慧物流提供了有用的参考和建议。

3. 基于生态位理论的智慧物流生态链形成动因研究

本书基于生态位理论，对生态位理论在智慧物流生态链中的表现进行了分析，从内在推动力、外在拉动力和催化作用三方面探讨了智慧物流生态链的形成动因，最后基于外包理论视角，对智慧物流生态链的形成进行了经济学分析，得到了许多有趣的发现。首先，从生态进化视角看，我们发现物流企业业态的演进过程与自然生态系统进化有相同之处。其次，智慧物流生态链形成需要主观动因和客观动因的共同作用，同时，智慧物流技术创新、政府政策的支持等客观实际对智慧物流生态链的形成也起到了一定的催化促进作用。最后，经济学分析表明，对于某项智慧物流服务，生态链构建后企业提供该服务所付出的总成本、企业拥有的智慧物流服务能力上限、总需求量和企业拥有的智慧物流服务能力的最优边界对物流企业是否构建智慧物流生态链起着决定性作用。

4. 基于生态位理论的智慧物流生态链自组织发展研究

随着智慧时代的到来，传统的物流行业正向智慧物流演变，研究智慧物流生态链的自组织发展规律非常重要，它有助于企业明确自身在智慧物流生态链中的定位，把握企业发展的最优发展路径。为了探索在智慧物流生态链中不同类型企业的自组织发展模式，本书重点研究了耗散结构理论、协同理论、超循环理论这三种自组织理论是如何在智慧物流生态链发展中进行应用的，并以京东物流、菜鸟网络、林安物流和天地汇物流为例进行了案例说明。然后，本书进行了智慧物流生态链自组织机制对比分析，得到了针对不同企业特点的不同自组织模式。研究结果可以为企业在发展智慧物流的过程中如何找准自身生态位、选择发展模式提供理论依据。

5. 智慧物流生态链绩效影响因素框架研究

在经济智慧转型的背景下，智慧物流生态链也正在逐步建立。本书通过多案例研究的方式探索了智慧物流生态链绩效水平的影响因素及其影响路径，得到智慧物流生态链绩效水平影响因素框架，并得到以下主要结论。第一，智慧性资产投入额、多场景化服务能力、生态链的互动程度、需求个性化程度和生态链供需匹配程度是影响智慧物流生态链绩效水平的因素。第二，生态链供需匹配程度是智慧性资产投入额、多场景化服务能力、生态链的互动程度和需求个性化程度对生态链绩效水平造成影响的中介变量。生态链供需匹配程度越高，生态链绩效水平越高。第三，智慧性资产投入额、生态链的互动程度和多场景化服务能力越高，生态链的供需匹配程度越高。而随着时间的推移，需求个性化程度对生态链供需匹配程度的影响，以及智慧性资产投入额对生态链绩效水平的影响会从负面影响转为正面影响。

6. 智慧物流生态链组织协同影响因素研究

作为供应链绩效的重要组成部分，组织协同程度越来越受到关注。然而，在智慧经济的背景下，目前仍缺乏一个分析智慧物流生态链这一新型供应链下组织协同程度影响因素的理论框架。本书通过多案例研究的方式探索了智慧物流生态链组织协同的影响因素及其影响路径，得到智慧物流生态链组织协同程度影响因素框架图，并得到以下主要结论。第一，数字赋能能力和信息共享水平是影响智慧物流生态链组织协同的特有因素。数字赋能能力和信息共享水平越高，生态链组织协同程度越高。第二，上述两个因素并非独立存在，数字赋能能力的提升会激励生态链中信息共享水平的提高。第三，智慧化技术、同行竞争、个性化需求通过数字赋能能力这一中介变量对生态链组织协同程度产生影响。其中，智慧化技术和同行竞争的提高能够改善生态运营商的数字赋能能力。从短期来看，需求个性化程度对数字赋能能力有着负面影响，但随着时间的推移，需求个性化程度对数字赋能能力将产生正面影响。

7. 智慧物流生态链组织效率影响因素框架探索研究

智慧物流生态链组织效率已经成为衡量智慧物流生态链发展程度的重要因素，但尚未有学者对生态链组织效率进行深入探索，从而得到理论框架。本书采用多案例研究方法，以来自中国的四家物流企业为研究对象，通过实地调研和访谈，提出了一个智慧物流生态链组织效率影响因素理论框架，我们的研究得到几个重要的发现。首先，我们发现智慧物流生态链组织效率与两个因素直接相关——智慧物流生态链服务能力与智慧物流生态链技术创新能力。其次，共生关系、信息共享与客户需求会通过影响智慧物流生态链服务能力进而影响智慧生态链组织效率，而智慧物流生态链技术创新能力会对上述影响机制起到调节作用。最后，智慧物流生态链技术创新能力对智慧物流生态链服务能力存在积极影响，当技术创新能力提高时，物流服务能力会随之增强。

8. 制造商与物流商的物流智慧化协同改造研究

制造企业的智能化转型需要智慧物流的支持，而制造企业与物流企业的物流智慧化协同改造是提升双方核心竞争力、促进企业发展的重要战略，因此，有必要研究两者的物流智慧化协同改造问题。本书首先依据物流智慧化协同改造中制造商与物流服务提供商相互影响、相互制约的关系，构建了两者协同改造的 Stackelberg 博弈模型；然后探讨了供应链成本分担（CS）与收益共享契约（RS）对两者协同改造的协调效果，并在此基础上提出了成本分担－收益共享的组合契约。结果表明，第一，与分散式合作相比，CS 契约与 RS 契约都具有更高的物流智慧化改造水平与效用；第二，传统的 CS 契约协调效果优于 RS 契约，但都不能实现供应链最优协调；第三，应用本书提出的成本分担－收益共享（CS－RS）组合契约，制造商通过物流智慧化改造前的成本分担与改造后的收益共享，物流提供商通过降低一定比例的物流服务费用，可以有效激励双方提升改造水平，实现供应链的最优协调。

9. 电商智能供应链中考虑数据共享与平台赋能的智慧物流生态合作研究

随着电子商务和智慧经济的快速发展，电子商务对人工智能（AI）等智能技术的需求迫使电商物流走向智慧化、生态化发展，电子商务智能供应链中智慧物流生态合作成为当前发展的潮流。数据共享与平台赋能（如 AI 技术赋能）是智慧物流生态合作的核心特性，然而许多智慧物流平台在与物流服务提供商的生态合作中仍面临提供商数据共享程度低的困境，以及是否对提供商进行深入技术赋能等瓶颈问题，为此，本书建立了一个两方演化博弈模型来探究双方进行生态合作的趋势。复杂动态系统下的演化稳定策略表明：第一，平台设置合理的分成比例、提供商面临较大的市场规模或者较低数据共享的风险成本是双方生态合作的关键；第二，平台生态合作下与非生态合作下的分成比例、服务价格敏感系数和赋能成本之间的关系决定了平台最终的演化稳定策略；第三，本书发现了生态合作的“蝴蝶效应”，在特定条件下，双方初始选择合作的概率不同组合，最终可以演化出双方都选择生态合作或双方都选择非生态合作两种稳态结果，这说明双方一开始合作意愿的微妙差异将可能导致截然相反的稳态结果。

10. 电商平台主导下的智慧物流生态链组织效率影响因素框架探索研究

电商平台主导下的智慧物流生态链组织效率已经成为电商平台智慧物流生态链发展程度的重要衡量指标，但是关于影响电商平台智慧物流生态链组织效率的因素并没有一个科学的理论框架。本书采用多案例研究方法，以来自中国的四家电商平台为研究对象，对其智慧物流生态链现状及发展进行调研，通过访谈和分析，提出了一个电商平台主导下的智慧物流生态链组织效率影响因素的理论框架。我们的研究得到几个重要的发现。首先，我们发现在电商平台主导下，智慧物流生态链组织效率与两个因素直接相关——生态链技术创新能力与生态链契约履行程度。其次，国家政策、消费者需求与及生态链间竞争会通过影响智慧物流生态链技术创新能力，间接影响智慧生态链组织效率。信息共享会通过影响智慧物流生态链契约履行程度间接影响智慧物流生态链的组织效率，而智慧物流生态链技术创新能力会对上述影响机制起到调节作用。最后，增强智慧生态链技术创新能力对智慧物流生态链契约履行程度存在积极影响。

11. 智慧物流生态链设计及其实证分析研究

第四次科技革命下，物流产业中各类先进的信息技术被不断应用，催生了智慧物流生态链的形成，生态链上的企业开始共生共赢的发展。智慧物流生态链设计是智慧物流运行的重要前提。本书对智慧物流生态链的设计原则、设计影响因素、设计方法和设计过程进行了详细的分析，并以日日顺物流、林安物流为例进行了实证分析。研究结果表明，在生态链设计中，要充分遵循上下双向贯穿的设计过程原则、协调性原则、动态性原则、创新性原则、全局性原则和战略性原则。在设计过程中要充分考虑影响因素如生态链成员、生态链主要产品和生态链布局。在设计方法上，要遵循需求分析、生态链产品设计、生态链类型设计、生态链成员确定、生态链设计反馈等几个过程。

12. 智慧物流生态化指数的构建与应用研究

智慧物流生态化指数评价能够全面、客观地反映出智慧物流生态链发展现状与潜在的问题，为生态链优化与改进提供参考。本书通过分析智慧物流生态链的目标和结构，构建了包括数字化集成层、可视化运营层、智能化作业层 3 个一级指标及它们下面的 10 个二级指标与 24 个三级指标的评价体系。运用基于混合型数值决策的智慧物流评价方法，计算各级指标的权重及得分情况，并进行智慧物流生态化指数评价。最后结合日日顺物流的实际数据，对比 2019 年 3 个月的智慧物流生态化指数，对日日顺物流的发展现状进行总结并提出相应建议。本研究为智慧物流生态化指数的构建提供了一种方法，以期对企业智慧物流生态化的发展水平做出正确评价，从而帮助智慧物流企业提高生态化发展水平，促进生态链的健康发展。

13. 信息不对称下考虑信任行为的智慧生态链冲突处理机制研究

在智慧物流生态链中，快速匹配能力与平台集成商整合能力是其重要的特性，这就对物流提供商的选择提出严格要求。平台集成商对物流提供商进行严格考核，因此对物流提供商有一定的信任程度。但平台集成商与物流提供商之间存在的信息不对称，会导致提供商存在质量欺骗行为，从而引发双方冲突。本书考虑平台集成商的信任行为，以及物流服务提供商的欺骗行为，探讨信息不对称和信任程度对双方决策和利润的影响。并研究冲突发生的条件，对此提出区块链机制和传统的奖惩机制，给出两种机制的适用条件。本书的主要结论如下。首先，本书发现当平台集成商对物流服务提供商的信任程度较低时，低质量物流提供商和高质量物流提供商均选择说实话，反之均选择不说实话。其次，平台集成商与高质量物流提供商合作不会导致冲突，并且存在双赢局面。平台集成商与低质量物流提供商合作，两者是零和博弈。最后，平台集成商与低质量物流提供商合作，且信任程度较低时，平台集成商会因为信息不对称而遭受损失，此时平台集成商可以采取区块链机制。而与低质量物流提供商合作，且信任程度较高时，低质量物流提供商会存在欺骗行为，此时平台集成商可以对低质量物流提供商的欺骗行采取惩罚机制。

14. 基于社会网络分析法的智慧物流生态链可持续运营风险评价研究

随着智慧物流的快速发展，智慧物流生态链中的可持续运营风险也日益凸显。然而，目前有关智慧物流生态链风险的评价研究还非常缺乏。本书首先分析了智慧物流生态链风险的主要影响因素，并基于社会网络分析法构建了分析风险影响因素之间相互关系的研究框架，然后根据上述研究框架提出了智慧物流生态链的风险评价体系，并用“日日顺物流”案例进行了验证和分析。本书的主要结论如下。首先，智慧物流的风险影响因素可分为生态链成员可持续风险、技术风险，以及外部环境风险这三大类。其次，通过社会网络分析，我们构建了基于点出度和点入度的研究框架，并分析发现日日顺家电物流生态链中的技术路线变换风险、政府管理体制风险、行业管理体制风险三个风险因素会容易导致其他风险的产生，从而使得风险迅速扩散。而外部利益相关者风险、政府管理体制风险和内部利益相关者风险三个风险因素会容易被其他风险诱发。最后，本书基于改进的 TOPSIS 方法构建了智慧物流生态链的风险评价体系，在日日顺家电、健身、快消三个智慧物流生态链中，家电物流生态链的可持续风险是最低的，而快消品物流生态链的风险相对较高。

1.3.2 研究方案

本书将研究物流生态链的形成动因，探究生态位理论与物流企业发展规律之间的内在联系，提炼智慧物流生态链中各企业实现生态自组织发展的竞争规律和进化规律；分析物流生态链的系统构成，运用演化博弈分析探究物流生态链中企业如何根据自身实际寻找生态定位；探索物流生态链的合理结构，类比自然生态链在平面、垂直、时间和互补四个维度的结构，针对供应链情景、类型、运作效率、柔性程度等特点，提出相应的智慧物流生态链结构设计原则，完善结构，实现各数据交换模块结构的优化；总结物流生态链的组织模式，运用控制工程理论、组织理论和演化博弈理论从控制权角度出发给出不同运行模式所适用的生态链场景，以优化生态链整体绩效为目标，探索不同企业主导下的最优组织模式。研究的主要技术路线如图 1－2 所示。

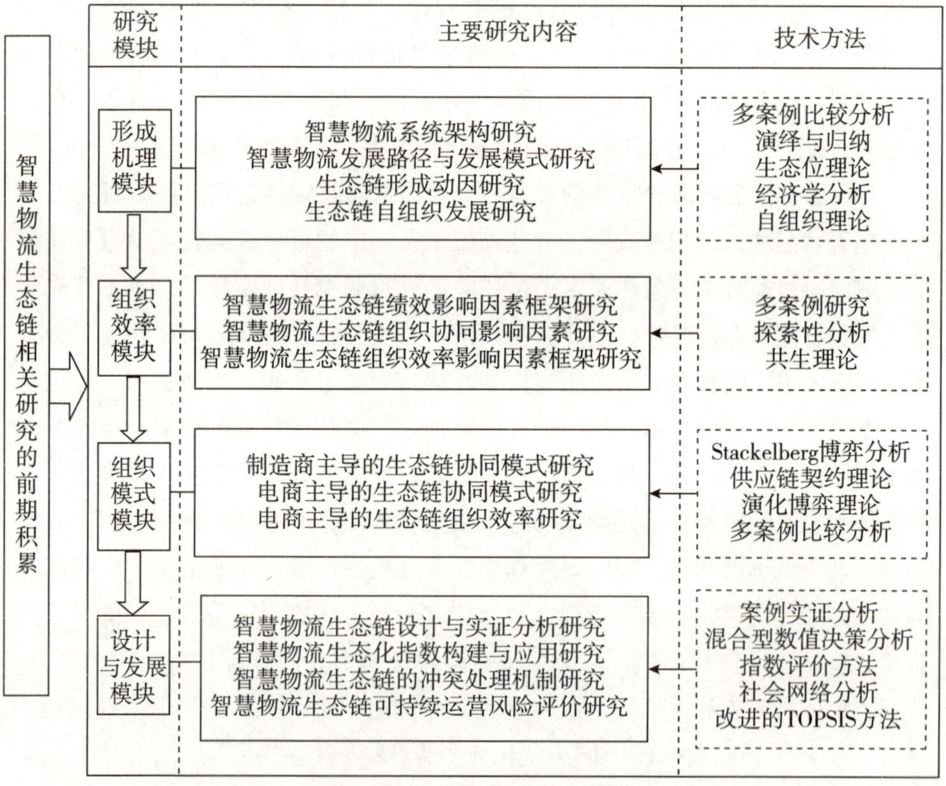

图 1－2　研究的主要技术路线

1.4　本书的主要创新点

智慧物流研究在国内才刚刚起步，本书尝试性地开展创新性研究，总体上有以下几个方面。

首先，本书首次系统性地研究智慧物流生态链形成机理，能够帮助读者深入理解智慧经济对物流行业的深入影响，探索智慧物流的发展路径和发展模式，揭示在新经济视角下的典型物流生态链结构，从而更加深刻地理解智慧物流生态链形成动因，对生态链的自组织发展规律和演化方式提供新的系统思考。

其次，本书系统性地对智慧物流生态链的组织方式进行研究，从绩效影响因素出发，利用案例分析方法得到了智慧物流生态链绩效水平的影响因素及其影响路径，得到智慧物流生态链绩效水平影响因素框架。然后从生态链的组织协同和组织效率两个视角出发进行探索性研究，得到了组织协同的影响因素及其影响路径，以及组织效率影响因素理论框架。

再次，本书系统性地分析了典型模式下智慧物流生态链组织模式问题，为更深入地理解生态链合作提供了场景视角。在制造供应链场景下，我们研究了制造企业与物流服务提供商合作开展智能化转型问题，提出的成本分担－收益共享组合契约有助于为企业提高绩效。在电商供应链场景下，基于数据共享与平台赋能（如 AI 技术赋能）两大特性，发现了生态合作的“蝴蝶效应”。此外，我们还首次提出了智慧物流生态链组织效率影响因素的理论框架。

最后，本书系统地给出了智慧物流生态链的设计方法，对智慧物流生态链的设计原则、设计影响因素、设计方法和设计过程进行了详细的分析。本书还给出了智慧物流生态化指数评价方法，引入区块链来解决智慧物流生态链冲突处理机制。针对可持续发展问题，基于社会网络分析法探索了智慧物流生态链中的可持续运营风险，构建了智慧物流生态链的风险评价体系，为企业深入开展物流生态链运营提供了理论参考依据。

2 智慧经济视角下面向生态链的智慧物流系统架构研究

2.1 智慧经济的定义与内涵

随着信息技术的不断突破与发展，5G、人工智能、大数据、移动互联网、物联网、云计算等技术的融合点燃了信息化新时代的引擎，为基于互联网的各个产业纵深发展注入强力后劲，为工业互联网的兴起提供新动能，这些新的技术彻底改变了人类的生活、生产和商业运作方式，驱动着新一轮经济的快速增长。

如今的经济发展，已经进入了智慧转型阶段，大数据的获取、分析、处理，人工智能的广泛应用，成为国家和企业发展力量的重要根基。这种基于新兴技术的经济发展模式被称为智慧经济，是继农业经济、工业经济、信息经济、知识经济之后的第五大经济发展形态（程扬，2010；刘向荣和孙红英，2010）。智慧经济的三个重要的特点是：数字化、可视化与平台化。这三个特点同时代表着智慧经济层层递进的业态特征。其中数字化是智慧经济的基础，基于数字化可以实现可视化管理，而智慧经济将以平台运作的方式不断实现跨界拓展，最终形成庞大的生态圈结构。

2.1.1 数字化

在智慧经济中，显著区别于传统经济的特点首先是数字化。数字化是指将知识和信息转码成为数字形式，作为关键生产要素，以现代信息网络作为重要载体，通过信息通信技术的有效加工，来推动经济发展的效率提升和结构优化（邬贺铨，2017）。截至 2016 年 12 月，中国网民规模达 7.31 亿，相当于欧洲人口总量，超过全球平均水平 3.1 个百分点，互联网普及率达到 53.2%。预计 2020 年将超过 9 亿，互联网普及率将达到 65%。按照波士顿咨询公司的预测分析，到2035年，中国整体数字经济规模将接近16万亿美元，对GDP的渗透率达48%。在此背景下，海量数据不断累积，蕴藏着无限的数字化潜力。2015年5月，国务院正式印发《中国制造2025》。按照规划，到2020年，中国制造业的生产方式精细化、柔性化、智能化水平要显著提升，关键工序数控化率达50%。根据国家互联网信息办公室发布的《数字中国建设发展报告（2017年）》显示，2017年，我国数字经济规模已经达到27.2万亿元，位居全球第二，同比增长20.3%，占GDP的比重达到32.9%①。而在短短的一年之后，2018年我国数字经济总量达到31.3万亿元，占GDP比重达到34.8%，占比同比提升1.9个百分点，对GDP增长的贡献率达到67.9%，贡献率同比提升12.9个百分点②。从这些数据可以看出，数字化的广度和深度将不断延伸，直至覆盖经济运行的每一笔交易。经济运行的数字化，是实现经济发展智慧转型的根基，其蓬勃发展将不断推动传统产业改造升级，为经济发展增添新动能。

2.1.2 可视化

在数字化的基础上，智慧经济还有一个重要的特点：可视化。目前，中国信息和业务数字化已经初具规模，以网络宽带、数据中心、管理软件为代表的软硬件基础设施日趋完善，同时包括传统零售、制造、医疗、物流、智慧城市等领域的行业信息化，在过去数十年的技术投入和应用过程中也累积了丰富的实践经验，当对海量数据的获取与加工到达一定饱和度时，下一步需要进行的就是将数字化的知识、信息等生产要素进行集成与整合，提炼出可以用于优化运营的可视化路径及方法。虽然不同行业在可视化的呈现方式上有着各自的特点，但在智慧经济背景下，都面临与现有信息系统的优化整合，以及新兴信息技术的成熟应用，这些整合与应用最终的结果都是可视化系统与可视化的管理体系，在此基础上才能实现有效的业务需求匹配与应用

① 中华人民共和国国家互联网信息办公室．数字中国建设发展报告（2017年）［EB/OL］．（2018－05－09）［2019－12－29］．http：//www.cac.gov.cn/2018－05/09/c_1122794507.htm.

② 中华人民共和国国家互联网信息办公室．数字经济迎来满园春——从《数字中国建设发展报告（2018年）》展望数字中国发展前景［EB/OL］．（2019－05－08）［2019－12－29］．http：//www.cac.gov.cn/2019－05/08/c_1124465277.htm.

部署。以数字化的知识和信息为关键生产要素，以数字技术创新为核心驱动力，以现代信息网络为重要载体，数字技术与实体经济深度融合，是运营管理中可视化操作方案的前提。专家预测，到 2025 年，全球 5G 用户数将达到 14 亿，占全球移动连接总数的 15%。其中，中国将成为全球 5G 用户数最多的国家。5G 时代的到来，将加速推进万物互联的进程，而可视化的管理可以帮助实现信息交互、资源共享。汽车自动驾驶、AR 或 VR、智慧城市、智慧工厂等新的商业模式，都将基于可视化管理网络实现应用与普及。

2.1.3 平台化

在移动互联网快速发展的环境下，各个行业已经开始转向“平台经济”模式，平台化的核心要义是“连接”，不同于传统经济简单的连接功能，智慧经济的平台化是建立在大数据等基础技术上，通过数字化、可视化来优化社会资源配置的经济形态。在传统的经济模式中，垂直化、条块分割的运营模式导致了信息孤岛现象，组织间无法实现顺畅的信息互联。在智慧经济中，平台化运营模式有助于打破条块的界限，将企业间横向和纵向的数据进行实时共享，打通以平台为核心的系统内部数据界限，实现快速链接（骆轶琪，2018）。在此基础之上，平台企业利用资源整合能力进行上游能力汇总和下游需求收集，提供精准的供需匹配，在标准化的规范流程基础上，不断挖掘新的数据信息，提供更多以智慧为核心的增量服务。

2.2 智慧经济视角下的生态链

2.2.1 智慧经济中的“生态链”及其特点

在生物学中，“生态链”是指相互制衡的链状系统，存在数量、能量传递递减的规律。处于最底层的生命的数量和能量要比上一层高，每高一层，数量和能量将会更少。而从管理角度来看，生态链更多的含义是一种生态经济。在这个链条或者说经济模式下，可以实现跨产业纵向与横向整合下的价值链重构，形成全球化的开放式闭环共享生态系统，通过跨界创新、破界化反，创造全新用户价值和经济价值，并且不断通过系统更新、迭代实现生态链可持续的稳定发展。企业生态链的概念与生物学的概念存在差异，企业中的生态链往往是指围绕核心目标，开展延伸功能与业态，从而形成的扩展组织结构。智慧经济视角下的生态链具有三个显著特点。

（1）整合共生。在智慧经济的生态链中，终端客户不再满足于单一的产品或服务，他们期望从一个整合的企业平台中获取多样的服务体验，因此整合性是生态链的核心特征。在生态链中，往往存在一个核心企业负责将其他企业的功能进行汇聚，并在此基础上进行融合创新，基于这种高度整合的结构，生态链的上下游之间维持着共生共存的紧密关系，核心企业负责决定整个生态结构的定位和竞争优势，非核心企业则为核心企业提供所需的资源和养分。

（2）跨界互融。哈佛大学商学院教授迈克尔·波特1985年提出了价值链的概念：任何一个企业都是其产品在设计、生产、销售、交货和售后服务方面所进行的各项活动的聚合体。每一项经营管理活动就是这一价值链条上的一个环节。生态链的一大特点是通过跨界，包括上下游之间的纵向跨界，以及不同产业和组织之间的横向跨界，实现价值链的重构。在智慧经济中，随着大数据、云计算、5G、人工智能等技术的普及，行业环境进一步融合，商业模式在颠覆和被颠覆中不断变化。对于每个生态链的成员而言，其竞争对手和合作伙伴都可能来自跨界领域，而企业也必须时刻储备能力，准备好进入全新的领域，接受跨界业务的全新挑战（廖建文和崔之瑜，2017）。

（3）可持续发展。智慧经济中的产业模式在不断变化，生态链的结构也随之不断融入新的功能，而这些新的功能需要具有可持续性和可延展性，从而保障其可以随着环境的变化而不断拓展。在生态链的形成初始，就要考虑到组织架构的前瞻性，智慧经济的发展原则应该是通过先进科技推动现代社会、经济、环境等方面的可持续发展和集约发展（叶青和吴旭娇，2016；安小米等，2018）。具体来看，在智慧经济中，通过现代科学技术不断提升生产、服务的效率，不断完善基础设施质量，提高对环境、社会等相关信息的采集和监控，最终降低能源消耗。同时，可持续发展也蕴含了长远的战略眼光，智慧经济下的生态链构建与延伸的逻辑应以未来需求来指导当下决策，不断布局越来越多前瞻性的产品和服务。

2.2.2 智慧经济视角下的物流生态链结构

如今，物流供应链已经被许多企业视为生命线和重要的利润源泉。越来越多的企业家认同和重视，通过优化物流环节来实现企业降本增效。经过几十年的发展，中国物流的运营模式经历了四次重大变革，分别是物流 1.0 阶段（运输、仓储、加工、包装、配送等业务独立运作）、物流 2.0 阶段（运输、仓储、加工、包装、配送等业务实行一体化物流运作）、物流 3.0 阶段（企业物流、信息流和资金流全面融合，物流运作进入供应链管理时代）、物流 4.0 阶段（现实物理世界的物流实体运作与网上虚拟的物流信息开始了全方位融合，开启物流互联网时代）。

物流 4.0 阶段标志着现代物流真正进入“智慧物流时代”，一批综合实力强、引领行业发展的标杆型智慧物流企业加快涌现。智慧经济背景下的物流企业生态链，将生态链的整合共生、跨界互融与面向未来的可持续性充分展现出来了。智慧物流生态链结构如图 2－1 所示。

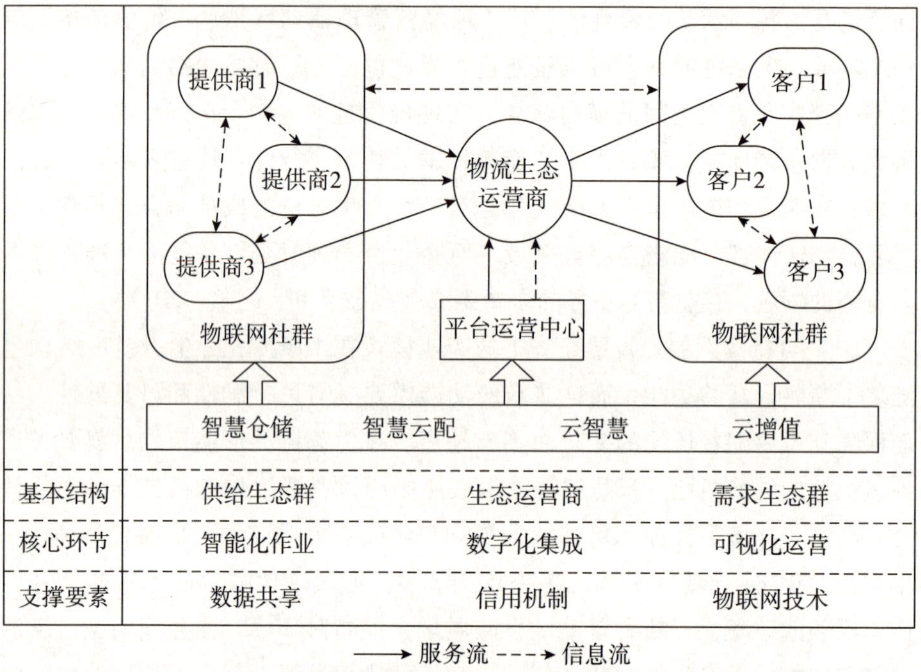

图 2－1　智慧物流生态链结构

从基本结构来看，智慧物流生态链具有三个主要的组成部分：供给生态群、生态运营商与需求生态群。对于两端的供给生态群和需求生态群而言，通过物联网形成社群是智慧物流生态链的关键。物联网社群的存在，使得提供商之间、客户之间产生相互影响。不同于传统的单纯竞争环境，生态链中的群体之间存在正向的互补关系。而物流生态运营商则负责通过平台运营中心，在智慧仓储、智慧云配等技术支持下，实现两个社群的高效匹配。在以日日顺物流为物流生态运营商的生态链中，以健身器材为例，健身器材的需求拉动了其他配套设备的需求，例如，减震设备、血压测量仪、饮水机；在以林安物流为物流生态运营商的生态链中，林安物流首先筛选一批班车作为客户并提供优质服务（酒店、餐饮服务等），接受优质服务的班车会吸引其他班车入驻林安物流，而随着班车数量的增加，生态链中的酒店、餐饮等其他服务业态的提供商数量也大幅增加。

从核心环节来看，智慧物流生态链包括三个核心环节：智能化作业、数字化集成与可视化运营。与传统物流生态链相比，智慧物流生态链中的上述环节具有以下重要特点。①技术创新至关重要。技术的重要性不言而喻，因为物流生态运营商的核心能力需要基于数字化的分析，包括组织间的信息互通，以及服务过程的跟踪与监控，都需要技术上的支持。而上游的物流提供商为了提高作业效率，减少成本和差错率，需要使用大量智能化的新技术和新设备：操作全程条码化，应用手持终端、RFID（射频识别技术）、物联网（IoT）、智能设备（AGV、无人货架和自动流水线），以及各种智能策略（上架、拣货等）。基于提供商智能作业和物流生态运营商数字集成，可以实现可视化运营，如看板管理、任务跟踪、绩效管控、库存预警、业务提醒等功能，这需要依托持续更新的强大技术功能，需要紧跟最新的技术趋势。②组织架构相对灵活。智慧物流生态链是一种灵活的、高效的、快速迭代的组织架构。基于大数据等新技术快速实现创新，通过技术的精确性来降低市场的不确定性。同时，平台的服务能力是系统竞争力的核心，而上游服务能力的提供则相对灵活，可以通过标准化培训快速培育出一批具有服务能力的同质提供商，以应对灵活多变的业务需求。在智慧物流的生态链中，业务的流动方向不仅是单向流动，更多是一种双向流动，各个生态链环节之间通过实时的信息共享，随时随地进行数据同步，并依托智能化分析工具进行上下游协同的任务分配。而对于供给端和需求端来说，也不是简单的拉式或推式业务方式，更多的是一种基于平台的混合业务方式，平台可以在极短的时间内实现快速、精准的供需匹配，在循环匹配的过程中促进供给端能力改进和需求端需求形成。③根本原则是上下游协同。智慧物流中的生态链能够实现商贸、物流、金融等相关企业的协同运作，具有更加明显的多渠道融合特点，海量客户需求的订单需要智能化的供需匹配与合理分拨，来实现系统效率的最大化。在系统运作的全过程中，协同思想指导着每一个环节：服务产品的定义，履约协同流程与节点，数据集中与分析，服务可视化中的跟踪、优化与绩效管理。

最后，从支撑要素来看，智慧物流生态链的运作离不开高效的数据共享、各环节无缝衔接的信用机制，以及连通万物的物联网技术。

2.3 典型的智慧物流系统架构分析

作为一个新兴概念，智慧物流生态链是一个复杂的系统，其成败在很大程度上取决于供应链的根基——架构设计。“架构”一词源于计算机领域“软件架构”的定义，是有关软件整体结构与组件的抽象描述。近年来，越来越多的企业开始从系统角度明确进行供应链的架构规划，即将供应链系统解构为许多具体的环节，并且明确各环节之间如何相互作用，从而形成最终的整体结构，支撑上层业务运转。但对于智慧物流生态链的系统架构，还尚未有学者进行深入探索。企业物流架构的设计随企业战略和目标的不同存在差异，但供应链解构的思路和考虑因素则具有共通性和参考价值。优质的物流系统不是生而有之，而是基于合理的架构设计，辅之以符合企业战略目标的精细化运营。本节通过对两个典型的巨头零售企业：阿里巴巴和京东物流的智慧物流系统——菜鸟网络及青龙物流的比较，总结现有的智慧物流架构设计的基本情况及其架构的变化历程，在此基础上提出智慧物流生态链架构的设计思路与方案。

2.3.1 菜鸟网络

菜鸟网络架构基本情况：菜鸟网络是阿里巴巴集团的物流公司，目前覆盖了全球224个国家。菜鸟网络的基本架构主要分为三层，底层是实现全球物流最核心的物流基础设施；中间层是基于基础设施搭建的智能仓配网络和配送网络；最顶层是通过订单全局优化引擎来实现仓配协同。菜鸟网络的智慧架构的核心是数字化设计，基本思路就是基于数字化技术模型影射到中间技术架构，从感知层、连接层再到应用层，最终使数据与上层物流、供应链业务系统进行数据回环，这与物流领域的IoT技术架构比较类似。菜鸟物流在架构设计的过程中，面临的主要问题如下：一是系统架构如何灵活地支持整个业务的快速发展；二是如何组织全球服务商的物流能力打造可灵活复用物流网络；三是国际化架构和部署的方案；四是菜鸟各物流服务商网络如何更高效互联互通。也就是说，菜鸟架构的设计过程中主要需要考虑柔性、可拓展性和连通性。

为了解决上述企业目标与问题，菜鸟的架构主要经历了三个阶段的变革。

（1）1.0 阶段是烟囱式垂直简单协同模式。业务需求较为简单，通过多种运输方式实现包裹在卖家和买家之间的运输，但这个架构模式存在重复建设、对外接口不统一、运维成本高等问题（见图 2－2）。图中 C1、C2、C3、C4 表示物流运输的合作伙伴。

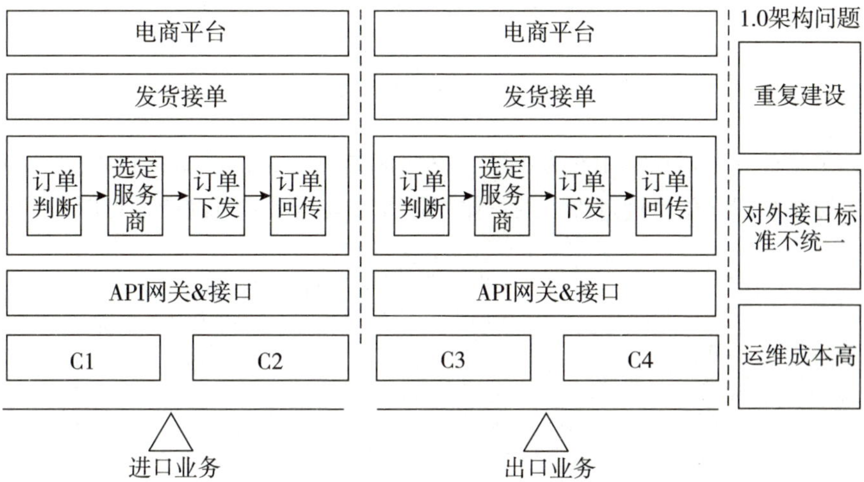

图 2－2　菜鸟 1.0 架构

（2）2.0 阶段经过改良，成为以平台形式为基础的多段精细化协同模式。这个阶段的技术命题是将不同业务包裹，经过不同的路径实现最优方案运送，因此需要搭建平台化的架构来支持灵活的协同调度。图 2－3 展示了菜鸟 2.0 架构，可以看出，2.0 架构由多个平台组成，其中路由平台的职责是通过智能算法来识别网络路径的最优解，履行平台负责进行调度，营运平台负责连接与可视化，全球履约监控系统则可以细化到每笔订单的状态和履约的情况，做到实时报警，并进行回馈。基于这样的物流架构设计，实现进口业务和出口业务的高效运输。

（3）3.0 是未来国际化、全球化、区域化的协同模式，这一阶段的架构

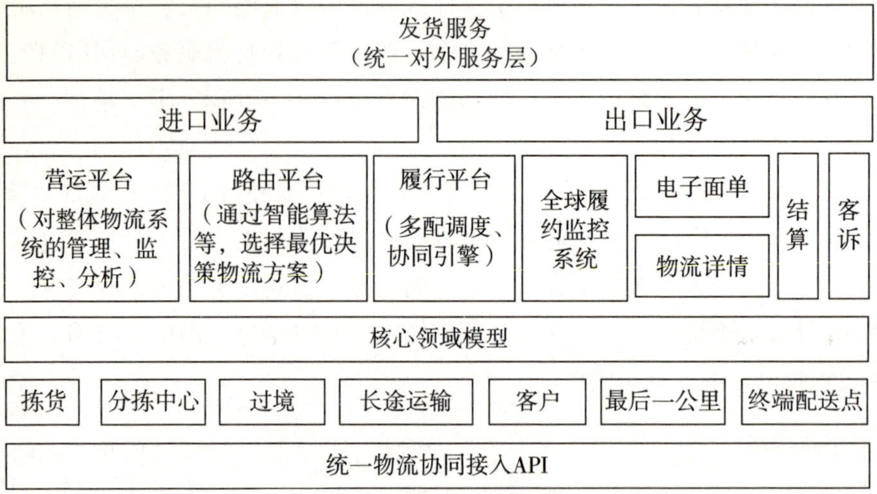

图 2－3　菜鸟 2.0 架构

目标是多种业务相互复用对方的物流网络和能力。具体的架构技术则需要针对区域化和国际化管理过程中的具体问题进行方案部署与设计（见图 2－4）。

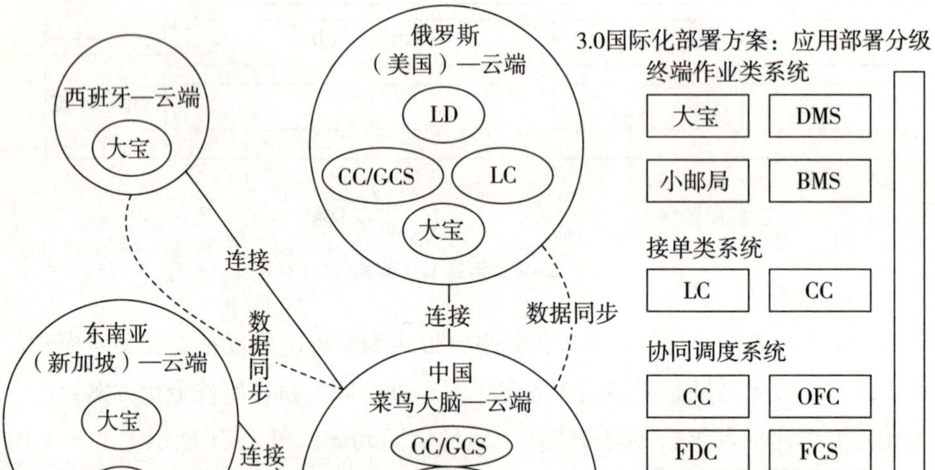

图 2－4　菜鸟 3.0 架构

菜鸟智慧物流中使用的智能技术主要如下。①电子面单。面单的左侧连接着物流合作伙伴，右侧连接着商家 ERP 系统，提供了统一的标准来实现包裹在线管理。②智能仓配。在仓配供应链的智能规划平台里，实现了智能选仓、智能分仓、智能预测，从而给商家提供完全无缝连接的智能补货服务，以及仓储内部的智能入库、智能上架，实现有序的分拣和调拨。③“天眼”系统。菜鸟在揽收网点、分布中心、驿站等中转环节安装大量摄像头，以保障整个物流的全程实时监控及反馈。将摄像头与云端对接，经过编解码体系为这个技术问题提供解决方案，同时，菜鸟还通过引入边缘网关和边缘计算对数据进行预处理，以此来降低成本。④拣选 AGV。车到人拣选 AGV 适合销量较高的商品，算法目标一般是人效率的最大化、订单完成时间的最短化与 AGV 效率的最高化。

2.3.2 京东青龙物流

青龙物流架构基本情况：京东的物流架构被称为青龙系统，从 2012 年开始 1.0 的封闭开发，到 2016 年规划的 6.0 智慧物流，基本打造了一套完善的电商物流系统。青龙平台的架构主要包括应用访问层、投放平台、核心服务、管理服务与数据支撑这 5 个模块。具体架构如图 2－5 所示。系统中许多环节已经实现了智慧运作，采用了深度神经网络、机器学习、搜索引擎技术、地图区域划分、信息抽取与知识挖掘，并利用大数据对地址库、关键字库、特殊配置库、GIS 地图库等数据进行分析并使用，保证7×24小时的服务，能够满足各类型订单的接入，提供稳定准确的预分拣接口。

青龙系统覆盖 6 大核心功能，涉及对外拓展、终端服务、运输管理、分拣中心、运营支持、基础服务（见图 2－6）。每种功能对应的核心子系统构成了整个青龙系统，比较关键的子系统包括终端子系统、运单子系统、预分拣子系统、质控平台、监控和报表子系统和 GIS 子系统。

（1）终端子系统负责物流配送业务的操作、记录、校验、指导、监控等内容，如配送 PDA 一体机、PDA 网关、自提柜等都是终端系统的组成部分。

（2）运单子系统负责记录运单的收货地址等基本信息，同时接收来自接货系统、PDA 系统的操作记录，实现订单全程跟踪。运单子系统还对外提供状态、支付方式等查询功能，供结算系统等外部系统调用。

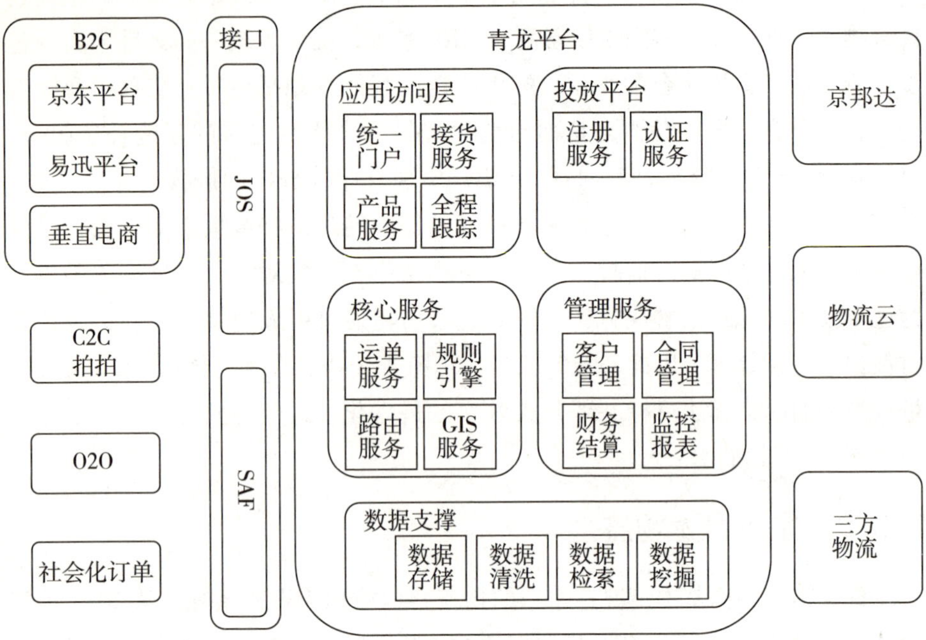

图2-5　青龙系统的整体架构

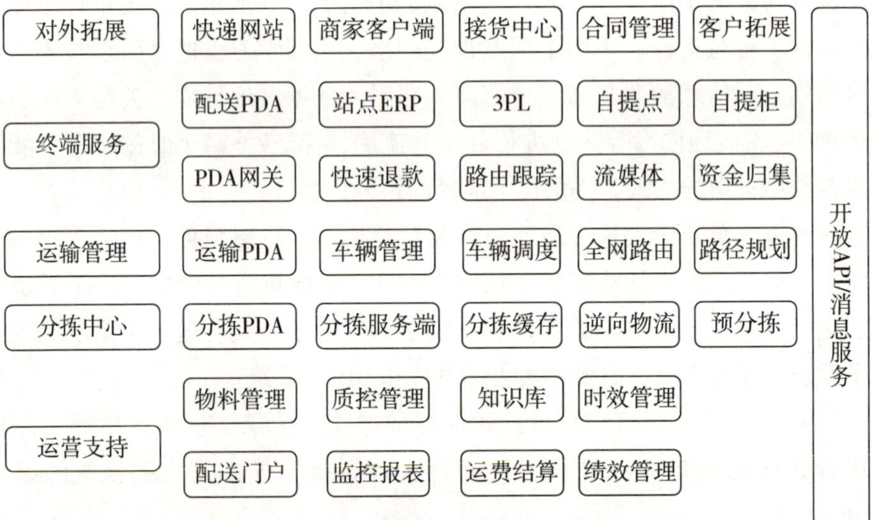

图2-6　青龙架构的核心子系统

（3）预分拣子系统是6个核心模块的心脏，是承接用户下单到仓储生产之间的重要一环，其准确性对运送效率的提升至关重要。

（4）质控平台针对业务系统操作过程中发生的物流损耗等异常信息进行现场汇报收集，保证了对配送异常的及时跟踪，同时为降低损耗提供质量保证。

（5）监控和报表子系统及时监控各个区域的作业情况，根据各环节顺畅度及时作出统筹安排，为管理层和领导层提供决策支持。

（6）GIS 系统，基于这套系统，青龙将其分为企业应用和个人应用两个部分，企业方面利用 GIS 系统可以进行站点规划、车辆调度、GIS 预分拣、北斗应用、配送员路径优化、配送监控、GIS 单量统计等功能；个人方面可以获得 LBS 服务、订单全程可视化、预测送货时间、用户自提、基于 GIS 的 O2O 服务、物联网等诸多有价值的物流服务。

在青龙物流架构设计的过程中，与京东企业战略目标的一致性是重要的影响因素，其六代系统架构的主题变革过程如下。青龙系统 1.0 主要实现了电商物流基础功能，满足了当时的核心业务诉求。青龙系统 2.0 起始于 2013 年，主要是追赶功能，和各业务方构建非常信任的伙伴关系，为后续系统健康发展奠定了很好的基础。到 2.0 完成开发时，青龙系统已经成为完善的自营电商物流系统。青龙系统 3.0 自 2014 年开始规划，以外单开放为主题，开发了青龙开放平台、接单系统，和主流的 ISV 软件完成对接，以及改造现有分拣、运输、配送等环节，来支持外单。青龙 4.0 在青龙 3.0 的版本基础之上进行了物流环节的进一步改进。2015 年，公司实施渠道下沉、3F 战略等，因此青龙 5.0 主题是渠道下沉，配合公司战略，从零开始，构建京东乡村推广员系统和校园派系统。从 2015 年开始，“互联网 +”被提升到国家战略层面，物流也越来越受重视。因此，到 2016 年，青龙系统 6.0 的主题被确定为智慧物流。

青龙 6.0 智慧物流架构（见图 2－7）使用的智能技术包括以下三个方面（亿欧，2017）。①业务数据化。这保障了数据的质量。京东物流在青龙系统的支撑下，实现了所有物流操作的线上化，也就是数据化，并且，对每个操作环节都可以进行实时分析。②大数据处理技术。包括数据收集、传输、存储、计算、展示等一系列技术。对于青龙 6.0 系统来讲，可以基于公司大数据平台，进行相应的实时数据处理和离线数据分析。③便利的可视化管理工具。从时间维度来看，可视化管理工具可以实时展示各个节点的生产量、相邻节点的差异，可以很好把控业务。移动端的开发，对业务非常有帮助。从地理维度来看，青龙系统可以做到车辆、配送员的实时信息展示。例如，在京东 App 上就可以查看订单的实时轨迹。

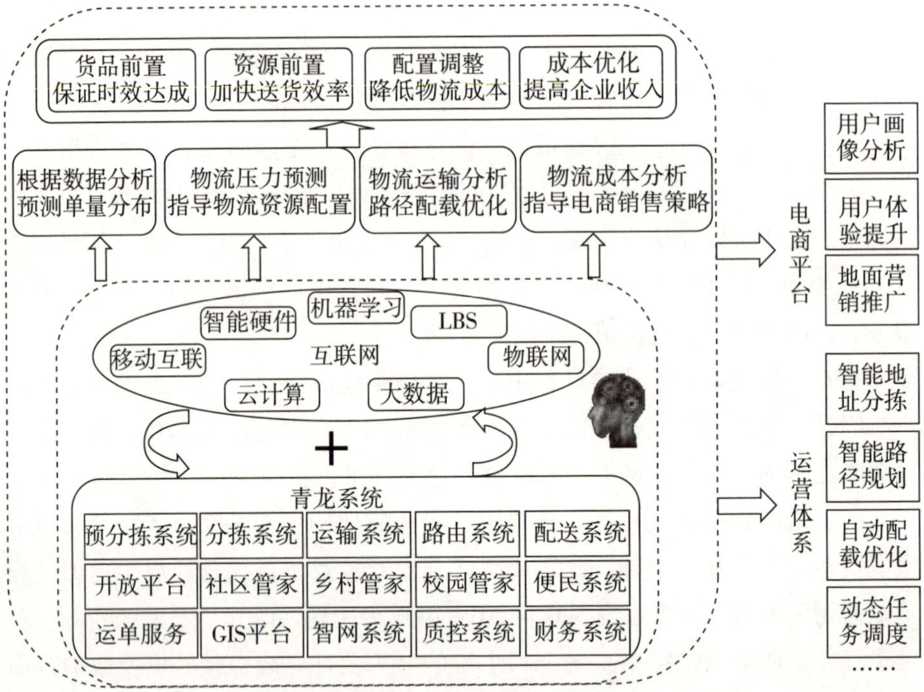

图 2-7　青龙 6.0 智慧物流的架构模式

基于智能技术的引入，京东物流建立了智慧物流架构，该架构将互联网时代的信息处理技术如机器学习、物联网、云计算等相结合，可以实现数字化的预测和决策。例如，青龙系统的单量预测，可以根据用户下单量、仓储生产能力、路由情况等，进行建模预测，来实现最优的单量分配。对于京东物流的智慧物流而言，其核心优势在于以大数据处理技术作为基础，利用软件系统把人和设备更好地结合起来，让人和设备能够发挥各自的优势，达到系统最佳的状态，同时还与外部的电商平台和运营体系有着良好的衔接，使得整个京东物流的业务运营高效而顺畅。

从菜鸟网络和京东物流的架构来看，作为国内领先的物流系统，其架构设计中已经引入了先进的智能化技术设备与多样化的操作平台。但是从架构设计的角度来看，并没有从全局角度考虑物流架构的内部设计和外部保障问题，或者说，至少目前这不是物流架构设计的重点。本章从智慧物流生态链的角度，分析设计过程中的重点与难点问题，提出一种全新的物流架构设计思路。

2.4 面向生态链的智慧物流系统架构设计

2.4.1 面向生态链的智慧物流系统架构设计的重点与难点

智慧物流生态链的背景下，物流运作要面临复杂、多样、相互连接的场景。面向生态链的物流系统架构构建的重点在于，生态链结构的设计过程中需要充分考虑智能技术对其各个环节带来的变革，全流程的管理都以数字化为基础，企业在进行架构设计时需要对底层物流数据进行深入的收集与挖掘，以找到关键节点来进行优化和管理。同时，生态链结构设计与智慧化运营、管理、优化都要从全局视角出发进行推进，以实现全链条的协同优化。

实现全球供应链网络的协同优化，存在以下的难点。

首先，需要具备考虑全局的智慧大脑，有效进行生态链中的组织设计，抽象建模、设计。通过前文对智慧物流生态链总体架构的介绍（见图2－1），可以看出生态链结构的三个重要端点：供给生态群、生态运营商、需求生态群。完整的组织设计与抽象模型，需要对智慧经济下各个端点的特点，以及生态链架构中的核心环节的接口工序有清晰的认知。在此基础上，需要在进行供应链架构设计的过程中，以全局观念进行子架构内部和子架构之间的规划设计，这样才能实现全局的优化。

其次，要清晰地认识到，在智慧经济下，如何高效地利用相关工具，对海量数据进行处理、分析和挖掘，为业务赋能是非常重要的环节。目前的相关高新技术已经非常成熟，但是如何将这些技术与企业自身的情况进行对接，才是核心的问题。这不仅需要对企业战略有清晰的认知，更需要对技术手段的价值与组合价值有清晰的了解。以京东物流的青龙系统为例，技术的产生并不是其物流架构的核心竞争力，根据企业在一定时期内的战略目标去进行物流架构的设计才是架构成功的关键。

最后，需要处理好智慧经济下的三流集成问题。信息流、物流和资金流因其不同的流动速度、流动路径与流动目标，成为传统物流架构设计的一大难点（施云，2016）。在智慧经济下，三流的特点发生了一些变化。具体来说，从流动速度来看，信息流和资金流的速度非常快，物流的速度虽然较慢，但是已经和信息流、资金流紧密地结合在一起，并受到信息系统、信息共享、信用机制等因素的影响。从流动路径来看，物流需要通过智能技术实现路径设计的优化，从而实现三流路径的匹配。从流动目标来看，信息流的设计需要尽可能简化，而资金流的流转需要更加严谨，如何使用智能手段，通过三流之间的相互约束，提升服务质量和效率，是生态链架构设计的难点。这需要综合考虑生态链的内部维度和外部维度，才能给出合理的设计方案。

2.4.2　智慧物流系统架构设计的内部与外部环节

面向生态链的智慧物流系统架构设计，应从全局视角出发，考虑内部与外部环节设计，如图 2－8 所示。

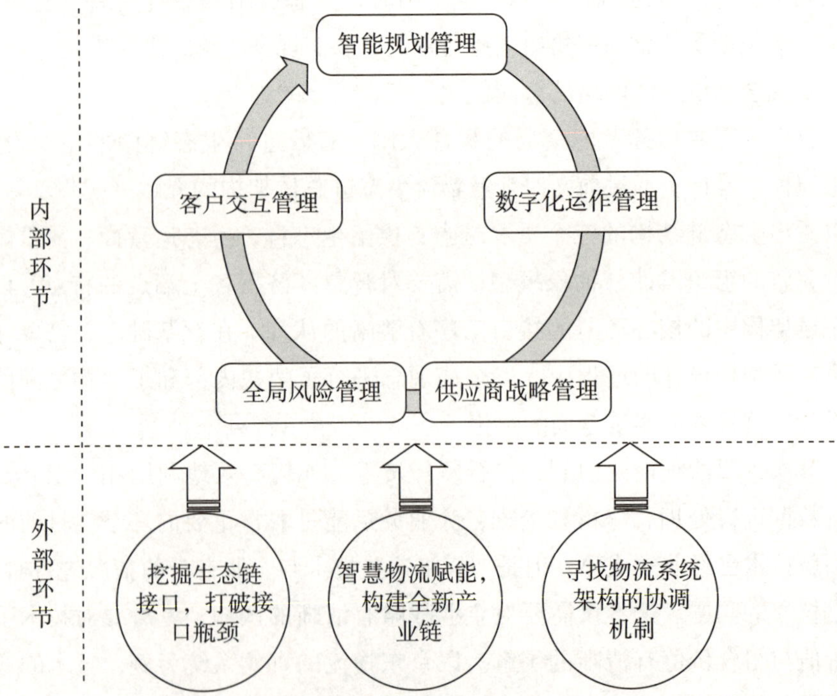

图 2－8　智慧物流系统架构设计的内部与外部环节

从内部环节设计来看，主要可以分为以下五个重点环节。

（1）智能规划管理。智慧物流生态系统架构属于供应链架构。良好的规划是成功供应链架构的开端。供应链规划的目标是实现端到端的协同，并建立起供应链的盈利模式。在传统的供应链架构设计过程中，管理者往往采用销售与运营计划（S&OP）来制订销售端和运营端的决策，并实现它们之间的协调管理。而在智慧物流的生态链中，规划管理包含更广大的范围，传统的销售端和运营端仍然存在，此时它们被融入更大的社群中：供给生态群和需求生态群。生态运营商成了销售与运营计划执行的核心成员，在各种智能辅助决策工具的支撑下，以生态链利益最大化为目标完成数字化集成的核心任务。面向生态链的智慧物流系统架构中，规划管理存在实时信息更替。每一个生态链成员产生的微小变化，都应该得到链条其他成员的实时响应，并且在最快速度内进行全系统的规划调整。

（2）数字化运作管理。在架构设计的过程中，要充分考虑数字化运作时可能存在的各种流程对接与标准化问题，如果初期各个生态链成员采用的数据格式无法实现后期实时共享，那么后期的补救成本将非常高昂。数字化的运作，不仅需要考虑基础的供应链功能，还需要考虑到生态链的可持续特性，以未来眼光进行技术布局，全面考量可能存在的未来发展业务类型、可能具有的数据形式及处理方案，留好业务拓展与运作的接口。这就需要引入专业的技术人员和行业专家，进行合理的预测与技术处理。

（3）供应商战略管理。具体来说，包括采购管理、仓储管理与供应商管理。当前的智慧物流供应链多数已经可以实现精准的供应商选择与管理，并且可以较为准确地预测采购量和库存量，而面向生态链的智慧物流采购更加强调上下游管控的可视化，以及社群之间的数据协同共享。面向生态链的采购管理，不仅需要实现个体企业的精准采购和精益库存，更加需要处理好同级成员之间的竞合关系，包括供应商之间的同质资源共享和智能化协同作业。智能工具的应用，可以帮助管理者实现账实相符，而基于合理的技术设施、子架构接口布局，如何实现社群内部、社群之间的信息共享，是实现生态链协同采购与库存管控的关键，这需要在架构设计的前期予以充分考虑。

（4）全局风险管理。具体包括资产管理、信用管理与风险管控。面向生态链的智慧物流管理中，相较于传统的供应链，成员之间的关系越发紧密，产生了数据共享等形式，这将极大地提升供应链运作的效率。完善的信用机制是维持可持续关系管理的前提。对于智慧供应链而言，资产和信用管理是使供应链生态圈能够良好运转的“血液”，这不仅有利于供应链内部效率的提升与协同优化，更降低了供给生态群、生态运营商和需求生态群整个系统的运营风险，为生态系统的长远发展提供了充足的动能。在此基础上，还需要制订完备的风险评价与管控体系，降低供应链运营的不确定性。

（5）客户交互管理。智能化的操作环境，使得需求社群的期望值不断提升。客户期望得到更好的供应链服务，并且希望能够按照个性化的需求得到定制化的服务方案。与传统的智慧供应链不同，在面向生态链的系统架构中，客户已将供应链视为一个整体，客户希望能够获得即时满足。这一目标的实现需要智慧物流系统在架构设计的过程中以系统共创为目标，解决好生态链各个子架构之间的瓶颈问题，并且始终以客户需求为导向，提升生态链产品与服务质量。

从外部环节设计来看，智慧物流系统架构设计具有以下三个着力点。

（1）挖掘生态链的接口，打破接口瓶颈。生态链中供给生态群、生态运营商与需求生态群由于核心竞争力的差异，存在业务重点的区分。但它们共同组成了供应链生态圈，共同为终端客户提供产品与服务。考虑到“短板效应”，从全局角度来看，外部保障措施需要以生态群内部各环节，以及生态群之间的业务接口为重点解决瓶颈问题。这就需要成立专门的协调部门，定期了解并汇总接口需求，通过大数据共享、智慧云配、物联网等技术将接口问题即时反馈给各机构管理人员，做好物料、人力等资源的协调供给，实现供需匹配的最高效率。

（2）智慧物流赋能，构建全新产业链。外部保障措施同样需要以可持续的视角，从未来角度寻找智慧物流更多的赋能点，并且以更加全面的发展目标（包括经济目标、社会责任目标、商业道德目标等）实时把控供应链生态圈的发展方向。这需要相关人员与生态链系统内的各主管人员进行密切沟通，并且充分了解系统的优势、外部可获得的资源、双向信息的互通，如此有助于从产业链构建的角度，确定符合供应链特点的赋能方向，帮助供应链构建可持续的组织、技术架构。

（3）寻找物流系统架构的协调机制。协调机制必不可少，如何通过外部机制的奖惩，设定合理的激励与约束，使生态链中的每一个成员自愿以全系统绩效最大化为目标进行产品与服务的迭代创新，是面向生态链的智慧物流架构设计中需要考虑的重要问题。

2.4.3 不同类型企业的智慧物流系统架构设计要求

需要注意的是，企业规模的差异会带来任务重点的差异，这种差异体现在宏观和微观两个层面。从宏观角度来看，大型企业在智慧物流系统架构设计过程中具有较强的主导权，处于引领者地位，它们负责制订核心战略目标与各个环节中的关键技术参数。中小型企业更多扮演参与者的角色，负责将架构设计按照计划予以履行和落实。从微观层面来看，不同规模的企业在进行智慧物流生态链架构设计过程中的侧重点存在差异。对于架构设计的内部环节而言，大型物流企业需要强化偏重于战略层面的环节，包括战略规划管理、全局风险管理与客户管理环节。完善的战略构想是成功物流模式的基石，而基础的功能服务，如仓储、供应商管理等，则可以选择将其外包给战略合作伙伴来高效完成。中小型企业则偏重于战术环节的加强与优化，包括供应商战略管理与数字化运作管理。这是由于在面向生态链的物流系统中，规模处于中小等级的企业在多数情况下负责提供基础性服务，需要跟随生态链中的核心战略目标进行能力与需求匹配，物流系统架构设计应该以强化服务能力为重点。对于架构设计的外部环节而言，大型企业依然会从战略层面，提出自上而下的协调方案，包括接口设计、新的业务赋能点与协调方案的最终目标。而中小型企业则会从保障执行层面细化上述外部环节，如确定接口工程的分阶段实施方案，确定赋能点可能的业务形态，以及协调机制的实施路径。综上，不同规模的企业发挥各自优势与核心竞争力，相互合作，可以更加高效地完成智慧物流系统的架构设计。

2.5 智慧物流系统架构设计的案例分析

——基于日日顺物流的实证研究

日日顺物流成立于2000年，其发展经历了企业物流→物流企业→平台企业→生态企业四个转型阶段，沿着透明、连接、协同、赋能、智慧的逻辑思维，日日顺物流不断完善物流系统架构的设计，力争提高用户满意度，多角度、多层次提升用户体验，实现用户价值的沉淀。目前，企业已经建立了辐射全国的分布式三级云仓网络，拥有10个前置揽货仓、136个智慧物流仓、6000多家服务网点，总仓储面积600万平方米以上，实现全国网络无盲区覆盖。在全国规划3300多条班车循环专线、10万辆“车小微”、20万服务兵，为客户和用户提供到村、入户送装服务，并在全国2915个区县已实现“按约送达，送装同步”。

从企业规模来讲，日日顺物流属于大型企业，在物流供应链的上下游链条中具有较强的话语权。它通过整合上游服务提供商的基础物流服务，为终端客户提供一体化的服务方案。因此，在智慧物流的系统架构设计过程中，日日顺物流更加重视战略层面的架构环节，聚焦于强化核心竞争力。本节结合对日日顺物流的深度访谈，分别从架构设计的内部与外部环节角度，解构日日顺物流的智慧物流系统架构设计方案。

2.5.1 日日顺物流架构的内部设计

从物流架构内部环节的设计思路来看，日日顺的智慧物流架构是一个环环相扣的过程，日日顺的内部系统设计有四个重点目标：渠道扁平化、场景移动化、订单碎片化、体验可视化。日日顺以支撑业务诉求和管理诉求为目的，按照生产要素服务化（物流标准生产要素的随机调用）、单体服务网络化（如将某网点相关服务标准化，并快速复制到全网络）、业务产品组合化（将全链路供应链解决方案产品化，根据不同业务需求随机组合）的设计原则，实现系统架构的建设与完善。经过对日日顺物流架构的梳理，将其智慧物流的内部架构设计解构为五个环节，如图2-9所示。

智能规划管理是智慧物流生态链架构设计的初始环节，也是日日顺最为重视的环节。早期，日日顺采用传统的ERP系统进行规划管理。如今，随着物流业务的不断拓展，日日顺逐渐形成了包含240多个合作伙伴的智慧物流生态圈结构，合作伙伴包括品牌商、智慧仓储企业、智慧云配企业、技术开发类企业等。由于要与这些合作伙伴进行协同合作，因此交互性是系统架构设计中至关重要的属性，这需要企业在规划设计之初就在系统内留存充足的开放接口。随着业务范围的扩展，日日顺的系统架构经历了由被动修改到主动响应的转变，设计理念由“业务拓展倒逼系统完善”演变成了“自动自发”。如今的日日顺物流，以智慧物流系统为支撑，推出了包括订单管理系统、仓库管理系统、配送管理系统、车店库管理系统、仓库设备控制系统、AGV行驶地图管理调度系统、货架与工作台管理系统、App移动应用平台在内的八大智慧系统。作为领导者角色，日日顺物流为生态圈内的众多合作伙

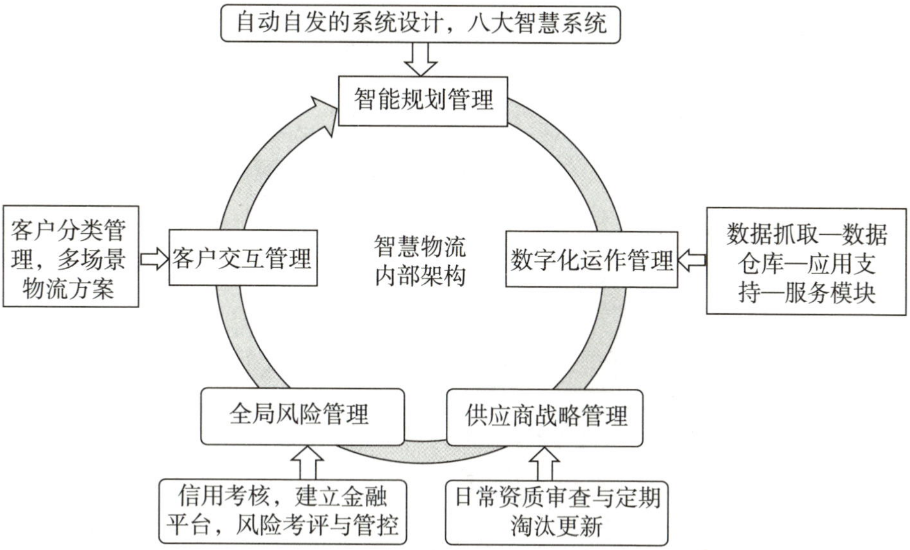

图 2－9　日日顺物流的内部架构设计

伴提供定制化服务解决方案，极大地改善了生态圈业务效率与客户服务体验。

基于智能规划管理，日日顺开始打造数字化运作的基础：系统架构底层的数据获取层与基于此形成的数据库。如图 2－10 所示，抓取的结构化、半结构化等数据经过数据层的加工、清洗与分析，可以为上层的应用层提供决策支持、流程优化、多维分析等多种功能性支持，从而形成日日顺的指标应用、报表应用、主题分析、专题分析等多种应用模块。经过访问层的统一访问门户，日日顺物流基于这些应用模块打造了不同的服务主题，服务层可以进行横向扩展与自动发现，共同支撑日日顺物流的平台建设与运营。层层衔接的层级架构，打造出了日日顺物流的全流程业务系统，以及客户维护与交互通道，每一笔业务订单的产生、流转与后期操作，都可以通过这样的信息架构实现数字化监控。基于数字化运作管理，日日顺物流在很多环节实现了透明、精益的智能化运作，人、车、货、仓都通过系统实现了业务数字化管理，进而实现业务全流程追踪、监管的可视化，这可以帮助企业实现全流程数字化管理，从而实现各种业务模式的拓展与推广。在业务数字化、可视化的基础上，日日顺物流不断优化业务流程、强化物流协同能力、优化业务网络，以此提升运营效率，打造更快、更准确、成本更优的物流服务。

在供应商战略管理环节，2008 年后，海尔集团将采购部门与物流部门进

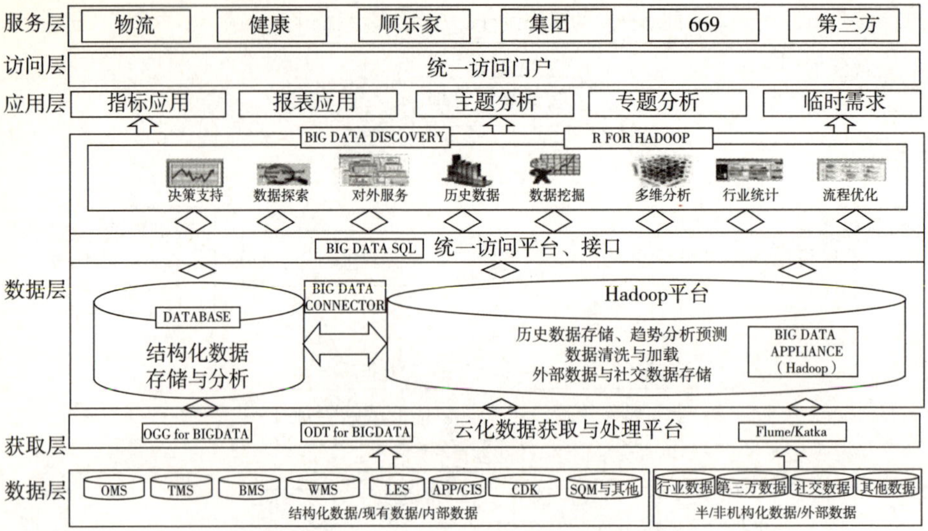

图2-10 日日顺物流的物流系统架构

资料来源：日日顺物流调研资料。

行了切分，如今的日日顺物流对接的是采购与库存管理之后的工作环节。但是日日顺物流也会使用软件辅助进行后端的库存预测，减少呆滞库存，并与总部的采购部门进行实时数据交互，辅助前端进行精准调整。对于供应商的选择，日日顺物流会进行日常考核与定期供应商资质审查，例如，日日顺物流的“车小微”（“车小微”是指每一辆车与客户零距离、按客户评价挣薪、自负盈亏的小微公司）服务产品，汇集了上游的众多服务兵（服务提供商），日日顺物流会对服务提供商的资质进行严格的考核，将资质不良的合作伙伴进行定期淘汰，确保能够为客户提供最优的服务品质。

在此基础之上，日日顺物流作为智慧物流生态链中的核心企业，非常重视全局风险管控，公司将资产管理、信用管理与风险管控视为物流生态圈架构设计的关键环节。日日顺的负责人表示，生态圈的共赢本质上是利润共享，如何通过合理的供应链金融的引入，促进资金流的良性流转，对于智慧物流的架构设计而言是很重要的问题。目前在日日顺的整体架构设计过程中，供应链金融平台是企业重点推进的项目，金融平台的成功建立与运转，将会促进其他业务环节物流、信息流、资金流的三流统一。对于信用管理问题，从转型发展生态圈模式开始，日日顺物流就十分重视合作伙伴的信用考核与管理，对系统内包括服务兵等基础服务提供商进行定期考核。为了增加生态圈的顶层约束，日日顺还要求合作伙伴使用统一开发的平台，进行实时的业务上传，便于统一管控。为了降低集团业务运作的不确定性，日日顺物流制订了较为完善的风险考评与管控体系，企业运营部会对风险指标进行定期的考核，确定风险来源并予以定向解决。如果说数据、业务是日日顺物流系统架构的骨干，生态圈内的风险管理则更像是血液，将各种功能进行更好的连通，赋予生态圈全新的生命。

对于日日顺物流而言，上述所有环节的设计，最根本的都是要为客户提供高度交互的服务体验。日日顺物流的核心竞争产品就是“场景化物流解决方案”。日日顺聚焦三类主要客户：厂家类客户、B2B 客户与 B2C 客户，提供多种场景物流解决方案。在系统架构的设计过程中重点加强两方面的建设。一是建立触点网络，通过全国 30 万个网络接触点，实现企业做小、用户做大的目标。在触点网络的每一个社区，都会建立社区小管家和“车小微”，为消费者提供专属管家服务。例如，在青岛有 200 多个社区根据地，通过“车小微”为消费者提供贴心服务。在实际服务过程中，通过送装一体，去捕捉消费者需求。比如健身产品，在送跑步机到消费者家里的过程中，除了送装服务外，也会给消费者提供健身食谱、其他健身装备等一系列健身解决方案。日日顺把场景打造成生态化平台，实现合作共赢。二是建立智慧交互平台，在智慧交互平台中，汇集海量数据，对其进行深度挖掘，帮助日日顺不断完善服务产品的设计。例如，在家居产品场景中，通过数据收集发现有很多消费者有局部装修的微装方案需求，经过进一步分析，发现在上海、成都等城市需求较为集中。因此，日日顺推出了针对家居场景的七天换新方案，打造出一款以客户需求为导向的创新服务产品。

2.5.2　日日顺物流架构的外部设计

在系统架构设计的过程中，良好的柔性是日日顺始终追求的目标，因此在智慧物流架构设计的外部环节中，日日顺制订了自上而下的协调机制与发展目标。公司对解决各个业务环节接口的瓶颈难点予以高度重视，外部架构设计的重要思路之一就是支撑管理诉求，增强去弱，优化生产要素的配置，以合理方式进行合并重组。日日顺物流架构设计的负责人表示：“在生态链的各个环节中，业务模式虽然差异较大，但是不能盲目开展新的业态，而是要从公司架构的宏观层面来看，清楚各链条之间的内部联系，解决业务发展的局限。否则，杂乱的生态圈场景会导致生态产品不聚焦，给终端的组织运行带来较大压力，反而不易推行，容易导致新场景的失败。”基于这样的设计理念，日日顺的运营部门会定期了解上下游各部门、各环节的业务需求，从集团层面予以人力、资源等支持。基于智慧物流的底层能力，日日顺通过协调各部门的接口，实现了高效的资源互补，从而实现各场景的共赢，为客户提供不断创新的定制化服务方案。

此外，日日顺也在不断寻找智慧物流的赋能点，推动产业链跨界互融。在智慧物流的全新发展背景下，存在很多传统业务背景中不存在的新赋能点，日日顺以未来需求为导向，不断为客户开发新的智慧场景。例如，在智能家居场景中，日日顺通过数据发现客户存在家居更新的需求，于是开发了七天换新的服务产品；在汇总饮水机安装的服务数据时发现，消费者不仅有一般性的饮水需求，还会有家庭饮水需求，于是日日顺开发了给消费者提供履新更换的增值生态解决方案。而为这些场景赋能的背后，是不断完善的全新产业链。

最后，在寻找物流系统架构的协调机制方面，日日顺从链条协同和生态圈协同两个层面出发进行了战略布局。在供应链上游，日日顺物流打造了一个开放平台，连接不同的物流合作伙伴等资源。基于资源管理平台，对所有的物流资源进行了完善的事前（预约管理系统）、事中（订单管理系统、新资源协同平台）、事后（财务结算、供应链金融等）管理。在供应链的下游，日日顺打造了一个客户协同平台，帮客户量身定做用于物流服务的门户入口。依托于该平台，客户可以通过企业微信等方式，与日日顺服务团队进行便捷的线上交流，查询服务订单、财务费用结算等信息。从生态圈的角度来看，日日顺生态圈对内追求业务升级，对外不断进行服务创新，并且与越来越多的合作伙伴建立紧密的合作关系，通过互利共赢的模式，实现整体利益最大化，为客户提供极致的服务体验。

3 智慧物流的发展路径与发展模式研究

3.1 智慧物流发展的背景

随着近年来全球经济社会的发展，科技、商业、社会和政治四个方面正在发生深刻的变化，物流供应链面临新的供需矛盾。一方面，随着人口红利消失、外部竞争加剧，供给侧资源瓶颈凸显，边际效应递减，客户的需求个性化、多样化、碎片化，这给企业的供应链运营管理带来了巨大压力；另一方面，第四次工业革命的到来，数据资源成为未来技术发展的新基础，是推动经济社会发展转型的重要保障，智能生产、智能工厂等智能制造变革对传统物流的运作模式提出了新的要求与挑战。在这样的经济模式下，物流行业正在发生新变革，以物流流程数字化、自动化、智能化为核心特征的智慧物流正在加速到来。智慧物流的兴起成为未来解决物流业痛点的重要方式，将快速提升整个物流系统的运作效率和智能化水平，从而真正促进物流业降本增效。

国家相继出台一系列政策扶持智慧物流产业与物流行业。2014 年 9 月，国务院发布《国务院关于印发物流业发展中长期规划（2014—2020 年）的通知》，提出了加强物联网、云计算、大数据等先进信息技术在物流领域的应用①。国家发展改革委在 2016 年 7 月也发布《发展改革委关于印发〈“互联网 +”高效物流实施意见〉的通知》推动物流信息互联共享体系建设②。工业和信息化部也在 2017 年 12 月发布《工业和信息化部关于印发〈促进新一

---

① 国务院. 国务院关于印发物流业发展中长期规划（2014—2020 年）的通知 [EB/OL].（2014 - 09 - 12）[2019 - 12 - 15]. http：//www. gov. cn/zhengce/content/2014 - 10/04/content_ 91 20. htm.

② 国家发展改革委. 发展改革委关于印发《“互联网 +”高效物流实施意见》的通知 [EB/OL].（2016 - 07 - 29）[2019 - 12 - 15]. http：//www. gov. cn/gongbao/content/2017/content_ 519170 4. htm.

代人工智能产业发展三年行动计划（2018—2020年）〉的通知》①，支持智能化物流装备、无人仓储建设。随着《中国制造2025》的推进，制造业的智能转型急需智慧物流的支持，国家发展改革委等部门在2019年发布《关于推动物流高质量发展促进形成强大国内市场的意见》，明确指出物流和供应链企业在依法合规前提下开发面向加工制造企业的物流大数据等产品，增强制造企业对市场需求的捕捉能力、响应能力和敏捷调整能力②。此外，近年来电商与快递行业的快速发展也离不开国家政策的支持，国务院与国家邮政局分别发布《国务院关于促进快递业发展的若干意见》《国务院办公厅关于推进电子商务与快递物流协同发展的意见》《快递业发展"十三五"规划》《国家邮政局关于加速推进邮政业供给侧结构性改革的意见》，促进快递物流业的智能技术应用、物流标准建立等。商务部、财政部、交通部等国家部门也从不同角度发布政策，以促进智慧物流的发展。

在当前的智慧经济发展与政策背景下，智慧物流成为广大企业和学者关心的问题。为了有效促进智慧物流的实施，如何选择适用于我国企业的发展路径和发展模式成为发展的重中之重。对比国外来看，日本、美国等发达国家都已经在智慧物流领域取得了长足的发展。而随着国内市场规模的变化，我国的一些物流细分行业（如快递业）技术水平也已经达到了国际水平，并且形成了比较完善的产业链条。但由于物流业涉及的产业范围非常广泛，各行各业的运作都离不开物流体系的支撑，考虑到供需的差异，各产业的智慧物流推进存在不同的发展模式，因此其智慧物流的发展路径与发展模式也各有特点。然而，从产业来看，智慧物流作为新生事物，缺乏业内非常成熟的发展路径与发展模式作为参考，迫切需要通过探索性研究，来提炼一般性的智慧物流发展路径与发展模式，这将对企业发展智慧物流具有重要的指导意义。从学术领域来看，多数研究聚焦于互联网经济背景下物流企业发展"互联网+"高效物流的路径和模式，少有学者关注如何发展智慧物流。仅有的

① 工业和信息化部．工业和信息化部关于印发《促进新一代人工智能产业发展三年行动计划（2018—2020年）》的通知［EB/OL］.（2017-12-13）［2019-12-15］. http://www.miit.gov.cn/n1146295/n1652858/n1652930/n3757016/c5960820/content.html.

② 国家发展改革委等部门．关于推动物流高质量发展促进形成强大国内市场的意见［EB/OL］．（2019-09-29）［2019-12-15］．http://www.gov.cn/zhengce/zhengceku/2019-09/29/content_54 34995.htm.

少数相关研究中，刘伟华（2019）提出了我国企业发展智慧物流应遵从的两种路径和三种模式；学者杨丽华提出当前企业转型智慧物流的发展方向；学者吴萍、马强和王继祥分别从企业业务和技术角度提出了企业发展智慧物流的总体路径。总的来看，现有研究没有基于不同行业、不同类型企业的特点，分别对智慧物流的发展路径和发展模式进行深入细致的研究。

为此，本章将在刘伟华（2019）提出企业发展智慧物流应遵从的两种路径和三种模式的基础上，从电商企业、物流企业、制造企业角度分析智慧物流的发展路径与发展模式。

3.2　物流企业发展路径与模式的定义与内涵

3.2.1　物流企业发展路径

企业的发展路径是指企业在完成某个目标或向某个方向发展过程中的发展经历、发展方式，以及今后的发展道路、发展趋势，它是对企业过去发展过程的总结和对今后发展的展望。随着中国经济发展呈现新形势，国家提出了“互联网+”高效物流的战略规划，物流业处在发展转型的关键时期。通过云计算、大数据等技术的应用，物流业进行技术创新和资源共享，呈现出“优化企业物流布局—规划物流配送成本—完善物流运营机制—搭建物流信息平台—寻求多元化的发展道路—携手供应链企业建立强强联合”转型新路径。而且，在“互联网+”的互联与共享理念影响下，物流企业开始关注建立“平台+实业+物流+金融”的生态圈，形成大力发展共享物流，建立共享平台发展路径。此外，不同的物流细分领域也呈现出不同的发展路径。例如，在电子商务环境下，物流管理创新发展路径可以按照如下步骤进行：首先，要为电子商务环境下物流管理提供必要的政策引导；其次，创新完善电子商务环境下的物流管理体系，加强对现代物流管理人才的培养；最后，借助现代化的技术支持物流智能管理。学者张晓芹研究了面向新零售的即时物流发展路径，认为应分四步进行：第一步是加大智慧技术投入，提高即时物流服务质量；第二步是深耕垂直细分市场，提供差异化服务；第三步是规范人力资源管理，保障配送服务质量；第四步是加强行业监管，制定行业标准，推动即时物流规范化运营。

有着互联互通、数据互动，深度协同、高效执行，自主决策、学习提升三大特点的智慧物流已经成为未来物流业发展的重要方向。在“互联网 +”背景下，企业应从协同创新与资源共享、物流业务数据化处理与物流数据业务化发展、智能化与物联网化三方面发展智慧物流。同时应通过全面提升物流信息化建设的水平、提升智慧物流行业有关工作人员的专业素质、建立健全的智慧物流发展体系、政府部门需要制定合理的法律制度等方面保证智慧物流的有效实施。刘伟华（2019）从企业模式角度提出了两条智慧物流的发展路径。一是以电商平台为驱动，比如阿里、京东率先从电商角度驱动物流行业的发展，是自上而下的驱动。电商平台建设驱动了物流数据平台建设，物流数据平台建设再驱动全数据的协同和全链条资源的整合。二是以物流企业为驱动，是自下而上的驱动，就是把底层业务通过线上经营，形成平台化运作，最后给客户提供个性化解决方案。学者王继祥从技术发展角度将发展智慧物流的路径总结为先数字化、网络化，再进行自动化、集成化，最后进行智慧化发展。此外，物联网是企业智慧物流发展路径的重要关注点。当前的物联网已经被纳入了国家“十三五”重点专项规划，而智慧物流则成为物联网发展的方向之一，同时也是最能代表物联网的一个体系。智慧物流是利用物联网技术作为基础形成的物流专业网，即能够直接或间接地对物联网产生需求。

3.2.2 物流企业发展模式

企业的发展模式是指在一定地区、一定历史条件下，具有特色的企业发展规划，也就是对特定时间和空间下企业发展特点的概括，包括企业战略、组织结构、营业方式等。物流企业发展模式就是根据不同的物流细分领域特点及企业自身发展目标，所采取的战略与组织结构等。发展模式不仅对物流企业的日常经营绩效有重要影响，而且对物流企业可持续管理也起到至关重要的作用。

当前随着我国信息技术、自动化技术、智能技术的普及，互联网经济飞速发展，电子商务突飞猛进，从而带动了物流行业的转型升级，同时由于电商带动物流市场的空前扩大，物流企业正在经历前所未有的考验。在电子商务环境下现代物流的发展模式呈现出自建模式、TPL 模式和一体化模式三种，具有信息化、网络化、集约化、协同化的发展特点。物流企业开始利用互联网技术开展物流管理，通过互联网模式，在各个企业之间整合物流组织和设施，构建具有一定独立性的物流发展实体，促使各个企业对物流技术实现共享，从而获得规模化的资源成本优势，提高物流专业发展效率。其中这个发展模式中关键的一点是需要依靠物流节点的信息化管理、物流系统的开放性与物流系统中信息流的整合与引导。因此，在“互联网 +”背景下，我国物流企业的转型呈现出“互联网 + 云计算 + 大数据 + 共享经济 + 智能仓储”完美融合的、新的商业发展模式，向信息化、现代化、多元化方向发展。而这个过程中，中小企业也是关注的重点，其主要发展模式有专一模式、特色模式和联盟模式三种，物流企业可根据自身的资源投入、员工技术水平、信息系统建设情况及设施设备情况对不同发展模式进行选择。

智慧物流的兴起成为解决未来物流业痛点的重要方式，将快速提升整个物流系统的智能化、自动化水平，从而真正促进物流业降本增效（刘伟华，2019）。物流企业通过物与物彼此之间的信息交换和通信，辅之以人工智能技术、云计算技术、通信感知技术和数据处理技术，实现物与物的广泛互通和融合，是当前企业转型智慧物流的发展方向。刘伟华（2019）认为我国企业发展智慧物流应遵从平台型公司模式、通用型公司模式和专业型公司模式三种发展模式。然而，目前学界对于物流企业发展模式的研究主要集中在传统物流企业，对于近年来逐渐成为未来物流行业发展方向的智慧物流发展模式的研究较为有限，仅有少数研究探索了这个问题。

3.3 智慧物流发展路径研究

参考刘伟华（2019）的研究，智慧物流的发展路径按照不同的实施主体，可以分为电商平台驱动、物流企业驱动和制造企业驱动。这三种不同的主体，其发展路径是有差异的。我们期望通过对以上三类企业中的先行企业现有智慧物流发展路径进行分析，然后归纳出不同类型企业的智慧物流发展路径，为今后行业内其他企业发展智慧物流提供经验借鉴。

3.3.1 电商企业发展智慧物流的基本路径

电商企业为了提高服务体验和客户期望，通过整合商流资源，打通“最后一公里”的物流服务环节，构建基础设施型、赋能型和服务型物流数据平台，对网点、转运、干线、末端、人员的基础数据进行有效集成，然后对物流快递的各个环节进行全链路物流整合，形成有效的数据驱动协同，从而给电商客户提供高效快捷的物流服务。电商企业发展智慧物流的基本路径如图3-1所示。

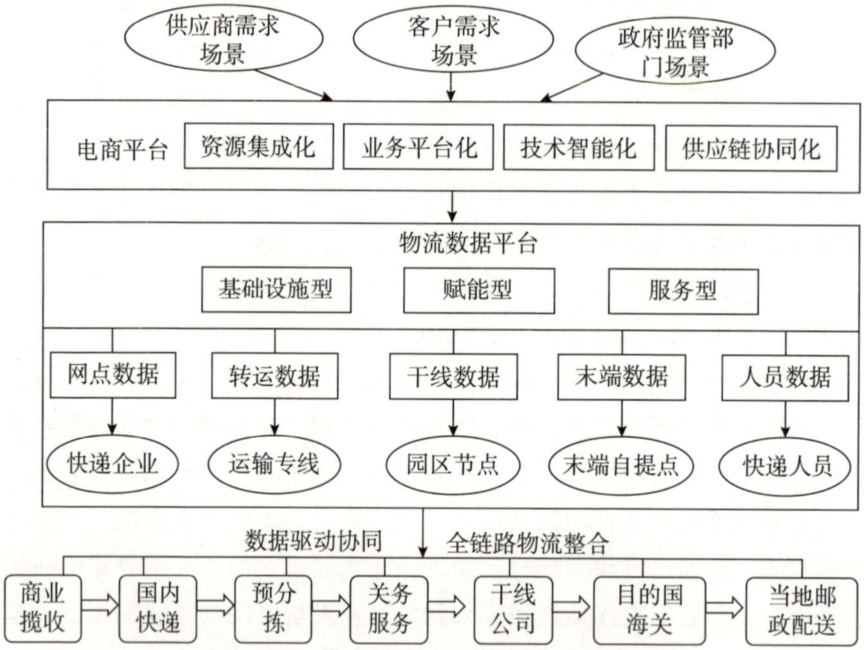

图3-1 电商企业发展智慧物流的基本路径

（1）根据供应商需求场景、客户需求场景、政府监管部门场景等不同场景各自的需求，通过资源集成化、业务平台化、技术智能化和供应链协同化，基于云计算技术搭建电商平台。

（2）通过物流数据平台实现物流信息管理。目前的物流数据平台大致分为基础设施型、赋能型和服务型。利用云计算技术建设物流产业集群能促进资源的优化配置，统一整合顾客信息、物流企业信息、资源信息。

（3）通过数据协同实现全链路物流整合，促进物流行业实现云计算技术创新应用。

京东物流以降低社会物流成本为使命，致力于成为社会供应链的基础设施服务商。基于短链供应，打造高效、精准、敏捷的物流服务；通过技术创新，实现全面智慧化的物流体系；与合作伙伴、行业、社会协同发展，构建共生物流生态，是拥有中小件、大件、冷链、B2B、跨境和众包（达达）六大物流网络的企业，属于电商行业的智慧物流先行企业。因此，本章以京东物流为例，分析其智慧物流发展主要经历的几个历程。

（1）随着电商时代的到来，供应商、客户等的需求越来越多样化，2013年京东物流根据场景与业务需求进行资源整合，上线 WMS 5.0 仓储管理玄武系统，搭建电商平台的同时实现物流信息管理。玄武系统作为现代化的电商仓储物流信息系统集多种自动化物流设备于一体，同时有力支撑开发业务的引入，是一套完善的电商仓储物流作业系统。

（2）2014 年京东物流筹建的 B2C 行业内建筑规模最大、自动化程度最高的现代化运营中心上海“亚洲一号”正式投入运营，亚洲一号是集商品暂存、订单处理、分拣配送功能于一体的电子商务运营中心。京东物流搭建的赋能型和服务型平台初步成型，随后不断利用云计算技术建设物流产业集群促进资源的优化配置，统一整合顾客信息、物流企业信息、资源信息。京东帮服务店开始营业，渠道下沉，实现线上线下融合，开始探索无界零售。截至 2019 年，亚洲一号智能物流园区投用超过 23 座，形成亚洲电商物流领域规模最大的智能物流仓群。

（3）2016 年成立 X 事业部，2017 年京东物流集团成立，通过数据协同实现全链路物流整合，促进物流行业实现云计算技术创新应用，开始全面打造智慧仓储物流系统，试运营无人机、无人车、无人仓等。同时推进智慧供应链的建设，将物流环节延伸，与上下游企业进行智慧协同，通过数据协同实现全链路物流整合，旨在成为中国供应链解决方案和供应链科技领域的智慧企业。

3.3.2　物流企业发展智慧物流的基本路径

物流企业凭借自身对拣选、仓储、运输、关务、配送等各类物流业务的理解和信息化系统的建设，搭建基于这些业务的电商平台。然后，将这些业务平台从公司内部推向公司外部，通过多场景、多网点、多公司的广泛应用，形成了物流业务的电商平台。这些物流电商平台通过资源集成化、业务平台化、技术智能化、供应链协同化，面向供应商需求、客户需求、政府监管等场景，形成了有效的供应链解决方案。具体来讲，物流企业发展智慧物流的基本路径如图 3－2 所示。

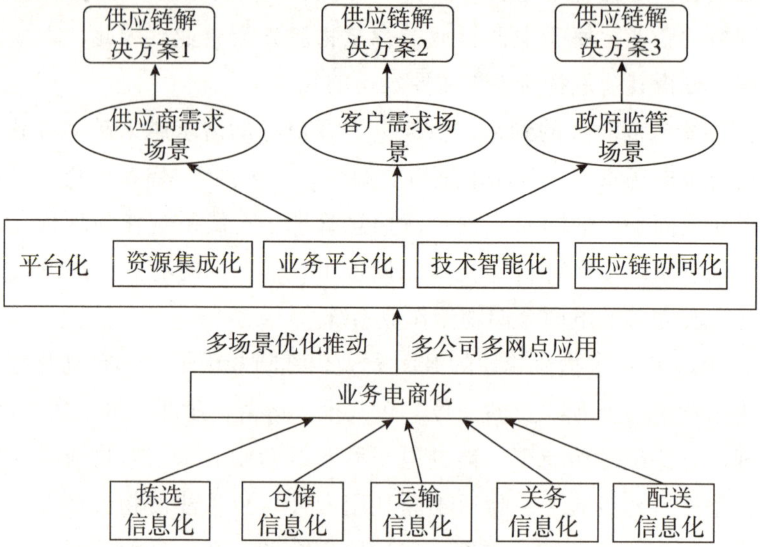

图3－2　物流企业发展智慧物流的基本路径

（1）进行拣选、仓储、运输、关务、配送等的信息化建设，大力发展共享信息平台，实现业务电商化。

（2）通过资源集成化、业务平台化、技术智能化和供应链协同化搭建电商平台。与此同时政府也需要对物联网的产业发展给予资金上的支持、政策上的扶助，对物联网发展的大环境进行规划和调整，着力于大型物流企业带动小型企业共同发展的信息资源共享和整合局面，降低物流企业投入物联网体系的成本。

（3）建立“平台＋实业＋物流＋金融”的生态圈，以适应供应商需求、客户需求和政府监管等不同场景，并为之提供解决方案。通过资源集成化、业务平台化、技术智能化、供应链协同化，平台可以聚焦于不同的场景为之提供精准服务，使得用户的各种需求可以得到满足。物流业发展转型的新思路离不开物流企业之间的战略合作和协同创新。

中外运是招商局集团控股的二级子公司和物流业务的统一运营平台，目标是打造世界一流的智慧物流平台企业。中外运的服务网络覆盖全国，遍及全球主要经济带，是中国最大的综合物流整合商。中外运已形成代理及相关业务、专业物流、电子商务三大业务板块，能够为客户提供端到端的全程供应链解决方案和一站式服务，是物流行业的先行企业。本章以中外运为例，分析其智慧物流发展的三个主要历程。

（1）进行关键环节的信息化建设，大力发展共享信息平台，实现业务电商化。中外运重新定义客户、业务、组织和价值，在智慧物流新生态环境下，打造标准化的外运服务产品和共享化的平台，推进商业模式的重构，实现业务平台化和业务电商化。在此过程中，中外运秉持“一切业务数据化、一切数据业务化”的理念，以数字为基础打造数字外运，在此基础上实现互联互通和分享运用，通过关键环节的信息化建设为业务电商化打下基础。

（2）通过资源集成化、业务平台化、技术智能化和供应链协同化搭建电商平台。在此过程中，中外运注重科技创新应用和业务流程再造，实现业务平台化和技术智能化。中外运在自动化、信息化、智能化的科技推广实践中不断应用无人机、无人库、人工智能、物联网、区块链、无线射频、移动互联等先进技术，推动物流业务由劳动密集型向科技密集型转变，大力提升各个物流环节的服务效率、服务质量和客户体验。在业务流程再造过程中，中外运主要运用“互联网＋”全面改造业务流程，实现线下线上一体化。对内中外运以智慧物流为契机推进主营业务线上化和可视化，对外中外运推行物流全程可视化服务，通过这样的手段搭建电商平台。

（3）建立“平台＋实业＋物流＋金融”的生态圈。中外运以全模式、全渠道和全链条服务为目标，到目前为止中外运基于不同的供应链环节，已经形成了全模式的智慧物流服务模式。为了满足消费者任何时间、任何地点、任何方式购买的需求，采取实体渠道、电子商务渠道和移动电子商务渠道整合的方式销售商品或服务，提供给顾客全场景的购买体验，在面向生产、面向商业、面向顾客三个方面开展全链条的智慧物流活动。在智慧物流新生态环境下，中外运以共享经济和平台化为方向，坚定不移地推进企业间的协同合作，通过打造标准化的产品和共享化的平台，积极构建供应链物流生态圈，以适应供应商需求、客户需求和政府监管部门等不同场景，并为之提供解决方案，实现精准服务。

3.3.3　制造企业发展智慧物流的基本路径

近年来，越来越多的制造企业走上了由“企业物流”向“物流企业”转型的道路。以日日顺物流、领鲜、准时达等为代表，它们完成了企业物流的初衷，成功脱离“母体”，转型成了市场化的物流企业，并且大力推进智慧物流发展。制造企业发展智慧物流的基本路径如下。

（1）从“企业物流”向“物流企业”的转变。这是制造企业发展物流的必经之路，也是重要的第一步，大致分为五个阶段：确定内部产品及战略方向；独立于母公司，有独立组织架构及管理层；建立纯市场化运营机制，进行市场化能力构建；持续开拓外部市场，使业务增长主要来源于外部业务；建立专业化、标准化业务准则，物流企业转型完成。

（2）通过资源集成化、业务平台化、技术智能化和供应链协同化搭建电商平台。与此同时，政府也需要对物联网的产业发展给予资金上的支持、政策上的扶助，对物联网发展的大环境进行规划和改善，着力于大型物流企业带动小型企业共同发展的信息资源共享和整合的局面，降低物流企业投入物联网体系的成本。

（3）建立“平台＋实业＋物流＋金融”的生态圈，以适应供应商需求、客户需求和政府监管等不同场景，并提供解决方案。物流业发展转型的新态势离不开物流企业之间的战略合作和协同创新，而生态圈的建立为合作共赢提供了可能性。

日日顺物流是海尔集团旗下的服务品牌，具有天然的制造业物流基因。其发展先后经历从企业物流到物流企业再到平台企业的三个转型阶段，目前，日日顺依托先进的管理理念和物流技术，整合全球一流网络资源，搭建开放的专业化、标准化、智能化大件物流服务平台。日日顺物流始终坚持以用户最佳体验为标准，目前已经为家电、家具、卫浴、健身器材及互补行业客户提供全品类、全渠道、全流程、一体化物流服务。本章以日日顺为例，分析其智慧物流发展的几个历程。

（1）由海尔内部“企业物流”向“物流企业”转变。起初由于海尔集团企业内部的物流配送需要，日日顺承接海尔线下零售、线上销售及海尔产品在阿里、京东等平台销售的送装服务。随着业务的发展，日日顺确立了自己“以大件物流为核心”的战略方向和“做中国大件物流领导品牌”的企业目标，以“仓配一体”为切入点，根据品类和产品特性设计物流体系，从大件物流单点突破，在全国各地建立核心仓库和大型仓库，持续开拓外部市场，将物流业务拓展到海尔之外的品牌，建立了专业化、标准化业务准则，完成了由“企业物流”向“第三方综合物流服务商”的转变。

（2）以场景化的精准营销为目的和切入点，通过资源集成化、业务平台化、技术智能化和供应链协同化搭建平台。这个阶段日日顺的物流服务开始向小微化转变，车不再只是“运输载体”，而是成了一个智能化的数据传感器，是“用户服务的云终端”，通过人车合一、送装一体，逐步形成点线面的物流服务体系。通过无人仓建设、全流程自动作业、信息系统全网覆盖等，为3200家品牌商提供“仓、干、配、装、揽、鉴、修、访”的统一标准化物流解决方案。日日顺成了“专注于大件物流的综合物流服务平台”。

（3）打造智慧物流生态圈。随着越来越多的品牌商入驻日日顺平台，以及与京东、菜鸟等越来越多的电商平台合作，日日顺通过智能化、数字化的发展铺垫，开始发展特有的场景化精准营销。通过对用户需求的深度挖掘和感知，发掘其中的生态价值，通过智能化的基础服务设施开展从品牌商到用户的全流程供应链管理，实现全链条共生共荣。

3.4 智慧物流发展模式研究

同样参考刘伟华（2019）的研究，电商企业、物流企业和制造企业三种不同主体的智慧物流发展模式也是有差异的。我们期望通过对以上三类企业中的先行企业现有智慧物流发展模式进行分析，然后归纳出不同类型企业的智慧物流发展模式，为今后行业内其他企业发展智慧物流提供经验借鉴。

3.4.1 电商企业发展智慧物流的典型模式

我国电商企业的发展立足于满足顾客的个性化需求，基于不断成熟的互联网、物联网和云计算技术，以淘宝、京东为代表的众多电商企业现已不断渗透于社会、经济和人民生活各个领域，随之对应的电商智慧物流需求也在保持快速增长（郑秋丽，2019）。电商时代的到来和技术的发展，使得信息传导跟物流传导的一致性日趋明显，一旦出现信息不对称，将会给物流带来超额的高昂成本和低效率的产出。为适应电商企业运营模式的发展，市场需求细分将更精准，供应链资源整合能力将更柔性化、服务能力更准时。为此电商智慧物流必须加快服务创新，增强时效性、规范性和灵活性，以适应更加灵活的区域间商品流通市场需求、我国新一轮对外开放和“一带一路”倡议实施。我国电商智慧物流的典型模式可以概括为电商企业以客户需求为驱动，以平台为基础，对物流设施及信息自上而下进行整合，提升了客户物流服务的透明化程度（邵广利，2015）。具体来说如下。

（1）完善物流基础设施。在采购、配送、仓储、运输等物流环节实现信息化运作，并在此基础上实现物流供应链的全流程信息共享。

（2）推广应用物联网技术。随着物联网的推广应用，电商智慧物流在自动化和网络化方面取得了长足发展，大数据的发展应用也成为电商物流的重要优势。同时，以平台为基础自上而下整合物流设施及信息。

（3）柔性化运作，提升客户物流服务透明化程度。利用数字化处理和物联网技术提升自动化管理能力，例如，可视智慧网络系统和智慧化的物流配送中心；利用大数据和数据挖掘技术提升物流决策能力，例如，智慧供应链体系；利用射频识别和卫星定位技术提升定位追溯能力，例如，产品智能可追溯系统。

（4）紧紧把握国家政策。目前，国内市场和政策的双重红利为电商智慧物流行业的改革提供了机遇。这也释放出一种信号，为电商智慧物流业的发展注入一剂“强心针”，未来电商智慧物流将成为创投界的主战场。

以京东物流为例，为实现“线上+线下与物流深度融合的零售新模式”，京东物流自建物流体系，通过“无人化作业”“数字化运营”和“智能化决策”打造全面智慧化的物流体系。京东物流的智慧物流发展模式可以总结如下。

（1）完善基础设施，构建尖端技术能力输出平台。建设“云计算+大数据”新基础设施平台，打造统一城市云端入口，构建“以云技术为支撑，以大数据为驱动”的智慧城市生态，打造平台、数据、生态、网络四大体系，形成云聚产业、智赢未来的经济发展新局面。

（2）推广应用物联网技术，推动无人技术迅速落地。京东已在2017年年底完成京东无人系统研发团队的组建工作，并逐步开展京东“无人机、无人车、无人仓”一体化测试体系建设。同时，还将在航天基地注册并组建京东集团全资子公司，建设工业级无人机研发生产基地。

（3）柔性化运作，打造智慧供应链价值网络。在全球物流总部落地方面，京东物流打造集仓储、配送、结算、大数据、云计算等现代物流业务于一体的智慧化物流产业中心，落地西安，辐射全球，实现数据驱动、高效匹配，网状协同、立体共享的柔性化智慧供应链体系。

3.4.2 物流企业发展智慧物流的典型模式

近些年来，随着物流市场规模的不断扩大，物流企业的数量也在不断增多，但其物流仓储设施、终端配送场所及其配套设施依旧不足以满足现实需要，导致配送成本较高，而且大多数物流企业并没有真正实现信息化，对智慧物流平台的建设投入较少（王洪艳，2019）。总体来说，目前物流企业的智慧物流基础设施建设相对落后，信息技术应用水平不高（Casadesus – Masanell and Ricart，2010）。在当前物流企业发展现状与智慧物流发展趋势下，我国物流企业发展智慧物流的典型模式研究具有重要意义。由于物流企业有不同的类型，徐晨莉和左晓静（2019）梳理了常见的两种物流企业，给出了各自的发展模式。

针对平台型物流企业，其核心特点是具有很强的资源整合和聚集功能。因此，平台型物流企业在发展智慧物流的时候具有较强的资源基础，它们利用纵向和横向的双向发展，形成了智慧物流服务。这种智慧物流发展模式通常对具有广泛物流网络、大规模物流基础设施、平台化能力的物流企业比较适用。如图 3 –3 所示，从纵向来看，在平台形成过程中，遵循了业务信息化—数据集成化—平台化—场景应用化的基本过程。从横向来看，平台型物流企业遵循的发展模式也是渐进式过程，它的基本过程是单点自动化—多点网络化—服务链智能化—形成大平台—平台公共化—万物互联化。在中国，中外运发展智慧物流就是这种典型模式。

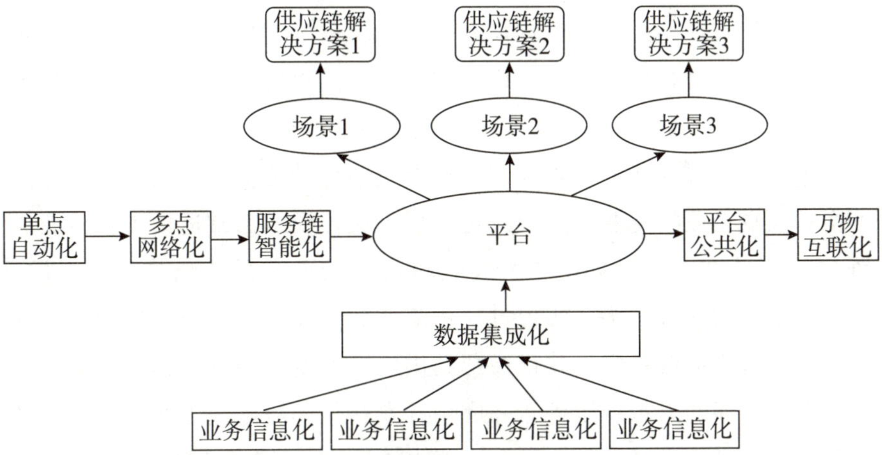

图 3 –3　平台型物流企业的智慧物流发展模式

通用型物流企业的智慧物流发展阶段如图 3 –4 所示。这种发展模式通常适用于单个物流企业，其发展过程有三个阶段，分别是自营探索阶段、深度整合阶段和共享创造阶段。在自营探索阶段，通常是以企业本身业务运作为主，实现自身物流业务的自动化运营。在深度整合阶段，以大数据技术、云计算技术、人工智能技术为支撑，通过高维度的数据集成和算法分析，实现满足需求场景的智慧决策。其中，算法是深度整合的核心。在共享创造阶段，物流企业则利用智慧化决策，关注与客户、供应商的深度共享和价值创造，在供应链范畴实现供应链价值增值。

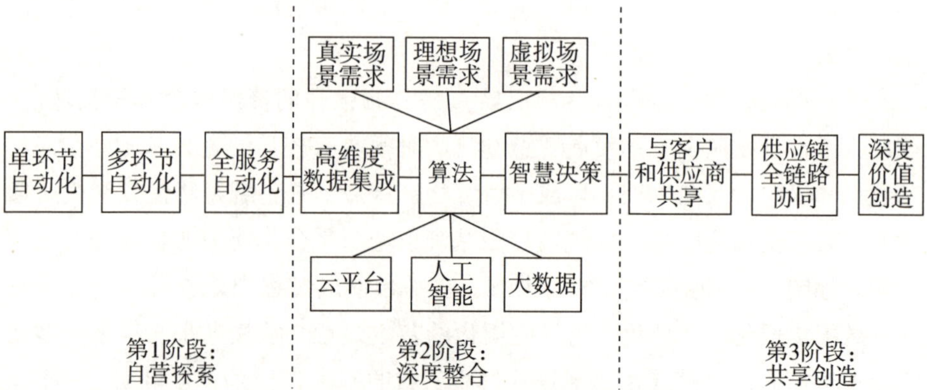

图3-4　通用型物流企业的智慧物流发展阶段

3.4.3　制造企业智慧物流转型的典型模式

随着制造业转型升级的持续深入，对物流系统的升级改造也得到了企业的广泛关注。发展智慧物流也是许多制造企业的重要战略。由于智慧物流并不是制造企业的主营核心业务，因此，制造企业智慧物流模式有两种。

(1) 自建+整合模式。该模式强调通过整合社会资源，购买社会化的智慧服务，实现企业物流业务的智慧化运作。这种模式通常适用于物流业务完全外包的制造企业。例如，华为公司将自身的业务外包给中外运、顺丰、DHL（敦豪）等企业，为了实现自身物流业务运作的智慧化，华为要求这些供应商加强智慧物流投资，并积极帮助供应商实现智慧化运作。华为还主动购买相关供应商的大数据服务，并成功开发智慧物流解决方案。华为智慧物流解决方案依托于华为 OceanConnect 物联网平台、NB-IoT、RFID 等技术，将货车、货物、仓库资产、泊位等信息进行大数据分析和可视化管理。华为智慧物流解决方案已在多家工厂和园区成功部署，对供应商车辆入厂时间、等待时间、上/卸货时间实现数字化管理，泊位智能调度，使园区卸货效率、供应商到货准时率大幅提升，有效降低成本，提升物流效率。

（2）独立自建模式。该模式强调利用制造企业本身的物流业务资源和服务机构，自身组建智慧物流运作。通常，这种模式要求制造企业下属的物流公司具有较强的资源整合能力和技术研发能力，能够搭建智慧物流生态圈。例如，作为海尔集团下属的日日顺物流，其在发展智慧物流的过程中，以不断提升用户体验为核心，以开放共赢为理念，通过共创的方式打造共创用户体验迭代的智慧物流生态圈。其发展模式可以概括为“一个目标”“两个开放”“三个差异化”。一个目标：共创用户体验迭代的智慧物流生态圈。两个开放：人才开放与资源开放共筑智慧物流生态圈。通过对内部创客、对某个市场竞争力突出的中小型物流企业、对外部行业经验丰富的专业人才开放，吸引全球的创业者和资源方；通过资源的开放，吸引菜鸟、小米等一众品牌及其他核心服务商入驻日日顺物流平台，实现用户资源的优势互补，协同共进，产生共享的生态价值。三个差异化中，第一个差异化是引领大件物流全流程解决方案。通过提供大件全流程的解决方案，以用户体验为核心，发挥大件物流行业首个全网共享的三级分布式仓储网络及居家大件诚信品牌联盟两大核心能力优势。第二个差异化是开创园区的共创平台。日日顺物流不是简单地做物流，而是实现全产业链的生态圈。这个生态圈基于海尔智能制造的这个基因，植入 COSMO 工业互联网的平台，通过海尔的共享资源，把它变成一个开放平台，打造一个产业集群的园区共创模式。第三个差异化是开创有温度的触点网络。通过有温度的触点和服务，一方面，可以对接基础物流服务的口碑，实现用户体验迭代，塑造终身用户。另一方面，可以通过全国网络布局在城市与乡村的社群小管家，搭建起以用户体验为核心的开放生态圈。

3.5 智慧物流的发展路径与发展模式对比

基于上述分析，我们对目前业内具有典型代表的三类企业智慧物流发展路径与发展模式进行对比。对比围绕不同类型企业智慧物流发展模式的核心竞争力、对最新技术的需求程度、进行智慧物流建设的时序、核心关注点、业务集成程度、最终目标，智慧物流发展路径的起始切入点、发展次序展开，具体内容如表 3－1 所示。

表3-1　　不同类型企业智慧物流的发展路径与发展模式对比

	层面	电商企业	物流企业	制造企业
发展路径对比	起始切入点	自上而下的发展路径，由供应商需求、用户需求、政府监管等不同场景开始	自下而上的发展路径，由各个原有物流环节的信息化、自动化、电商化开始	自下而上的发展路径，由各个原有物流环节的信息化、自动化、电商化开始
	发展次序	先整合商流资源，构建基础设施型、赋能型和服务型物流数据平台；再对物流快递各个环节进行全链路物流整合，形成有效的数据驱动协同，从而给电商客户提供高效快捷的物流服务	先实现线下业务线上化，再进行平台化建设，将业务平台由内部推向外部，实现资源集成化、业务平台化、技术智能化、供应链协同化。通过多场景、多网点、多公司的广泛应用，面向供应商需求、客户需求、政府监管等场景，形成了有效的供应链解决方案	先由企业物流向物流企业转变，再实现线下业务线上化、电商化，随后进行平台化建设，将业务平台由内部推向外部，进行资源集成化、业务平台化、技术智能化、供应链协同化。通过多场景、多网点、多公司的广泛应用，面向供应商需求、客户需求、政府监管等场景，形成了有效的供应链解决方案
发展模式对比	核心竞争力	信息及自动化技术的发展。无人驾驶、智能仓储、大数据等高新技术水平决定发展的成败	物流技术能力，物流仓储设施、终端配送，配送成本等方面的竞争决定发展水平	产品基因，原有自营业务的能力或细分市场的产品优势决定发展水平
	对最新技术的需求程度	最高	一般	最低
	进行智慧物流建设的时序	最先	其次	最后

续 表

	层面	电商企业	物流企业	制造企业
发展模式对比	核心关注点	用户需求	物流成本	用户需求与生产成本
	业务集成程度	全品类	全品类或细分市场	细分市场
	最终目标	通过智慧物流的发展，提供各自领域的全流程解决方案，建造全产业链的生态圈		

3.6 智慧物流发展路径与模式的相关建议

本章通过案例分析研究方法，结合供应链价值流模型，从发展路径和发展模式两个方面分别研究了中国的电商企业、物流企业和制造企业在当今背景下发展智慧物流的路径和典型模式。将三种类型企业的智慧物流发展路径与发展模式进行对比，从不同模式智慧物流发展的核心竞争力、对最新技术的需求程度、进行智慧物流建设的时序、核心关注点、业务集成程度、最终目标，以及智慧物流发展路径的起始切入点、发展次序等几方面展开，为今后不同类型企业发展智慧物流提供了行之有效的参考。

首先，对于电商企业，我国电商智慧物流的典型模式可以概括为电商企业以客户需求为驱动，以平台为基础，对物流设施及信息自上而下进行整合，从而提升客户物流服务的透明化程度。在此基础上，本章研究智慧物流发展路径可以作为借鉴：通过整合商流资源，构建基础数据型、服务型和赋能型物流数据平台，对网点、转运、干线、末端、人员的基础数据进行有效集成，全链路整合物流环节，形成有效的数据驱动协同，从而给电商客户提供高效快捷优质的物流服务。

其次，对于物流企业，我国物流企业发展智慧物流的典型模式可以从平台型物流企业和通用型物流企业进行区分。平台型物流企业在发展智慧物流的时候具有较强的资源基础，它们利用纵向和横向双向发展形成智慧物流服务。通用型物流企业发展智慧物通常是以企业本身业务运作为主，实现自身物流业务的自动化运营，以大数据技术、云计算技术、人工智能技术为支撑，通过高维度的数据集成和算法决策分析，满足场景的智慧化决策需求。可以借鉴的智慧物流发展路径为：首先通过信息化系统建设搭建了基于这些业务的电商平台，然后进行多场景、多网点、多公司的广泛应用形成物流业务的电商平台，随后通过进行资源集成化、技术智能化等形成有效的供应链解决方案。

最后，我国制造企业的智慧物流发展模式分为“自建+整合”和“独立自建”模式两种。制造企业的智慧物流发展路径相较于物流企业增加了由“企业物流”向“物流企业”转型的过程，脱离“母体”，转型成为一家市场化的物流企业，随后的发展路径可以参考物流企业的智慧物流发展路径。

4 基于生态位理论的智慧物流生态链形成动因研究

4.1 智慧物流生态链的产生

随着智慧经济时代的到来以及新零售、智能制造等领域对物流的更高要求，智慧物流逐步兴起。智慧物流是通过大数据、云计算、智能制造等智慧化技术，提高物流与供应链系统的感知、学习、分析决策和智能执行的能力，进而提升整个供应链系统的智能化、自动化水平的一种物流形态（韩东亚和余玉刚，2018）。近年来，智慧物流市场规模持续扩大，据预测，2020 年中国智慧物流市场规模将超 5300 亿元，随着智慧物流技术的不断成熟，智慧物流已经成为现代物流新的发展潮流。

智慧物流的建设，将加速当地物流产业的发展，进一步促进集仓储、运输、配送、信息服务等多功能服务于一体的智慧物流系统的建设。这种智慧物流系统的建设有利于打破行业限制，协调各链条主体利益，实现集约化高效经营和传统物流企业的现代化、专业化转型，并形成企业间的互补关系。此外，企业还可以共享基础设施、配套服务和信息，进一步巩固建设并持续改进智慧物流生态链系统。

在生物学中，“生态链”是指相互制衡的链状系统，存在数量、能量传递递减的规律，不同节点的成员具有不同的生态位，形成彼此连接的生态关系（张海涛等，2018）。目前还没有关于智慧物流生态链的完整定义，本书根据“智慧物流”和“生态链”的有关参考文献，特提出智慧物流生态链的定义：智慧物流生态链是以数据共享、信用机制、物联网技术为支撑的，以平台运营中心为核心的，由供给生态群、生态运营商以及需求生态群组成的生态链结构。其中，两端的供给生态群和需求生态群通过物联网形成社群，使得提供商之间，客户之间产生相互影响。在智慧仓储、智慧云配等技术支持下，生态运营商通过平台运营中心实现两个社群的高效匹配。

近年来，随着智慧物流生态链理论和实践的不断发展，国内一批企业已经进入智慧物流生态链建设的初步阶段。例如，日日顺物流在物流生态场景上的探索，中外运和中国储运在智慧物流生态链构建上的探索发展等，都表明实施物流生态链管理，建立互联互通的全球化生态型供应链体系势在必行。预计未来，智慧物流将进一步引领智慧供应链变革，带动互联网深入产业链上下游，助推“协同共享”的智慧物流生态体系加快形成。

当前，我国智慧物流正处在蓬勃发展的成长期，探索智慧物流生态链的形成动因至关重要，这不仅有助于进一步梳理清楚智慧物流生态链的概念、机理机制、脉络结构和特点，还有助于我们深入洞察智慧物流生态链的未来发展趋势，为我国智慧物流发展提供系统的决策建议。然而，既有的智慧物流研究尚未涉及生态链的分析，更缺乏关于智慧物流生态链的动因研究，对于智慧物流生态链形成动因的深入研究存在重大的理论缺口。

为了弥补上述研究的缺陷，本章将研究如下几个问题。

（1）生态位理论是如何在智慧物流生态链中体现的?

（2）智慧物流生态链的形成动因是什么?

（3）基于外包视角的智慧物流生态链构建的经济学依据是什么?

4.2 生态位理论及生态链的经济学分析

4.2.1 生态位的基本理论

生态位是指生物在环境中占据的特定位置（曹凑贵，2002）。具体地说，生态学中的生态位是指在特定时期的特定生态系统中，生物（可以是个体、物种、种群）与环境及其他生物相互作用过程中所形成的相对地位与作用，包括生物的时空位置及其在生态群落中的功能作用，是生物对资源和环境的选择范围所构成的集合。

生态位理论具体包含生态位分离理论、扩充理论、协调理论和优化理论四个方面的内容（陶蓉，2018；李振基等，2000）。生态位分离理论主要用于解释多个物种在资源利用上的分离程度。多个物种在同一个环境中生存繁殖时，资源的消耗将加快，竞争将成为常态。为实现共生和长期共存，各物种就需要具有不同的生态位，从而降低竞争，实现生态资源的充分合理利用。每一个物种单元都具有持续增长的潜能，也都渴望获取更大发展空间，生态位扩充理论的主要作用便是指导生物探索全新的生存空间，维持生态平衡。单一系统中的各物种可能为了生存而选择合作，在相互合作中，实现协调发展。生态协调理论的主要作用便是指导物种最大限度地开发系统中的资源，并实现各物种的共同发展，从而构建和谐生态秩序。生态系统中各物种的发展都受到一系列环境因素的限制，生态位优化理论的作用便在于指导物种充分发挥潜在优势，改善环境因素。

随着智慧时代的到来，物流企业的目标和任务都在发生着变化，即生态位也会随着其发展进化而不断发生改变。所以对于物流企业来说，其首要任务也是在复杂的生存环境中进行正确的生态定位，即选择适合并能够促进自身发展的生态位（娄策群，2006）。

4.2.2 生态位在智慧物流生态链中的表现

物流企业的生态位是指某种物流企业业态在全部物流企业业态中所处的时空位置、功能定位及其可依托的资源。许芳和李建华（2005）介绍了企业生态位的原理和模型，如图 4－1 所示。智慧物流生态链中的每个企业都拥有自己的生态位，如果企业本身竞争力较弱，其在生态链中的位置就会被其他企业侵占［见图 4－1（a）］。在物流企业之间不断竞争的背景下，竞争力强的物流企业将会侵入其他竞争力较弱的物流企业生态位，或者竞争力较弱的物流企业进行创新，进而跃升到别的生态位［见图 4－1（b），图 4－1（c）］。竞争结束后，将会出现新的物流企业生态位布局［见图 4－1（d）］。从生态进化视角看，我国物流企业生态位不断拓展的过程就是物流企业业态不断演进的过程，即业态从低端到高端，从简单到复杂的过程。在实际企业运营中，日日顺物流生态链中就很好地体现了这一点，日日顺物流生态链的构建中，服务于用户的“车小微”的经营分为五个层次标准：送货司机、送装服务兵、成套服务师、微店主和社区服务管家，每个“车小微”的发展过程中都在不断地发生着生态位的变化。

4.2.3 生态链经济学分析

随着智慧经济的推动和发展，智慧物流生态链作为新的企业组织业态应

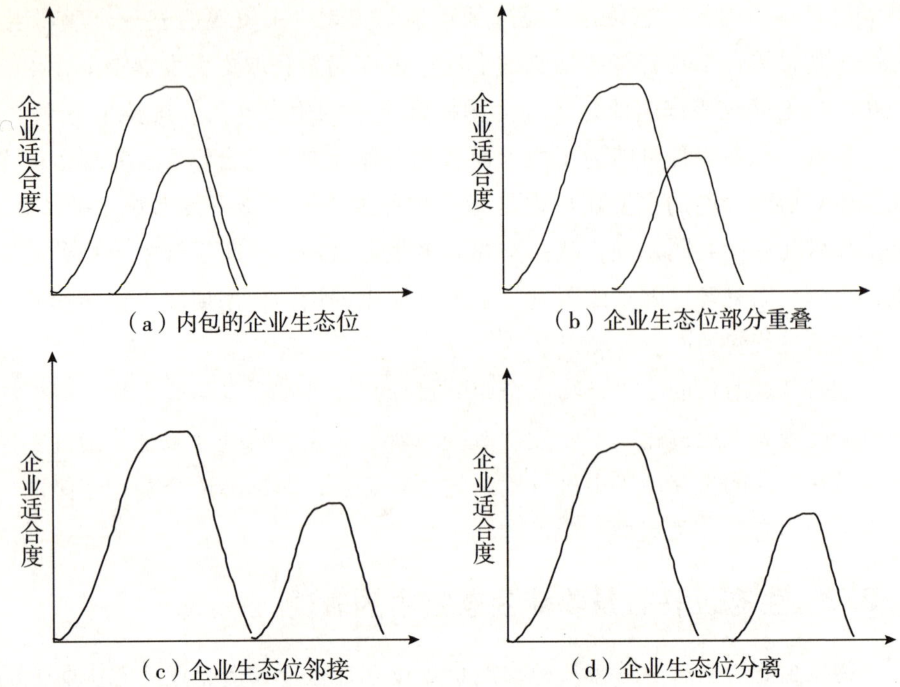

图4-1　两个企业生态位的竞争排斥

运而生，并逐渐成为物流行业内一种新的经济现象。智慧物流生态链的构建能够带来很多益处，包括降低交易成本，产生规模经济、范围经济和学习效应。但是智慧物流生态链的构建同样也会产生弊端，如需要较大规模的专用性资产投资，还需要转移或投资相应的管理资源等（刘彦平，2005）。

构建企业之间的智慧物流生态链，需要综合考虑成本和收益之间的关联关系，同时也要考虑由此产生的正外部性影响，即由于智慧物流生态链的构建，会对社会经济层面产生其他的影响。企业作为发展智慧物流生态链的基本个体和基础，是实施主体，也是体现智慧物流生态链效益最直接的个体，复合型生态经济也是建立在发展生态企业这一层面之上的。因此，考虑是否构建智慧物流生态链时，不仅要将视角放在企业内的成本利润上，更应该将视角放在由此带来的正负外部性层面。

4.3　智慧物流生态链的形成动因

根据马克思主义哲学的观点，任何事物的形成和发展都是主观因素和客观因素共同作用的结果。因此，智慧物流生态链形成同样需要主观动因和客观动因的共同作用。技术革命和制度创新是当代社会的基本特征，二者都是促使代表社会进步的增量空间形成的积极因素（李东和苏江华，2011）。同时企业发展在政策的支持引导下可以更直接、准确地了解政府的导向，从而生产出更加符合市场需求的产品。因此，智慧物流生态链理论和技术的双重创新、政府政策的支持等客观实际，也对智慧物流生态链的形成起到了一定的催化促进作用。基于以上分析，智慧物流生态链的形成动因机制模型如图 4－2 所示。

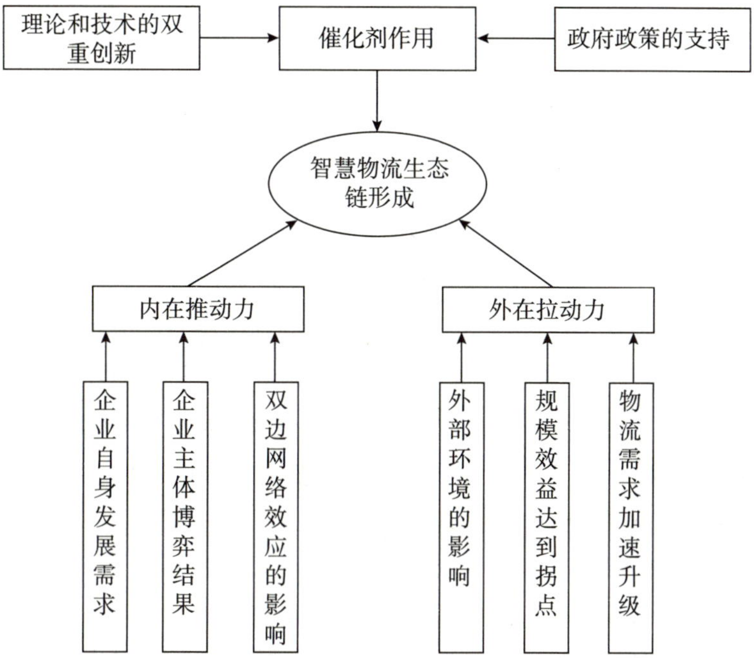

图 4－2 智慧物流生态链的形成动因机制模型

4.3.1 智慧物流生态链形成的内在推动力（主观动因）分析

智慧物流生态链形成的主观动因是智慧物流生态链形成动机产生的基础和根源。智慧物流生态链形成的主观动因越强，其形成动机也就越强，进而越能够诱发智慧物流生态链的形成。智慧物流生态链形成的主观动因贯穿于智慧物流生态链形成的始终，发挥着内在推动力的作用。

智慧物流生态链形成的内在推动力，即主观动因，主要包括物流企业自身发展需要、企业主体博弈结果和双边网络效应的影响三个方面。三个方面均强调物流企业参与智慧物流生态链构建的自身发展动力。

4.3.1.1 物流企业主体自身智慧化发展的需要

伴随着经济的高速发展，近年来，我国物流业发展迅速并且取得了长足的进步。然而随着我国经济进入常态化，物流业增速缓慢，竞争也更加激烈。与此同时，物流企业的经营成本和用工成本也在不断攀升，物流成本过高已成为提升中国经济国际竞争力的主要阻力之一。在这一现实下，物流企业需要不断追随物联网、大数据等技术浪潮，不断加大投入，完善自身整体布局，加速对智慧物流的探索与应用，以提升物流运作的效率和服务水平。

在物流成本过高的压力下，物流企业纷纷加大研发投入，以使企业自身更加智能化、专业化、高效化，进而突破企业运营成本居高不下的困境。例如，中外运以上海中外运化工国际物流有限公司的客户需求为基础，经过中外运化工与IT部门技术团队密切合作，先后打造并上线了OMS、BMS、TMS等系统，建立了中外运危化品智能转运中心，提升了公司面向智慧物流的综合服务能力，物流效率显著提升：①装卸效率显著提升，由原先的长时间排队等候，到现在基本实现即到即装、即到即卸；②在转运中心的保障下，区域配送比例提升，现配送比例由原来的20%~30%，上升到80%以上，使车辆的周转时间缩短1~2天；③节能减排，燃油叉车作业替换为电动叉车作业、集卡换小车集散货，使尾气排放下降约30%。

因此，在智慧物流发展的潮流下，为进一步推进成本降低和效率提升，物流企业开始从具体的物流运输环节的管理逐步转变到对整个物流供应链的整合优化上来。智慧物流相关技术的发展为供应链的整合奠定了基础，并将引领智慧供应链变革，而智慧物流生态链的顺势发展不仅能提高物流企业供应链的效率，还能带来附加价值，是物流企业转型发展的必经之路。

4.3.1.2 物流企业主体相互博弈的结果

竞争和协作是市场经济的基本范畴，是市场经济中的基本经济关系，也是智慧物流生态链中各个物流主体所面临的基本生存环境。随着经济全球化的发展，市场竞争和博弈已经成为经济生活中的常态。为了保证企业不被兼并和淘汰，取得竞争和发展优势，就必须以各种手段增强自己的竞争实力。

在如此激烈的竞争背景下，多数物流企业迫于竞争压力，不断尝试新的商业模式，以开放的心态拥抱智慧物流生态链。例如，以实现现代智慧物流园区运营和管理，搭建现代物流信息化平台、物流金融平台与第四方物流服务平台为主的林安物流为例，它通过搭建资源生态和货源生态，计划用五年时间布局 100 个物流园区和信息化平台节点，逐步实现全国范围内的物流骨干布局，构建“大物流”“大平台”的物流服务生态链，不断实现价值的闭环创造。日日顺物流通过运用物联网、云计算等新技术赋能场景物流，不断为顾客提供供应链一体化定制服务，让生态链中的企业组成一个能够创造价值的链群组织，在为消费者提供便利化基础物流服务的同时，让消费者感受到温度。

激烈的竞争氛围下，企业之间共生、互生的协作理念也得到进一步的强化。随着大数据等科技的不断进步、互联网的渗透，人与人、国与国、产业与产业的界限被重构。企业间的可连接性增加，打破了原有格栅分明的企业竞争关系，行业边界趋于模糊甚至消失，企业合作范围无限扩大，企业进入一个“无疆界”的竞合时代。根据 2016 年德勤发布的《2016 新常态下商业生态圈治理调查报告》显示，企业生态环境中与外界的连接更加频繁，近 80% 企业的外部费用（如外包、中介、咨询等）超过内部费用，并且有超过 50% 的企业表示对合作伙伴高度甚至非常依赖。在当今这样一个“优胜劣汰”“万物互联”的商业环境下，物流企业构建智慧物流生态链显得尤为重要。

4.3.1.3 双边网络效应带动智慧物流生态链势能和动能的提高

同一市场内的双方具有相互依赖性的这种现象称为双边网络效应（Hunt，2003；Weyl，2010）。平台对网络两边的用户需求匹配得越好，价值就越大。随着智慧物流的蓬勃发展，供需两方的数量日益增多，智慧物流市场越来越大，有更多的利益相关方企业想要加入智慧物流生态链中。智慧物流生态链连接了智慧物流服务的需求方和供给方，在双边网络效应的进一步推动下，将网络两边的用户需求匹配得越来越好，这让任何一方用户群体的价值越来越高，最终使整个生态链的体系更加完整、功能更加健全，也能让参与者享受到更高的社会福利。

随着整个智慧物流生态链的功能越来越完善，各个主体参与智慧物流经济活动的实际能力越来越强大，信息资源传递和共享的速度也越来越快，因此各个参与主体所具有的信息“势能”和信息“动能”也越来越大。其中，

"势能"是指参与主体掌握的信息量大小,"动能"是指参与主体处理信息的速度快慢。随着各个参与主体所具有的信息"势能"和信息"动能"的提高,参与主体更加迫切地需要改变企业周边环境,尤其需要更加高效的智慧物流生态链作为资源传递和共享的载体,如此加速了智慧物流生态链价值的形成与演化。

4.3.2 智慧物流生态链形成的外在拉动力(客观动因)分析

智慧物流生态链的形成不仅受到主观动因(内在动因)的推动,同时还受到客观动因(外在动因)的拉动,它们共同作用使智慧物流生态链向着更高效、更增值的方向演化。智慧物流生态链形成的客观动因(外在动因)是指智慧物流生态链所处的外部环境因素对其形成的驱动作用,主要包括智慧物流企业外部环境变化的影响、数字化转型拐点已至和物流需求加速升级。

4.3.2.1 智慧物流企业外部环境变化的影响

在自动化、智能化、智慧化背景下,外部环境的变化必将影响着企业内部运作环境,因此物流企业必然要针对外部环境的变化采取相应的策略以使企业内部保持稳定。这种内外变化会使得物流企业朝着智慧物流生态链方向发生改变,这种改变既可能是量变也可能是质变,但是无论是量变还是质变都会推动着智慧物流生态链的形成与演化。

企业外部环境的变化最主要体现在企业外部商业模式的改变。新的物流模式背景下,研究重点从物流标准化转变为供应链定制化,以提高供应链全链路的效率增值;从与客户间无交互转变为不仅要追求全流程的最佳用户体验,同时还要让其保持持续交互,以延伸服务价值。正如青岛日日顺物流有限公司副总经理王一铎所说,未来的商业模式将从分工式向共创式变化,各企业线上线下多元化的物流服务面临如何资源共享,共创价值的问题。商业模式的变化,不仅会使物流企业发生更加智慧化、智能化的量变,还会使物流企业发生业务形式的质变。例如,受外部环境变化影响,日日顺物流通过搭建智慧物流生态链平台不断向开放、智能、共享、社群业务模式转变,从而为需求者提供智慧生态链,使得客户可以更加专注于智慧服务的体验。

4.3.2.2 数字化转型拐点已至

数字化技术是指将信息化、自动化、智能化技术，赋能于物流各环节和各领域的技术。国内一批领先物流企业如菜鸟、京东、苏宁等已经开展无人驾驶、无人仓储、无人配送、物流机器人等人工智能前沿领域的试验应用。数字化技术实现业务数据化和数据业务化，提升物流企业服务能力，扩大盈利能力，进一步突破物流企业发展滞缓的局面，拉动物流企业转型升级，促使企业突破转型拐点。

所谓拐点，是指从传统模式转换到新商业模式的转折点。传统的物流企业多是依靠规模经济和网络经济来盈利，但是随着科技水平的不断进步，我国生产能力也不断扩张，规模经济和网络经济已经不能再助推企业取得实质性突破和发展。对于物流企业来说，区块链技术和数字化技术的发展，以及多物流场景的开发和创新，不断拉动物流企业进行新旧模式的转化，进而突破物流企业新旧商业模式转换的拐点。

当今时代是一个相互合作与融合的时代，一方面，依靠科技创新和企业之间的数字化融合互动能够使企业间互通有无，共享资源，可以实现之前传统规模经济和范围经济无法产生的经济效果。另一方面，新时代对物流服务高质量发展的要求越来越高，智慧物流生态链作为物流业新的产业运营形式在数字化技术的驱动下孕育而生。相比传统规模经济下的物流产业，智慧物流生态链依托互联网、大数据、人工智能等现代物流技术，通过建立共享协作的公共物流信息平台，重塑产业分工，整合资金流、信息流、商流和物流资源，以更好地满足客户需求，并提供更个性化的服务，挖掘新的价值链，营造合作共赢的物流行业生态。

4.3.2.3 物流需求加速升级

随着社会经济不断发展壮大，我国物流企业规模变大、数量增多，服务质量逐年提升。为了满足消费者需求，适应消费者新需求，物流联盟、智慧物流企业等业态迅速发展。

物流需求向智慧化演化，促使智慧物流生态链加速形成。据德勤中国物流与交通运输团队 2018 年发布的专业评估报告《中国智慧物流发展报告》显示，当前物流企业及其客户对智慧物流的需求加速增长，主要包括物流数据、物流云、物流设备三大领域（德勤，2018）。2016 年，智慧物流市场的规模超过 2000 亿元，到 2025 年，智慧物流市场的规模将超过万亿元。在目前电商快速发展、新零售兴起与 C2M 兴起的大背景下，消费者物流需求已从单一化、标准化转向差异化、个性化，这些变化对物流服务提出了更高的要求，激发了智慧物流企业的产生，进一步促进了智慧物流生态链的形成。

4.3.3 智慧物流生态链形成的催化作用分析

在智慧物流生态链的形成动因中，有一些动因对其发展变化起到了催化促进作用，我们称这部分动因为催化剂。智慧物流生态链理论和技术的双重创新和政府政策的支持，加速了智慧物流生态链的形成，对智慧物流生态链的形成的内外动因产生了一定的催化促进作用。

4.3.3.1 智慧物流生态链理论和技术的双重创新

理论创新和技术创新是以新理论、新技术的产生和投入为特点的技术经济活动。新理论和新技术既是智慧物流生态链形成的前提，又是智慧物流生态链形成的重要推动力量。智慧物流生态链的发展过程中新的理论、新的方法与新的技术不断地涌现，这就要求智慧物流生态链中各个参与主体能够不断地接受和适应这些新事物和新变化，使得智慧物流生态链在结构和功能上不断完善，进而推动着智慧物流生态链的形成与演化。

理论和技术的双重创新，促使了物流企业智慧化发展、物流生态系统的智能化演化和物流生态链的加速形成。理论和技术的催化作用具体体现在物联网技术的创新上，物联网是其理论和技术发展的技术基础，为智慧物流生态链的发展提供了强有力的技术保障。智慧物流生态链的技术核心是信息的智能获取、传递、处理和运用，涉及自动识别、数据挖掘、人工智能和地理信息系统四大领域（韩东亚和余玉刚，2018）。四大核心技术的创新发展为智慧物流生态链的形成打下了坚实的基础，加速催化了智慧物流生态链的形成。

4.3.3.2 政府政策的支持

国家高度重视智慧物流生态链的发展，先后推出了多项配套政策，凸显了智慧物流生态链在现代经济体系发展中的重要地位，也助力了我国智慧物流生态链更高层次、更高水平、更健康有序的发展，同时为智慧物流生态链的形成发展营造了一个良好的政策环境。

国务院与各部委先后出台相关支持政策。例如，2017 年 2 月，国务院印发的《国务院关于印发“十三五”现代综合交通运输体系发展规划的通知》中提到要实施“互联网 +”便捷交通、高效物流行动计划。将信息化智能化发展贯穿于交通建设、运行、服务、监管等全链条各环节，推动云计算、大数据、物联网、移动互联网、智能控制等技术与交通运输深度融合（国务院，2017）。2017 年 4 月，原国家质检总局等 11 部门联合发布了《关于推动物流服务质量提升工作的指导意见》提出“创新物流服务模式”，鼓励企业积极利用互联网等现代化信息技术改造业务流程，强化大数据挖掘运用，创新经营和服务模式，提高服务效率，改善客户体验。

国家推出的一系列相关政策，为我国智慧物流生态链高效、便捷、绿色发展扫清障碍，加速推动智慧物流生态链形成“由点到线，由线到面”的良好局面。例如，日日顺物流在一系列国家政策的支持下，顺应物联网时代开放、协作、共赢的思路，搭建了一个资源交互对接最广泛、最有效的平台，携手各方力量，共同探讨出一条促进物流行业智慧转型的新路径，加速推动物流行业向高质量发展，进而助推智慧物流新未来。

4.4 基于外包视角的物流生态链构建经济学分析

智慧物流的迅猛发展促进了智慧物流生态链的加速形成，然而每个企业自身趋利性、有限理性与不完全信息的存在，导致物流企业主体在构建智慧物流生态链时，需要分清利弊，掌握构建智慧物流生态链的好处及弊端，进而才能提高企业获得经济利益的可能。基于罗伯特 · S. 平狄克和丹尼尔 · L. 鲁宾费尔德（2013）、刘伟华（2007）关于物流经济学和外包理论的分析，本节将对物流生态链构建进行经济学分析，以便进一步为深入剖析生态链的构建提供经济学理论基础。

服务外包通常指企业为了将有限资源专注于其核心竞争力，以信息技术为依托，利用外部专业服务商的知识劳动力，来完成原来由企业内部完成的工作，从而达到降低成本、提高效率、提升企业对市场环境应变能力并优化企业核心竞争力的一种服务模式（井然哲和王金成，2012）。本节基于服务外包理论视角对物流企业构建智慧物流生态链的临界点进行深入探讨，旨在运用经济学思维探索构建智慧物流生态链的动因。

通常来说，智慧物流生态链的构建可以带来如下优势。

（1）降低交易成本。智慧物流生态链中的企业之间通过分工与协作，促使链条上的企业保持稳定持续的关系，形成紧密协作的生产体系，不仅有助于企业了解公司的发展动态，还有利于降低信息搜索成本与交易成本（姜忠辉和边伟军，2007）。参考企业生产成本与生产产量的成本函数曲线，在刘彦平（2005）的研究基础上，可以得到物流量与物流企业的总生产成本的关系，如图4－3所示。在智慧物流生态链中，交易成本的降低会使总成本曲线向下移动，于是单位成本下的物流量增多，进而使生态链中的企业经济效益得到提高。

（2）产生规模经济。智慧物流生态链的构建可以使链条中的物流企业形成一种既相互竞争又相互合作的关系，通过协作和大批量生产提高企业效益，获取内外部的规模经济。规模经济效益可以带动企业单位物流成本的降低（见图4－4），进而可以扩大企业营业收入。

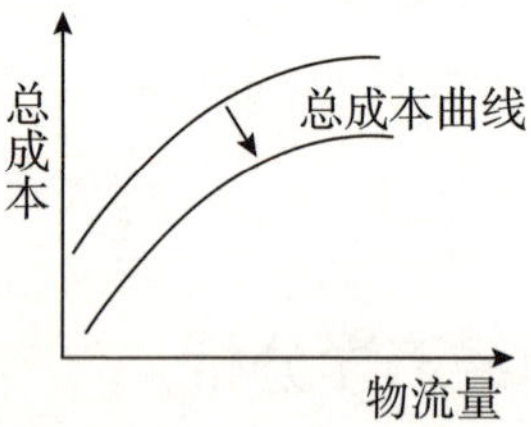

图4－3 短期总成本曲线

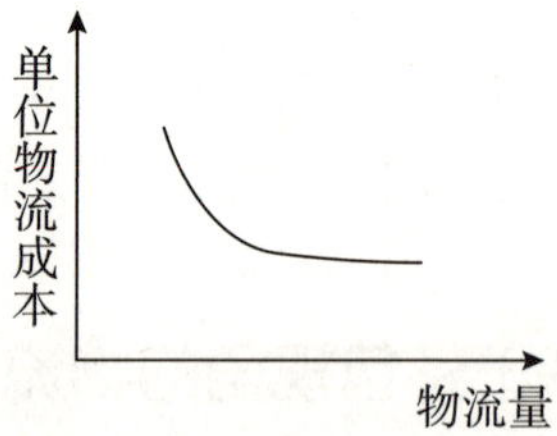

图4－4 规模经济成本曲线

（3）产生范围经济。智慧物流生态链内部由于严密的分工和协作体系，企业往往集中生产某一专门的产品，同时利用自身的技能与其他企业紧密合作，协同参与价值链的全部增值活动。如图4－5所示，其中 $C_1=TC(C_x+C_y)$，$C_2=TC(C_x)+TC(C_y)$，产生范围经济时，即 $C_1 \leqslant C_2$。这样，一方面专门化生产有助于企业专有技术的开发和核心竞争优势的形成；另一方面企业集中于一地，便于企业发挥自身技术专长，实现企业的范围经济。

（4）产生学习效应。智慧物流生态链中由于物流企业的管理者和操作人员在生产经营中不断向别人学习并积累经验，逐渐掌握了生产经营方法，最后企业生产出的既定产品边际成本（随着 Q 的增加，AC 由 C 点向 D 点移动）和平均成本（A 点和 B 点向 C 点和 D 点移动）逐渐下降（见图4－6），从而带动学习效应产生。

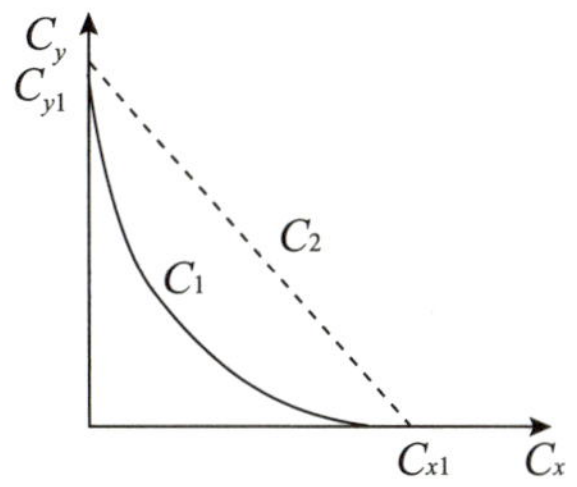

图4-5 范围经济成本曲线

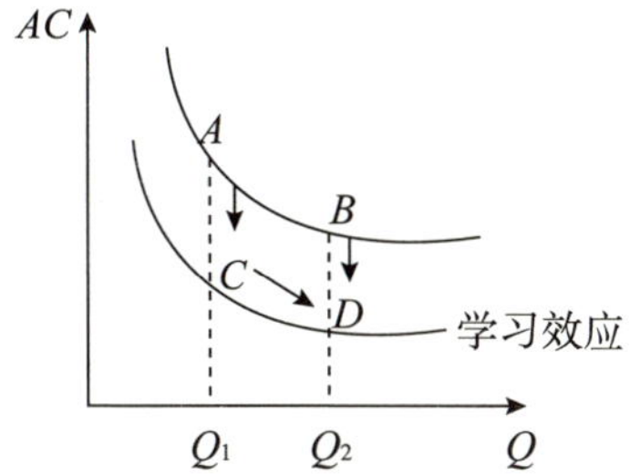

图4-6 学习效应成本曲线

通常，生态链的构建除了能够降低交易成本，产生规模经济、范围经济与学习效应外，还需要进行较大规模的专用性资产投资，需要转移或投资相应管理资源，另外，还要承担由于内部管理人员和操作人员的机会主义、“偷懒”、官僚行为等导致的效率损失。

我们以某一智慧物流服务项目为切入点，结合智慧物流生态链的构建所带来的正负影响，研究智慧物流服务需求量与企业总成本之间的关系。现将符号定义如下：

C_1：对于某项智慧物流服务，构建生态链后企业提供该服务所付出的总成本；

T_1：对于某项智慧物流服务，不构建生态链时企业提供该服务所付出的总成本；

C_2：企业拥有上限智慧物流服务能力时的总成本；

Q_0：不构建智慧物流生态链时，企业拥有的智慧物流服务能力上限；

C_s：表示企业的单位服务缺货成本；

Q：表示外界智慧物流服务的总需求量；

Q_1：不构建智慧物流生态链时，企业拥有的智慧物流服务能力的最优边界。

通过以上分析我们可得到构建与不构建生态链的企业总成本曲线，如图4-7所示。其中由于构建智慧物流生态链需要进行一定的前期资产投资，因此在智慧物流服务需求量为0时，构建生态链的成本要比不构建时高出一部分。随着智慧物流需求量的逐渐增多，智慧物流生态链带来的规模经济效应、范围经济效应、学习效应等优势加快体现，物流企业提供单位智慧物流服务消耗的成本比之前更小，此时就显现出了构建生态链对物流企业的好处。当智慧物流服务需求量非常小时，构建生态链产生的成本效应大于好处，总成本高于不构建生态链时的总成本；随着智慧物流服务需求量的增加，构建生态链带来的成本降低效应逐渐大于起初投资所产生的成本，所以总成本低于不构建生态链时的成本。

根据企业拥有的智慧物流服务能力上限 Q_0 和最优能力边界 Q_1 的大小比较情况，可以得到三种不同的企业模式，分别如图 4－8，图 4－9，图 4－10 所示。

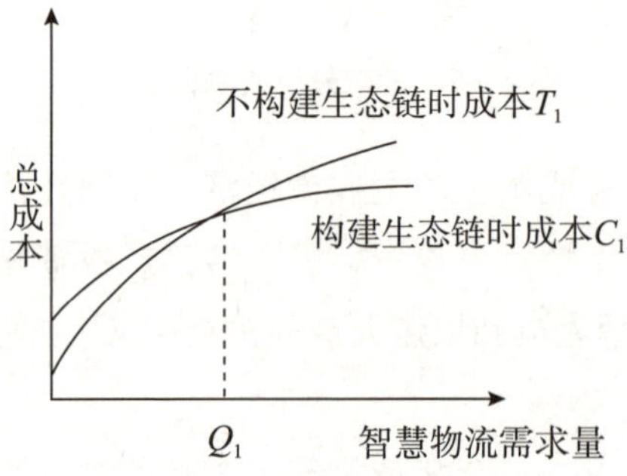

图 4－7　企业总成本曲线

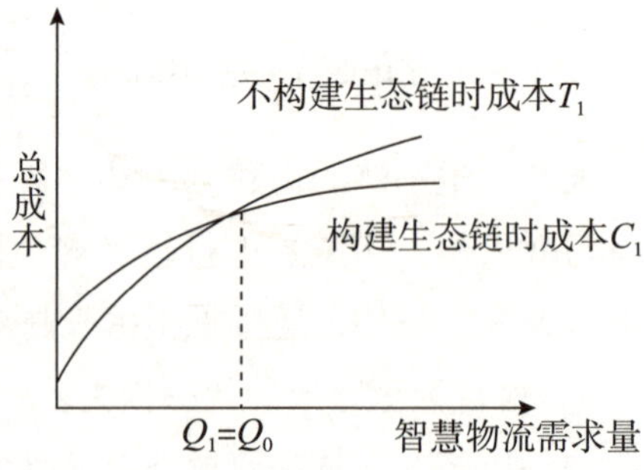

图 4－8　第一种模式

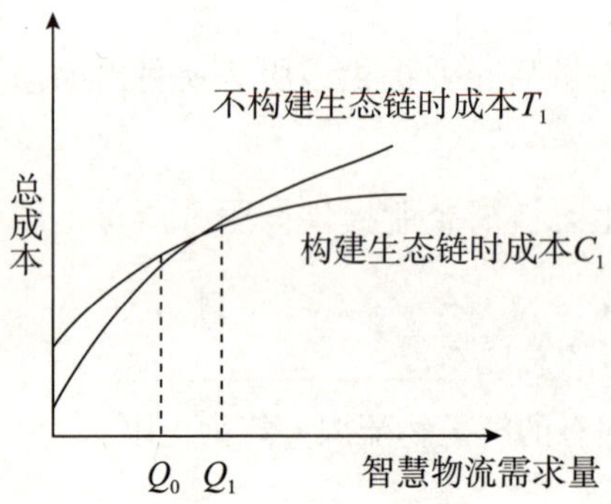

图 4－9　第二种模式

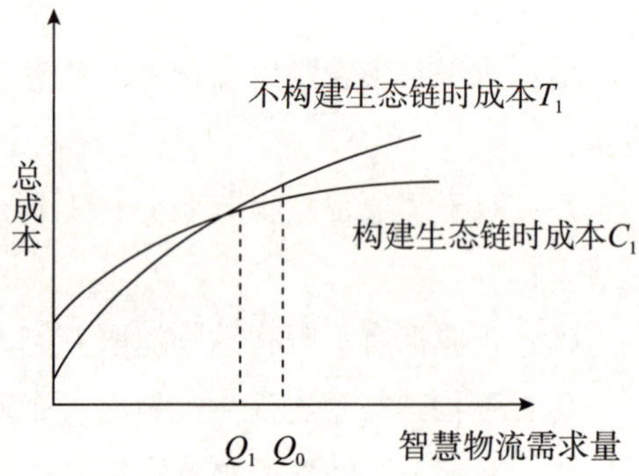

图 4－10　第三种模式

（1）由图 4－8 可知，$Q_1=Q_0$，此时可以得到以下三种情况：

①若 $Q_1=Q_0 \geqslant Q$，则可知构建生态链时企业提供智慧物流服务所付出的成本小于不构建时的成本，此时企业应该构建智慧物流生态链；

②若 $Q \geqslant Q_1=Q_0$、$C_1-C_2 \geqslant C_s(Q-Q_0)$，此时由于构建生态链而多付出的成本比企业缺货成本高，则企业应选择不构建生态链；

③若 $Q \geqslant Q_1=Q_0$、$C_1-C_2 < C_s(Q-Q_0)$，此时由于构建生态链而多付出的成本比企业缺货成本低，则企业应选择构建生态链。

（2）由图 4 -9 可知，$Q_1 > Q_0$，此时可以得到以下三种情况：

①若 $Q_1 \geqslant Q_0 \geqslant Q$，则可知不构建生态链时企业提供智慧物流服务所付出的成本小于构建时的成本，此时企业应该选择不构建生态链；

②若 $Q_1 \geqslant Q \geqslant Q_0$ 或者 $Q \geqslant Q_1 \geqslant Q_0$、$C_1 - C_2 \geqslant C_s(Q - Q_0)$，此时由于构建生态链而多付出的成本比企业缺货成本高，则企业应选择不构建生态链；

③若 $Q_1 \geqslant Q \geqslant Q_0$ 或者 $Q \geqslant Q_1 \geqslant Q_0$、$C_s(Q - Q_0) \geqslant C_1 - C_2$，此时由于构建生态链而多付出的成本比企业缺货成本低，则企业应选择构建生态链。

（3）由图 4 -10 可知，$Q_0 > Q_1$，此时可以得到以下四种情况：

①若 $Q_0 \geqslant Q_1 \geqslant Q$，则可知不构建生态链时企业提供智慧物流服务所付出的成本小于构建时的成本，此时企业应该选择不构建生态链；

②若 $Q_0 \geqslant Q \geqslant Q_1$，则可知构建生态链时企业提供智慧物流服务所付出的成本小于不构建时的成本，此时企业应该选择构建生态链；

③若 $Q \geqslant Q_0 \geqslant Q_1$，$C_s(Q - Q_0) \geqslant C_1 - C_2$，此时由于构建生态链而多付出的成本比企业缺货成本低，则企业应选择构建生态链；

④若 $Q \geqslant Q_0 \geqslant Q_1$，$C_1 - C_2 \geqslant C_s(Q - Q_0)$，此时由于构建生态链而多付出的成本比企业缺货成本高，则企业应选择不构建生态链。

4.5 智慧物流生态链形成动因的启示

本章从主观因素、客观因素和催化剂视角对智慧物流生态链的形成动因进行了分析，对智慧物流生态链的形成动因进行了翔实的论述，产生了一些具有借鉴意义的结论与启示。首先，对于物流企业而言，基于生态位理论视角，顺应智慧物流时代的要求并且积极加入其中是重要趋势，构建智慧物流生态链不仅是响应国家供给侧结构性改革的要求，更是适应新的商业模式对智慧物流的要求。其次，我们发现对于智慧物流供应链的形成动因主要体现在三个方面：主观动因、客观动因和催化剂作用。其中主观动因主要是物流企业自身智慧化发展的需要和企业间竞争博弈的结果；客观动因体现在企业外部环境变化、数字化转型需求和智慧物流加速升级对智慧物流生态链产生的影响；催化剂作用主要体现在国家政策的支持和科技的不断创新驱动物流行业不断升级。最后，通过对智慧物流生态链进行经济学分析，我们发现，并不是每个物流企业都要开展智慧物流生态链的构建，而是应该考虑成本、效用的综合影响。

5 基于生态位理论的智慧物流生态链自组织发展研究

5.1 智慧物流生态链的自组织发展新趋势

企业发展智慧物流的重要目标之一，就是构建智慧物流生态链。在当前生态链建设的趋势下，越来越多的物流企业通过构建智慧物流体系，与多方合作伙伴共建形成了智慧物流生态链的组织。例如，京东物流提出了基于价值型供应链的智慧物流发展体系，旨在与合作伙伴一起共同构建生态化的智慧物流供应与服务体系；日日顺物流正在以发展物流生态为核心，向全面的生态企业转型；菜鸟网络则提出了数字供应链大脑，将与合作伙伴一起，通过建设国家智能物流骨干网，为整个行业生态效率的提升提供完善的基础设施。

自组织发展是指在没有外部指示条件下，系统内部各主体自发地按照某种规律形成一定的新结构的变化现象（Chertow and Ehrenfeld，2012）。在智慧物流生态链的发展中，各个成员由于技术创新、信息共享、供应链资源等，开始自发地进行功能匹配与生态合作，自组织发展是智慧物流生态链重要的发展趋势。因此，智慧物流生态链的自组织发展规律对于智慧物流生态链的构建具有重要作用，它有助于企业明确自身在智慧物流生态链中的定位，同时有助于企业把握在智慧经济时代下的最优发展路径。

相比传统物流，智慧物流生态链的自组织发展呈现新的发展规律与发展趋势。首先，以新型技术的研发与引领作为自身优势的企业将遵循耗散结构理论的发展模式，先形成在传统方式上无法实现的技术壁垒，最终形成以技术为引领的智慧物流新生态。其次，以数据和流量作为自身优势的企业将遵循协同理论的发展模式，通过数据的互联互通、各主体的统筹规划，不断扩大智慧物流生态圈。最后，以需求拉动和供给推动为核心崛起的企业将遵循超循环理论的发展模式，发挥供需双重上升力，形成螺旋式上升，不断催化多方业务主体进入生态链，最终形成智慧物流生态圈。

因此，本章将结合当前智慧时代的特点，探索智慧物流生态链是如何依循自组织规律发展演化的，为物流行业的发展提供一定的理论依据。本章首先通过构建智慧物流生态链结构，挖掘支撑智慧物流生态链发展的关键要素，然后根据智慧物流生态链自组织发展的特征，重点研究了耗散结构理论（张连峰，2016）、协同理论（王丹等，2018）、超循环理论（吴建材和谢永平，2017）这三种在管理学中最常用的自组织理论是如何应用在智慧物流生态链发展中的，并且分别以京东物流、菜鸟网络、林安物流和天地汇物流为例，通过智慧物流生态链自组织机制对比分析，为不同类型的企业提供针对性的智慧物流生态链自组织发展路径。

5.2 自组织理论及物流与供应链的自组织发展

5.2.1 自组织发展相关理论

当前科技、经济、政治都存在着自组织现象，不同社会生态系统中都在发生巨大的变革。在社会经济运作中，物流系统是一个渗透在各种经济关系中的庞大系统，它有着完整的组织架构，并且伴随着科技环境、人文环境的变化，物流生态中的各经济主体也以某种相互默契的规则自动地各尽其责，同时彼此之间又自觉地相互协调，从而形成全新的有序结构。吴彤（2001）首次总结了自组织理论体系，其主要包括六种理论：Prigogine 提出的耗散结构理论、Haken 的协同理论、Eigen 的超循环理论、Thom 的突变论、Mandelbrot 的分形理论和 Lorenz 等科学家提出的混沌理论。其中，耗散结构理论、协同理论和超循环理论在管理学中较常使用。

Prigogine and Alan（1982）首先提出耗散结构理论（dissipative theory），其研究的是系统与环境之间的物质与能量交换关系及其对自组织系统的影响。远离平衡态、系统的开放性、系统内不同要素间存在非线性机制、系统的涨落是耗散结构出现的四个基本条件。Haken（1977）认为竞争和协同是系统演化动力的主要来源，首先在协同理论（synergetic theory）中引入序参量和控制变量的概念，提出序参量真正决定了系统的形成和演化。Eigen and Schuster（1977）首先提出超循环理论（hypercycle theory），他认为在生命现象中存在着各种各样的循环，这些循环是由各种各样的酶在催化作用下所形成的，超循环理论系统是一个不断地通过自我复制和自我催化将各种各样的循环联系起来形成的系统。在超循环理论系统中，每一个复制单元不仅能够进行自我复制，而且还能够对下一个中间物的产生起到催化作用，因此超循环理论系统内的各个复制单元之间的这种相互作用（复制和催化）使得超循环理论系统形成了自组织演化机制，进而推动了超循环理论系统向着更高层次的有序状态进行演化。

5.2.2 物流与供应链的自组织发展

物流与供应链的创新发展与系统演化体现了自组织发展的规律。在创新发展中，由于创新活动存在投入成本高、研发周期缩短、产出风险大等不确定性因素，企业自身的创新能力、技术能力和经济能力都受到一定的限制（许浩，2018）。供应链企业开始通过学习、收集、选择等交互行为，来促进各成员之间的知识流动、信息传递、技术交换等，促使系统内部形成知识、技术、资源等分享机制，这样各创新主体能够在共同目标的驱动下，自发有序构建起稳定的创新协同关系（仵凤清和付慧娴，2019）。在系统演化中，生态系统内部各成员通过竞争实现协同并产生序参量，序参量反过来支配和推动系统的演化发展。一方面，企业通过专注于核心产品价值的开发和学习其他成员的技术，成为系统中的关键成员，实现生态位的分离，确保在自组织系统中的贡献作用。另一方面，系统内的各个企业（活动）相互联结、相互竞争、协同发展，从而促进企业间的频繁联结与自组织协同的稳定演化（吴建材和谢永平，2017）。在智慧物流中的技术创新与竞争合作冲突特点，促进了生态链的自组织形成与发展。例如，在云物流平台协同创新系统的协同演化过程中，通过信息、知识、物质和能量的相互交换，促进了云物流平台协同创新系统内部各子系统之间的协同创新，而且产生了许多协同创新的灵感与意愿，进一步驱动云物流平台协同创新系统向着更加有序的高层次演化（张季平和施晓敏，2019）。

5.3 智慧物流生态链的基本结构和自组织发展特征

5.3.1 智慧物流生态链的基本结构和成员关系

智慧物流是一种由大数据、物联网、云计算等新兴技术驱动，在物流服务运作中实现自动化、可视化、信息化的全行业互联互通、共享共生的模式（Uckelmann，2008）。伴随第四次科技革命，以人工智能、物联网、量子技术等为代表的“智慧科技”兴起，物流行业内也正自发地发生转变。一种以智慧物流生态链为基本形式的结构逐渐形成，其发展是不断整合的过程：不断创新的科技与传统行业的整合、不同行业间的交融整合、低层级与高层级的不断整合，最终形成类似自然生态网络的智慧物流生态链结构和成员关系。

在智慧物流生态链中，主要由供给生态群、生态运营商与需求生态群组成。从核心环节来看，智慧物流生态链包括三个核心环节：智能化作业、数字化集成与可视化运营。从支撑要素来看，智慧物流生态链的运作离不开高效的数据共享、各环节无缝衔接的信用机制与万物互联的物联网技术。坚实的信用将有利于打破企业间的壁垒，促进生态链内部的共享共生；高效的数据共享可以便于各主体间的交流，促进生态链内部的互联互通；物联网技术的应用会提升各环节、各节点的效率，由量变实现质变。所以在各成员生态关系的构建过程中，信用资本（Credit Capital）、数据（Data）、技术（Technology）将会是最大的推动力，这三个支撑要素在智能化作业、数字化集成、可视化运营的实践中，共同影响智慧物流平台的系统性、整体性、开放性和动态性。

5.3.2 智慧物流生态链自组织发展特征

在智慧物流生态链的自组织发展中，其与传统物流最大的区别就是它的系统性、整体性、开放性和动态性。

智慧物流生态链的自组织发展具有系统性（Manville et al.，2014）。传统的物流优化往往仅着眼于单一节点效率最大或是双环节间的效益权衡，而智慧物流打通的是全链条、全网络和全行业。以往，物流企业仅是对运输、仓储、包装、配送等各环节单独进行优化，提高单环节中的机械化、无人化、数字化等程度。但在智慧物流时代，企业要把握智慧技术核心，发挥智慧技术特点，利用生态链中信息共享、数据互通的特点，将运输系统、仓储系统、配送系统等进行整合优化，故而智慧物流生态链自组织发展充分体现了系统性。

智慧物流生态链的自组织发展具有整体性。智慧物流生态链是一个具有特定的社会、经济功能，由诸多主体按照一定方式组成的有机整体，不同的主体之间相互联系、相互影响和相互作用（Zhang et al.，2017）。在智慧物流生态链中，物流主体自身的发展直接影响到智慧物流生态链整体运作能力的强弱，智慧物流生态链既是一个密不可分的静态有机整体，同时又是一个通过相互影响、相互制约与相互适应达到最佳相对稳定的动态有机整体。

智慧物流生态链的自组织发展具有开放性。智慧物流生态链作为一个社会系统、经济系统，其本质上就是内部主体之间、主体与外部环境之间，资源和能力的交流、协同和整合。一方面，智慧物流生态链中的主体可以忽略时间和空间的限制随时随地地加入和退出系统，并且通过加强主体的协同力和整合力使系统功能得到强化；另一方面，智慧物流生态链在不断地与外部环境进行物质、能量和信息交换的过程中，能够实时地做出适应性调整，以达到系统的适应性自稳。因此，为了能够与外部环境相适应、维持自身的生存和发展，开放性是智慧物流生态链基本的条件之一。

智慧物流生态链的自组织发展具有动态性。智慧物流生态链是一个由诸多主体构成的系统，随着时间的推移、环境的变化与自身发展的需要，其内部的形态、功能、状态、各种机制等并不是一成不变的，而是不断变化的，需要不断地对其进行调整，这是一个充满动态性的演化过程（Liu et al.，2019）。智慧物流生态链会随着外部环境的变化而发生转换、演化和升级，从当前状态跃迁到新的更有序的状态，进而呈现出新的稳定态势。

5.3.3 智慧物流生态链的三种典型自组织模式

在物流行业的发展中，已然经历了多次自组织变革，每一次的“震荡升级”都是在特定的历史结点与环境催化下完成的，并且形成更高层次的物流价值提升驱动力，使物流行业愈加成熟，价值不断提升。Speranza（2018）将物流发展分为三个阶段，第一阶段是 20 世纪初至 50 年代，工业化时期社会分工不断细化，从经济学角度建立了物流学科，但是规模很小，仅限于物的流通。第二阶段是 20 世纪 60 年代至 90 年代，由于生产力迅速发展与零售业的兴起，为物流的第一次自组织变革创造条件，出现了第三方物流。第三阶段是 20 世纪 90 年代至 21 世纪初，互联网的技术支持与经济全球化的环境变化，使物流发生第二次自组织变革，实现质变，发展到供应链管理阶段，物流行业更加成熟。而当下由于智慧技术的广泛应用与供需格局的变化，正是物流行业再一次进行自组织变革，承前启后开启第四阶段智慧物流生态时代的转折期。物流行业通过内部协同调整，不断形成更加成熟的生态模式，同时不断创造新的价值，形成产业价值的增长，最终形成质变，自组织演化与价值增值如图 5 –1 所示。

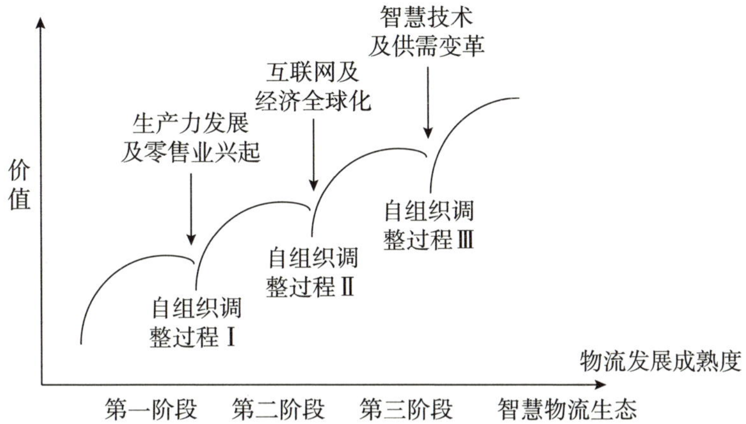

图 5 –1　自组织演化与价值增值

在物流行业的历次自组织变革中有着不同的发展模式，当前智慧物流生态链的自组织发展基本可概括为基于耗散结构理论、协同理论与超循环理论的三种典型自组织模式，我们将介绍这三种典型的自组织模式，并分别与京东物流、菜鸟网络、林安物流等国内智慧物流发展较为领先的企业实例相结合，深入分析智慧物流生态链自组织机制。

5.4　智慧物流生态链自组织机制研究

5.4.1　基于耗散结构理论的智慧物流生态链自组织机制研究

物流行业已经达到了再一次质变的关键节点，这是因为从自组织耗散结构理论出发，智慧物流已具备其质变所需的所有条件和前提。

首先，智慧物流生态链是一个开放体系。世界经济高速增长，物流将各行各业的经济主体连接沟通，所有经济主体都可以融入智慧物流生态体系中，这从根本上颠覆了传统的市场法则，打破了传统企业边界。随着企业边界的打破，市场主体的增多，物流业更加开放，逐渐建立共生型的产业生态体系，更加开放、包容、平等地对待同行、客户和关联方，更加依靠协作来实现共同发展，为智慧物流生态链自组织发展提供条件。

其次，当前物流业生态链正在远离平衡态。耗散结构理论认为非平衡是有序之源，传统的物流主体间，在技术和地域限制的情况下，持续保持着“混沌的平衡”，而当前传统的供需匹配稳态已经被大数据、云计算的加入所打破，由于目前智慧物流生态链的发展还是初级阶段，所以仍呈现出的是一些有序态，但随着生态系统内部的自组织发展，新加入的平台主体和技术手段都将与系统完美融合，呈现出下一阶段的“无序的平衡”，如图 5 –2 所示。

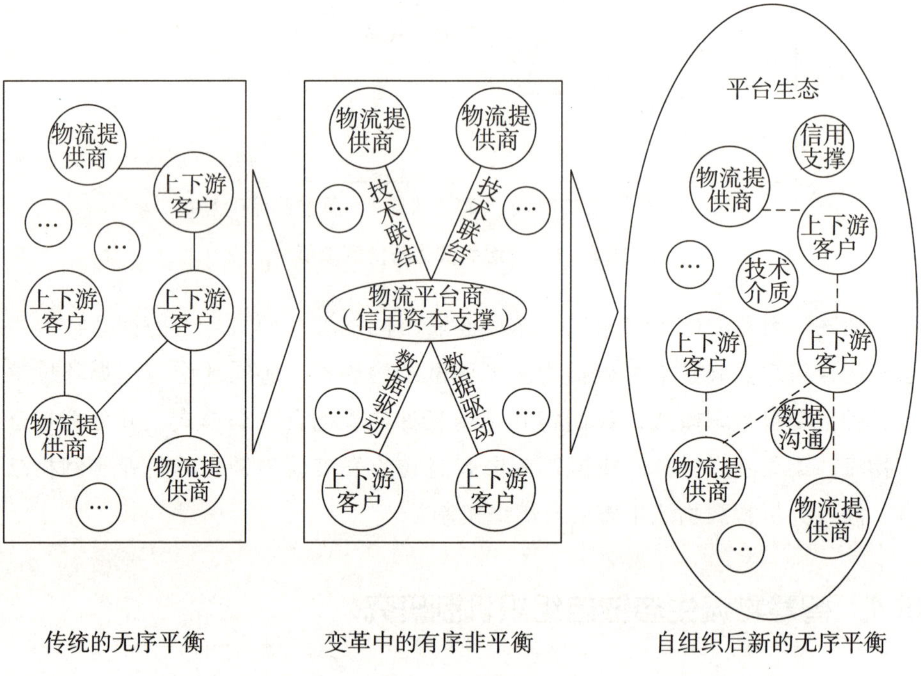

图 5 –2　耗散结构理论的智慧物流生态链自组织过程

再次，智慧技术的应用是一种非线性作用。由于大数据的爆发，使体系内各要素之间具有整体效果超出局部线性叠加的非线性作用。

最后，智慧物流已形成涨落作用的启动力。当前如京东物流、阿里巴巴等平台企业已经把大数据、物联网等智慧技术运用到物流运作当中，并发挥出了领先优势，带动其他物流主体纷纷加快脚步（Tachizawa and Alvarez – Gil，2015）。智慧物流生态中的自组织发展已经进入加速阶段。

下面我们以京东物流为例，分析京东物流的智慧物流生态链是如何实现自组织发展的。

第一阶段，在传统稳定的无序平衡中，由传统物流提供商串联上下游客户，各个物流商都建立了自己的客户网络，并进行着能量守恒的动态变化，使物流行业平稳运行。

第二阶段，京东物流的快速发展增加了物流系统的负熵，打破了原本的平衡，促使全物流业都在寻求转型升级，这样全新的智慧物流生态平衡也就建立起来了。京东物流的业务正是由技术、数据、信用资本三者支撑的，也正是因为将这三种因素引入系统当中产生了耗散作用，才提供了涨落的启动力。

在技术动力方面，京东物流运用科技推动电商业务、物流业务发展，致力于利用大数据、人工智能、云计算等技术打造智慧物流生态体系，实现为客户提供产品信息实时反馈、智能机器人“仓配一体化”、智能系统自动化动态定价、无人超市新零售等智慧模式。

在数据动力方面，京东目前已拥有集群规模 40000 + 服务器、数据规模 800PB + 、日增数据 1P + ，每日的离线数据日处理 30PB + ，实时计算每天消费数据近万亿条，高效处理 2 亿用户每月产生的 200 多万采购订单（马彦华和路红艳，2018），最终实现为客户提供全过程产品溯源、智能补货、无界库存等创新服务。

在信用资金动力方面，京东利用供应链金融业务创新，为物流运作提供更多的可能性及更高的增值性，给予客户全新的体验感与最大化客户满意度。如图 5 – 3 所示，京东利用区块链、大数据、人工智能、云计算等技术优势，在金融业务方面打造一个生态网络：首先，通过“网商贷”“京小贷”“京保贝”等业务模块，与供应商建立商品信用；其次，以京东和供应商的良好合作为基础，为银行提供供应商信用，令银行为各供应商提供订单融资等服务；最后，京东还通过打造“京东白条”服务，为消费者建立信用评价体系，提供金融产品。

第三阶段，是生态平台带动全行业进行集体整合，共同发展的阶段。京东作为智慧物流生态链中的领先者，首先打破了传统系统的平衡状态，创新打造“无界零售”，通过智能算法再加之实体零售基础设施建设，实现了拓宽零售业边界，在任何场景下都能完成消费，最大限度满足客户的需求。2017 年，京东提出了“无界零售”的新理念，京东物流冷链覆盖超过 300 个城市，冷链仓库日均订单处理能力已达到 100 万件。

由于受到带动作用，系统中的其他主体也纷纷随之进行结构性变化。如

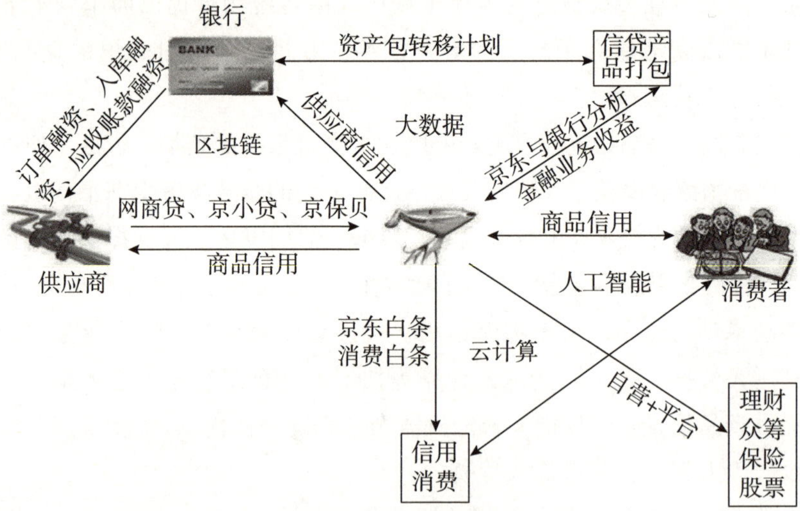

图 5-3　京东金融模式

瑞幸咖啡与顺丰合作，通过自有 App 下单，打造餐饮新模式；商超方面，便利蜂、全家等着力打造智能购物体验；小象生鲜致力于打造集生鲜食品、餐饮、电商和即时配送于一体的线上线下一体化生鲜超市。最终由于技术、数据、信用资本三要素为系统内提供启动力，使行业内的各个主体共同形成新的无序平衡智慧物流生态。

5.4.2　基于协同理论的智慧物流生态链自组织机制研究

智慧物流协同发展应包括三个层次：结构上从无序到有序；功能上由低组织系统到高组织系统；构成上从简单到复杂。智慧物流生态链的协同自组织演化逻辑如图 5-4 所示，并显现以下两方面特点。

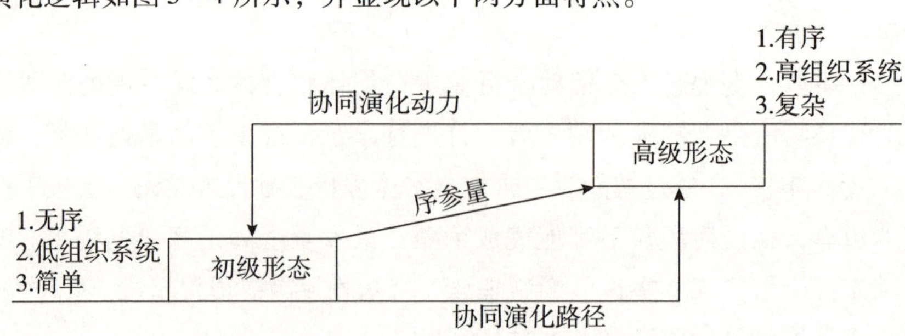

图 5-4　智慧物流生态链的协同自组织演化逻辑

一方面，系统内各主体的“不稳定”发展。协同理论中的不稳定性指的是系统内部具有相互连接、相互积极建设的趋势。在当前形势下，行业边界与公司业务边界愈加模糊，不断被打破、整合，公司间也不断发出共生信号。

另一方面，平台作为中心序参量显示出支配地位。协同发展的核心就是打破壁垒实现联结整合，而平台化运营模式正有助于打破条块的界限，将企业间横向和纵向的数据进行实时共享，打通以平台为核心的系统内部的数据界限，实现快速链接。所以在智慧物流生态链的协同发展中，会以平台序参量为中心，以技术、数据、信用资本为动力，以智能化作业、数字化集成、可视化运营为目标，形成智慧物流新生态。

在商业实践中，各主体间的合作竞争是一种常态化行为，但是正是这种合作与竞争的协同演化，使得市场获得自组织进化动力，有利于智慧物流生态的发展（Ulieru et al.，2002）。菜鸟网络是通过合作协同取得升级转型的典型案例。

随着国内物流的快速增长，多家快递公司同时竞争市场份额，主体间“化学键”作用加强。在这一过程中，阿里巴巴凭借自身多个平台的数据支持，取得业务核心的地位，成为自组织发展中的中心序参量，发挥支配作用。2013 年，阿里巴巴集团利用自身序参量的地位，协同银泰集团、复星集团、富春集团、顺丰、“三通一达”（申通、圆通、中通、韵达）等企业联合组建菜鸟网络科技有限公司，致力于打造中国智能物流网络，实现智慧物流生态的协同发展，过程如图 5 -5 所示。

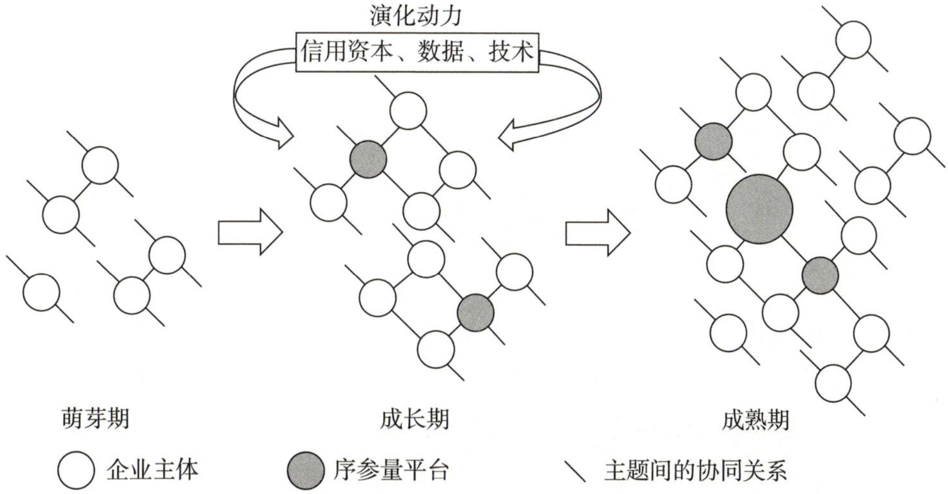

图 5 -5　智慧物流生态协同发展过程

首先在萌芽期，菜鸟网络平台成立前，我国的物流业呈现粗犷式发展，尤其是随着电商的快速发展，快递业体量逐渐扩大，行业竞争加剧、基础资源浪费等问题接踵而至。其次在成长期，各物流企业选择合作共赢，由阿里巴巴牵头，通过技术创新和高效协同，打造菜鸟网络，实现智慧物流生态自组织发展的基础。最后在成熟期，菜鸟网络加快建设整个物流行业的数字化基础设施，搭建面向未来的、基于新零售的智慧物流供应链解决方案，打造一张全球化的物流网络，如图5－6所示。通过2013—2018年五年的合作发展，菜鸟网络在快递服务方面已经联合了百世快递、德邦快递等15家平台，在仓配网络方面与晟邦物流、苏宁易购等17家企业进行合作，并与中外运、中国邮政等36家物流企业联合开展跨境业务，且建成了16家企业联合的“菜鸟驿站”及15家企业联合的“菜鸟乡村”。菜鸟网络利用其大数据、云计算等技术优势，依托阿里巴巴强大的资源优势联合其他企业主体，将原先简单、无序的低组织系统演化升级为复杂、有序的高组织系统，完成物流生态的合作发展，展现出智慧物流生态链的成熟态势。

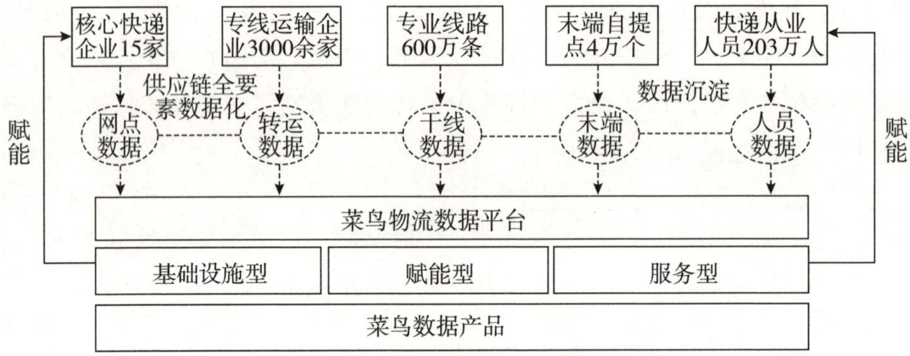

图5－6　菜鸟智慧物流生态网络

在协同理论中，合作并不是系统发展的唯一动力，菜鸟顺丰之争佐证了竞争也是自组织发展中的常态化要素（Cui et al.，2019）。2017年6月1日顺丰关闭自提柜与淘宝平台上的信息回传，菜鸟也暂停了顺丰物流业务。究其原因，是企业间数据云的竞争，虽然此事造成了一定的商业损失，但是在冲突竞争的同时，也提升了各个企业对信息安全的重视，一定程度上成为企业发展的推动力。

5.4.3 基于超循环理论的智慧物流生态链自组织机制研究

基于超循环理论，我们从循环的不同阶段进行分析，同样可以描绘出智慧物流的发展现状与规划出未来的趋势走向。初始阶段Ⅰ，我们首先以 A、B 分别代表物流服务供应商和物流需求方。在传统的物流运作系统中只有供需双方参与交易，之后 A 和 B 作为供需双方各自实现转型升级，A、B 双方分别产生促进各自发展的“催化酶” Ea、Eb（如关键知识、资源等），而 Ea、Eb 又同时会促进对方的发展形成一种正反馈，如图 5－7（a）所示，从而使整个物流系统逐渐庞大且充满活力（Philip，1999）。

萌芽阶段Ⅱ，随着供需双方业务体量的不断增加，B 可能与另一方企业 C（如银行）发生联系，将其引入循环系统内，使系统发生突变。此时 C 产生的催化酶 Ec（如信用资本）同时促进 A、B 双方企业的再次升级，如图 5－7（b）所示，此时原本的二元循环系统就升级为三元循环系统。

成长阶段Ⅲ，随着智慧时代的到来，各方主体自发地将科技、数据等引入物流系统内，再次形成突变。例如，D（科技研发企业）、E（数据平台企业）的逐级引入使得循环系统内的正反馈效应持续加剧，即在原有的催化关系下，D、E 又同时不断为其他主体催化赋能，如图 5－7（c）所示，系统内部实现多元超循环，价值体量不断上升，并且该循环过程还会随着时间的推移、时代的变革持续进行。

最后在智慧物流的成熟阶段，将形成以 N 方企业为主体，在众多“催化酶”因素的作用下相互激励、相互促进的智慧物流生态链超循环发展模式，如图 5－8 所示。

物流生态园区是智慧物流整合共生、跨界互融特性的集中体现，更是物流生态超循环理论发展的代表。这里，我们以广东林安物流集团（以下简称林安物流）为例进行分析，过程亦可在图 5－7 中体现。

初始阶段Ⅰ：A 表示货主，B 表示司机，两者进行传统的业务往来，但是随着市场的扩大和复杂性增加，由于司机的分散性和自发性，缺乏很好的整体效益且司机信用难以保障，造成 A、B 双方的不平等。

萌芽阶段Ⅱ：由于前一阶段的业务需求，林安物流推出林安物流班车 C，其主动深入产业集群，向货主做出承诺，负责监控并承担风险，这样赋予了司机群体信用要素，同时也为货主提供便利，正向催化了业务扩大。

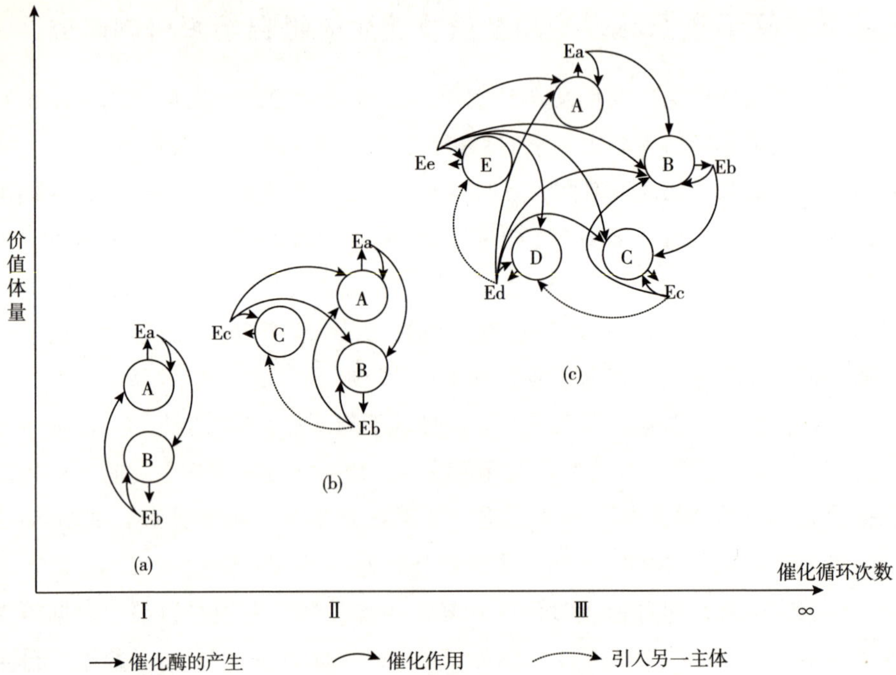

图 5-7　智慧物流超循环过程

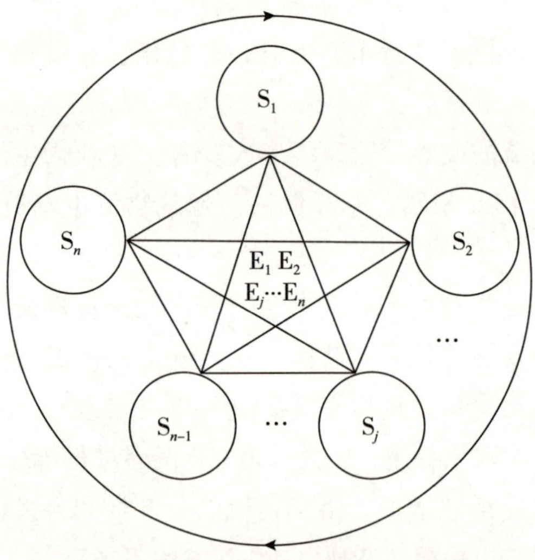

图 5-8　智慧物流生态链的超循环发展模式

成长阶段Ⅲ：在上一阶段稳定后，又催化产生了数据、技术中心，整合成为林安物流基地，基地核心是林安物流交易中心，此外还包括第三方物流总部经济孵化基地、物流招投标中心、呼叫中心、客户服务中心、城际物流班车管理中心等多个功能区，未来还将吸纳保险公司进驻。利用大数据技术，林安物流可以优化物流生态圈协同管理，将整个物流链上的资源数据、交易数据、运输数据、质量数据等存储起来用于跟踪供应链在执行过程中的效率、成本，从而确保物流的准确性、及时性和安全性，使物流生态圈上供应链各环节的客户利益联结在一起，并且相互催化，在阶段Ⅲ的基础上不断成长实现超循环。

与林安物流相似，天地汇物流也成功打造了智慧物流生态链。如图5－9所示，天地汇物流通过“天网＋地网＋车网”三位一体、“云物流”和“云数据”云服务体系，基于供应链＋大数据驱动，打造O2O线上线下联动的中国公路物流生态圈——公路港平台网络，实现信息集聚、信息交易、信用体系、支付结算、金融保理、保险理赔、生态圈打造等一系列的产品和服务体系，打造全方位、立体化的O2O物流平台生态圈。2017年，天地汇物流实现平台营业额1000亿元，建成公路港100个、智慧物流园区超过60个、拥有超过100万个公路司机会员和数万家物流企业会员，各方主体相互催化，实现超循环。

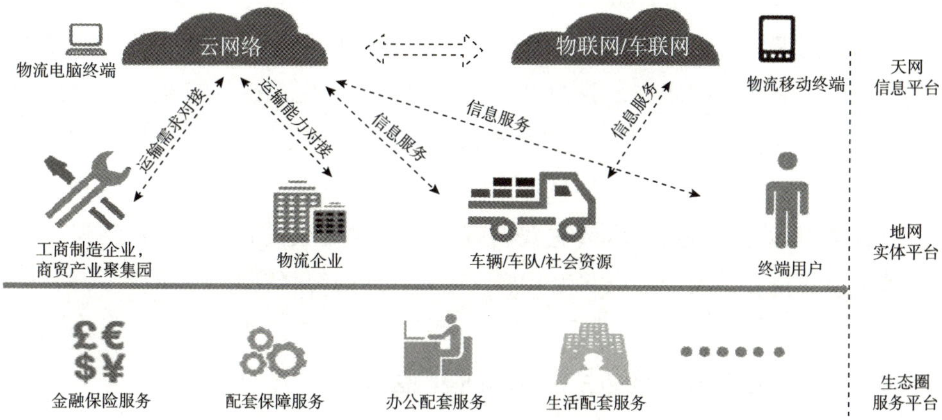

图5－9 天地汇物流“天网、地网、车网”

5.4.4 智慧物流生态链自组织机制对比分析

我们对上述三种自组织发展模式及其适用的不同生态链进行了总结，如表5－1所示。

表5-1　智慧物流生态链自组织模式对比

理论模式	模式特点	自组织发展核心	核心企业	核心企业类型
耗散结构理论	阶梯式演化	技术提供涨落启动力	京东物流	科技型互联网企业
协同理论	共享共生	合作形成联盟力量	菜鸟网络	数据驱动的平台型企业
超循环理论	循环式上升	需求引导，互相催化	林安物流	多业务融合物流中心企业

对于以科技创新与应用为核心的智慧物流生态链来说，其发展的重点是利用新型技术作为影响行业的涨落启动力，打破传统技术壁垒，最终成为以技术为引领的智慧物流新生态；对于以数据驱动为核心的智慧物流生态链来说，其发展的重点是利用大数据的价值，与行业内的各方主体合作共赢，通过数据的互联互通，对各主体的统筹规划，形成战略联盟，占据市场份额，不断扩大智慧物流生态圈；对于以多业务融合为特点的智慧物流生态链来说，其最重要的是发挥出需求拉动和供给推动的双重上升力，形成螺旋式上升，即链上企业要在不断满足上下游现实需求的基础上，提前对客户的未来需求进行精准预测，不断丰富自身业务类型，抓住客户真正的痛点，不断催化多方业务主体进入生态链，最大限度发挥枢纽作用。

通过对基于耗散结构理论、协同理论、超循环理论的三种智慧物流生态链自组织发展模式的研究，我们可以看到智慧物流生态链的自组织发展路径并不是单一的，不同类型的物流生态链会有适应其自身的自组织发展模式。所以各主体发展智慧物流时，最重要的是首先将自身的生态位定位准确，其次根据自身优势和特点采取最有效的智慧物流自组织发展模式，最终形成智慧物流生态链，进而连接成共生共享、互联互通的智慧物流生态圈。

5.5　智慧物流生态链自组织发展的启示

本书基于生态位理论探索智慧物流生态链的自组织发展模式，构建了智慧物流生态链结构，通过对京东物流、菜鸟网络、林安物流与天地汇物流的实证研究，分析了三种智慧物流生态链自组织发展模式，提出了基于耗散结构理论以技术为核心的发展模式、基于协同理论以数据为核心的发展模式和基于超循环理论以需求为核心的发展模式。我们发现虽然各个自组织发展模式的路径不同，但是信用、数据、技术都是其十分重要的支撑因素，并且它们通过合作共享满足客户需求，最终形成智慧物流生态圈。不同类型的物流生态链会有适应其自身的自组织发展模式。企业应根据自身优势和特点进行准确的生态定位，采取有效的智慧物流自组织发展方式。

6　智慧物流生态链绩效影响因素框架研究

——来自中国的多案例研究

6.1　智慧物流生态链的绩效水平衡量

智慧经济以数字化、可视化、平台化为重要特征，彻底打破了传统经济运行方式中由于条块分割导致的信息孤岛现象，使整个上下游成为一体化运行的整体。在智慧经济的影响下，物流产业的运作方式也在发生巨大的变化，智慧物流生态链正在逐步建立。前两章已经系统地介绍了智慧物流生态链的形成动因与自组织发展模式，然而其运行是否能够按照自组织不平衡、开放的状态持续稳定地演化，还需要进一步探讨智慧物流生态链绩效水平的影响因素。智慧物流生态链的绩效水平是衡量生态链是否能够满足绩效目标的变量，主要体现在两个方面。第一，生态收入或利润。第二，触点网络价值。其中生态收入或利润是生态链产生的整体收入或利润，触点网络价值则强调生态链中的单个用户或单个触点产生的价值。区别于传统的供应链，智慧物流生态链强调信息化和智能化技术的使用，生态链中各个主体之间的互联互通和共创共赢，重视消费者的个性化需求，并且能够不断丰富生态链的服务场景（Cortada，2016；Abdel - Basset et al.，2018；任芳，2019）。

在当今激烈的全球环境中，持续准确的绩效衡量是任何类型业务成功的关键。供应链绩效的衡量是根据供应链的目标，对供应链的整体、各个节点企业、合作的各个企业间的运营状况，进行包括前、中、后的所有分析和预测（崔凤阁等，2012）。其中库存、周期时间和财务三个要素是衡量供应链绩效的重要指标（Martin and Patterson，2009），三个指标的运行效率反映了绩效水平（Balfaqih et al.，2016）。供应链绩效可以通过库存投资，交付和服务级别的吞吐效率，供应商绩效与成本来衡量（Martin and Patterson，2009）。随着信息时代与数据经济的发展，信息共享和业务系统（Chang et al.，2019）、需求与供给的可视化（Srinivasan and Swink，2018）、数据分析能力（Kamble et al.，2020），对供应链管理及绩效水平具有重要影响。

不同于传统供应链，智慧物流生态链具有信息共享和生态场景等特殊性质。尽管已有学者对供应链绩效水平的影响因素进行了充分的实证研究（Cao and Zhang，2011；Govindan，2018；Cho et al.，2019），也有部分研究涉及与智慧物流相关的指标（Srinivasan and Swink，2018；Kamble et al.，2020），但是考虑到智慧物流生态链的特殊性质，针对智慧物流生态链的绩效水平影响因素研究还很缺乏，已有关于供应链绩效水平的研究结果并不足以反映智慧物流生态链的实际运作。

本章将通过多案例研究的方式探索了智慧物流生态链绩效水平的影响因素，以及每个影响因素所起的作用。首先，提出智慧性资产投入额、多场景化服务能力、生态链的互动程度和需求个性化程度，具有智慧物流生态链特殊性质的因素，可能会影响智慧物流生态链的绩效水平。其次，越来越多的学者开始关注中国经济发展实践（Dameri et al.，2019；Li et al.，2019）。中国很多企业都已经开始打造智慧物流体系，并且打造生态链，成为典型的智慧物流生态链企业，涌现出许多典型的企业案例。因此，本章选取中外运、菜鸟网络、日日顺物流和京东物流四家企业作为调研对象，通过访谈的形式得到调研结果，从中国实际企业案例出发，探究当前影响智慧物流生态链绩效的主要因素。最后，基于案例调研，整理和分析调研内容，对基本假设进行验证，提出具有借鉴意义的智慧物流生态链绩效水平影响因素框架。

6.2 智慧物流生态链绩效分析方法与案例选择

案例研究方法非常适合进行探索式研究，尤其是在理论框架构建时使用。由案例研究构建理论框架的优势在于可以产生新颖的理论框架，并且由于理论来源于实际数据，因而也具备实证效度。由于案例研究可以分为探索性的案例研究、描述性的案例研究、解释性的案例研究三种类型，应根据不同的研究目的选择一种或者多种的案例研究方法（Yin，2009）。因为本章的主要研究目的是探索智慧物流生态链绩效水平的影响因素及影响机制，所以采用探索性案例研究与解释性案例研究相结合的方法，能够更好地实现研究目的。这种方法通常需要假设命题的提出与案例数据的验证同时进行，是案例研究及定性研究中一种经常使用的方法，常常被用于理论框架构建的研究。我们首先基于以往文献提出猜测性命题，并通过案例研究进行验证，然后寻找验证通过的命题之间的关联，从而构建出一个可行的理论框架。

本章选取中国企业进行研究，主要有两个方面的原因。一方面，随着经济的一体化发展，中国在全球竞争中占据着重要的地位，成为世界上第二大经济体，智慧经济正在中国加速发展，越来越多的学者关注中国智慧经济发展实际（Dameri et al.，2019；Li et al.，2019）。另一方面，中国的物流企业近年来都取得了快速进步并且发展势头稳健。越来越多的中国物流企业开始顺应时代发展潮流，积极引进先进的智能物流技术，并且积极进行物流模式创新，以构建智慧物流生态链（贺北时，2015；Cui，2018）。因此，本章的多案例分析从中国选取合适的案例进行研究。

我们的研究团队成员查阅了国内知名物流企业的网站资料，筛选出已经开始构建智慧物流生态圈的物流企业作为候选公司，并与这些企业的管理者进行电话和电子邮件联系，了解了这些企业与我们访谈调研的意愿，最终获得了10家企业的认可。在这10个企业中，我们的案例企业选择标准步骤如下。

（1）所选公司至少有5年的发展历史，并且近3年内在构建智慧物流生态链方面有一定的创新变革，且取得一定成就。

（2）所选择的公司在企业规模、服务领域、服务对象，以及服务范围上都有一定的差异，这样得出的结论更加具有普适性。

（3）所有选择的企业能够提供完整并且全面的调研信息，并且能够保证调研信息真实性。

根据以上原则和标准，选取了四家具有代表性的企业进行访谈和调研：青岛日日顺物流有限公司、菜鸟网络科技有限公司、中国外运股份有限公司和北京京东世纪贸易有限公司。表6-1给出了四家调研企业的基本信息，此外我们还在表6-1之后详细介绍了每个企业智慧物流生态链的构建情况及特点。

表 6-1 四家调研企业基本情况

企业名称	成立时间（年）	总部	员工人数（人）	企业规模	服务领域	服务对象	服务范围
青岛日日顺物流有限公司	1999	青岛	1200	小型	大件物流	居家大件（家电、家居用品、出行产品等）品牌商	日日顺物流网点遍布全国，深入县、乡、村级地区
菜鸟网络科技有限公司	2013	杭州	117893	中型	电商物流	在线零售商和个体的终端消费者	四通八达的物流服务网络
中国外运股份有限公司	2002	北京	221775	大型	海、陆、空货运，仓储码头服务	具有综合物流需求的企业	覆盖中国所有省份及地区，海外网络覆盖亚洲、非洲、美洲、欧洲等区域
北京京东世纪贸易有限公司	1998	北京	105936	大型	电商物流	包括个体的终端消费者，注册使用的企业用户及政府	快递业务揽收范围为北京、上海、广州，派送范围为中国大陆地区，随后将向全国扩展

（1）日日顺物流。

日日顺物流发展先后经历企业物流→物流企业→平台企业→生态企业四个转型阶段。在智能基础设施方面，日日顺物流建立了中国首个大件智慧仓，具有 15 处大发运基地、136 个智慧仓、6000 多家微仓，总仓储面积在 600 万平方米以上。

为了解决“最后一公里”问题，日日顺物流启动了“车小微工程”，将每一辆配送车武装为一个小微公司，布局“最后一公里”。“车小微”以加盟模式吸引各资源方主动进入，为加盟商建立运营系统、派工系统、结算系统等一体化服务平台。车小微通过大数据系统对沉淀下来的消费数据进行分析和预测，为每辆车提供智能决策支持。同时，车小微通过其 GPS 定位系统、POS 机、定制的平板电脑等完成与后台数据的连接，其通信管理系统可以按位置分配订单，保证快速送达。此外，车小微能够按照用户场景、用户需求提供有温度的个性化服务，实现“物流 + 服务 + 场景”商务一体化。

（2）菜鸟网络。

菜鸟网络科技有限公司于 2013 年由阿里巴巴集团牵头成立。菜鸟网络是一家互联网科技公司，专注于搭建四通八达的物流网络，打通物流的骨干网和毛细血管，为电商提供智慧供应链服务。通过技术创新和高效协同，菜鸟网络与合作伙伴一起提高物流效率，降低社会物流成本，提升消费者的物流体验，为制造业创造更大利润空间。菜鸟网络的目标是与物流合作伙伴一起，加快实现“全国 24 小时，全球 72 小时必达”。为此，菜鸟网络正在建设整个物流行业的数字化基础设施，搭建面向未来的、基于新零售的智慧物流供应链解决方案，打造一张全球化的物流网络。

在园区建设方面，菜鸟网络致力于整合智能技术，将物流园区打造为基于物流物联网（物流 IoT）的“未来园区”。“未来园区”是基于物流 IoT、边缘计算和人工智能等前沿技术的物流园区。园区内所有摄像头可自主运算，摄像头能通过捕捉的影像，实时计算分析，进而实现车辆的智能调度、备货的科学管理，以及员工异常行为预警。除各类传感器设备外，无人仓也是“未来园区”必不可少的。在“未来园区”建设成熟后，无人仓、自动化流水线、AGV 机器人、机械臂都将成为菜鸟网络“未来园区”的必备设备。

（3）中外运。

中国外运股份有限公司是招商局集团物流业务统一运营平台和统一品牌。其服务网络覆盖中国所有省份及地区，海外网络覆盖亚洲、非洲、美洲、欧洲等区域。不论何时、何地，中外运都能够为客户提供通达全球的高品质物流服务。中外运的产品和服务包括海运、空运、公路和铁路运输、船务代理、仓储及配送、码头服务等。在新时代下，中外运对智慧物流发展愿景进行了升级。企业愿景是打造世界一流的智慧物流平台企业，并确立了成为智慧物流引领者、供应链生态圈构建者、中国物流产业推动者三个战略使命。

当前，中外运正由综合物流提供商向综合物流业务整合商和平台企业转型，其将立足综合物流业务整合商的定位，打造世界一流的综合平台企业。

中外运将自动化、信息化、智能化的科技推广应用作为发展智慧物流的首要阶段，在实践中不断应用无人设备、人工智能、物联网、区块链等先进技术。中外运还推出集装箱无车承运服务平台——箱满路平台，为用户提供高效、准点、可视、经济的运输服务。2017 年 3 月，箱满路系统上线试运行，货代、车队网站端，车队、司机移动端上线。目前，平台已经能够实现集装箱自动运单处理、智能供需匹配、自动价格管理、数字化服务等功能。

（4）京东物流。

京东物流积极布局人工智能（AI）、云计算、智能物流硬件设施等方面，力图以科技创新创造竞争优势。在无人技术应用领域，京东物流是最早布局智慧供应链的物流企业。2018 年，在“双十一”期间，京东物流启用了不同层级的无人仓数量达到 50 多个，同时无人车、无人机、智能打包机、外骨骼机器人、智能运筹系统等“黑科技”也在为海量订单提供支撑。京东物流的智慧物流体系是自身的核心竞争力，京东物流不仅拥有全国最大规模的智能物流仓，而且能够通过机器人实现全自动分拣，依靠人工智能和大数据来自动识别订单。

为了适应“无界零售”体系的发展，京东物流致力于“无界物流”的推进。在新型无界零售体系下，消费场景将变得“无处不在，无时不有”，消费者希望获得“所想即所得”的极致体验，这些最终都需要通过物流来实现。这意味着物流要建立起一套高效、敏捷、智慧、协同的供应链网络，无缝链接产业端和消费端，实现商品的快速流通、需求的精准匹配和价值体系的全面提升。顺应无界物流的变革趋势，京东物流正式推出“闪电送”时效产品体系，围绕本地生活即时配送场景进行了全面升级。用户在京东商城购买商品时，京东物流可以根据用户的收货地址进行自动识别，并匹配附近供货网点仓库发货，用户如选择带有“闪电送”配送标识的商品，下单后可实现数分钟到几十分钟内送货上门。

6.3 智慧物流生态链绩效影响因素的多案例分析

6.3.1 理论假设与案例分析

本节将通过文献分析和实际分析，对智慧物流生态链绩效水平的影响因素与这些因素之间的相互关系做出假设。在提出假设后，将根据调研结果验证假设是否成立，调研结果可以在附录中找到。

（1）生态链供需匹配程度与生态链绩效水平的关系。

在早期的观念中，供需匹配的基本原理是准确识别需求并协调其他相关因素（Bitran，1997），将需求从高峰向非高峰进行转移，实现供需匹配的协调。智慧物流生态链虽然衍生于传统供应链，但其对服务的要求更为严苛，从而区别于传统供应链。在智慧物流生态链中，供需匹配是客户需求与全链条供给的匹配，客户对服务质量和服务准确性的要求比传统供应链更高，个性化定制、弹性运作和快速响应也已经成为智慧物流生态链必不可少的能力（Martin et al.，2016）。因此，在智慧物流生态链的背景下，供需匹配不仅仅体现在为了减少数量浪费而进行的协调，更多是关注供给和需求的匹配质量。也就是说，在智慧物流生态链中，企业提供的产品或服务不仅要在数量上与客户需求吻合，而且要在质量上符合客户需求。

在许多服务主导的商业中，供需匹配能力是取得成功的决定因素（Hua et al.，2011）。良好的供需匹配对供应链绩效有着积极影响，因为高度的供需匹配将带来市场的积极反馈和服务产品质量的持续改进（Chen et al.，2016）。在智慧物流生态链中，一旦整个生态链提供的服务与客户需求实现了良好的匹配，客户满意度就会随之提升，从而带来积极的市场反应。特别是在生态链中，由于物联网生态群的存在，客户与客户之间也会相互影响，客户满意度更是起到举足轻重的作用。因此，我们认为高度的供需匹配将会直接正向作用于智慧物流生态链绩效水平，并做出如下假设。

假设1：智慧物流生态链的供需匹配程度越高，生态链绩效水平越高。

附表6－1总结了我们关于假设1的调研结果。菜鸟网络的运营管理者将供需匹配程度的提高分为两个方面：

“供需匹配程度一方面体现在数量上能够更准确地预测和实现，另一方面体现在质量上能够更符合客户的需求。”

从附表6－1的访谈结果来看，日日顺物流更侧重于在服务质量上更好地匹配客户要求，中外运更侧重于在数量匹配上进行优化，菜鸟网络则同时关注质量上和数量上匹配程度的提高，京东物流则认为供需匹配程度是运行效率的一部分。尽管不同的企业对供需匹配的侧重点有所不同，但是所有管理者均表明供需匹配程度的提高会直接改善生态链的绩效水平。综上所述，假设 1 得以验证。

（2）需求个性化程度和生态链供需匹配程度的关系。

目前，消费正成为主导经济发展的决定性因素，消费者体验成为赢得市场的关键因素。个性化需求是消费者表现出来的符合个人主观特性的需求，包括对产品特征、购买地点、购买时间等的不同需求。在个性化需求的推动下，按需生产的个性化服务方式正成为新型生产模式。智慧物流生态链能够通过智慧化的协同运作，准确捕捉到客户的个性化需求，相比传统供应链更具有个性化服务的能力。因此，满足个性化需求成为智慧物流生态链提高自身竞争力的关键因素。这种变化趋势体现在不同行业的智慧物流生态链中，例如，服装行业重视设计和更新，敏捷制造和快速响应就成为其首要的创新目标。

只有当生态链服务的结果与客户期望一致时，才能使客户对智慧物流生态链的服务感到满意（Martin et al.，2016）。个性化需求增加了生态链识别和完成客户需求的难度，因此会使生态链供需匹配程度下降（Hussain，2016），但是这种供需匹配程度的下降是在短期内发生的。长期来看，个性化需求要求智慧物流生态链以客户需求为导向，具备一对一沟通深入了解客户需求、为其量身定做相关服务的能力。个性化需求能够刺激智慧物流生态链不断提升自己的定制化服务能力，从而提高供需匹配程度。此外，它还可能通过口碑对其他潜在客户产生影响（Tontini et al.，2017）。因此，在长期来看，个性化需求程度越高，越能提高生态链供需匹配程度。综上所述，我们提出如下假设。

假设 2a：短期来看，智慧物流生态链的个性化需求程度越高，生态链的供需匹配程度越低。

假设 2b：随着时间的推移，个性化需求程度增加对供需匹配程度的影响，将从负面影响转为正面影响。

附表 6 – 2 总结了我们关于假设 2a 和假设 2b 的调研结果。从附表 6 – 2 来看，个性化需求增加已经成为各种类型的智慧物流生态链都要面对的趋势，满足个性化需求是智慧物流生态链提高自身竞争力的关键因素。日日顺物流的管理者表示，目前日日顺物流面对的个性化需求已经越来越多。菜鸟网络和中外运的管理者也表示个性化需求将会成为未来新的盈利点。关于个性化需求对供需匹配的影响，日日顺物流的管理者表示：

“目前个性化需求越来越多，原来的大批量制造逐渐转换为由用户决定产品开发。不同渠道的用户也会有不同的需求。

从短期来看，个性化需求程度的增加会使业务流程更加复杂化，从而对生态链的供需匹配程度产生负向影响。但是长时间来看，生态链将逐渐有能力满足个性化需求，由此带来的溢价和收入的变化会提高生态链的价值。”

京东物流管理者表示：

“个性化需求对公司供需匹配程度的影响是双面的。在一开始，个性化需求只是个别案例，供需匹配会变得困难。随着个性化需求量的增加，这些个性化需求也会存在相似之处，公司可以因此优化业务流程，从而提高供需匹配程度。”

日日顺物流和京东物流管理者的表述表明，短期来看，个性化需求程度的增加会对生态链的供需匹配程度产生负向影响，但长期来看，个性化需求程度的增加将会从负面影响转为正面影响。菜鸟网络和中外运的管理者也都表示短期内个性化需求的增加对业务是一个很大的挑战，但是随着服务的不断成熟，个性化需求对未来是一个机遇，也是未来的盈利点。因此，长期来看，个性化需求的增加会提高供需匹配程度。综上所述，假设 2a 和假设 2b 得以验证。

（3）智慧性资产投入额与生态链供需匹配程度的关系。

智慧性资产是指在智慧物流生态链的运作过程中，为了更高效且准确地进行需求识别、供需分析和需求实现，企业投入智慧性设施设备、智能技术、智能信息系统等用于智慧化运营的资产。投入智慧性资产为企业建立智慧物流生态链提供了基础和媒介（Abdel - Basset et al.，2018）。智慧物流生态链的供需匹配过程呈现出一定的技术依赖性，通过研发新的技术和智能算法能够帮助智慧生态链解决目前存在的信息量大、提供数据不精准等供需匹配问题。此外，智能算法和信息系统的改进能够帮助智慧物流生态链更好地实现客户需求，例如，路径优化更加成熟、信息沟通更加实时高效等（Wu et al.，2016）。因此，我们认为智慧性资产投入额越高，将会导致智慧物流生态链的供需匹配程度越高，并提出假设 3。

假设 3：智慧物流生态链的智慧性资产投入额越高，生态链的供需匹配程度越高。

附表6－3 总结了我们关于假设3 的调研结果。附表6－3 表明，尽管每个企业在智慧性资产方面的投入类型不同，投入资产的大小也不同，但是所有管理者均认为智慧性资产投入额越高，生态链的供需匹配程度越高。这种正向影响是通过不同的方式体现出来的，例如，日日顺物流的管理者以运输方面的智慧性资产投入为例，认为智慧性资产能够通过路径导航、提货指引、安装指引、拣货指引等方式赋能提供商，从而更高效和高质量地完成客户需求，提高供需匹配程度。菜鸟网络的管理者则认为投入智慧性资产能够提高服务的效率和准确程度。京东物流和中外运的管理者也表示投入智慧性资产确实能够提高供需匹配效率。综上所述，假设3 得以验证。

（4）智慧性资产投入额与生态链绩效水平的关系。

智慧物流生态链的构建需要以强大的数据平台作为支撑的物流信息系统，物联网生态群的构建，以及新兴技术的引进等智慧性资产投入（Abdel－Basset et al.，2018）。这些投入需要智慧物流生态链中的核心企业付出金钱、时间和精力，因此我们认为，在短期内，智慧性资产投入额越高，生态链绩效水平越低。但是从长期来看，一方面，智慧性资产的投入会通过提高供需匹配程度来提高生态链的绩效水平，这一点已经体现在假设3 中。另一方面，智慧性资产的投入使得智慧物流生态链的网络结构更加完善和高效（杨娟等，2018），为智慧物流生态链的进一步发展和创新提供了支持。因此，从长期来看，智慧性资产投入额越高，生态链的绩效水平越高。综上所述，我们提出如下假设。

假设4a：短期来看，智慧物流生态链的智慧性资产投入额越高，生态链绩效水平越低。

假设4b：随着时间的推移，智慧性资产投入额的提高对生态链绩效水平的影响将从负面影响转为正面影响。

附表6－3 总结了我们关于假设4a 和假设4b 的调研结果。从附表6－3 可以看到，日日顺物流、菜鸟网络和中外运都已经投入了大量的智慧性资产。例如，日日顺物流的管理者表示：

“日日顺物流在软件和硬件上都投入了大量研发费用，包括系统的开发、大数据的应用、AI、智能开发等。我们在青岛、杭州建立了智能大件无人仓，也是在新技术应用上的一些创新。”

菜鸟网络的管理者表示：

“菜鸟网络在智慧物流园区的投入方面包括物联网、边缘计算和人工智能。菜鸟网络曾计划两年内在智慧性资产方面投入一千亿元。”

中外运的管理者也表示天津中外运在智慧技术投资方面已经有约2000万元。京东物流管理者表示，京东在云仓平台、无人技术方面都有大量投入。我们进一步访问了各企业智慧性资产投入额对生态链绩效水平的影响，发现智慧性资产投入额对生态链绩效水平的影响受到时间的调节作用。从短期来看，智慧性资产的投入对绩效是有负面影响的。日日顺物流、菜鸟网络、中外运和京东物流在短期内的智慧性资产投入都是亏损的，例如，日日顺物流的管理者认为：

“目前很多智慧性资产投入，比如AGV，短期内都是亏损的。但是未来大环境会更加依靠技术，目前的智慧性资产投入是一种技术储备。”

京东物流的管理者认为：

“尽管公司所有的技术性资产投入都是为了提升效率，但是前期投入会沉淀下来，后期才能逐渐实现盈利。例如，公司投入的AI技术。”

菜鸟网络和中外运的管理者也表示，在短期内，智慧性资产的投入对绩效是有负面影响的，但是从长远来看肯定是正向的影响。因此，假设4a和假设4b得以验证。

（5）生态链的互动程度与生态链供需匹配程度的关系。

智慧物流生态链的互动是指为了实现共创共赢，智慧物流生态链中的各个主体以物联网技术为基础，以物联网社群为支撑，进行实时交流、信息共享和数据共享等互动。Cortada（2016）认为信息的交流和共享是产业生态链成功的关键。汪传雷等（2017）提出物流产业生态链是共享经济时代物流的重要产物，生态链主体的互联互通和价值共享，是实现生态链中各个主体共赢的关键。因此，生态链各个主体间的互动不仅是智慧物流生态链的特性，也是影响生态链运行的重要因素之一。在智慧物流生态链中，各主体之间的互动程度越高，生态链的供需匹配程度越高。这是因为，一方面，生态链的互动程度越高，越能体现生态链集成不同主体并且能够为不同主体提供交流平台的优势。另一方面，生态链的互动程度越高，智慧物流生态链的客户需求越能够准确、快速地传递给核心企业和提供商。因此，我们提出假设5。

假设5：智慧物流生态链的互动程度越高，生态链的供需匹配程度越高。

附表6－4总结了我们关于假设5的调研结果。附表6－4中涉及的调研企业在生态链互动方式方面各有不同，例如，日日顺物流侧重于生态链各个主体之间的信息共享，菜鸟网络侧重于与制造商数据共享，中外运则侧重于与服务提供商及客户之间密切实时交流，京东物流侧重于面向品牌商的赋能。虽然每个企业的生态链互动方式有所不同，但所有企业的调研访谈均表明生态链的互动程度越高，生态链的供需匹配程度越高。这是因为随着生态链中各个主体之间的交流更加频繁和开放，生态链能够更加准确、高效地实现客户需求。综上所述，假设5得以验证。

（6）多场景化服务能力与生态链供需匹配程度的关系。

多场景化服务能力是智慧物流生态链为客户提供多场景化的解决方案与智慧物流生态链不断开拓新服务场景的能力。多场景化服务能力体现在两个方面。一方面，智慧物流生态链通过平台提供多场景化的解决方案来解决客户存在的问题。多场景化的解决方案在一定程度上能够提高供需匹配程度。另一方面，智慧物流生态链在已有场景基础上不断开拓新的服务场景，使得生态链的服务场景不断增加，例如，配送场景、上门安装场景等。此外，智慧物流生态链能够通过客户潜在需求的识别和物联网生态群的交互，拉动不同种类商品的销售，从而创造更多的服务场景（任芳，2019）。这种多场景化服务能够深入挖掘客户潜在需求，更加准确地把握客户需求，从而提高生态链的供需匹配程度（Da Mota Pedrosa，2012）。综上所述，我们提出了如下假设6。

假设6：智慧物流生态链的多场景化服务能力越高，生态链的供需匹配程度越高。

附表6－5总结了我们关于假设6的调研结果。从附表6－5的访谈结果来看，日日顺物流的多场景化服务体现在基于消费者末端的交互，为用户进行个性化定制，菜鸟网络和中外运体现在服务产品涉及的场景更加丰富，京东物流则体现在服务场景的增加。在多场景化服务能力与供需匹配程度的关系方面，日日顺物流的管理者认为：

“生态链的场景化转型会提高消费者的满意度，更准确地满足消费者的需求，从而对供需匹配程度产生正向影响。”

京东物流的管理者认为：

“随着（生态链中）场景的增加，生态链的生态活性也会增加，从而衍生出其他的业务，更好地实现客户需求。”

菜鸟网络和中外运的管理者也表示多场景化的服务会更好地服务客户，有助于提高生态链供需匹配程度。因此，假设6得以验证。

6.3.2 理论框架

本章通过整理四家企业的基本信息和调研内容，对提出的假设进行验证，最终得到影响生态链绩效水平的影响因素，形成影响因素框架。最终我们得到智慧物流生态链绩效水平影响因素框架，如图6－1所示。

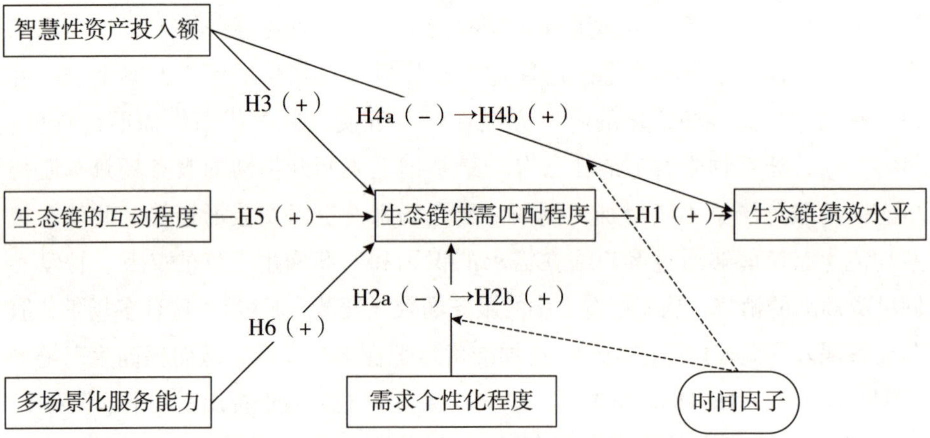

图6－1 智慧物流生态链绩效水平影响因素框架

注：“H数字”代表文中假设，（－）表示负向影响，（+）表示正向影响，---→表示时间因子的作用。

从图中我们发现生态链供需匹配程度是影响智慧物流生态链绩效水平的重要中介变量（假设1）。供需匹配程度越高，智慧物流生态链绩效水平越高。这是因为，供需匹配程度是运行效率的一个组成部分，运行效率的提高必然会使得生态链绩效水平提高。智慧性资产投入额，生态链的互动程度和多场景化服务能力能够通过提高生态链供需匹配程度，进一步提高生态链绩效水平。其中，智慧性资产投入额越高，服务效率和服务准确程度越高，生态链供需匹配程度越高（假设3）。生态链的互动能够通过加强各个主体的交流来促进合作，更高效地完成供需匹配，从而提高生态链供需匹配程度（假设5）。多场景化服务能够更充分地满足客户需求，增加生态链活性，从而提高生态链供需匹配程度（假设6）。

我们还发现两个特别的结论。随着时间的推移，智慧性资产投入额对绩效水平的影响，需求个性化程度对供需匹配程度的影响会从负面影响转为正面影响。第一，智慧性资产投入额的增加在短期对生态链绩效水平有直接的负面影响，但是长期来看，智慧性资产投入额的增加对生态链绩效水平能够产生正面影响（假设2a和假设2b）。这是因为智慧性资产不仅对企业来说是一种技术储备，从长期来看也会提升行业效率。第二，需求个性化程度的提高在短期来看，会降低生态链的供需匹配程度，但是长期来看会提高生态链的供需匹配程度，进而提高生态链绩效水平（假设4a和假设4b）。这是因为从短期来看，个性化需求程度的增加会使业务流程更加复杂化，从而对生态链的供需匹配程度产生负向影响。从长期来看，生态链将逐渐有能力满足个性化需求，由此带来的溢价和收入变化会提高生态链价值。

6.4 智慧物流生态链绩效影响因素的启示与建议

本章通过多案例分析得到智慧物流生态链绩效水平的影响因素，并形成了影响因素框架。我们发现，智慧性资产投入额、生态链的互动程度、多场景化服务能力、需求个性化程度和供需匹配程度是影响智慧物流生态链绩效水平的重要因素。其中供需匹配程度在智慧性资产投入额、生态链的互动程度、多场景化服务能力和需求个性化程度对生态链绩效水平造成影响的过程中发挥中介作用。智慧性资产投入额，生态链的互动程度和多场景化服务能力能够通过提高生态链供需匹配程度，进而提高生态链绩效水平。值得关注的是，智慧性资产投入额的增加在短期对生态链绩效水平有直接的负面影响，但是长期来看，智慧性资产投入额的增加对生态链绩效水平能够产生正面影响。

因此，管理者应意识到智慧性资产的投入无法在短期内实现盈利，但是长期来看，其作为一项技术储备，将会提高生态链的绩效水平。通过提高智慧性资产的投入额，推动生态链的各主体之间的互动，并提升多场景化的服务能力，这些措施可以提高生态链供需匹配程度，从而提高生态链的绩效水平。此外，管理者应意识到当前需求个性化日益增长的趋势在未来将有助于生态链绩效水平的提升。虽然在短期内，需求个性化的增长会给生态链的业务流程和管理模式带来挑战，但是只要智慧物流生态链能够根据需求个性化做出调整，长期来看，需求个性化的增长会通过提高生态链的供需匹配程度，进而提高生态链绩效水平。

附录6－A

附表6－1　　供需匹配程度与绩效水平之间关系的描述

公司名称	供需匹配程度	供需匹配程度与绩效水平之间的关系
青岛日日顺物流有限公司	生态链一方面需要识别客户的潜在需求，另一方面需要有丰富的生态链服务内容。平台的作用就是将服务提供商和用户需求更好地黏合	供需匹配程度越高，整个生态链的竞争力越高，从而提高生态链绩效水平
菜鸟网络科技有限公司	供需匹配程度一方面体现在数量上能够更准确地预测和实现，另一方面体现在质量上能够更符合客户的需求	供需匹配程度越高，生态链的绩效水平肯定是越高的
中国外运股份有限公司	中外运的供需匹配主要体现在数量上的匹配，在这个行业最怕的就是货物和船等不匹配	供需匹配程度越高，生态链的运行效率越高，因此绩效水平越高
北京京东世纪贸易有限公司	供需匹配程度是运行效率的一部分，供需匹配程度的提高使得运行效率提高	供需匹配程度增加，企业的运行效率会提高，由此产生的收入和正面效果也会提升

附表6－2　　需求个性化程度与供需匹配程度之间关系的描述

公司名称	需求个性化程度	需求个性化程度与供需匹配程度之间的关系
青岛日日顺物流有限公司	目前个性化需求越来越多，原来的大批量制造逐渐转换为由用户决定产品开发。不同渠道的用户也会有不同的需求	从短期来看，需求个性化程度的增加会使业务流程更加复杂化，从而对生态链的供需匹配程度产生负向影响。但是长时间来看，生态链将逐渐有能力满足个性化需求，由此带来的溢价和收入的变化会提高生态链的价值

续 表

公司名称	需求个性化程度	需求个性化程度与供需匹配程度之间的关系
菜鸟网络科技有限公司	目前个性化需求越来越多，菜鸟网络并不难实现这些需求，难的是如何在一定成本考量内满足消费者的个性化需求	个性化需求的增加对业务是一个很大的挑战，但是对未来是一个机遇，也是未来的盈利点，通用型的产品越来越难以支持2C的需求
中国外运股份有限公司	中外运面对的个性化需求主要来自货主、客户在信息化方面存在个性化需求。如某不锈钢企业要求在港到门服务时实现全流程监控	随着个性化需求的增加，供需匹配程度在短时间内会降低，但是随着服务的不断成熟，个性化需求成为新的利润点
北京京东世纪贸易有限公司	个性化需求在近几年确实有所增加，由一开始的个别案例向大批量发展	个性化需求对公司供需匹配程度的影响是双面的。在一开始，个性化需求只是个别案例，供需匹配会变得困难。随着个性化需求量的增加，这些个性化需求也会存在相似之处，公司可以因此优化业务流程，从而提高供需匹配程度

附表6－3　智慧性资产投入额与供需匹配程度、绩效水平之间关系的描述

公司名称	智慧性资产投入额	智慧性资产投入额与供需匹配程度之间的关系	智慧性资产投入额与绩效水平之间的关系
青岛日日顺物流有限公司	日日顺物流在软件和硬件上都投入了大量研发费用，包括系统的开发、大数据的应用、AI、智能开发等。我们在青岛、杭州建立了智能大件无人仓，也是在新技术应用上的一些创新	增加智慧性资产投入额会对供需匹配程度产生正向影响。智慧性资产投入能够通过路径导航、提货指引、安装指引、拣货指引等赋能提供商，从而提高装载率和服务质量	目前很多智慧性资产投入，如AGV，短期内都是亏损的。但是未来大环境会更加依靠技术，目前的智慧性资产投入是一种技术储备

续 表

公司名称	智慧性资产投入额	智慧性资产投入额与供需匹配程度之间的关系	智慧性资产投入额与绩效水平之间的关系
菜鸟网络科技有限公司	菜鸟网络在智慧物流园区的投入方面包括物联网（IoT）、边缘计算和人工智能。菜鸟网络曾计划投入一千亿元在智慧性资产方面	智慧性资产投入额的增加对供需匹配会有一个正向的影响，因为这种投入能够提高服务的效率和准确程度	在短期内，智慧性资产的投入对绩效是有负面影响的，目前菜鸟是亏钱的，但是从长远来看肯定是正向的影响
中国外运股份有限公司	在集装箱业务方面，实现单证智慧识别。在设施方面，中外运推出了智能闸口。目前天津中外运在智慧技术方面的投资额约为2000万元	公司智慧性技术与智慧资产的投入对供需匹配程度肯定会产生正向影响，具体多少投入是最优的还需要进一步考量	在目前的体系内，智慧性资产的投入会提升行业效率，从而对生态链的绩效水平产生正向影响
北京京东世纪贸易有限公司	京东在云仓平台、无人技术方面都有很多技术性的投入	这种智慧性资产的投入一定会提高运行效率，否则公司不会进行投入。运行效率的提高也包括供需匹配程度	尽管公司所有的技术性资产投入都是为了提升效率，但是前期投入会沉淀下来，后期才能逐渐实现盈利。例如，公司投入的AI技术

附表6－4　生态链的互动程度与供需匹配程度之间关系的描述

公司名称	生态链的互动程度	生态链的互动程度与供需匹配程度之间的关系
青岛日日顺物流有限公司	生态链各个主体之间的互动主要是信息共享，同时也包括一些其他的互动行为	如果信息能够开放更多，对上下游资源准备是有正向影响的。如果仓库能够将备货节奏、生产时间等信息提前告知配送方，配送方就会减少无效等待。类似地，配送方提前告诉车小微的服务兵到货时间，服务兵也会有充足的时间准备，从而提高供需匹配程度

续 表

公司名称	生态链的互动程度	生态链的互动程度与供需匹配程度之间的关系
菜鸟网络科技有限公司	菜鸟和制造商有数据共享，为制造商统一线上线下的数据，提供线上线下同一盘货的服务	因为各个主体之间交流更加频繁和开放，生态链主体之间的互动程度增加对供需匹配会有一个正向的影响
中国外运股份有限公司	中外运与服务提供商、客户之间始终密切、实时地交流，此外，还有定期的行业会议	各个主体之间的互动程度越高，生态链的供需匹配程度越高
北京京东世纪贸易有限公司	如果品牌商愿意，京东会对品牌商进行赋能，赋能会使客户的认知增强，提高沟通效率	平台强调互动，生态链各个主体之间的互动程度越高，运行效率一定越高

附表 6－5　多场景化服务能力与供需匹配程度之间关系的描述

公司名称	多场景化服务能力	多场景化服务能力与供需匹配程度之间的关系
青岛日日顺物流有限公司	我们的目标是构建场景化生态链。场景化分为客户端和消费者端。客户端是面对品牌商和渠道商，强调端对端的全流程。生态链的场景化转型更多是基于消费者末端交互，为用户进行个性化定制	生态链的场景化转型会提高消费者的满意度，更准确地满足消费者的需求，从而对供需匹配程度产生正向影响
菜鸟网络科技有限公司	菜鸟的服务产品很多，例如，当日达、次日达、准时达和服务上门都有。大家电或者天猫超市产品会送货上门，但是有些品类不会送货上门	这种多场景化的服务一定会提高生态链供需匹配程度，因为它能够更准确地满足消费者的需求
中国外运股份有限公司	以宝供企业为例，中外运的服务场景变得更加丰富，由之前的纯仓库管理变成了进出口业务的管理	这种多场景化服务会更好地服务客户，有助于提高生态链供需匹配程度
北京京东世纪贸易有限公司	场景是为客户需求进行服务的，如果客户有需求，我们就会增加相应的场景	随着场景的增加，生态链的生态活性也会增加，从而衍生出其他的业务，更好地实现客户需求

附录 6 – B

调研问卷

1. 基础信息

(1) 请问贵公司共有多少名员工?

(2) 请问贵公司的服务领域、服务对象和服务范围是什么?请进行简要的描述。

(3) 请问贵公司智慧物流生态链的构建情况如何?请进行简要的描述。

2. 关于供需匹配程度

(1) 贵公司智慧性资产的投入对生态链供需匹配程度产生怎样的影响?是否智慧性资产投入额越高,生态链的供需匹配程度越高?

(2) 个性化需求的增加对贵公司的供需匹配程度有什么样的影响?个性化需求的不断增强是否会降低生态链的供需匹配程度?

(3) 生态链的各个主体之间的互动程度如何影响生态链供需匹配程度?是否生态链的各个主体之间的互动程度越高,生态链的供需匹配程度越高?

(4) 贵公司的多场景化服务是否与生态链供需匹配程度有关?是否多场景化服务能力越高,生态链供需匹配程度越高?

3. 关于生态链绩效水平

(1) 生态链的供需匹配程度对贵公司的生态链绩效水平产生什么样的影响?是否是供需匹配程度越高绩效水平越高?

(2) 不考虑智慧性资产对供需匹配程度的提高或降低,智慧性资产投入额对生态链绩效水平会产生怎样的直接影响?

7 智慧物流生态链组织协同影响因素研究

——来自中国的多案例研究

7.1 智慧物流生态链组织协同发展的背景

工业 4.0 正推动企业加快智慧化转型并实现企业间的互联互通。在万物互联成为趋势的背景下，任何一家企业都难以独立地在市场中生存，而是通过加强上下游的关联，以供应链的形态参与市场竞争（Li et al.，2019）。因此，供应链的重要性日益凸显，供应链绩效的衡量和提高成为被关注的问题。从概念上讲，供应链绩效衡量了所有供应链成员及其之间联系的所有绩效（Huo et al.，2014）。供应链绩效可以通过销售额、灵活性和协同等各个方面衡量（Esra and Adil，2019）。然而，在物联网、5G、区块链等新技术的冲击下，当前供应链仍需不断进行组织内部调整以快速适应新的外部环境，因此实现供应链协同成为提高供应链绩效的基础与核心（Rodrigues et al.，2015）。

在物流服务供应链中，越来越多的物流企业采用数字化技术与信息系统进行智慧化学习和决策，实现与其他企业的协同，以期形成一个可持续改进和优化的智慧物流体系。智慧物流以数字化、可视化、平台化为重要特征，彻底打破了信息孤岛，使物流服务供应链上下游成为一体化运行的整体。因此，智慧物流生态链是以数据共享、信用机制、物联网技术为支撑，由供给生态群、生态运营商，以及需求生态群组成的新型供应链结构（Ji，2008；Chen and Xu，2011）。其中，上游的多个物流服务提供商相互关联并进行差异化竞争，共同构成了供给生态群；下游的客户之间通过社区交流汇集个性化需求，进而形成了需求生态群；物流生态运营商负责通过平台运营中心，在大数据、人工智能等先进技术的支持下，通过赋能创造不同的生态化场景，以实现两个社群的高效匹配。

智慧物流生态链的出现打破了原有的物流组织秩序，构建新组织关系，实现上下游的协同成了重要的运营问题。这种协同被定义为一种伙伴关系过程，其中不少于两个独立的各方携手合作，共同策划和执行生态链运作，以实现共同的目标和互惠互利（Cao and Zhang，2011；Chen et al.，2017）。此外，智慧物流生态链的出现导致生态链组织协同的影响机理也发生了变化，例如，平台运营商的数字赋能与信息共享成为组织协同有效的重要因素，并且数字赋能能力受到多维度因素的影响，包括智慧化技术、客户需求与同行竞争。因此，构建一个智慧物流背景下的组织协同理论框架将有助于管理者更加科学地认识智慧物流运作中各类主体之间的关系（Chu et al.，2018），从而有效提高智慧物流生态链绩效。

本章将根据中国四个物流企业的一手访谈资料，利用多案例研究方法构建一个切实反映数字化背景下智慧物流生态链组织协同的理论框架，并首次将数字赋能能力这一生态链技术特征引入物流组织协同框架中，以帮助物流生态运营商更好地实现供应链上下游协同，从而提高服务竞争力。主要内容涉及以下四个问题。

（1）生态运营商数字赋能能力与物流组织协同之间存在怎样的关系？

（2）信息共享水平与物流组织协同之间存在怎样的关系？

（3）有哪些因素会对生态运营商的数字赋能能力造成影响？

（4）怎样据此构建出智慧物流生态链组织协同的理论框架？

7.2 智慧物流生态链组织协同的关键问题

7.2.1 产业实践的表现与关键问题

从实践层面来看，生态运营商利用数字化技术进行赋能，不仅是提高生态链竞争力的重要技术手段，也是实现生态链组织协同的关键技术。物流生态链上的数字赋能是指占据主导权的物流生态运营商主动提高客户的体验水平，或者通过 R&D 投资、技术共享等方式帮助处于弱势地位的企业提高数字化水平和决策能力，从而实现供应链效率的提升（Sun et al.，2018）。以京东物流为例，通过数字化技术应用和革新，京东物流实现了向上游物流服务提供商与下游客户的赋能，供应链上下游以大数据平台为纽带紧密联系在一起（Chan et al.，2018）。对于上游物流服务提供商来说，可以充分依靠京东大数据平台，深度挖掘供应链环节存在的价值开发点。对于下游客户来说，京东物流不仅给个体客户带来更加快捷和准确的快递服务，也给销售企业带来了高效的增值服务（如订单分析、库存管理、动态定价等），帮助他们解决产品销售全流程中的问题。

总之，智慧化平台的出现使得核心企业能够更多地为合作伙伴和客户进行赋能，从而提高整个服务链的组织协调性。然而，物流生态运营商的数字赋能能力与智慧物流生态链组织协同之间的联系没有被深入地研究，以及数字赋能能力如何促进智慧物流组织协同有序、稳定地发展还没有明确的战略导向机制研究。

7.2.2 理论研究的不足

从理论层面来看，大量学者针对不同情境下的物流组织协同展开了研究，例如，农村物流（Lindawati et al.，2014）、应急医疗（Kaynak，2014）、货运管理（Osório et al.，2013）等。协同是一种经过汇总而产生的特殊业务表现，是两个企业以资源共享为基础而确立的特殊共生关系（Eisenhardt and Graebner，2007），协同减少了内部职能和组织间的冲突，并促进了独特关系优势的发展（Subramanian et al.，2016）。组织方式的优化与协同是供应链组织的改进方向（Wu and Chiu，2018），而大数据应用提高了物流组织的反馈效率，增加了供应链组织的协调性（韩小改，2014）。在传统供应链中，影响组织间协同的因素主要包括：电子商务和网络技术（Mcivor，2003），公司管理目标、激励机制和人员素质（Van Hoof and Thieff，2014），公司的竞争性产品设计功能和设计流程（Marsillac and Roh，2014），信息共享程度、领导和信任（Ramanathan and Gunasekaran，2014；Venselaar et al.，2015），企业共生（Herczeg et al.，2018）等。随着智慧经济时代的到来，在新技术的推动下，物流服务链上的组织致力于建立具有竞争力的生态，智慧背景下的物流组织关联出现了新的纽带和影响因素。尽管提高物流组织协作性可以提高竞争优势成为普遍共识（Sahay，2003），对于实现物流组织协同的影响因素与物流组织协同的理论框架研究却很有限。虽然有学者提出了一些概念模型，如虚拟网络电子商务模型（Manthou et al.，2004），协作式物流管理（CLM）模型（Stefansson，2006），但是上述模型均研究传统物流服务链，鲜见有学者研究数字化技术对智慧物流生态链组织协同的影响。相应地，数字赋能能力等智慧化特征也鲜见有学者在组织协同的相关研究中体现。表 7－1 显示了本章与相关研究之间的差异。

表 7－1　本章与相关研究之间的差异

主题	参考文献	研究内容	研究缺陷	本研究
智慧物流	Stachowiak and Oleśkówszlapka，2018	物流成熟度模型框架	忽略或不关注组织的角色	从组织角度研究智能物流的构建和协作
	Zhang et al.，2018	智能生产物流系统的框架		
供应链组织协同	Wu and Chiu，2018	研究了供应链协作与决定因素和绩效影响	忽略智能供应链的特征	引入影响智能物流组织协调的因素
	Ramanathan and Gunasekaran，2014	基于 SEM 方法的供应链协作框架		
	Herczeg et al.，2018	工业共生网络中的供应链协作		

7.3　智慧物流生态链组织协同影响因素研究框架

智慧物流生态链组织协同影响因素是一个复杂的研究问题，难以通过定量研究方法对其进行探索。相对于统计分析法的缺陷，案例研究通过研究者与被访问对象之间更加全面和深入的接触，通过与管理者面对面沟通，使得研究者能够发现与实际相关的知识，构建具有普遍解释能力的理论框架，从而能够更好地解决管理中的实际问题。

由于案例研究可以分为探索性的案例研究、描述性的案例研究、解释性的案例研究三种类型，应根据不同的研究目的选择一种或者多种案例研究方法。因为本章的主要研究目的是探索智慧物流生态链组织协同的影响因素及影响机制，所以，采用探索性案例研究与解释性案例研究相结合的方法，则能够更好地实现本章研究目的。这种方法通常需要假设的提出与案例数据的验证同时进行，是案例研究及定性研究中一种经常使用的方法，常常被用于理论框架构建的研究（Liu et al.，2019）。我们首先基于以往文献提出假设性命题，并通过案例研究进行验证，然后寻找验证通过的命题之间的关联，从而构建出一个可行的理论框架。

与单案例研究相比，多案例研究可以使探索性案例研究更加自然，通过观察实践获得更丰富的见解。同时，多案例研究通过案例之间的复制原则，提高案例的外部效度水平，有利于验证研究结论。本章选择了四个中国物流企业的案例，验证过程中在单独案例分析基础上，再对这四个案例进行交叉分析。这样不仅能够根据每个案例归纳出特定结论，也能够基于四个案例的差异提炼出普适结论。

7.3.1 物流企业案例选择

本章选取中国物流企业进行研究。随着经济一体化发展，中国在全球竞争中占据着重要的地位，成了世界第二大经济体。中国物流企业近年来取得了快速进步并且发展势头稳健，越来越多的学者开始关注中国情境。其次，技术革新为各行业带来了颠覆式变化，物流行业也不例外，不少中国物流企业积极开展物流生态化转型，由此涌现出许多典型的案例。因此适合从中选取合适的案例企业开展本章的案例研究。

中国物流与采购联合会自 2005 年开始公开评选与公布 A 级物流企业，通过对企业资质进行动态审查，截至 2019 年 8 月，第 28 批 A 级物流企业名单公布，中国共有 6146 家 A 级物流企业。这些企业被划分为 1A 到 5A 五个等级，其中 5A 为最高等级，代表中国物流业先进的发展方向及优质的发展水平。进行智慧物流生态链布局的绝大多数是 5A 企业，因此我们将筛选范围缩小至 304 家。

研究团队成员查阅了 304 家企业的网站资料，筛选出具有典型智慧物流生态实践的企业作为候选公司，共计 98 家。研究团队成员与这些企业经理进行电话和电子邮件联系，了解了这些企业与我们访谈调研的意愿，最终获得了 15 家企业的同意。本章参考 Liu et al.（2019）进行案例选择的标准，将案例企业选择标准步骤设计如下。

（1）所选择的案例公司应该具有至少 5 年的发展经历，在近 3 年内具有明确的智慧物流生态转型。

（2）所选择的案例公司在服务领域、服务对象、服务范围等特征上应该具有差异，这样通过比较得到的结论才更具有价值及普适性。

（3）所选企业的客户需求、物流技术革新、面临的竞争环境等相关信息能被真实提供。

Sanders（1982）建议多案例研究的最佳数量为4~6个，遵循这一原则，我们从中选择了4个案例进行研究。这4个案例分别是青岛日日顺物流有限公司、菜鸟网络科技有限公司、北京京东世纪贸易有限公司、中国外运股份有限公司。通过对这4家企业组织进行分析，将事件有条理地分析归纳，然后整理出其情境、内容、脉络，进而找出事件之间的关联。4家物流服务企业基本情况如表7-2所示。

表7-2　4家物流服务企业基本情况

企业名称	成立时间（年）	企业规模（员工数量）	智能技术应用	组织服务对象	组织服务内容	智慧生态链建设
青岛日日顺物流有限公司	1999	中等（1200人）	先后投资建设物联网物流服务平台，成立科技信息研究中心并且单列创新研发项目	海尔、京东、阿里和菜鸟等中国的品牌企业，与二三线品牌合作加盟配送	农业、大件物流，居民生活用品物流	大件物流，物联网场景物流生态平台，为品牌商和用户提供全链路、全流程服务
菜鸟网络科技有限公司	2013	大型（117893人）	物联网与物联网平台、区块链和无人车等技术助力仓配和驿站代收等物流全链路数字化、智能化升级	菜鸟网络作为开放的服务平台，面向第三方物流公司和顾客提供服务	仓配网络、国际网络、快递平台	利用大数据和云平台全面建设智能供应链和智能基础设施
北京京东世纪贸易有限公司	1998	较大（105936人）	布局AI、云计算、智能物流硬件设施，提高竞争优势	包括个体的终端消费者、注册使用的企业用户、政府和企业	仓配网络、国际网络、快递平台	涉及零售、数字科技、物流、保险、物流地产、云计算、AI、核心业务零售

续 表

企业名称	成立时间（年）	企业规模（员工数量）	智能技术应用	组织服务对象	组织服务内容	智慧生态链建设
中国外运股份有限公司	2002	大型（221775 人）	“I 船代”平台是国内行业领先的数字化、可视化运营平台和客户服务赋能工具	国际商贸公司或大型制造型出口企业	多式联运、船代、仓配服务等	利用技术为全流程供应链赋能，打造端到端的全流程供应链标准化服务产品

7.3.2 数据搜索

本研究对上述 4 家物流服务企业的高层管理人员进行访谈，数据来源主要包括四个方面。

（1）设计案例研究草案及调研提纲，与企业管理者和部分员工进行初次访谈。在初次访谈前，调研团队全体成员检索与本研究有关的前期研究成果，起草案例的研究草案，并根据被调查企业的情况，共同商议拟定相应的调研提纲。初次的访谈过程包括到该企业进行实地访问，与公司高层领导启动调研会议，让公司了解本研究的目的，使公司能够更加准确地反馈本研究所需的信息，并获得企业的基本信息和其他相关资料。

（2）根据初次访谈过程调整调研草案，与各企业高层管理人员进行更深入的半结构化访谈。本次访谈目的在于了解受访公司面对的客户需求、自身具备哪些服务能力，以及市场中存在哪些同类竞争者，重点了解新服务产品设计过程中各因素的影响作用、各因素的相互关联与匹配程度。针对 4 家企业分别设计深入访谈的调研提纲，该提纲由 20 个无固定答案的问题组成。半结构化访谈采取面谈的方式，访谈通常持续 90 分钟到 120 分钟，最长达到 150 分钟。研究人员采用标准化的访谈问题了解高层管理人员的观点。这些问题关心的是企业的实际情况而非受访者的个人观点及解释。每次访谈都由三位调查人员参加，对访谈内容进行全程录音，三位人员做好访谈记录，在此过程中相互交流和求证访谈内容，保证信息准确性。调查人员要遵循“24 小时规则”（Eisenhardt，1989），即要求在访谈过后的 24 小时之内完成详细的访谈记录和印象记录。

（3）整理访谈资料，对回答不明晰或补充问题进行再次访谈。访谈结束后对访谈资料进行整理，包括提纲中的问题和现场补充的问题。通过对资料的整理，找出对方回答不明晰的问题与还需要补充的其他问题，进行补充访谈。如果需要补充的问题较少，以邮件形式发送给被调查者。

（4）查找其他二手资料。对能够得到的行业报告和内部文献进行整理。对于公司已发布的相关信息如企业基本资料等进行收集。

7.3.3 数据分析

借鉴艾森哈特教授的方法（Eisenhardt，1989），数据分析过程主要分为两个步骤，案例内分析及跨案例分析。在本研究中，案例内分析主要目的是明确每个公司物流服务能力的匹配过程。在对每一个案例进行充分理解后，开始进行相似主题的跨案例分析。通过初步的理论构想和假设形成初始框架，再通过复制逻辑形成、简化概念模型。

由于智慧物流生态链涉及从需求的认识到最终订单完成的整个过程，因此，将每个企业高层管理人员对智慧物流组织协同关系的描述进行对比分析。遵循案例研究中建立理论的方法和原则，将分析命题和提出命题结合起来，通过列表和对比得出假设性命题。在得出这些假设性命题之后，重新检查每个案例，看数据或其他信息是否支持这些命题，若支持，则采用这些案例来增强对潜在理论框架的理解。

7.4 智慧物流生态链组织协同关联机制

7.4.1 数字赋能能力与生态链组织协同程度之间的关系

在移动互联、大数据、云计算、人工智能、区块链等快速发展的背景下，企业与各类利益相关者有效连接并构建生态链，以此形成了强大的竞争力。而赋能的出现使得生态链中组织连接更具持续性和灵活性，成了生态链不断产生竞争优势的动力。“赋能”最早是积极心理学中的一个概念，旨在通过言行、态度、环境的改变给予他人积极能量。后来，这一名词被广泛应用于商业和管理学，其思想出发点是企业由上而下地释放权力——尤其是员工们自主工作的权力，使员工们在从事自己的工作时能够行使更多的控制权。不仅在企业内部存在赋能，生态链上企业之间也存在赋能（Ge et al.，2014），具体体现在占据主导权的生态运营商通过技术研究投资、技术扶持等方式帮助处于弱势地位的企业进行决策，从而实现供应链整合。

本章创新地提出了物流生态运营商数字赋能能力这一概念，它是指通过数字化平台的连接，物流生态运营商可以帮助其他成员提高数字化能力或体验，从而实现供需之间资源的最优配置。物流生态运营商不仅要向供给生态群进行赋能（如降低服务提供商的成本），也要向需求生态群进行赋能（如优化服务，给顾客带来更好的体验等）。在需求个性化，竞争日趋激烈的市场中，技术水平较高的物流生态运营商不应“独自行动”，而应通过赋能抓住与供应链上下游合作和协同发展的机会（Richey and Autry，2009）。正是通过赋能，供应链上下游的企业创造了解决共性问题的机会（Klassen and Vachon，2003），从而更好地实现整体资源的调度和配置。一旦服务企业提供的服务能力与客户需求均实现了良好的资源配置，供应链组织的运营将更加高效并能获得良好的市场反应（Kim，2006）。据此提出假设 1。

假设 1：物流生态运营商数字赋能能力越高，智慧物流生态链组织协同程度越好。

在访谈过程中，4 家企业的受访经理都提到赋能对于企业生态建设和组织协同的重要性。表 7 - 3 呈现了 4 家企业对于数字赋能能力与组织协同之间关系的描述，日日顺物流的经理表示赋能的目的是实现资源最优配置的同时提高供需双方之间的紧密程度。数字赋能能力高了，组织协同的程度就高了。菜鸟网络的经理表示当前企业主要是做中台化设计，在给合作伙伴赋能的基础上实现整个业务流程的协同。京东物流的经理表示该公司在技术和组织层面都进行了改革，以实现与供应链上下游企业高效、准确沟通，这有利于更好地实现组织协同。中外运的经理表示赋能倒逼中外运提供更好的服务，并且进行供应商选择，因此有利于组织协同。上述表述均验证了数字赋能能力与生态链组织协同程度之间是正向促进关系。

表 7-3　　数字赋能能力与组织协同之间关系的描述

公司名称	赋能	数字赋能能力与组织协同之间的关系
青岛日日顺物流有限公司	与传统供应链不同，生态链中供需更好地匹配需要实现赋能。一方面需要识别并满足客户的潜在需求，另一方面需要有丰富的生态链服务内容	赋能的目的是实现资源最优配置的同时提高供需双方之间的紧密程度。数字赋能能力高了，组织协同的程度就高了
菜鸟网络科技有限公司	我们将有很多权限对生态伙伴开放，C端客户也能在菜鸟网络中享受到高质量服务，因此整个菜鸟系统的出现为供需双方实现了赋能	我们现在主要是做中台化设计，在给合作伙伴赋能的基础上实现整个业务流程的协同。我们允许合作伙伴在菜鸟中台的基础上做各自的应用，菜鸟只需要进行统一的成本管理、财务管理
北京京东世纪贸易有限公司	京东早在2016年就提出了“授权、赋能、激活”的管理主体，总部支持各事业部不断优化其业务构架设置，增加业务运营分析与支持的职能，实现对管理价值链的全覆盖，提升业务管理的专业性。为此京东把赋能划分为四个方面：机制赋能、组织赋能、实践赋能、专业赋能	为了实现组织协同，在技术层面，京东建立了完备的机制来支持上下游之间的运作：管控机制、结算交易机制、沟通机制，数据监测、预警与改进机制。在组织上，京东配有专门的客户和供应商对接团队，实现闭环管理
中国外运股份有限公司	我们通过各种手段给服务提供商更大的激励，给客户更好的服务	赋能倒逼中外运提供更好的服务，并且进行供应商选择，因此有利于组织协同。客户也在意我们的服务提供商，有时候会关注我们的提供商筛选情况。为了更好地满足客户需求，我们会与提供商更加紧密地保持一致，更加谨慎地筛选提供商

在物流生态链的实际运作过程中，物流生态运营商的数字赋能能力很容易受到外部环境的影响。如客户需求、竞争环境等外界因素会对物流生态运营商带来全方位的挑战，并考验着其对于生态链的掌控、协调与整合能力。

此外，物流生态运营商的数字赋能能力不容易被量化和识别，因此这个变量不独立作用于智慧物流生态链组织协同，而是充当了其他影响因素与智慧物流生态链组织协同的中介变量，其他因素通过影响赋能过程间接决定了智慧物流生态链组织的协同程度。

7.4.2 信息共享水平与智慧物流生态链组织协同程度的关系

由于全球竞争日益激烈，客户对物流服务的期望越来越高，因此所有企业都在寻求增加其组织间的协作网络，并在供应链中创造顺畅的物流、信息流和资金流（Zhang and Zhang，2006）。通过获取可用数据并与供应链中的其他各方共享，可以加快供应链中的信息流流动，提高供应链的效率和有效性，并更快地响应客户需求的变化。因此，信息共享水平对于智慧物流生态链的重要性不言而喻。

共享市场信息和数据已被公认为减少需求扭曲，改善供应链绩效，提高供应链协同程度的有效方法（Lee et al.，1997）。从供应链管理的角度来看，在客户订单、生产计划、库存等方面的准确数据记录与高效信息共享将有助于缓解牛鞭效应，也是实现供应链成员联合决策的关键（Dejonckheere et al.，2004；Heydari，2014）。一方面，数据信息的共享通过调节供给和需求，改善了供应链流程，以实现物料流动并降低库存成本。另一方面，信息共享使组织能够实现可靠的交付并将产品快速推向市场，从而实现高效的生态链运作与协同（Li and Lin，2006）。综上，提出假设2。

假设2：信息共享水平的提升，促进了智慧物流生态链组织协同程度的提高。

如表7-4所示，4家公司都在积极推动信息共享这一理念并且取得良好的成果。日日顺物流通过数字化平台获取并共享提供商数据和自有数据，减少了很多沟通成本。菜鸟网络更是凭借掌握并分享物流全链路上的数据，使得供应和需求更加高效地匹配，提高了整个运营组织的协同和紧密度。京东物流的经理提到了与美的合作的案例，其中数据共享发挥了核心作用，成为实现供应链上下游协同的黏合剂。中外运大力推进数字化转型，积极收集行业数据并有效撮合船东和货主。根据访谈结果，我们发现四家公司都在积极推动信息共享这一理念，并且信息共享水平与供应链的组织协同程度存在直接的关系。假设2在多案例分析中得到了验证。

表7－4　信息共享水平与组织协同程度之间关系的描述

公司名称	信息共享水平	信息共享水平与组织协同程度之间的关系
青岛日日顺物流有限公司	日日顺数字化平台汇集了很多数据，包括资源方数据和自有数据。在运输调度和库存规划时都离不开数据的共享	通过平台信息共享，提供商和日日顺之间合作更加紧密，减少了很多沟通成本。共享的数据有时不是原始数据的共享，需要通过平台加工和识别。例如向车辆提供数据时，需要将产品特性与车型信息匹配后提供指引，这给我们的平台功能提出了较高的要求
菜鸟网络科技有限公司	菜鸟的运营依赖数据，我们掌握了物流全链路的数据并且分享开放给服务提供商，实现较高的服务水平	信息共享使得供应和需求更加高效地匹配，提高了整个运营组织的协同和紧密度，在平台背景下数据的价值更加凸显。比如我们可以更加方便地管理服务提供商，也可以通过更加精准的预测去调配运力、建设仓库
北京京东世纪贸易有限公司	京东与很多平台商家进行了信息共享。如和美的进行协同型计划、预测及补货项目，基于EDI电子数据交换技术实现数据有效及时的共享，构建了从计划到预测到补货流程的全面协同	通过共享历史销售数据、库存数据等可以给商家补货甚至是生产提供建议，这些有效提高了供应链效率，降低了库存周转率
中国外运股份有限公司	港务局、船东比较强势，会要求我们提供一些数据给他们。一些车队比较弱势，我们可以要求他们提供数据	贸易商与货主之间不熟悉，则信息不对称。在业务洽谈时，中外运作为桥梁纽带将信息共享给他们。我们掌握的信息越多，担保和风控能力越强，我们共享的信息才能更有效地协助他们实现货权转移

为了更好地管理供应链中信息流，许多研究人员确立了信息共享水平的衡量指标，为供应链上下游间信息共享策略调整提供参考和依据（Farajpour et al.，2018）。由于信息共享水平可以通过外部显性指标测量并直接影响生态链的协同水平，因此将该因素称为外部显性变量。

7.4.3 数字赋能能力的影响因素

7.4.3.1 智慧化技术投入

近年来智慧化技术例如云计算、物联网、大数据、移动互联网等在制造业和工业领域的应用层出不穷（Cheng et al.，2018）。通过研发新的技术和智能算法能够帮助解决智慧物流生态链协同过程中信息量大、服务提供商所提供的数据不精准等问题，实现了对供给生态群的赋能。此外，智能算法和信息系统的改进能够帮助智慧物流生态链更好地满足客户需求，实现对需求生态群的赋能，例如使路径优化更加成熟、信息沟通更加实时高效等（Wu et al.，2016）。总之，生态运营商在赋能过程中呈现出一定的技术依赖性。各种智慧化技术相互整合，帮助实现各种制造或服务资源的智能匹配（Tao et al.，2017），从而有效提高生态运营商的数字赋能能力。综上，我们提出假设3。

假设3：在智慧物流生态链中，智慧化技术投入越高越有利于生态运营商的数字赋能能力的提高。

如表7-5所示，尽管每个企业在智慧化技术方面的投入类型不同，投入的资金规模也不同，但是所有管理者均认为智慧化技术的投入越高，生态运营商的数字赋能能力越高。例如，日日顺物流、京东物流和中外运的经理明确表示，智慧性资产的投入会对数字赋能能力产生正向影响，并且菜鸟网络的经理更加详细地介绍道："智慧性资产的投入帮助我们进一步捕捉市场需求，更加快速地对外部变化进行响应，同时还有一部分技术储备，形成我们的竞争力。这些好处降低了我们为供应链上下游赋能的成本，并进一步激励我们提高数字赋能能力。"综上所述，智慧化技术的投入有利于提高生态运营商的数字赋能能力，假设3得以验证。

表7-5　　智慧化技术与数字赋能能力之间关系的描述

公司名称	智慧化技术	智慧化技术与数字赋能能力之间的关系
青岛日日顺物流有限公司	日日顺物流在软件和硬件上都投入了大量研发费用，包括系统的开发、大数据的应用、人工智能、智能开发等。我们在青岛、杭州建立了智能大件无人仓，也是在新技术应用上的一些创新	智慧性资产的投入会对数字赋能能力产生正向影响。智慧性资产的投入能够通过路径导航、提货指引、安装指引、拣货顺序指引等赋能提供商，从而提高提供商装载率和服务质量
菜鸟网络科技有限公司	菜鸟网络在智慧物流园区的投入方面包括物联网、边缘计算和人工智能。菜鸟网络曾计划在近几年内投入一千亿元在智慧性资产方面，但是目前在这方面的收益仍然小于成本	智慧性资产的投入帮助我们进一步捕捉市场需求，更加快速地对外部变化进行响应，同时还有一部分技术储备，形成我们的竞争力。这些好处降低了我们为上下游赋能的成本，并进一步激励我们提高数字赋能能力
北京京东世纪贸易有限公司	京东物流整合社会资源，携手航空、铁路、海运、仓储、配送等各界合作伙伴共同推进全球智能供应链基础网络（GSSC）建设，并应用全链路数字化的智慧系统、无人仓等领域的技术，为客户、行业、社会提供一体化解决方案	京东通过技术创新提高了企业自身的数字赋能能力。供应商和客户更加依附于我们平台，具体来说就是体验水平的提高
中国外运股份有限公司	在集装箱业务方面，实现单证智慧识别。在设施方面，中外运推出了智能闸口。目前天津中外运在智慧技术投资方面约为2000万元	公司智慧性技术与智慧资产的投入对数字赋能能力的大小肯定会产生正向影响，具体多少投入是最优的还需要进一步考量

7.4.3.2　同行竞争

许多学者在不同服务领域，通过实证方法研究了竞争的作用（Kim，2006）。一方面，竞争的增加会促进生态运营商向服务提供商赋能，从而帮助其有效配置资源，为组织提供降低成本、提高产量、持续创新的动力（Liu et al.，2020）。另一方面，随着不断加剧的竞争，优秀的竞争者会促使物流生态运营商进行对比，去分析自身产品的不足之处，提升服务质量，从而更好地为客户赋能（Rahman and Qureshi，2008）。那些能够随着竞争环境变化不断调整对提供商和客户资源配置策略的企业，才能够创造并且保持竞争优势（Breznik and Lahovnik，2016）。综上，我们提出假设4。

假设4：在智慧物流生态链中，同行竞争水平越高越有利于生态运营商提高数字赋能能力。

如表7－6所示，同行竞争激励了生态运营商数字赋能能力的提高。在访谈中日日顺提到了服务资源和客户方面的竞争，相关负责人说道："很多资源方和客户既在日日顺平台生态链中，也参与了京东、国美等其他生态链，司机能够切身感受到不同平台给自身带来的利润高低，从而更加忠实于某一平台。"中外运提到了技术方面的竞争，相关经理说道："在给雪佛龙提供服务时，一些民企可以提供24小时全程监控，目前我们的大多数公司还做不到。但是竞争促使我们提高对自身和服务提供商的要求。"此外京东物流和菜鸟网络也同样认为竞争水平越高越有利于生态运营商提高数字赋能能力。综上，假设4得以验证。

表7－6　　　　同行竞争与数字赋能能力之间关系的描述

公司名称	同行竞争	同行竞争与数字赋能能力之间的关系
青岛日日顺物流有限公司	如果平台自身准入门槛或者赋能工具能给资源方更多的需求，它在同行中一定会形成强大的竞争力	很多资源方和客户既在日日顺平台生态链中，也参与了京东、国美等其他生态链，司机能够切身感受到不同平台给自身带来的利润高低，从而更加忠实于某一平台。因此，同行之间竞争有利于提高赋能
菜鸟网络科技有限公司	竞争在每个企业中都存在，因此我们才会调整战略，构建菜鸟网络	竞争会迫使我们不断改善运营和服务环节，不仅让我们的合作方更方便地参与进来，也让顾客切实感受到服务水平的提高，从这个角度来看有利于提高数字赋能能力
北京京东世纪贸易有限公司	目前我们面对来自阿里巴巴、拼多多等平台的竞争，只有找好自己的价值，扬长避短才能更好地生存下去	竞争让京东看清楚自身的优势和劣势，并进行差异化发展。在这差异化发展中提高自身的能力和吸引力。这种吸引力强，数字赋能能力也就高了

续 表

公司名称	同行竞争	同行竞争与数字赋能能力之间的关系
中国外运股份有限公司	最大的竞争对手不是国企而是民企。不同场景对应不同的竞争对手，并且它们越来越专业。例如我们主要是货代业务，货物一旦上岸出仓，我们的服务就终止了。但是竞争对手提供一条龙的供应链服务	在给雪佛龙提供服务时，一些民企可以提供24小时全程监控，目前我们的大多数公司还做不到。但是竞争促使我们提高对自身和服务提供商的要求，甚至参与他们的服务改进进程

7.4.3.3 客户个性化需求

个性化需求是消费者表现出来的个人偏好，包括对产品特征、购买地点、购买时间等的不同偏好。只有当生态链服务的结果与客户期望一致时才能使客户对智慧物流生态链的服务感到满意（Martin et al.，2016）。客户个性化需求往往是物流生态链建立的起点。物流服务只有与客户个性化需求基本一致才能使客户感到满意，物流生态链才能得到更好的发展（Liu et al.，2019）。在当下全球竞争加剧的背景之下，客户需求定制化程度不断提升，准确把握客户需求对于物流生态运营商实现赋能的意义重大。

在智慧背景下，物流公司不再仅仅提供简单的基础服务，而是要向客户赋能：服务提供范围更宽且服务更具深度，不仅会按照客户需求提供服务，也会较为主动预估客户需求。因此当用户需求发生改变，企业可以快速做出响应，更好地实现平台赋能（Zhang et al.，2012）。然而，随着用户个性化需求逐渐升高，生态运营商难以预测并及时响应顾客的需求，并向其提供满意的增值服务，这给生态运营商带来了挑战（Liu et al.，2019），因此生态运营商难以向客户进行精准赋能。进一步地，这也会影响到生态运营商向供给生态群中的组织赋能。但是从长期来看，正是客户个性化需求的提高使得生态场景不断细分，倒逼生态运营商革新技术和运营方式，快速响应外界的复杂变化，从而更加精准地为供应链上下游成员赋能。综上，我们得出假设5。

假设5：在智慧物流生态链中，从短期来看，需求个性化程度越高，物流生态运营商的数字赋能能力越低；但是从长期来看，需求个性化程度越高，物流生态运营商的数字赋能能力越高。

如表7－7所示，个性化需求的增加已经成为各种类型的智慧物流生态链都要面对的趋势，满足个性化需求是智慧物流生态链提高自身竞争力的关键性因素。从短期来看，日日顺物流经理表示："需求个性化程度的增加会使业务流程更加复杂化，从而对生态链的数字赋能能力产生负向影响。"京东物流经理表示："个性化需求给平台运营带来很多困难"。从长期来看，日日顺物流经理表示："生态链将逐渐有能力满足个性化需求，由此带来的溢价和收入变化会提高生态链的价值。"京东经理表示这种压力倒逼他们"根据不同的端口不同的客户需求创立了先进的产品推荐系统，从而提高了平台的盈利水平。"此外，菜鸟网络和中外运经理也表示个性化需求将会成为未来新的盈利点。因此长期来看，个性化需求程度的增加将会从负面影响转为正面影响。综上所述，假设5得以验证。

表7－7　　个性化需求与数字赋能能力之间关系的描述

公司名称	个性化需求	个性化需求与数字赋能能力之间的关系
青岛日日顺物流有限公司	目前个性化需求越来越多，原来的大批量制造逐渐转换为由用户决定产品开发。不同渠道的用户也会有不同的需求	个性化需求的增加会使业务流程更加复杂化，从而对生态链的数字赋能能力产生负向影响
菜鸟网络科技有限公司	客户端的需求类型层出不穷，这种个性化需求的增加对业务是一个很大的挑战	个性化需求的增长对未来是一个机遇，也是未来的盈利点，通用型的产品越来越难以支持2C的需求
北京京东世纪贸易有限公司	客户对产品的需求偏好不同，我们需要通过恰当的方式识别并给予推荐	一开始，个性化需求给平台运营带来很多困难，后来我们根据不同的端口不同的客户需求创立了先进的产品推荐系统，从而提高了平台的盈利水平
中国外运股份有限公司	中外运面对的个性化需求主要来自货主、客户在信息化方面存在个性化需求。如不锈钢企业要求在港到门服务时实现全流程监控	随着个性化需求的增加，赋能能力在短时间内会降低，但是随着服务的不断成熟，个性化需求成为新的利润点

7.4.4 数字赋能能力与信息共享水平的关系

由前文可知，信息共享水平和数字赋能能力的提高都会改善生态链组织间的协同程度，因此二者是并列关系。与此同时，数字赋能能力和信息共享水平存在互动。一方面，当生态运营商向生态链其他组织开放更多权限时，生态运营商可以观测到上下游节点上更多的活动与信息。例如，生态运营商可以通过区块链技术将组织聚合在一起，通过设定不同的权限实现交易数据等信息的记录和共享（Saberi et al.，2019）。另一方面，通过向整条生态链充分赋能，客户和服务提供商的主动性就可以被充分调动，他们也愿意分享更多的数据与信息。当数据足够充分时，数据的价值就存在，生态运营商就可以将更多的数据转化为有用、准确的信息并实现组织协同（Colicchia et al.，2019）。因此，生态链的上下游都紧紧围绕着生态运营商，更加有动力地提供高水平的服务，从而提高客户的黏性。因此，我们提出了假设6。

假设6：数字赋能能力越高，越能激励信息共享水平的提高。

如表7－8所示，虽然不同类型的企业当前的数字赋能能力不同，但是大家一致认为数字赋能能力与信息共享水平存在正向激励的关系。例如，日日顺物流和菜鸟网络经理认为通过平台赋能的同时便已经获得了许多有价值的数据，并乐意将信息共享给服务提供商。其中，日日顺物流经理认为："我们有专门的平台进行供应商管理，供应商有价值的数据更多地被该平台共享。我们也会增大对供应商的管理力度，从而获取更加精准的信息以更好地调度供应商、服务客户"。菜鸟网络经理认为："我们必须要提高赋能的能力，因为这是我们获取数据的重要途径"。京东物流经理认为："从某种程度来讲，数据分析能力越强大，平台的数字赋能能力越高，同时也越有利于将数据转化为商业价值。"虽然中外运的数字赋能能力较低，但是也认识到数字赋能能力与信息共享水平之间存在正向激励关系。综上，假设6得以验证。

表7－8　数字赋能能力与信息共享水平之间关系的描述

公司名称	数字赋能能力与信息共享水平之间的关系
青岛日日顺物流有限公司	我们有专门的平台进行供应商管理，供应商有价值的数据更多地被该平台共享。我们也会增大对供应商的管理力度，从而获取更加精准的信息以更好地调度供应商、服务客户

续 表

公司名称	数字赋能能力与信息共享水平之间的关系
菜鸟网络科技有限公司	数字赋能能力越高，越能提高信息共享水平。我们必须要提高赋能的能力，因为这是我们获取数据的重要途径。没有数据，我们的运营就是“无米之炊”
北京京东世纪贸易有限公司	从某种程度来讲，数据分析能力越强大，平台的数字赋能能力越高，同时也越有利于将数据转化为商业价值。说到底，所有技术进步都是为了获得更加全面而准确的数据
中国外运股份有限公司	目前，我们能够为客户和政府部门赋能的能力有限。面向未来，我们希望提高自身的数字赋能能力，如能够建立多方共享的信息平台。这样可以消除信息孤岛，提高信息和数据的传递效率，减少很多不必要的工作和环节

7.4.5 智慧物流生态链组织关联机制理论框架

本章通过整理调研四家企业的基本信息和调研内容对提出的假设进行验证，最终得到影响生态链组织协同程度的影响因素，形成影响因素框架图。总结上文中得到的结果，智慧物流生态链组织协同关联机制如图 7－1 所示。

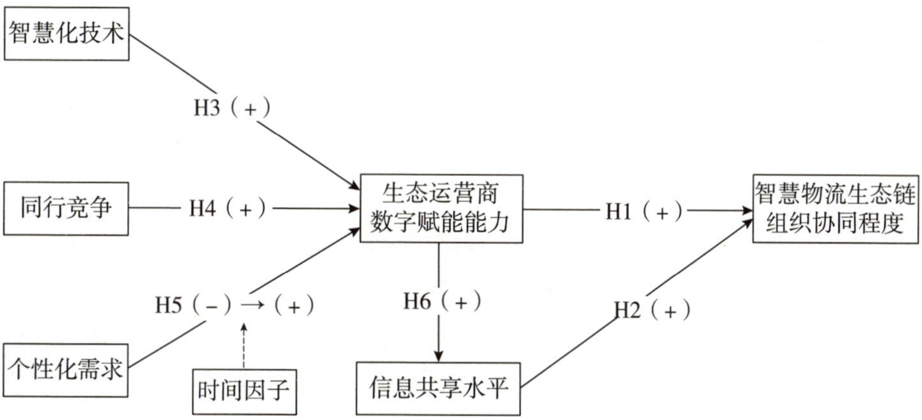

图 7－1 智慧物流生态链组织协同关联机制

首先，智慧物流生态链组织协同程度与两个主要的变量直接相关，一个是生态运营商数字赋能能力，另一个是信息共享水平。一方面，作为生态链发展的核心动力，生态运营商的数字赋能能力越高，依附于生态运营商而生存的企业技术水平越强，主动权越大，在战略层面使得整个生态链的组织更具凝聚力，企业也会为提高整个生态链的竞争力而协同努力。因此，数字赋能能力越高，组织协同程度越高（假设1）。另一方面，作为生态链发展的技术目标，信息共享水平越高，企业之间的信息误差越小，如此降低了组织间的摩擦，合作程度更加紧密，从技术操作层面有利于实现组织协同（Bouranta et al.，2009）。因此，信息共享水平越高，组织协同越紧密（假设2）。

其次，数字赋能能力越高，越能激励信息共享水平的提高（假设6）。当生态运营商开放了较多的权限并为整条生态链充分赋能时，客户和服务提供商的主动性就可以被充分调动，更多的数据可以被检测到。当数据足够充分时，数据的价值就存在，生态运营商将更多的数据转化为有用、准确的信息，从而实现组织协同。

最后，智慧化技术、同行竞争、个性化需求三个因素也会影响智慧物流生态链组织协同程度，但这种影响机制是一种间接影响，必须通过数字赋能能力这一变量来影响组织协同。具体来看，智慧化技术对数字赋能能力产生正向影响（假设3），同行竞争性也会正向影响数字赋能能力（假设4）。有趣的是，短期来看个性化需求要素会负向影响数字赋能能力，但是从长期来看，个性化需求的增加有利于数字赋能能力的提高（假设5）。

7.5 智慧物流生态链组织协同发展的建议

本章在中国4家物流企业的案例研究基础上，创新性地提出了数字化发展背景下智慧物流生态链组织协同影响因素的理论框架，指出数字赋能能力和信息共享水平是影响智慧物流生态链组织协同的两个主要因素。数字赋能能力和信息共享水平越高，生态链组织协同程度越高。并且数字赋能能力的提升会激励生态链组织信息共享水平的提高，从而间接地提高生态链组织协同程度。因此，管理者可以借鉴本章的理论框架，以此促进企业智慧物流生态链构建过程的协同发展。

首先，生态运营商需要从战略层面认识到赋能是实现生态链组织协调的基础，也是提高生态链信息共享水平的动力。在实践中，企业可以通过战略协同规划为实现组织协同提供动力。其次，生态运营商要统筹各种影响因素，在战术层面采取不同措施提高数字赋能能力。例如，利用和整合智慧化技术，帮助生态链中的其他企业做出准确的判断与预测；积极对待同行竞争，通过行业内优质服务激励自身不断完善，不仅给顾客提供更优质的服务，也能提高生态链上下游对接过程中的契合程度。再次，企业之间数据实现充分共享是实现智慧物流生态链高效协调运作的必要保障。正如实践中，企业可以建立数据集成平台以降低数据传递过程中的失真和迟滞。最后，企业应当正确对待个性化需求增加给企业发展带来的影响。虽然个性化增加给企业生存带来了挑战，但是通过深度了解客户需求，企业可以摸索与分析细分场景，从而实现精准赋能，这有利于实现供应链上下游协同。

8　智慧物流生态链组织效率影响因素框架探索研究

8.1　智慧物流生态链组织效率影响因素概述

在智慧物流发展过程中，许多利益相关的企业，在高度复杂和分散的物流市场中进行合作和竞争，形成了“智慧物流生态链”（Hofman and Bastiaansen，2014）。例如，华为、菜鸟网络、京东物流都积极协同供应链的上下游伙伴、利益相关方，构建信息共享、资源互补、协同创新的生态关系。智慧物流生态链的建设有利于集聚各方资源，降低企业生产成本，提高经济效益（Winkelhaus and Grosse，2020）。那么各方进行组织协同后，如何有效地发挥生态链的组织效率是衡量智慧物流生态链发展绩效的重要因素。

在传统的供应链中，供应链组织效率首先受到合作关系的影响，良好的供应链组织合作关系是影响供应链绩效的重要因素。供应链合作的好处在于买者和供应商之间的相互信任和承诺将促进企业之间的联系，这种联系能够使合作伙伴共享低成本信息（Ellram et al.，1996；Ding et al.，2011）。其次，供应链管理需要对组织内外的关系进行整合，协调在供应链环节中的各种物流、信息流。通过信息技术进行公司内外部的整合和协调已经成为提高供应链绩效的关键，企业能以更低成本有效地对供应链中的物流与各种信息流（如需求、产量、库存、计划）进行协调管理（Barut et al.，2002）。其他的供应链组织效率影响因素还包括双方彼此依赖程度（Lancioni et al.，2003；Zhang and Huo，2013）、信任程度（Handfield and Bechtel，2002），以及团队协作配合程度（Qi et al.，2003）。

然而，在智慧物流背景下，生态链的组织效率不仅受到供应链合作关系及组织整合协调的影响，还与创新服务、客户生态息息相关。在智慧物流生态链中，组织效率受到生态链服务能力与生态链技术创新的影响，生态链服务能力与生态链技术创新能力的提高能够促进生态链组织效率的提升。而生态链服务能力受到生态链中各主体共生关系、信息共享及客户需求的影响，共生关系、信息共享、客户需求三个因素会通过影响生态链服务效率来间接影响生态链组织效率。此外，生态链技术创新能力对于共生关系、信息共享，以及客户需求三种因素与生态链服务能力之间的关系存在调节作用，即通过提高生态链技术创新能力，对共生关系、信息共享和客户需求与生态链服务能力之间的关系会产生正向的调节作用。

本章根据来自中国的四个物流企业的一手访谈资料，利用多案例研究方法，介绍了智慧物流背景下生态链的组织效率影响因素，并提出构建智慧物流生态链组织效率影响因素的理论框架。

8.2　智慧物流生态链组织效率影响因素的关键问题

8.2.1　产业实践的表现

从企业实践层面来看，智慧物流生态链的运营目标是提升运营和组织效率，从而提供高效、低成本的物流服务。生态链组织各个成员在建立相互信任的基础上，通过集体协作将生态链整合为一个有机整体，智慧物流生态链组织效率已经成为衡量智慧物流生态链协同水平的一个重要因素（Liu et al.，2020）。虽然很多物流企业都将自己视为智慧物流运营商，并且在积极构建智慧物流生态链，但是由于忽略了对组织效率影响因素的系统考虑而导致构建过程曲折。以苏宁物流为例，苏宁物流今年在智慧物流领域的探索明显加速，据苏宁物流副总裁姚凯介绍："在物联网、大数据的广泛应用下，行业正在面临场景、技术、模式的深刻变化。"正是在这一理念下，苏宁物流研究院应时而生，旨在打造一个智慧物流平台，该平台能够提供宏观层面和微观技术层面的研究成果，系统性地支持智慧物流生态链的构建。但是，智慧物流若想要发挥更大的作用，仍面临着两大障碍：一方面，由于智慧物流管理责任不清晰、分散投入、各自扶持，这不仅致使生态链建设良莠不齐、互不兼容，还人为扩大了数据鸿沟，信息孤岛问题凸显，智慧物流资源浪费问题惊人。另一方面，由于很多物流信息平台和信息系统遵循各自制定的规范，导致企业间、平台间、组织间很难实现信息交换与共享，"各自为政、圈地服务"的情况比较普遍，整个物流网络之间难以做到兼容，所以在很长一段时间内构建的生态链效率没有得到提升。因此，开发一个关于智慧物流生态链组织效率影响因素的理论框架用以指导实践，非常有必要。

8.2.2 理论研究的不足

关于供应链组织效率影响因素的研究，有许多文献都认为合作关系是重要因素，在降低信息成本（Ellram et al.，1996；Ding et al.，2011；Yin et al.，2009）、组织内外关系整合（Barut et al.，2002）发挥重要作用。其他的供应链组织效率的影响因素还包括双方彼此依赖程度（Lancioni et al.，2003；Zhang and Huo，2013）、信任（Handfield and Bechtel，2002）与团队协作配合程度（Qi et al.，2003）。

上述影响组织效率的因素从整体视角关注了供应链的整体过程，但是没有考虑智慧背景下生态链的特性不同于传统供应链。智慧物流生态链通过多种创新技术（例如，无人机、云计算和物联网）管理生态链流程，使所有物流要素互联互通，实现生态链的高效运作（Liu et al.，2020），并最大化满足客户需求，降低生态链成本，增加组织收入以改变生态链组织。

8.3 智慧物流生态链组织效率的研究框架

案例研究是对当前某一处于现实环境中的现象进行考察的一种经验性研究方法，其本质在于通过详细地描述事物（案例）现象是什么、分析其为什么，并从中发现或探求事物的一般规律和特殊性，推导出研究结论或新研究命题的研究方法（Yin，1994）。本章的主要研究目的是探索智慧物流生态链组织效率影响因素，因此采用多案例的方法，才能够更好地实现本章的研究目的。研究路径可以划分为四个阶段：准备、案例获取和初步分析以提炼理论、构建理论框架并验证理论或提炼新理论、整合形成管理创新理论体系。其中，通过案例获取和初步分析以提炼理论属于探索性案例研究范畴，构建理论框架并验证理论或提炼新理论属于解释性案例研究范畴（Eisenhardt，1989）。

智慧物流生态链组织效率影响因素研究是一个复杂的研究问题，当研究问题具有复杂性特点时，需要系统地从整体上把握问题的本质和全貌，以增强对问题全方位的理解，这个任务往往是定量研究方法所不能承担的。相对于统计分析法的缺陷，案例研究通过研究者与被访问对象更加全面和深入的接触（如通过与管理者面对面沟通），使得研究者能够发现与实际相关的知识，构建有普遍解释能力的理论框架，从而能够更好地解决管理中的实际问题。与单案例研究相比，多案例研究的优势在于结论更加可靠、准确，更容易导向定量分析，以及更有助于增加我们对经验多样性的理解。多个案例的研究重复支持研究结论，能够更全面地了解和反映案例的不同方面，从而形成更完整的理论，并且能够提高研究的效度（Eisenhardt，1989）。

8.3.1　物流企业案例选择

通过查阅近1000家中国物流企业的网站资料，我们筛选出具有典型智慧物流生态链的相关企业作为候选公司，共计20家。最后通过电话访谈和邮件往来，获得了6家企业的同意。本章参考Liu et al.（2019）进行案例选择的标准，将案例企业选择标准步骤设计如下。

（1）所选择的案例公司应该具有至少五年的发展经历，在近三年内有明确的智慧物流生态链建设。

（2）所选择的案例公司在服务领域、服务对象、服务范围等特征上应该具有一定差异，这样通过比较得到的结论才更具有价值及普适性。

（3）所有选择的企业能够提供完整并且全面的调研信息，保证调研的真实性。

Sanders（1982）建议多案例研究的最佳数量为4~6个，遵循这一原则，我们从中选择了4个案例进行研究。这4个案例分别是青岛日日顺物流有限公司、北京京东世纪贸易有限公司、中国外运股份有限公司，以及菜鸟网络科技有限公司。通过对这4家企业的分析，将案例有条理地分析归纳，然后整理出其具体情境，进而找出案例之间的关联。4家案例企业的基本情况如表8-1所示。

表8-1　　4家物流企业基本情况

企业名称	成立时间（年）	企业规模（员工数量）	企业创新优势	服务对象	总部	业务区域	智慧生态链建设
青岛日日顺物流有限公司	1999	中等（1200人）	自主研发OMS、TMS、WMS等技术服务，EDI数据对接等服务，拥有智能化物流仓储基地220万平方米	海尔，京东，阿里和菜鸟等中国的品牌企业，与二三线品牌合作加盟和配送	青岛	整合网络（15大发运基地、136个智慧仓、6000多家微仓，总仓储面积600万平方米以上	大件物流，物联网场景物流生态平台，为品牌商和用户提供全链路、全流程服务

续 表

企业名称	成立时间（年）	企业规模（员工数量）	企业创新优势	服务对象	总部	业务区域	智慧生态链建设
北京京东世纪贸易有限公司	1998	较大（105936 人）	布局 AI、云计算、智能物流硬件设施等方面，以科技创新创造竞争优势	京东的服务对象包括个体的终端消费者，注册使用的用户	北京	京东物流面向个人客户的快递业务揽收范围为北京、上海、广州，派送范围为中国大陆地区	涉及零售、数字科技、物流、保险、物流地产、云计算、AI，核心业务零售
中国外运股份有限公司	2002	大（221775 人）	研发数据驱动和 IT + 流程、无人库、人工智能、物联网、区块链、无线射频、移动互联等先进技术的应用	主要服务于仓储、运输、货代等各类综合性物流公司和货主	北京	全球重要经济区域	结合智慧物流价值模型，形成了“数字化转型、智能化运营、网络化重构、颠覆式变革”的基本路径
菜鸟网络科技有限公司	2013	较大（117893 人）	仓储物流智能化，优化了销量预测、实效预测、智能交互、机器视觉等技术	菜鸟网络的服务对象是第三方物流公司和顾客	深圳	全国范围	打造数字化架构、信息化架构与天眼架构，通过云和端实现包裹全链路可视化，实现基于大数据之外的全新视觉管理体系

8.3.2 数据搜集

本研究对上述4家物流服务企业的高层管理人员进行访谈，数据来源主要包括三个方面。

（1）充分利用公开可得数据，通过收集公司领导人的著作与媒体访问、公司年报、报纸文章、网站、研究单位报告等方式，以了解相关产业的背景、相关厂商的动态、案例企业发展的历程与策略。

（2）通过案例企业实地观察及其所属行业从业人员的访谈，本次访谈目的在于了解受访公司智慧物流生态链发展程度，重点了解智慧物流生态链建设过程中各因素的影响作用，以及各因素的相互关联。对每家案例企业中1～3位能够全面了解企业发展历程的高管进行了半结构式深入访谈，以掌握企业生态链构建策略。对4家企业分别设计深入访谈的调研提纲，该提纲由20个无固定答案的问题组成。访谈通常持续90～120分钟，最长达到150分钟。

（3）整理访谈资料，对回答不明晰或补充问题进行再次访谈。访谈结束后对访谈资料进行整理，包括提纲中的问题和现场补充的问题。通过对资料的整理，找出对方回答不明晰的问题，以及还需要补充的其他问题，进行补充访谈。如果需要补充的问题较少，以邮件形式发送给被访谈者。

8.4 智慧物流生态链组织效率影响因素

8.4.1 生态链服务能力与生态链组织效率的关系

生态链服务能力是指生态链服务提供商在为顾客提供智慧物流服务时所具备的能力，它与生态链组织开发服务程度相关。一般地，智慧物流生态链服务能力区别于传统简单的集成运输和仓储功能，更加注重运用大数据等技术为客户提供更多种类的服务或复杂度更高的综合服务。

智慧物流生态链服务能力的提升是生态链系统高效应对内部和外部环境变化的结果。在智慧物流生态链组织中，生态链服务能力决定着整个生态链的运作能力，当生态链运作出现困境时，就需要提高生态链服务能力来提高生态链组织效率（Liu et al.，2020）。随着生态链服务能力的增加，以客户为驱动的组织运作效率提高，最后带来生态链整体效率的提升

(Ding et al.，2011)。同时，许多外界因素（如客户需求、共生关系等）会对生态链主体带来全方位的挑战，考验着生态链的计划、执行、协调整合各项能力。因此，生态链服务能力不是独立作用于生态链组织构建过程中的，而是充当了其他影响因素与生态链组织效率之间的中介因素，其他因素通过影响生态链服务能力间接决定了生态链组织效率。据此提出假设1。

假设1：生态链服务能力的提高可以促进生态链组织效率的提高。

在访谈过程中，受访企业均表示需要不断提升生态链服务能力。如表8－2所示，京东和菜鸟均表示在完善现有服务的基础上深化服务，从而提高其物流服务能力，进一步提高其组织效率；中外运通过业务流程再造，实现企业主营业务全面线上化和业务流程可视化建设，向上下游延伸生态链服务提升整个生态链组织效率；与其他企业相比，日日顺针对大件物流产业链条长，服务专业性强的特点，不断扩大服务领域，改善服务质量，优化生态链效率，如“送装同步一次就好”计划。在访谈中四家企业均表示生态链服务能力对生态链组织效率存在正向促进的关系，证明了假设1的结论。

表8－2　4家企业对生态链服务能力及生态链组织效率关系的描述

企业名称	对生态链服务能力的描述	对生态链服务能力及生态链组织效率关系的描述
青岛日日顺物流有限公司	我们做物流不是简单的货物交付。更希望的是，通过我们给消费者提供物流服务过程，给消费者带来极致的物流服务体验，同时让消费者对我们产生体验的感知和黏性，把交付用户吸引到我们平台上变成终身用户	生态服务能力越好，生态链组织效率越高。例如，车间中的看板管理目的是解决上下游的协同问题，不需要让车等货，由此带来的效率提高如具体单元成本降低20%、库存周转提高30%、空间使用提升2倍、装载率提高20%、基地效率提高30%和区域效率提升50%
北京京东世纪贸易有限公司	我们的落地运营已经在全国多个城市各种场景中进行，秉承“以点带线，以线带面”的综合性落地建设，不仅将提升智慧物流生态链的效率，而且逐步落地的大规模产业集群将极大地提升智慧物流作为零售基础设施的服务能力	京东目前不断提升物流服务能力，如门店管理系统、行者动销平台和慧眼大数据系统，有效地解决了传统分销与营销环节中，因零售链条过长导致的效率低下问题

续 表

企业名称	对生态链服务能力的描述	对生态链服务能力及生态链组织效率关系的描述
中国外运股份有限公司	中外运以全球线下物流资源和物流服务操作能力为基础。通过单证、结算、金融等供应链、价值链管理全过程，形成了订舱平台、无车承运平台、关务平台三大资源池。将实现线上线下结合的一体化服务	中外运通过机械化、自动化、无人化装备，以及信息化、数据化、智能化等物流服务，降低劳动投入，提升物流节点的价值和效率，其为智慧物流的首要层面。其次通过数字化、智能化能力建设，推进社会整体协同，提升社会协同价值和效率
菜鸟网络科技有限公司	我们实地测试运行的无人车将根据大数据预测等，逐步进入社区、商业区自动巡游，提供更为便捷智能的新零售物流服务。 菜鸟网络致力于智慧物流平台建设是要让每个人都能享受到极致的物流服务。目前，菜鸟网络通过将物流网络向中西部延伸，已触达 3 万个村庄，打通了下行和上行的通路；菜鸟驿站最后 100 米智能代收共享末端遍布全国，方便用户收取快递	菜鸟网络就是在全球范围内包括国内建立重要的节点，通过节点成网，实现物流效率更高、成本更低、响应更快。在实现智慧物流的同时，利用物联网和互联网技术进行资源调配和优化。通过信息流、资金流和实物流三者合一拉动消费、调整生产布局

8.4.2 生态链技术创新能力与生态链组织效率的关系

生态链技术创新是生态链组织对新技术、新产品、新工艺的研究开发并应用于生产实践，或是引进、消化、吸收、再开发应用新技术，并由此获取经济、社会效益的过程（Goldsby and Zinn，2016）。生态链技术创新是智慧物流生态链生存和发展的动力源泉，它强调生态链组织既要充分利用现有能力，又要不断探索新能力（Sun et al.，2017）。持续的生态链技术创新会使整个生态链不断地发展与改善（Aydin and Parker，2018）。在智慧物流生态链组织的构建过程中，提升生态链技术创新能力的目的在于促进动态技术能力的发展，这决定了信息在组织内的传递和分享机制、资源在组织内的配置方式和途径，最终体现为组织效率和能力的提升（Davis et al.，2012）。同时，生态链组织通过实施技术创新战略，使其保持技术能力的动态发展和领先地位，才能获得可持续竞争优势。综上，提出假设2。

假设2：生态链技术创新能力越高，生态链组织效率越高。

如表8－3所示，4家公司都在积极推进生态链技术创新建设，中外运大力推进数字化转型，实现行业物流新技术的落地应用和数字化管理，从根本上提高了组织效率；菜鸟网络更是凭借在物流全链路上的技术创新，订单处理效率提高30%以上；京东物流则运用大数据和AI等技术，将各个环节无缝对接，大大提高了生态链组织效率；日日顺物流则在原有的技术上，进行了科技升级，从而大大提升了组织效率。4家企业的访谈结果表明生态链技术创新对生态链组织效率存在正向影响。假设2在多案例分析中得到了验证。

表8－3　4家企业对生态链技术创新能力与生态链组织效率关系的描述

企业名称	对生态链技术创新能力的描述	对生态链技术创新能力与生态链组织效率关系的描述
青岛日日顺物流有限公司	我们是一家以供应链管理为核心的物流企业，我们希望把它变成一家生态企业，在技术的引领性上我们不想封闭，我们希望吸引世界上的一流资源到我们的平台上，围绕着用户的最佳体验给消费者提供增值服务。 日日顺物流一直把技术作为一种工具，在软硬件上日日顺物流都投入了大量的研发费用，不管是软件（OMS、TMS、WMS），还是其他系统的开发（大数据的应用、AI、智能开发）等，都会投入大量的资金	技术创新能力与智慧物流能力的衡量离不开效率因素；主要还是从效率提升的程度来衡量；其次是物流成本是否降低；最后是货损方面的评价，是否货损有所降低。目前来看，技术创新主要应用在效率的提升上，其余两方面还比较少。 有正向的影响，技术创新是给生态成员用的，推动了成员的效率也就推动了生态链组织的效率
北京京东世纪贸易有限公司	京东物流整合社会资源，携手航空、铁路、海运、仓储、配送等各界合作伙伴共同推进全球智能供应链基础网络（GSSC）的建设。把全链路数字化的智慧系统、无人仓等领域的无人技术，依托大数据的数字供应链，推动全球智能供应链基础网络建设，为客户、行业、社会提供一体化解决方案	京东智慧物流运用智能分拣中心系统使整个分拣流程更为简洁顺畅，分拣效率得到大幅度提升。固安京东智能分拣中心的日订单分拣能力已经达到30万单，有力提升了运营效率并明显降低了运营成本。京东一号智能分拣中心与矩阵式分拣方式相比，人员投入比例减少了近70%，效率提升了5倍

续 表

企业名称	对生态链技术创新能力的描述	对生态链技术创新能力与生态链组织效率关系的描述
中国外运股份有限公司	在中外运看来，科技革命正在重新定义物流，从互联网到移动互联网，再到物联网、云计算、大数据、人工智能，科技成为驱动物流行业发展的主引擎，数据正在成为企业核心资产，数据和算法成为企业核心能力。 中外运提出，从消费互联到产业互联，智慧物流是一场全面数字化、全面智能化、全面生态化的产业革命。智慧物流对中外运来说，不仅是科技层面的创新，而且是全面数字化驱动下的全方位变革	中外运通过技术创新来实现生态链组织效率的提高，比如通过业务流程再造，实现企业主营业务全面线上化和业务流程可视化建设，向上下游延伸物流服务，提升供应链、价值链的流程价值
菜鸟网络科技有限公司	菜鸟网络在物流技术上创新的野心还有更多，从ET实验室到机器人，作为一个独特的物流生态平台，菜鸟正在一定程度上引领着中国物流的发展。 利用创新的互联网信息技术，帮助安得物流打造出了高效的端到端全网直配解决方案，解决了物流行业的诸多“痛点”	存在影响，菜鸟自动化系统精准高效，可以从4万多个商超全品类商品中准确拣选出货品，可帮助订单处理效率提高30%以上。这个仓库具备日处理百万级商品的能力，吞吐能力居全国第一

8.4.3 生态链服务能力和生态链技术创新能力调节效果的影响因素

8.4.3.1 共生关系

共生关系是智慧物流生态链上的成员实现长久持续性发展的必然要求，共生关系是指生态链各主体的关系应保持稳定、合作与竞争（Liu and Sun，2019）。由于智慧物流生态链组织构建的最终目标是在市场中赢得优势，使生态链上各成员更加有效地应对外界竞争，因而生态链主体之间的共生关系会对生态链服务能力与生态链组织效率产生重要影响。

很多学者将生态组织理论应用在不同领域，研究了共生关系的作用（Yin and Yuan，2017；Liu et al.，2008），这些研究证实了良好的共生关系会促进生态链主体积极性的提高，促进生态链主体之间的物质和信息交流，从而保持生态链的高效运作（Yin and Yuan，2017）。随着智慧物流生态链的不断发展，生态链各成员共谋发展，对蕴含在智慧物流管理过程中无形的工作效率和技术创新能力要求较高，从而促使生态链服务能力不断提高。那些能够在智慧物流生态链组织构建过程中建立良好共生关系并不断提升生态链服务能力的企业，才能创造并且保持竞争优势。同时，良好的生态链技术创新能力可以将各成员紧密地联系在一起，实现技术上的互通互助，共同构建技术创新，实现各成员信息上的无缝连接，从而提高整个生态链的组织效率。

假设3a：良好的共生关系将对生态链服务能力产生积极影响。

假设3b：生态链技术创新能力促进了共生关系与生态链服务能力之间的关系，即生态链技术创新能力越高，该关系就会越强。

假设3a和假设3b在本章的多案例分析中得到了验证。如表8－4所示，4家企业所面临的生态链共生关系不同，良好的生态链共生关系会促使主体在不同层面，如运作层面、策略层面、战术层面等方面，寻求差异化创新，从而提高生态链物流服务能力。

同时，在访谈过程中，我们发现生态链技术创新能力对于共生关系与生态链服务能力之间的关系存在调节作用。对于生态链技术创新能力较高的企业，共生关系的激励作用更多是体现在战略层面，它们会去主动寻求改变与创新，为了保持在行业中的竞争优势，争取更有利的市场地位；而对于生态链技术创新能力低的企业，共生关系会使它们在基础业务的运作上进行改进，但创新的力度有限，仍停留在不落后于其他竞争者的运作策略调整中。

8.4.3.2 信息共享

信息共享对生态链组织效率有至关重要的影响，生态链管理离不开对生态链信息的共享与集成（Prajogo and Olhager，2012）。生态链上下游有效的信息共享、无缝集成，能够保证整条生态链的良好发展，提高产品质量和服务能力。一方面，在当下智慧物流不断发展的背景下，数字化平台透明度不断提升，信息共享程度的提升对生态链技术创新具有重大意义，这些都进一步促进生态链服务能力提升；另一方面，信息共享促进了生态链节点企业之间的合作发展，提高了生态链服务的竞争力。

表 8 – 4　4 家企业对生态链共生关系与生态链物流服务能力关系的描述

企业名称	对生态链共生关系的描述	对生态链共生关系与生态链物流服务能力关系的描述
青岛日日顺物流有限公司	日日顺物流打造的生态链在互利的前提下建立生态链主体的共生关系。生态链中互利共生的各方节点虽然彼此分开后能够独立生存，但节点间如果通过协同作用和资源共享紧密结合，各方将获得更大的利益及发展生存空间	生态链中的共生关系无论是合作还是竞争，对物流服务能力都有正向的影响，都会有一定的促进作用，所以我们提倡生态链中的主体要照着一个目标合作和竞争
北京京东世纪贸易有限公司	京东物流用“共生”思维全新定义了可持续发展战略。这对京东自身、行业，以及整个国家社会将产生的价值可能巨大到无法估量，京东不仅与合作伙伴共生，同时还与环境共生	京东生态圈共生不是搞朋党、搞企业利益联盟，而是超越企业利益的全行业价值创造，是要创造新一代物流的“超级物种”。无界物流是京东物流提出的思想框架体系，但属于全行业。全社会物流效率提升、成本降低才是物流行业变革的共同目标
中国外运股份有限公司	中外运是通过大数据抓取和分析，实现社会资源的采购、对接、管理和配置，提升供应链的网络协同效应。中外运则通过产业链上下游广泛的数字化连接，制订行业规则和市场体系，从而搭建跨界融合、互动共生的生态圈	中外运致力于打造共建、共生、共享、共荣的智慧物流生态圈，共生即发展。生态链成员不仅仅是合作伙伴关系，也是彼此进步的重要推动者
菜鸟网络科技有限公司	菜鸟网络打造面向未来的智慧物流解决方案，是要靠生态链来驱动，同时必须打通线上和线下、B 端和 C 端供应链，此外还要打造基于智慧物流的生态链解决方案，菜鸟网络和合作伙伴都是共生关系	在互联网时代，物流市场的产业链环环相扣且彼此渗透，菜鸟网络平台及合作伙伴已经形成“你中有我、我中有你”的生态链，是一种共生共赢的关系。如此，共同创新与进步才有可能提高物流服务能力

生态链信息共享不仅可以降低生态链企业业务运作的差错率，提高生态链协作效率，而且可以缩短生态链主体之间的信息处理时间，缩短作业周期。技术创新对信息共享和生态链服务能力之间的关系有积极影响（Kim and Chai，2017）。信息共享可以显著提高流程效率（Kembro et al.，2014），生态链主体通过构建数字化平台进行信息共享，提高信息共享透明度，信息共享的程度越高，企业可提供的生态链服务愈加多样，同时会表现出更好的灵活性，从而在智慧物流生态链构建过程中实现更好的生态链服务能力，提供更高的服务质量。据此提出假设4a和假设4b。

假设4a：信息共享透明化对生态链服务能力的提高产生了积极影响。

假设4b：生态链技术创新能力能够增强信息共享与生态链服务能力之间的关系，即生态链技术创新能力越高，该关系就越强。

如表8－5所示，对4家企业的访谈均表明信息共享对生态链服务能力的提升存在正向影响。假设4a和假设4b在多案例分析中得到了验证。

表8－5　4家企业对生态链信息共享与生态链服务能力关系的描述

企业名称	对生态链信息共享的描述	对生态链信息共享与生态链服务能力关系的描述
青岛日日顺物流有限公司	生态链上的各成员一定是做到最大程度的信息共享，日日顺物流会在合作时签订合同，明确哪些信息是可以共享的，哪些信息是必须共享的，比如所有的仓、车的信息都会在平台上进行展示	日日顺物流和生态链其他主体合作程度很紧密，生态链是不断优化的过程，包括车、人员都可以在平台上显示，这是需要签订合同。例如，订单信息会同步给车、仓、最终配送的网点。信息不共享是不行的，因为需要给用户提供透明化、可视化服务。信息共享是一定会促进物流服务能力的
北京京东世纪贸易有限公司	京东生态链云仓平台以共享理念为指导，整合物流人力资源、京东品牌资源、设备供应商资源等9项资源，赋能商家与合作伙伴	京东物流已经上线了全球首套机器视觉批量入库系统——秒收。秒收依据操作流程中的信息共享程度，针对性地解决了大批量条码扫描、信息采集、自主纠错等问题，相比传统的繁重人工操作方式，其物流服务能力提升了10倍以上
中国外运股份有限公司	中外运通过信息化共享实现生态链上下游无缝衔接，实现生态链的降本增效，不断的信息化是其今后主要发展的目标	中外运积极与生态链其他成员建立合作关系，督促其进行数据分享，以保证生态链的顺利进行并实现共赢

续 表

企业名称	对生态链信息共享的描述	对生态链信息共享与生态链服务能力关系的描述
菜鸟网络科技有限公司	目前菜鸟生态链趋势是信息共享，而且我们必须保证每一环节的信息共享，实现信息的高速流转	很明显的是菜鸟网络通过对数据进行整合运作，实现信息的高速流转，而生产资料、货物则尽量减少流动，以提升效率

8.4.3.3 客户需求

在智慧物流生态链领域，客户需求是促进生态链组织发展的内在动力，客户通常被认为是企业价值的共创者（Makatsoris and Chang，2004）。智慧物流生态链的构建是为了更好地满足客户的个性化需求。之前已有研究表明供应链的设计需要考虑客户需求（Makatsoris and Chang，2004），智慧物流生态链需要更精确地预测需求来提供更灵活的解决方案（Li et al.，2018），并且在全球竞争加剧的背景下，客户需求定制化不断提升（Yao，2011），准确把握客户需求对于生态链服务能力的提升具有重大意义。客户要求越高意味着生态链服务能力达到客户要求的难度越大，这恰恰促进了生态链服务能力的提升。

此外，对于技术创新程度高的智慧物流生态链，通过大数据、云计算等技术更快、更高效、更准确地来应对客户变化需求，它们提供的不再是简单的基础服务，也会较为主动地预估客户需求。技术创新不断提高使生态链更好地面对客户多样化需求（Wong and Ngai，2019），因此当用户需求发生变化时，生态链上各成员会快速做出反应，按照客户需求提供服务（Tai et al.，2013），即客户需求与生态链服务能力之间的正向相关关系受到生态链技术创新能力的影响。综上我们得出假设 5a 和假设 5b。

假设 5a：客户需求的变化可以促进生态链服务能力的提升。

假设 5b：生态链技术创新可以促进客户需求与生态链服务能力的关系，即当生态链技术创新能力较强时，该关系更强。

如表 8－6 所示，通过访谈可以发现对于生态链技术创新能力不同的企业而言，客户关心的生态链服务需求在内容和程度上都有所差异。菜鸟网络和京东物流的客户需求主要集中于“快、准、达”，客户需求较容易满足。中外运在需求定制化程度和满足需求的难度上相较于前两个企业来说更大，其服务能力不仅体现在被动地按照客户订单要求进行服务，更加需要主动响应，根据长期定制化积累经验为客户提供建议。相比于前几家企业，日日顺一直努力挖掘客户需求，打造场景物流，成为大件物流的领军者，这些都对生态链的服务能力提出了更高的要求，使其达到更高的客户满意度。4 家企业的访谈均表明客户需求的增多，会促使生态链服务能力的提升。同时，我们还发现了一个有趣的现象：生态链技术创新对客户需求和生态链服务能力的关系具有调节作用。原因在于生态链技术创新能力的提高有助于满足客户的多样化需求，这样就有助于在客户提出新的需求时，生态链具有更强的应变能力来应对。因此，我们认为假设 5a 和假设 5b 在本章的多案例分析中也得到了验证。

表 8－6　4 家企业对客户需求与生态链服务能力关系的描述

企业名称	对客户需求的描述	对客户需求与生态链服务能力关系的描述
青岛日日顺物流有限公司	消费者的需求越来越场景化，在人群的细分上，日日顺物流通过十万个车小微及时了解用户需求，把他们的需求反馈到我们的平台，之后我们给用户提供一个整体解决方案。而传统的物流是实现物点到点的移动，也就是一个交付的过程	日日顺物流做的不是简单的货物交付。我们更希望的是，通过货物交付的过程，给消费者提供极致的物流体验，同时让消费者对我们产生体验的感知和黏性，把交付用户吸引到我们平台上变成终身用户
北京京东世纪贸易有限公司	京东物流在客户需求方面最直观的变化，就是三四线城市大家电配送时效的提升。要知道，以前我们最快能做到 48～72 小时送达，而现在可以保证 36 小时内送达客户手中，用户满意度大大提升，反馈非常好，因为这极大地满足了客户的需求	京东一直致力于用智慧物流打造极致客户体验，未来京东物流不仅要提供更高效、精准、满足个性化需求的服务，还要实现整个物流体系运作的无人化、运营的智能化和决策的智慧化
中国外运股份有限公司	中外运聚焦客户多样化需求，为客户提供端到端的全程供应链解决方案和一站式服务，帮助客户优化货物流、信息流和资金流	对于客户需求的即时反馈需要企业内部信息的无缝整合及各部门间的合作，需要企业的销售、市场营销、服务等各功能部门和业务环节都围绕着客户的需求进行运作，这对物流服务能力是一个促进

续 表

企业名称	对客户需求的描述	对客户需求与生态链服务能力关系的描述
菜鸟网络科技有限公司	当顾客向我们提交购物清单后，我们会立即将清单的副本传输到物流信息系统，同时我们的物流信息系统实时反映仓库的库存情况，并根据各种产品的销售状况及时向网站提出采购建议，我们所有的服务都是以客户需求为基准的	客户需求是促进我们不断提升物流服务能力的，我们正在提升商家/物流公司对用户特定需求的服务能力（分层产品）。例如，物流服务包括当日达、次日达、定时达

8.4.4 智慧物流生态链技术创新能力与智慧物流生态链服务能力的关系

智慧物流生态系统进行技术创新时，各成员之间通过各种形式的技术创新合作联结起来，系统中各成员被联结成了一个整体。智慧物流生态链能够提供更好的服务能力，正是因为系统各成员通过创新生态链网进行着技术信息、物质和资金的循环流动（Daugherty et al.，2011）。生态链技术创新能力是一个动态完善的过程，与之相伴的是生态链市场竞争力的不断增强，而生态链主体也会从中逐步增强自身服务能力（Yang et al.，2012）。因此，本章认为生态链服务能力与生态链技术创新能力之间存在着联系，当生态链技术创新能力增强时，会逐渐体现在物流服务能力的提升上。基于此提出假设6。

假设6：生态链技术创新能力增强，将带来生态链服务能力的增强。

日日顺物流总经理于贞超谈道："我们不断提高生态链技术创新能力，最大限度提升生态链服务能力，进而提高生态链组织效率。"日日顺物流持续提高其技术创新能力，提升客户满意水平，缩短配送时间，随之带来的是其物流服务能力的增强。中外运物流华北有限公司总经理刘亮谈道："中外运的甩挂运输、单元化运输、公铁联运、带板运输不是新东西，但是对我们现实来讲，又是新东西，所以我们一直在推动。这四种运输模式虽然在中国落地，但是都不能够充分展开，就是因为标准化的问题，还有就是因为自家体量不足以支撑。"由此可以看出，中外运也是在不断提升自身技术创新能力，从而提高物流服务能力。京东物流总经理则表示："京东提出2019年重点围绕'提升网络效率和标准服务能力、健全全面供应链服务能力、强化科技领先和平台化能力'三大必赢之战，全面推进企业高质量发展。要想实现这一目标，在5G技术应用创新上有所突破就是其中的一个重点。”京东物流从专注物流基础设施与技术自主研发到智能物流解决方案对外开放，从根本上提升了生态链的服务能力。菜鸟网络目前正通过自动化的流水线、AGV机器人、智能缓存机器人、360度运行的拣选机器人、带有真空吸盘的播种机器人、末端配送机器人等高科技交替作业，让消费者感受到高科技的力量，菜鸟网络不断地进行生态链技术创新来提高生态链服务能力。从而假设6得以验证。

8.5 智慧物流生态链组织效率影响因素理论框架

本研究探索了智慧物流生态链组织模式的效率影响因素，研究了这些影响因素之间的关联关系并得到了几个假设。下图呈现了理论框架并且描述了几个命题之间的关系规律。

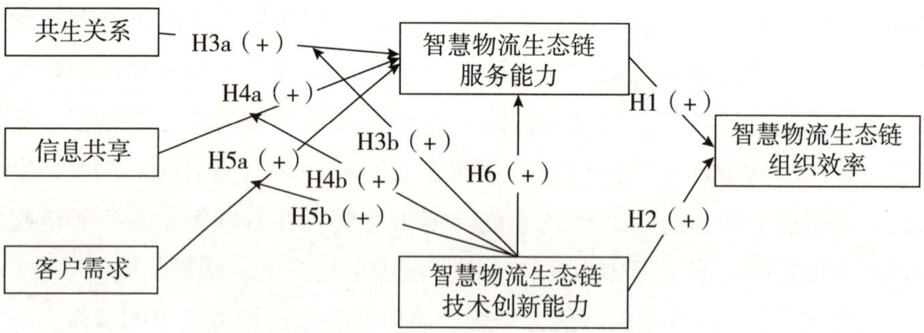

智慧物流生态链组织效率影响因素理论框架

注：“H数字”对应文中的假设，“+”代表因素之间呈现正向关系。

首先，通过多案例研究，我们发现智慧物流生态链组织效率与两个主要的变量直接相关，一个是智慧物流生态链服务能力，另一个是智慧物流生态链技术创新能力。智慧物流生态链服务能力越强，可以促进生态链各方信息进行有效对接，最大限度提高生态链组织效率（假设1）。智慧生态链技术创新能力越强，越能够实现网络协同、数据同步传输、信息流与物流同步等，从而促进服务效率的提升，这使得生态链组织效率也越高（假设2）。同时，通过访谈我们发现这两个因素并非独立存在，智慧物流生态链技术创新能力会对智慧物流生态链服务能力产生正向影响，即当智慧物流生态链技术创新能力提升时，也会提高智慧物流生态链服务能力。

其次，共生关系、信息共享、客户需求三个因素也会影响生态链组织效率，但这种影响机制是一种间接影响，需要通过智慧物流生态链服务能力作为中介变量来影响生态链组织效率。本研究表明，共生关系会对生态链服务能力有正向影响（假设3a），信息共享对生态链服务能力具有正向影响（假设4a），客户需求对生态链服务能力具有正向影响（假设5a）。生态链服务能力越强，也将促进生态链组织效率的提升。因此，生态链服务能力起到中介的作用。

最后，在上述研究基础上，我们还发现生态链技术创新发挥了调节作用，调节作用具体如下：生态链技术创新能力促进了共生关系、信息共享、客户需求与生态链服务能力之间的关系，即生态链技术创新能力越高，三者与生态链服务能力关系就会越强。

8.6 智慧物流生态链提升组织效率的建议

本章在4家中国物流企业案例研究的基础上，得到了更符合实际的智慧物流生态链组织效率影响因素理论框架，具有较强的参考价值。

首先，物流企业应该对生态链服务能力与生态链技术创新能力予以关注。案例分析表明，生态链服务能力与生态链技术创新能力既是生态链企业选择的结果，也是生态链长期运作形成的经验总结。生态链服务能力会随着生态链技术创新能力的提升而提升，其提升会对企业构建智慧物流生态链组织带来正向影响，因而管理者可以在企业发展的过程中有意识地提升两种能力。

其次，管理者需要把握生态链服务能力与生态链技术创新能力之间的关系。管理者需要对自身的生态链进行合理定位，然后分析共生关系、信息共享、客户需求之间的关系，考虑三种因素对服务能力与技术创新能力的调节作用。深度了解生态链主体，构建良好的共生关系，深度了解客户需求，选择恰当的技术创新能力，对内外部做出准确的判断与预测，从而更好地实现物流服务能力的提升，促进智慧物流生态链的完善。

最后，智慧物流生态链组织效率影响因素框架不仅在物流行业中可以应用，而且也可以推广至智慧平台建设等其他明显具有服务能力与技术创新整合力的行业，可以为这些行业的经理人在开展新产品开发设计时提供必要的借鉴。

9 制造商与物流商的物流智慧化协同改造研究

——基于供应链契约的视角

9.1 物流智慧化协同改造的背景

物流作为生产制造中不可或缺的一环，直接影响制造企业的生产与运营成本，对于制造企业的生产效率及组织协调具有重要的作用（Wang，2015）。随着制造企业分工细化与核心竞争力的要求，物流等生产性服务逐渐从制造企业中独立、外包出来（Yin et al.，2009），形成具有专业化服务能力的第三方企业（Chen et al.，2011）。物流企业服务于制造，制造企业为物流提供业务与设施设备，业务与环节的分工协作形成了制造企业与物流企业最初的供需协同关系。但随着技术经济的发展，两者的关系有了深度的交流和融合。制造企业和物流企业开始从技术、环节等方面互相渗透，通过资金、物质、信息互补来促进彼此的价值增值，在产业投入水平、产出效率、发展规模及成长能力方面产生了相互促进、相互制约的融合共生关系（Prajogo et al.，2016），其协同发展的效用远大于单独发展（Qing and Min，2009）。

随着智慧时代的到来，制造过程的智能化成为制造企业变革的重要方向与竞相争夺的制高点（Kusiak，2018；Tao et al.，2018），而智能物流是实现智能制造的核心与关键。在信息系统指挥下，智能物流系统实现了生产工序间的无缝衔接与物料的流转，支持智能制造系统高效运行。并且，凭借靠近用户的优势，智慧物流将带动互联网深入产业链上下游，以用户需求倒逼产业链各环节强化联动和深化融合，助推“协同共享”生态体系加快形成。因此，许多制造企业需要通过物流的智慧化改造，来驱动生产制造与供应链组织的智能化转型（Behrendt et al.，2018）。例如，海尔建立了集订单信息流、物流、资金流“三流合一”的 BI、GVS、LES、PLM、CRM、B2B、B2C 等系统，并利用全球供应链资源搭建起全球采购配送网络，这促进了海尔生产制造的零距离、零响应，为实施 COSMOPlat 工业互联网提供物流保障。

国家也出台相关政策支持智慧物流在制造转型升级过程中发挥重要作用。2015 年 5 月，国务院发布的《中国制造 2025》指出，要加快智能物流管理在生产过程中的应用，加快供应链管理系统的推广应用，促进制造等关键环节的集成，实现智能化管控。2017 年 10 月，《国务院办公厅关于积极推进供应链创新与应用的指导意见》发布，提出要加快人机智能交互、工业机器人、智能工厂、智慧物流等技术和装备的应用，提高敏捷制造能力，促进制造供应链可视化和智能化①。2017 年 12 月，《工业和信息化部关于印发〈促进新一代人工智能产业发展三年行动计划（2018—2020 年）〉的通知》，提出要深入实施智能制造，发展智能制造关键技术与装备，其中包括提升高速分拣机、多层穿梭车、高密度存储穿梭板等物流装备的智能化水平，实现精准、柔性、高效的物料配送和无人化智能仓储②。国家发展改革委等在 2019 年 2 月出台《关于推动物流高质量发展促进形成强大国内市场的意见》，明确指出物流和供应链企业在依法合规前提下开发面向加工制造企业的物流大数据等产品，增强制造业对市场需求的捕捉能力、响应能力和敏捷调整能力③。

由于核心竞争力的要求与管理成本的限制，在物流的智慧化改造过程中，制造企业通常需要借助物流服务提供商更加专业化的服务水平进行协同改造（Douaioui et al.，2018；Sternad et al.，2018）。例如，华晨宝马借助中外运的先进信息系统改造，实现了入厂物流与零部件供应链全流程可视化管理（Liu，2016）。近年来，我国物流企业在货物运输自动化、运作和管理高效化等方面取得明显成效。以物联网、大数据、云计算、人工智能等新一代信息技术为支撑的智慧物流蓬勃发展，更是显著提高了我国物流企业的服务水平，降低了服务成本，减少了资源消耗。这为制造企业通过物流企业实现智慧物

① 国务院办公厅．国务院办公厅关于积极推进供应链创新与应用的指导意见［EB/OL］．（2017-10-05）［2019-12-15］．http：//www.gov.cn/zhengce/content/2017-10/13/content_5231524.htm.

② 工业和信息化部．工业和信息化部关于印发《促进新一代人工智能产业发展三年行动计划（2018—2020 年）》的通知［EB/OL］．（2017-12-13）［2019-12-15］．http：//www.miit.gov.cn/n1146295/n1652858/n1652930/n3757016/c5960820/content.html.

③ 国家发展改革委等部门．关于推动物流高质量发展促进形成强大国内市场的意见［EB/OL］．（2019-09-29）［2019-12-15］．http：//www.gov.cn/zhengce/zhengceku/2019-09/29/content_5434995.htm.

流的升级提供了强有力的外部保障。

然而，从我国整体发展来看：一方面，2018 年我国制造业 PMI 指数持续回落，2019 年 PMI 的全年平均水平为 49.7%，制造业经济景气回落。消费、投资等内需增长基础不稳，总需求下行压力较大。制造业需要通过智慧物流技术有效推动新旧动能转化，促进智能制造的转型，并通过智慧物流装备带动制造业的需求增长。另一方面，目前中国物流企业众多，但行业集中度低，头部企业仅占据小部分市场份额，而中小企业发展情况则参差不齐，物流行业发展较为混乱，物流企业发展有待整合，能够率先发展并应用智慧物流技术的企业还未出现。制造企业与物流企业都需要借此机会，进行智慧物流改造，以支持企业的结构转型与新的战略发展。因此，如何利用制造企业与物流企业彼此的技术、资金、行业优势，进行物流智慧化协同改造，促进双方的协同发展是重要的研究问题。

9.2 物流智慧化协同改造的关键问题

9.2.1 产业实践存在的关键问题

从实践层面来看，在物流智慧化协同改造中存在两个方面的关键问题：一方面，物流智慧化的技术性与企业战略性，决定了制造商和物流服务提供商的关系是相关支持、紧密相连的，双方的改造都会对彼此产生重要的影响（Strandhagen et al.，2017；Cho，2018）。例如，中国华为技术有限公司（简称华为）完善的信息系统助推中外运加强智慧化改造，实现高效调度和可视化管理；而华为又依托中外运强大、可视的物流运输网络，实现了先进制造和全球物流战略的部署。因此，在制造智能化与物流智慧化的发展趋势下，制造商和物流服务提供商不仅仅是物流环节剥离和核心竞争力提升的联系，更重要的是依托彼此优势进行相互支持、协同提升的关系（Sinkovics et al.，2018）。另一方面，目前制造商和物流服务提供商协同改造存在信息不对称、动机不匹配等问题，即物流服务提供商由于高昂的物流智慧化改造成本或技术限制，可能不存在改造的主动性（Kawa，2012），从而产生“搭便车”的机会主义行为（Yang et al.，2019）。而供应链契约作为一种有效的协调机制，在技术研发（Chu and Sappington，2009）、产品开发联盟（Zhang and Zhou，

2016）、包含第三方物流企业的供应链（Jiang et al.，2016）等现实案例中激励合作伙伴提高改造水平方面具有广泛的应用。所以，如何通过设计供应链契约来协调上述两个方面的关系，实现制造商与物流服务提供商的效益最大化是需要重点研究的问题。

9.2.2 理论研究的不足

首先，已有文献对于制造企业与物流企业的协同关系与协同机制进行了实证研究与建模研究，研究的角度包括制造企业与物流企业的供需关系（Guerrieri，2004）、制造企业与物流企业的共生关系（Prajogo et al.，2016；Yang and Jin，2018）、制造企业的业务分工与物流外包（Yin et al.，2009；Chen and Xu，2011；Tzeng and Huang，2012）、制造企业与物流企业的协同创新和价值共创（Rai et al.，2012；Pomponi et al.，2015；Sinkovics et al.，2018）。其中，Prajogo et al.（2016）从融合共生的角度分析，认为生产服务企业和制造业在技术、环节等方面相互渗透，产生了相互促进、相互制约的关系，两者需要协同发展。Sinkovics et al.（2018）从资源基础（RBV）、价值共创（Value co－creation）角度研究了英国142家制造企业与第三方物流公司（3PL）的协同数据，发现3PL的资源承诺与创新是影响两者协同发展的重要因素。Zhao and Wang（2010）也提出了第三方物流企业基于顾客价值取向的物流服务创新方法，匹配制造企业的价值主张，实现共同发展。但在上述的制造企业与物流企业协同关系研究中，并没有考虑到物流智慧化改造的特点，也没有使用供应链契约去解决协同过程中存在的相关问题。因此，有必要研究智慧物流背景下，制造商与物流服务提供商的协同改造问题。

其次，对于供应链协同改造的协调契约研究，已有文献也从研发补贴与成本分担契约（Chao et al.，2009；Zhao et al.，2014））、收益共享契约（Chen et al.，2012）、批发价格契约（Nouri et al.，2018）、回购契约（Yoo et al.，2015）、组合契约（Lee et al.，2013；Ma et al.，2013）等方面进行了研究。但上述研究中关于物流智慧化协同改造背景下，供应链双方都需要进行改造及存在相互作用关系的契约协调研究较少。Chao et al.（2009）与Lee et al.（2013）分别研究了两种成本分担契约——回购与收益共享契约对于供应链质量改造的协调效果。Ma et al.（2013）对比了两部定价与成本分担组合契约对供应链协同改造的协调效果，并提出新的组合契约，但并没有考虑两者具有相互协同关系的情况。因此，从上述研究来看，我们发现供应链契约协调研究并没有在物流智慧化协同改造中得以应用。同时，也迫切需要围绕制造商与物流提供商的物流智慧化协同改造问题，开展利用供应链契约的应用研究。

此外，物流服务不同于实体产品，它具有无形、时效性，即某一时段提供的服务要么被使用，要么被空闲，不具有报纸等产品仍然存在的可回收性质，因此不能使用回购契约进行协调。而成本分担契约作为一种有效的利益协调方式，可以通过成本共担实现对具有昂贵改造成本的供应链的激励，在装备制造（Rogerson，1994；Leng and Parlar，2010）、技术研发（Chu and Sappington，2009）中具有广泛的应用。收益共享契约在报童模型（Linh and Hong，2009）、具有损失偏好的供应—零售模型（Zhang et al.，2017）、产品开发联盟（Zhang and Zhou，2016）等模型中也具有较好的协调效果。然而，成本分担契约、收益共享契约是否能够在制造商与物流服务提供商进行物流智慧化协同改造中得以应用，仍然是值得探索的问题。与本章内容最相关的文献有 Prajogo et al.（2016）、Sinkovics et al.（2018）、Chao et al.（2009）、Lee et al.（2013）、Ma et al.（2013），具体如表 9－1 所示。

表 9－1　　已有相关文献与本研究区别

	Prajogo et al.，2016	Sinkovics et al.，2018	Chao et al.，2009	Lee et al.，2013	Ma et al.，2013	本研究
研究对象	制造商与物流服务提供商	制造商与物流服务提供商	制造商与供应商	供应商与零售商	制造商与零售商	制造商与物流服务提供商
双方是否都需要进行改造	×	×	√	×	√	√
是否考虑双方之间的协同关系	√	√	×	×	×	√
是否对比不同契约的协同效果	×	×	√	√	√	√
是否采用组合契约	×	×	×	√	√	√

9.3　物流智慧化协同改造的供应链契约协调

9.3.1　问题描述和模型假设

本章研究的是单一制造商和单一物流服务提供商组成的两级物流服务供应链。制造商和物流服务提供商之间进行 Stackelberg 博弈，制造商为博弈的主导者，物流服务提供商为跟随者。制造商的物流智慧化服务水平主要体现在生产物流的智能化水平（Qu et al.，2016，Kusiak，2018）、供应链的智能调度与组织能力（Barreto et al.，2017），以及对客户的反应敏捷程度（Thoben et al.，2017）。物流服务提供商的物流智能化服务水平主要体现在其提供的物流服务如运输、仓储等表现出来的综合服务水平（Uckelmann，2008），因此，客户体验到的物流服务是由制造商和物流服务提供商共同决定的。依据 Liu et al.（2018）对需求函数的描述，并结合物流智慧化协同改造的特点，假设市场需求受两者共同影响为 $D = q_0 + \eta(e_1 + e_2)$，其中 q_0 代表市场初始需求，e_1、e_2 分别代表制造商和物流服务提供商的物流智慧化改造水平。

依据 Liu et al.（2017）对于服务水平成本的假设，假定制造商的物流智慧化改造成本为 $\frac{1}{2}\alpha e_1^2$，其中 α 为制造商的改造成本系数。在物流智慧化改造中，制造商由于其资金、技术的优势占据主导地位（Kawa，2012）。而物流服务提供商则作为制造商物流智慧化改造的跟随者。因此物流提供商的物流智慧化改造成本不仅与自身成本系数相关，还受制造商物流智慧化改造水平 e_1 的影响，即制造商的物流智慧化改造水平会为物流服务提供商的物流智慧化改造提供基础和支撑，从而降低物流提供商的改造费用。类似于 Xie et al.（2016）的假设，假定物流服务提供商的物流智慧化改造成本为 $\frac{1}{2}\frac{\beta}{e_1}e_2^2$，其中 β 为物流服务提供商的改造成本系数。

制造商物流智慧化改造的目的是支持智能制造的实施，并确保供应链上下游的高效协同运作（Qu et al.，2016；Barreto et al.，2017）。因此，制造商的物流智慧化改造水平会对企业发展产生支持效用，记为 Ke_1，其中 K 代表物流智慧化改造水平对制造商企业发展的影响系数。而物流服务提供商作为服务于制造商的专业物流企业，其物流智慧化改造水平会对制造商的企业发展战略实施产生一定的影响。例如，中外运强大的物流运输网络，为华为先进制造和全球战略的部署提供有力支持。记这种影响为 $d(e_2-e_1)$，其中 d 代表物流服务提供商与制造商的物流改造水平的差异对制造商智慧化转型进程的影响系数。当 $e_2<e_1$ 时，物流服务提供商的物流智慧化改造水平低于制造商，将会拖累制造商的物流智慧化改造步伐，不利于制造商企业发展战略的实施，此时将对制造商产生负面效用；当 $e_2>e_1$ 时，物流服务提供商的物流智慧化改造水平大于制造商，将会支持制造商的企业发展战略实施，此时对于制造商会产生额外的积极效用；当 $e_2=e_1$ 时，物流服务提供商的物流智慧化改造水平等于制造商，此时恰好支持制造商的发展，不产生额外的影响。因此，将制造商与物流服务提供商进行物流智慧化改造对制造商产生的支持效用记为 $K[e_1+d(e_2-e_1)]$。这里假设 $K[e_1+d(e_2-e_1)]>0$，表示制造商与物流服务提供商的协同改造会对制造商的企业战略产生积极影响；否则，两者的协同改造将会失去意义。

物流服务提供商进行物流智慧化改造后，将会满足客户更加个性化与差异化的服务需求，从而提高客户的忠诚度，保证长期的客户合作关系，产生物流服务提供商的市场占有效用。将该市场占有效用记为 θe_2，其中 θ 代表物流智慧化改造水平对物流服务提供商产生的市场占有效用的影响系数。由于制造商作为物流服务提供商的客户，两者物流智能化改造水平的差异将会使制造商产生客户评价差异，这将对物流服务提供商的市场占有效用产生影响。例如，中外运的全球配送能力与全流程可视化，使华为产生可信任、可长期合作的客户评价，中外运因而成为华为的金牌物流服务供应商，这就产生了额外的企业市场占有效用（Sinotrans Limited，2016）。我们记额外的企业市场占有效用为 $g(e_2-e_1)$，其中 g 代表制造商与物流服务提供商的物流智慧化改造水平差异对物流服务提供商与客户合作效益的影响系数。当 $e_2<e_1$ 时，物流服务提供商的物流智慧化改造水平低于制造商，此时制造商产生负面的客户评价，降低物流服务提供商的市场占有效用；当 $e_2>e_1$ 时，物流提供商的物流智慧化改造水平大于制造商，此时制造商会产生积极的客户评价，增加物流提供商的市场占有效用；当 $e_2=e_1$ 时，物流服务提供商的物流智慧化改造水平等于制造商，此时物流智慧化改造水平恰好匹配，不产生额外的客户感知价值。因此，制造商与物流服务提供商的物流智慧化改造水平的差异，对物流服务提供商产生的市场占有效用记为 $\theta[e_2+g(e_2-e_1)]$。这里假设 $\theta[e_2+g(e_2-e_1)]>0$，即两者的物流智慧化协同改造整体会对物流服务提供商产生积极的市场占有效用，存在协同改造的价值。此外，我们假设制造商与物流服务提供商的风险都是中性的。表9－2列出了与模型建立相关的参数及其含义。

表9－2　模型参数的含义

符号	含　义
p_1	制造商产品的平均单位边际收益
p_2	物流服务提供商提供物流服务的平均单位边际收益
e_1	制造商的物流智慧化改造水平
e_2	物流服务提供商的物流智慧化改造水平
K	物流智慧化改造水平对制造商企业发展的影响系数
d	物流服务提供商与制造商的物流智慧化改造水平差异对制造商智慧化转型进程的影响系数
θ	物流智慧化改造水平对物流服务提供商市场占有效用的影响系数
g	制造商与物流服务提供商的物流智慧化改造水平差异对物流服务提供商与客户合作效益的影响系数
q_0	市场初始需求
η	制造商和物流服务提供商的物流智慧化改造水平对市场需求的影响系数
α	制造商物流智慧化改造的成本系数
β	物流服务提供商物流智慧化改造的成本系数
U_m^i	制造商在第 i 个模型中的效用
U_p^i	物流服务提供商在第 i 个模型中的效用
U^i	供应链整体在第 i 个模型中的效用
μ	传统成本分担契约的成本分担系数
ν	传统收益共享契约的收益共享系数
φ	成本分担－收益共享组合契约的成本分担系数
λ	成本分担－收益共享组合契约的服务费用降低比例
ξ	成本分担－收益共享组合契约的收益共享系数

9.3.2 物流智慧化协同改造及供应链契约模型

本节将考虑制造商与物流服务提供商协同进行物流智慧化改造的内容。

首先，建立两者协同改造的 Stackelberg 基础博弈模型，该模型分别考虑了集中决策和分散决策情况下改造水平与效用的差异。在此基础上，引入供应链契约进行协调，比较了不同契约的协调效果，并最终给出最优的供应链契约。

9.3.2.1 集中决策

首先考虑集中决策下，制造商和物流服务提供商的协同改造水平。根据问题描述和模型假设，供应链的整体效用函数为

$$U = p[q_0 + \eta(e_1 + e_2)] + K[e_1 + d(e_2 - e_1)] + \theta[e_2 + g(e_2 - e_1)] - \frac{1}{2}\alpha e_1^2 - \frac{1}{2}\frac{\beta}{e_1}e_2^2 \tag{9-1}$$

其中，$p = p_1 + p_2$。$p_1[q_0 + \eta(e_1 + e_2)]$ 代表物流服务提供商与制造商物流智能化改造后，制造商销售产品的收益；$p_2[q_0 + \eta(e_1 + e_2)]$ 代表物流服务提供商与制造商物流智慧化改造后，物流服务提供商提供物流服务的收益。$K[e_1 + d(e_2 - e_1)]$ 代表两者的物流智慧化改造水平对制造商企业发展产生的支持效用。$\theta[e_2 + g(e_2 - e_1)]$ 代表两者的物流智慧化改造水平，对物流服务提供商产生的市场占有效用。$\frac{1}{2}\alpha e_1^2$ 代表制造商的物流智慧化改造成本。$\frac{1}{2}\frac{\beta}{e_1}e_2^2$ 代表物流服务提供商的物流智慧化改造成本。

以供应链效用最优为目标，由一阶条件可以求得在集中决策条件下制造商的最优物流智慧化改造水平与物流提供商的最优物流智慧化改造水平，其中 $\frac{\partial^2 U}{\partial e_1^2} = -\frac{\alpha}{2} - \frac{\beta e_2^2}{e_1^3} < 0$，$\frac{\partial^2 U}{\partial e_2^2} = -\frac{\beta}{e_1} < 0$。因此，我们可以得到两方最优的物流智慧化改造水平，如式（9-2）和式（9-3）所示。

$$e_1^{(1)*} = \frac{1}{\alpha}\left\{p\eta + K(1-d) - \theta g + \frac{[p\eta + Kd + \theta(1+g)]^2}{2\beta}\right\} \tag{9-2}$$

$$e_2^{(1)*} = e_1^{(1)*}\frac{p\eta + Kd + \theta(1+g)}{\beta} \tag{9-3}$$

可以看到，当 $p\eta + Kd + \theta(1+g) > \beta$ 时，物流服务提供商的最优改造水平 $e_2^{(1)*}$ 大于制造商的最优改造水平 $e_1^{(1)*}$。即只要供应链整体的边际效用大于物流服务提供商的改造成本系数 β 时，供应链最优满足的条件是物流服务提供商的改造水平大于制造商。这说明在物流智慧化改造中，制造商仍然要将更多的物流服务外包给更加专业的物流服务提供商，以提升双方的核心竞

争力。

此时，供应链的整体效用变为

$$U^{(1)*} = pq_0 + \frac{1}{2}\alpha\left(e_1^{(1)*}\right)^2 \tag{9-4}$$

9.3.2.2 制造商为领导者的 Stackelberg 博弈

本节模型考虑制造商和物流服务提供商的分散决策。制造商作为主导地位首先决策其物流智慧化改造水平 e_1，从而提升其供应链管理能力和物流服务水平，物流服务提供商在观测到 e_1 后，选择其物流智慧化改造水平 e_2，两者进行 Stackelberg 博弈。制造商与物流服务提供商的效用函数分别为

$$U_m = p_1[q_0 + \eta(e_1 + e_2)] + K[e_1 + d(e_2 - e_1)] - \frac{1}{2}\alpha e_1^2 \tag{9-5}$$

$$U_p = p_2[q_0 + \eta(e_1 + e_2)] + \theta[e_2 + g(e_2 - e_1)] - \frac{1}{2}\frac{\beta}{e_1}e_2^2 \tag{9-6}$$

采用逆向求解法，可以求得制造商与物流服务提供商的最优改造水平 $e_1^{(2)*}$、$e_2^{(2)*}$

$$e_1^{(2)*} = \frac{1}{\alpha}\left\{p_1\eta + K(1-d) + \frac{(p_1\eta + Kd)[p_2\eta + \theta(1+g)]}{\beta}\right\} \tag{9-7}$$

$$e_2^{(2)*} = e_1^{(2)*}\frac{p_2\eta + \theta(1+g)}{\beta} \tag{9-8}$$

此时，制造商和物流服务提供商的最优效用分别为

$$U_m^{(2)*} = p_1q_0 + \frac{1}{2}\alpha\left(e_1^{(2)*}\right)^2 \tag{9-9}$$

$$U_p^{(2)*} = p_2q_0 + \left\{p_2\eta - \theta g + \frac{1}{2}\frac{[p_2\eta + \theta(1+g)]^2}{\beta}\right\}e_1^{(2)*} \tag{9-10}$$

同时，可以计算此时供应链的整体效用

$$U^{(2)*} = pq_0 + \frac{1}{2}\left\{p_1\eta + K(1-d) + 2p_2\eta - 2\theta g + \frac{[p\eta + Kd + \theta(1+g)][p_2\eta + \theta(1+g)]}{\beta}\right\}e_1^{(2)*} \tag{9-11}$$

定理1： 当 $U^{(1)*} > U^{(2)*}$，并且在 $p_2\eta - \theta g + \frac{(p_1\eta + Kd)^2 + [p_2\eta + \theta(1+g)]^2}{2\beta} > 0$ 的条件下，可得 $e_1^{(1)*} > e_1^{(2)*}$，$e_2^{(1)*} > e_2^{(2)*}$。

证明过程见附录9－A。

定理1表明，集中决策下供应链的整体效用大于分散决策时的整体效用。并且在一定的条件下，集中决策中制造商和物流服务提供商的物流智慧化改造水平都是大于分散决策的。这说明集中决策和分散决策之间存在可以协调的空间，通过供应链契约设计，有可能在实现分散决策下提高制造商和物流服务提供商两者的物流智慧化改造水平的同时，增加两者的效用。

9.3.2.3 成本分担契约

由9.3.2.2小节可知，分散决策下供应链的整体效用低于集中决策，并在一定条件下，分散决策下制造商和物流服务提供商的最优物流智慧化改造水平低于集中决策。成本分担契约作为一种有效的利益协调方式，可以通过成本共担实现对具有昂贵改造成本的供应链的激励，在装备制造（Rogerson，1994；Leng and Parlar，2010）、技术研发（Chu and Sappington，2009）中具有广泛的应用。因此，本小节采用成本分担契约进行物流智慧化改造的协调。

首先，引入成本分担系数$\mu, \mu \in [0,1)$，此时物流服务提供商的效用函数为

$$U_p^{(3)} = p_2[q_0 + \eta(e_1 + e_2)] + \theta[e_2 + g(e_2 - e_1)] - \frac{1}{2}(1 - \mu)\beta\frac{e_2^2}{e_1} \tag{9-12}$$

对式（9－12）求导，由一阶条件得$e_2^{(3)*} = \frac{p_2\eta + \theta(1 + g)}{(1 - \mu)\beta}e_1^{(3)*}$。

此时，制造商的效用函数为

$$U_m^{(3)} = p_1[q_0 + \eta(e_1 + e_2)] + K[e_1 + d(e_2 - e_1)] - \frac{1}{2}\alpha e_1^2 - \frac{1}{2}\mu\beta\frac{e_2^2}{e_1} \tag{9-13}$$

将$e_2^{(3)*}$代入式（9－13），由一阶条件可求得

$$e_1^{(3)*} = e_1^{(2)*} + \frac{\left(\frac{1}{1 - \mu} - 1\right)[p_2\eta + \theta(1 + g)]\left[p_1\eta + Kd - \frac{p_2\eta + \theta(1 + g)}{2(1 - \mu)}\right]}{\alpha\beta} \tag{9-14}$$

将$e_1^{(3)*}$代入$e_2^{(3)*}$，可求得物流服务提供商的最优改造水平为

$$e_2^{(3)*} = e_1^{(3)*}\frac{p_2\eta + \theta(1 + g)}{(1 - \mu)\beta} \tag{9-15}$$

此时，制造商和物流服务提供商的最优效用分别为

$$U_m^{(3)*} = p_1 q_0 + \frac{1}{2}\alpha\left(e_1^{(3)*}\right)^2 \tag{9-16}$$

$$U_p^{(3)*} = p_2 q_0 + \left\{p_2\eta - \theta g + \frac{1}{2}\frac{[p_2\eta + \theta(1+g)]^2}{(1-\mu)\beta}\right\}e_1^{(3)*} \tag{9-17}$$

同时，可以计算此时供应链的整体效用为

$$U^{(3)*} = pq_0 + \frac{1}{2}\left\{p_1\eta + K(1-d) + 2p_2\eta - 2\theta g + \frac{[p\eta + Kd + \theta(1+g)][p_2\eta + \theta(1+g)]}{(1-\mu)\beta} - \frac{[p_2\eta + \theta(1+g)]^2}{2(1-\mu)^2\beta}\right\}e_1^{(3)*} \tag{9-18}$$

我们可以求得使 $e_1^{(3)*}$ 最优时的 μ^*，及对应的物流智慧化改造水平 $e_1^{(3)*}$，$e_2^{(3)*}$

$$\mu^* = 1 - \frac{p_2\eta + \theta(1+g)}{p_1\eta + Kd + \frac{p_2\eta + \theta(1+g)}{2}} \tag{9-19}$$

$$e_1^{(3)*} = e_1^{(2)*} + \frac{\left[p_1\eta + Kd - \frac{p_2\eta + \theta(1+g)}{2}\right]^2}{2\alpha\beta} \tag{9-20}$$

$$e_2^{(3)*} = e_1^{(3)*}\frac{p_1\eta + Kd + \frac{p_2\eta + \theta(1+g)}{2}}{\beta} \tag{9-21}$$

定理2：当 μ 满足条件 $\max\left\{\frac{2(p_1\eta + Kd) - p_2\eta - \theta(1+g)}{2(p_1\eta + Kd)}, 0\right\} > \mu \geqslant 0$ 时，即 $2(p_1\eta + Kd) \geqslant p_2\eta + \theta(1+g)$，则有 $e_1^{(3)*} \geqslant e_1^{(2)*}$，$e_2^{(3)*} \geqslant e_2^{(2)*}$，$U_m^{(3)*} \geqslant U_m^{(2)*}$，$U_p^{(3)*} \geqslant U_p^{(2)*}$，$U^{(1)*} > U^{(3)*} \geqslant U^{(2)*}$。

证明过程见附录9-B。

定理2表明，成本分担契约可以提高制造商和物流服务提供商的物流智慧化改造水平，并且增加双方的效用。这说明制造商分担物流服务提供商的一部分改造成本，可以减轻物流服务提供商的改造压力。在此情境下，物流服务提供商为了获得更好的利润和市场效用，会更加努力地进行物流智慧化改造，从而实现供应链的协调。将式（9-20）、式（9-21）与式（9-2）、式（9-3）比较，可以看到，成本分担契约并没有实现集中决策下的最优改

造水平协调，这说明制造商承担物流服务提供商的改造成本能力有限。而且从式（9－14）可以看到，制造商的物流智慧化改造水平与成本系数 $\frac{1}{1-\mu}$ 成二次函数关系，当 $\mu<\mu^*$ 时，成本分担比例的增加会提高两者的改造水平；但当 $\mu>\mu^*$ 时，继续增加承担成本比例，会降低制造商的物流智慧化改造积极性（见附录9－B的证明）。因此，成本分担契约并不能实现供应链的最优协调。

此外，我们还可以看到，当 $2(p_1\eta+Kd)\geqslant p_2\eta+\theta(1+g)$ 时，成本分担契约就可以实现供应链的协调，与物流服务提供商物流智慧化改造的成本系数 β 并没有关系。这说明只要制造商的物流智慧化改造产生边际效用的2倍大于物流服务提供商物流智慧化改造产生的边际效用，成本分担契约就可以实现协调，而不论改造成本的大小。这为具有较高成本的物流智慧化改造协调提供了有效的解决方案。

9.3.2.4 收益共享契约

为了激励物流服务提供商的改造水平，除了分担物流服务提供商的改造成本外，还可以使用收益共享契约来实现供应链的协调改进。收益共享契约在电商平台（邓宇轩，2019）、物流服务供应链（李蕴怡，2015）、产品开发联盟（Zhang and Zhou，2016）等方面具有实际的产业应用。因此，本节使用收益共享契约，探讨其对物流智慧化协同改造的协调作用。

首先，引入制造商给物流服务提供商的收益共享系数 $\nu,\nu\in[0,1)$，只针对由物流智慧化改造产生的需求收益部分，此时物流服务提供商的效用函数为

$$U_p^{(4)}=p_2q_0+(\nu p_1+p_2)\eta(e_1+e_2)+\theta[e_2+g(e_2-e_1)]-\frac{1}{2}\beta\frac{e_2^2}{e_1} \tag{9－22}$$

对式（9－22）求导，由一阶条件得 $e_2^{(4)*}=\frac{\nu p_1\eta+p_2\eta+\theta(1+g)}{\beta}e_1^{(4)*}$。

此时，制造商的效用函数为

$$U_m^{(4)}=p_1q_0+(1-\nu)p_1\eta(e_1+e_2)+K[e_1+d(e_2-e_1)]-\frac{1}{2}\alpha e_1^2 \tag{9－23}$$

将 $e_2^{(4)*}$ 代入式（9－23），由一阶条件可求得

$$e_1^{(4)*}=e_1^{(2)*}+\frac{\nu p_1\eta[(1-\nu)p_1\eta+Kd-p_2\eta-\theta(1+g)-\beta]}{\alpha\beta} \tag{9－24}$$

将 $e_1^{(4)*}$ 代入 $e_2^{(4)*}$，可求得物流服务提供商的最优改造水平为

$$e_2^{(4)*} = e_1^{(4)*} \frac{\nu p_1\eta + p_2\eta + \theta(1+g)}{\beta} \tag{9-25}$$

此时，制造商和物流服务提供商的最优效用分别为

$$U_m^{(4)*} = p_1q_0 + \frac{1}{2}\alpha\,(e_1^{(4)*})^2 \tag{9-26}$$

$$U_p^{(4)*} = p_2q_0 + \left\{(\nu p_1 + p_2)\eta - \theta g + \frac{1}{2}\frac{[(\nu p_1 + p_2)\eta + \theta(1+g)]^2}{\beta}\right\}e_1^{(4)*} \tag{9-27}$$

同时，可以计算此时供应链的整体效用为

$$U^{(4)*} = pq_0 + \frac{1}{2}\left\{p_1\eta + K(1-d) - \nu p_1\eta + 2p_2\eta - 2\theta g + \frac{[p\eta + Kd + \theta(1+g)][\nu p_1\eta + p_2\eta + \theta(1+g)]}{\beta}\right\}e_1^{(4)*} \tag{9-28}$$

我们仍可以求得使 $e_1^{(4)*}$ 最优时的 ν^*，及对应的物流智慧化改造水平 $e_1^{(4)*}$，$e_2^{(4)*}$ 为

$$\nu^* = \frac{p_1\eta + Kd - p_2\eta - \theta(1+g) - \beta}{2p_1\eta} \tag{9-29}$$

$$e_1^{(4)*} = e_1^{(2)*} + \frac{[p_1\eta + Kd - p_2\eta - \theta(1+g) - \beta]^2}{4\alpha\beta} \tag{9-30}$$

$$e_2^{(4)*} = e_1^{(4)*} \frac{p\eta + Kd + \theta(1+g) - \beta}{2\beta} \tag{9-31}$$

定理 3： 当 ν 满足条件 $\max\left\{\frac{p_1\eta + Kd - p_2\eta - \beta - \theta(1+g)}{p_1\eta}, 0\right\} > \nu \geq 0$ 时，即 $p_1\eta + Kd \geq p_2\eta + \beta + \theta(1+g)$ 时，则有 $e_1^{(4)*} \geq e_1^{(2)*}$，$e_2^{(4)*} \geq e_2^{(2)*}$，$U_m^{(4)*} \geq U_m^{(2)*}$，$U_p^{(4)*} \geq U_p^{(2)*}$，$U^{(1)*} > U^{(4)*} \geq U^{(2)*}$。

证明过程见附录 9 - C。

由定理 3 可知，收益共享契约可以提高制造商与物流服务提供商的物流智慧化改造水平及两者的效用，从而实现供应链的协调改进。但其适用范围为 $p_1\eta + Kd \geq p_2\eta + \beta + \theta(1+g)$，相比于成本分担契约 $p_1\eta + Kd \geq \frac{p_2\eta + \theta(1+g)}{2}$ 更小。

定理 4： $p_1\eta + Kd \geq p_2\eta + \beta + \theta(1+g)$ 条件下，$e_1^{(3)*} > e_1^{(4)*} > e_1^{(2)*}$，$e_2^{(3)*} >$

$e_2^{(4)*} > e_2^{(2)*}$，$U^{(1)*} > U^{(3)*} > U^{(4)*} > U^{(2)*}$。

证明过程见附录9－C。

从定理4可以看到，收益共享契约下，制造商与物流服务提供商的物流智慧化改造水平、供应链整体效用的协调效果都低于成本分担契约。其原因在于物流智慧化改造具有较大的成本，导致制造商分享的利润并不足够激励物流服务提供商提高物流智慧化改造的努力程度。这与 Cachon and Lariviere（2005）的研究相似，对于市场需求受零售商努力程度影响的供应链，如果努力成本较高，收益共享契约不能协调该供应链。而成本分担契约直接降低了物流服务提供商的改造成本，协调目的更为直接，从而激励物流服务提供商为了更高的利润和效用努力提高物流智慧化改造水平。而且收益共享契约并没有分享制造商的效用，导致分享的利润较低，不具有足够的激励作用。

9.3.2.5 成本分担－收益共享契约

以上研究发现，现有的成本分担契约和收益共享契约都不能实现供应链的最优协调。因此，本节提出一种新的成本分担－收益共享契约来实现供应链的协调改进。

在该契约中，制造商分担物流服务提供商的改造成本，但要求物流服务提供商降低其物流服务费用（只降低物流智慧化改造产生的需求部分服务费用，原有需求的服务费用不变）。即激励物流服务提供商改造积极性的同时，不伤害制造商本身的改造积极性，但可能造成制造商分担的成本小于提供商降低的总服务费用，使得物流服务提供商缺乏足够的激励。而且，由于制造商的新增效用 $K[e_1 + d(e_2 - e_1)]$ 与物流服务提供商的新增效用 $\theta[e_2 + g(e_2 - e_1)]$ 都希望 $e_2 > e_1$，以产生正向的支持作用，这就会要求物流服务提供商提高改造水平，从而可能导致物流服务提供商的收益小于成本。因此，在物流智慧化改造产生收益后，制造商会分享一部分收益给物流服务提供商，保证物流服务提供商效用不低于分散决策。

因此，在成本分担契约的基础上引入参数 $\varphi \in [0,1]$、$\lambda \in [0,1]$、$\xi \in [0,1]$，此时制造商和物流服务提供商的效用函数为

$$U_m^{(5)} = p_1 q_0 + (1 - \xi)\left[(p_1 + \lambda p_2)\eta(e_1 + e_2) - \frac{1}{2}\alpha e_1^2 - \frac{1}{2}(1 - \varphi)\beta \frac{e_2^2}{e_1}\right] + K[e_1 + d(e_2 - e_1)] \tag{9-32}$$

$$U_p^{(5)} = p_2q_0 + (1-\lambda)p_2\eta(e_1+e_2) + \theta[e_2 + g(e_2-e_1)] - \frac{1}{2}\varphi\beta\frac{e_2^2}{e_1} + \xi\left[(p_1+\lambda p_2)\eta(e_1+e_2) - \frac{1}{2}\alpha e_1^2 - \frac{1}{2}(1-\varphi)\beta\frac{e_2^2}{e_1}\right] \tag{9-33}$$

同样，可以依据逆序求解求得 $e_1^{(5)*}$，$e_2^{(5)*}$。为了达到集中决策的最优改造水平，可以令 $e_1^{(5)*}=e_1^{(1)*}$，$e_2^{(5)*}=e_2^{(1)*}$，求得

$$\lambda^* = \frac{M+\theta(1+g)A-2\theta g\beta}{M} - \frac{\xi}{1-\xi}\frac{2K(1-d)\beta+KdA}{M} \tag{9-34}$$

$$\varphi^* = 1 - \frac{p_1\eta + \lambda^* p_2\eta + \dfrac{Kd}{1-\xi}}{A} \tag{9-35}$$

其中，$M = p_2\eta[p\eta + Kd + \theta(1+g) + 2\beta]$，$A = p\eta + Kd + \theta(1+g)$。

此时，制造商和物流服务提供商的效用为

$$U_m^{(5)*} = p_1q_0 + (1-\xi)(U^{(1)*} - pq_0) \tag{9-36}$$

$$U_p^{(5)*} = p_2q_0 + \xi(U^{(1)*} - pq_0) \tag{9-37}$$

定理5：当 λ 满足式（9-34），φ 满足式（9-35）时，且 $\frac{U_p^{(2)*}-p_2q_0}{U^{(1)*}-pq_0} \leqslant \xi \leqslant 1-\frac{U_m^{(2)*}-p_1q_0}{U^{(1)*}-pq_0}$ 时，可以得知 $e_1^{(5)*}=e_1^{(1)*}$，$e_2^{(5)*}=e_2^{(1)*}$，$U_m^{(5)*} \geqslant U_m^{(2)*}$，$U_p^{(5)*} \geqslant U_p^{(2)*}$，$U^{(5)*}=U^{(1)*}$。

证明过程见附录9-D。

由定理5可知，在一定条件下，新提出的成本分担-收益共享契约可以协调制造商和物流服务提供商的物流智慧化改造水平使其达到最优，并使得供应链的整体效用达到集中决策的水平。但由式（9-36）、式（9-37）可知，制造商与物流服务提供商的效用取决于收益共享的比例，因此，双方的谈判能力与议价能力决定了两者的效用大小。这说明制造商分担物流服务提供商的一部分成本可以激励其提升物流智慧化改造的努力程度，而物流服务提供商降低其物流服务费用对制造商也实现了激励。但从式（9-36）、式（9-37）可以看到，当 $\xi=0$ 时，物流服务提供商的效用等于其最低利润约束 p_2q_0。说明由于制造商自身也需要提升物流智慧化改造水平，成本分担与服务费用的激励结果仍损害物流服务提供商的效用。因此，制造

商需要承诺物流服务提供商，在物流智慧化改造获得收益后，会分享一定比例的收益，以保证物流服务提供商的效用。

定理6：当且仅当ξ,β满足约束式（9－38）时，成本分担－收益共享契约可以实现供应链的最优协调。

证明过程见附录9－D。

$$\max\left\{\frac{U_p^{(2)*}-p_2q_0}{U^{(1)*}-pq_0},Z_1\right\}\leqslant\xi\leqslant\min\left\{1-\frac{U_m^{(2)*}-p_1q_0}{U^{(1)*}-pq_0},Z_2,Z_3\right\}\quad(9-38)$$

其中，$Z_1=\dfrac{\theta(1+g)A-2\theta g\beta}{2K(1-d)\beta+KdA+\theta(1+g)A-2\theta g\beta}$

$$Z_2=\frac{M+\theta(1+g)A-2\theta g\beta}{M+2K(1-d)\beta+KdA+\theta(1+g)A-2\theta g\beta},\quad Z_3=\frac{\theta(2g+1)}{K(2d-1)+\theta(2g+1)}$$

定理6是在制造商与物流服务提供商的效用不低于分散决策、λ与φ需要满足（0,1）约束两个条件共同作用下定义的。因此，在物流智慧化协同改造模型中，制造商需要科学地调整契约，保证成本分担比例$1-\varphi$、服务费用降低比例λ、收益共享系数ξ在合理的区间，从而激励双方提高改造水平，以实现供应链的最优协调。

9.4 供应链契约协调效果的数值模拟

在本章中，我们使用Matlab 2016a对上述集中决策、分散决策、成本分担契约、收益共享契约，以及新提出的成本分担－收益共享契约五个模型进行数值分析，对五个模型的改造水平与效用进行比较，验证已有定理及发现新的研究规律。

9.4.1 参数设置

我们的参数设置参考了Wang et al.（2016）对价格、成本的设定，同时依据本章模型的特点，参数设置如表9－3所示。由于q_0在每个模型中的贡献都是同样的，因此，我们假设其为0，以更好地观测制造商与物流服务提供商物流智慧化改造水平与效用随参数的变化情况。

表 9-3 数值模拟参数设置

参数	p_1	p_2	q_0	η	K	d	θ	g	α
取值	12	6	0	1.5	6	0.8	3	1	16

9.4.2 分散决策与集中决策的对比

由于物流服务提供商作为物流智慧化协同改造的跟随者，其改造成本系数β的大小决定了物流服务提供商的改造主动性，从而影响整个协调过程。因此，我们通过数值模拟来分析各个模型中的物流智慧化改造水平随物流提供商改造成本系数β增长的变化情况（见图 9-1）。

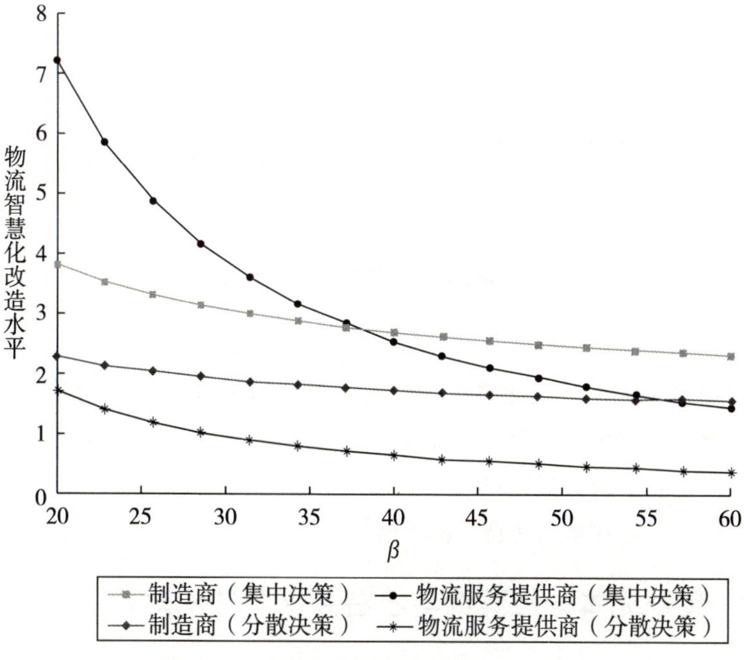

图 9-1 分散决策与集中决策下的 e_1，e_2

图 9-1 反映了分散决策与集中决策下，制造商与物流服务提供商的物流智慧化改造水平随物流服务提供商改造成本系数β增长的变化，即随着改造成本的增加，两者的物流智慧化改造水平都会降低。可以看出集中决策下两者的物流智慧化改造水平都优于分散决策。并且集中决策下物流服务提供商的物流智慧化改造水平相比分散决策有显著的提高，这说明两者的协同改造存在巨大的协调空间，可以通过合理的契约设置，激励物流服务提供商的改

造努力程度，从而对制造业的企业发展与物流服务提供商的市场效用产生积极的影响（见图9－2）。

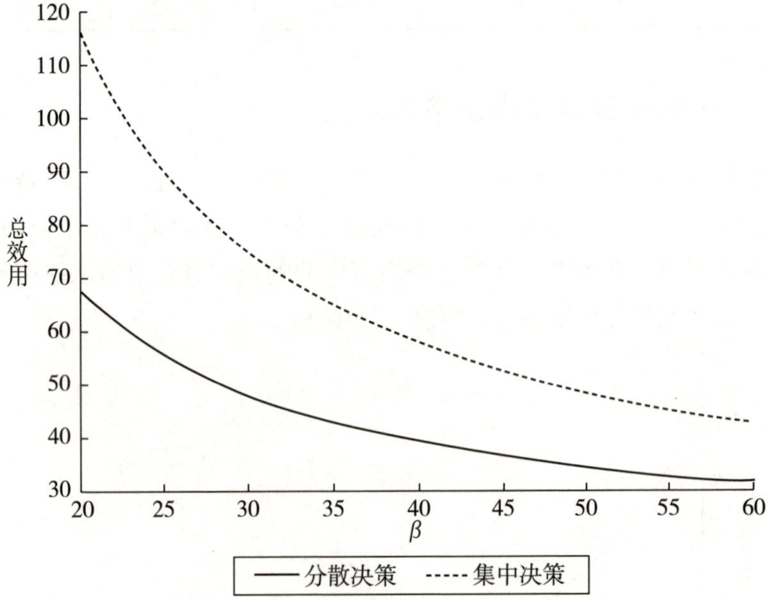

图9－2 分散决策与集中决策下的总体效用

图9－2反映了分散决策与集中决策下，供应链的总体效用随物流提供商改造成本系数β增长的变化情况，即随着物流服务提供商改造成本的增加，供应链的整体效用都会下降。可以看到，集中决策下，供应链的整体效用相比分散决策也有了较为显著的提高。因此，制造商与物流服务提供商的物流智慧化协同改造存在契约协调的必要性。

9.4.3 传统成本分担契约与收益共享契约的对比

本节将比较传统的成本分担契约与收益共享契约随物流服务提供商的改造成本系数β增长的变化情况。由于收益共享契约在$p_1\eta + Kd > p_2\eta + \beta + \theta(1+g)$条件下，才能实现供应链的协调，而成本分担契约在$p_1\eta + Kd \geqslant \dfrac{p_2\eta + \theta(1+g)}{2}$条件下即可实现协调。在本章的参数条件下，收益共享契约刚好不能实现供应链协调的临界条件$\beta = p_1\eta + Kd - p_2\eta - \theta(1+g) = 7.8$。因此，我们选择$\beta < 7.8$与$\beta > 7.8$两个范围，来对比传统成本分担契约与收益共享契约的协调效果。

我们设置$\beta=18$，来对比成本分担契约（CS）与收益共享契约（RS）的协调范围。

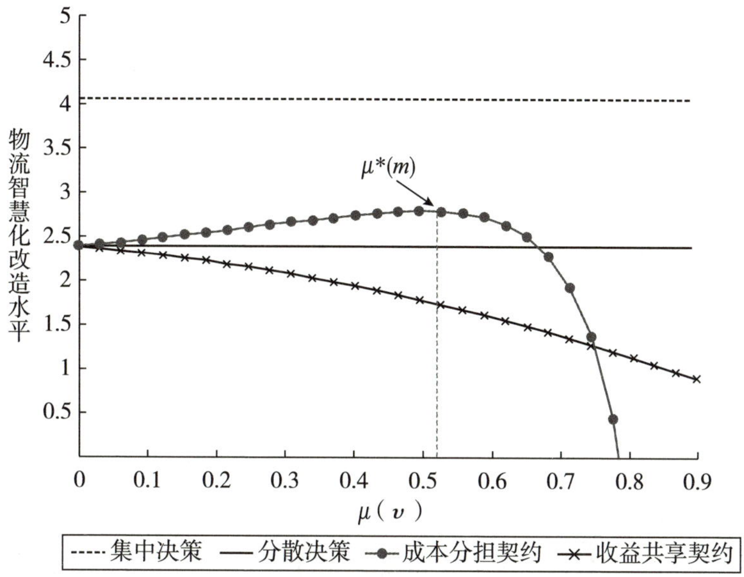

（a）制造商的改造水平 e_1

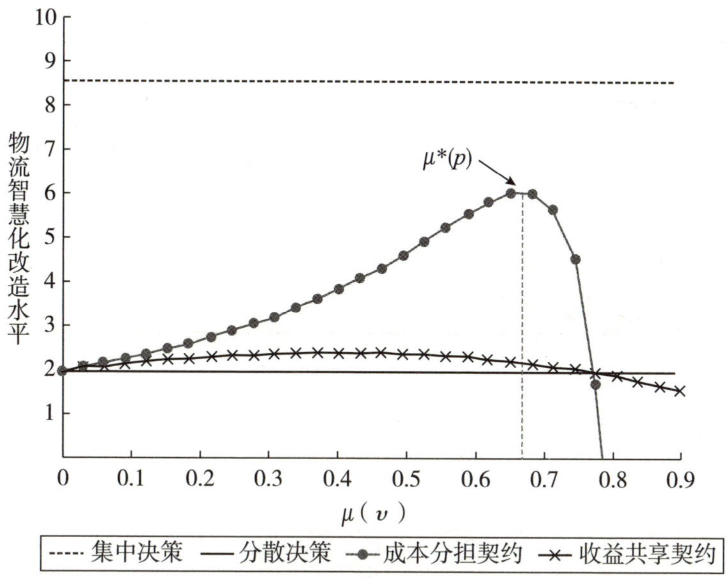

（b）物流服务提供商的改造水平 e_2

图9－3 CS与RS契约在$\beta=18$条件下μ（v）对e_1，e_2的影响

图9－3表示成本分担契约（收益共享契约）在$\beta=18$条件下，成本分担系数（收益共享系数）$\mu(\nu)$对制造商与物流服务提供商的改造水平e_1，e_2的影响。图9－4表示成本分担契约（收益共享契约）在$\beta=18$条件下，成本分担系数（收益共享系数）$\mu(\nu)$对制造商与物流服务提供商的效用的U_m、U_p的影响。

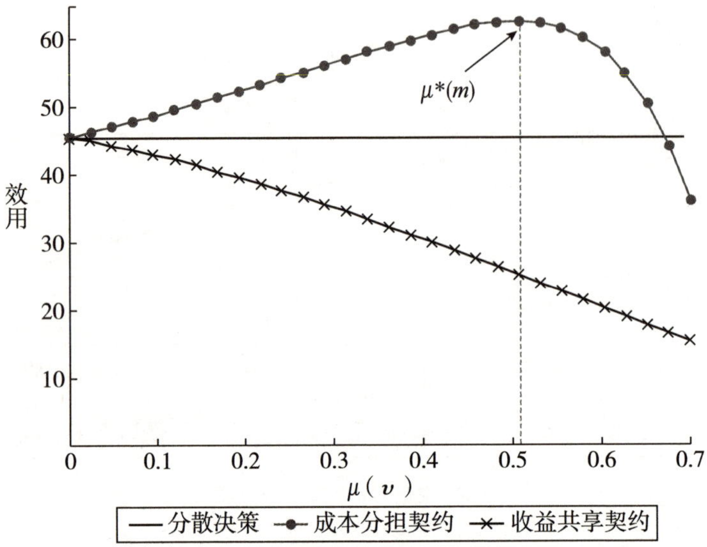

（a）制造商的效用U_m

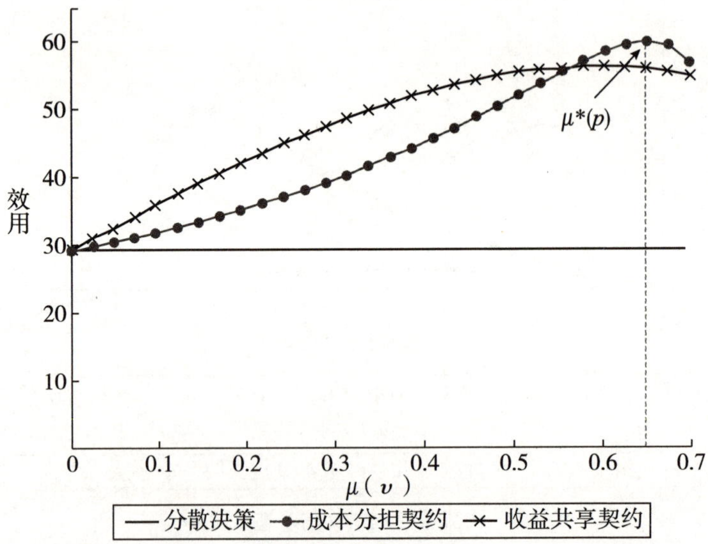

（b）物流服务提供商的效用U_p

图9－4　CS与RS契约在$\beta=18$条件下μ（ν）对U_m，U_p的影响

首先，我们从图 9－3（b）、图 9－4（b）可以看到收益共享契约虽然提高了物流服务提供商的改造水平与效用，但在图 9－3（a）、图 9－4（a）却降低了制造商的改造主动性。由于供应链的协调是双方的改造水平与效用都大于分散决策，所以在物流服务提供商的改造成本系数 β 较高时，不满足 $p_1\eta + Kd \geqslant p_2\eta + \beta + \theta(1+g)$，收益共享契约并不能实现供应链的协调。

其次，在 $\dfrac{2(p_1\eta + Kd) - p_2\eta - \theta(1+g)}{2(p_1\eta + Kd)} > \mu \geqslant 0$ 范围内，成本分担契约可以提高制造商与物流服务提供商的改造水平与效用，因此，成本分担契约可以实现供应链的协调。但我们从图 9－3（a）、图 9－4（a）可以看到，制造商的改造水平与效用在最优的成本分担系数 $\mu^*(m)$ 下达到最大值；从图 9－3（b）、图 9－4（b）可以看到，物流服务提供商的改造水平与效用在最优的成本分担系数 $\mu^*(p)$ 下达到最大值，且 $\mu^*(p) > \mu^*(m)$。这说明当成本分担系数 $\mu^*(p) > \mu > \mu^*(m)$ 时，成本分担系数的增加会降低制造商的改造积极性，从而降低制造商的改造水平与效用，但物流服务提供商的改造水平与效用会继续增加；当 $\mu > \mu^*(p)$ 时，物流服务提供商的改造水平与效用开始降低。

同时，我们将成本分担契约与收益共享契约在 $\beta = 18$ 条件下，供应链总体效用随成本分担系数（收益共享系数）$\mu(v)$ 增长的变化情况绘制为图 9－5。

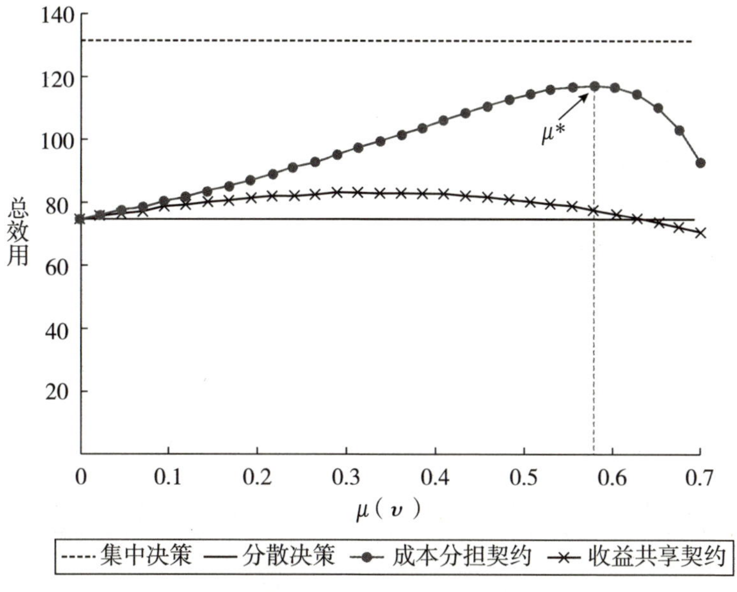

图 9－5　CS 与 RS 契约在 β＝18 条件下 μ（v）对总体效用 U 的影响

可以看到，成本分担契约与收益共享契约在 $\beta=18$ 条件下并没有达到集中决策的总体效用，并不能实现供应链的最优协调。但我们可以看到，成本分担契约下，当供应链整体效用取得最大值时，此时最优成本分担系数 $\mu^*(p)>\mu^*>\mu^*(m)$。这说明供应链整体效用最优时，制造商与物流服务提供商的改造水平与效用都不是最优水平。

为了对比两个契约的协调效果，我们设定 $\beta=3$，即两个契约都能实现供应链的协调，如图 9－6 和图 9－7 所示。

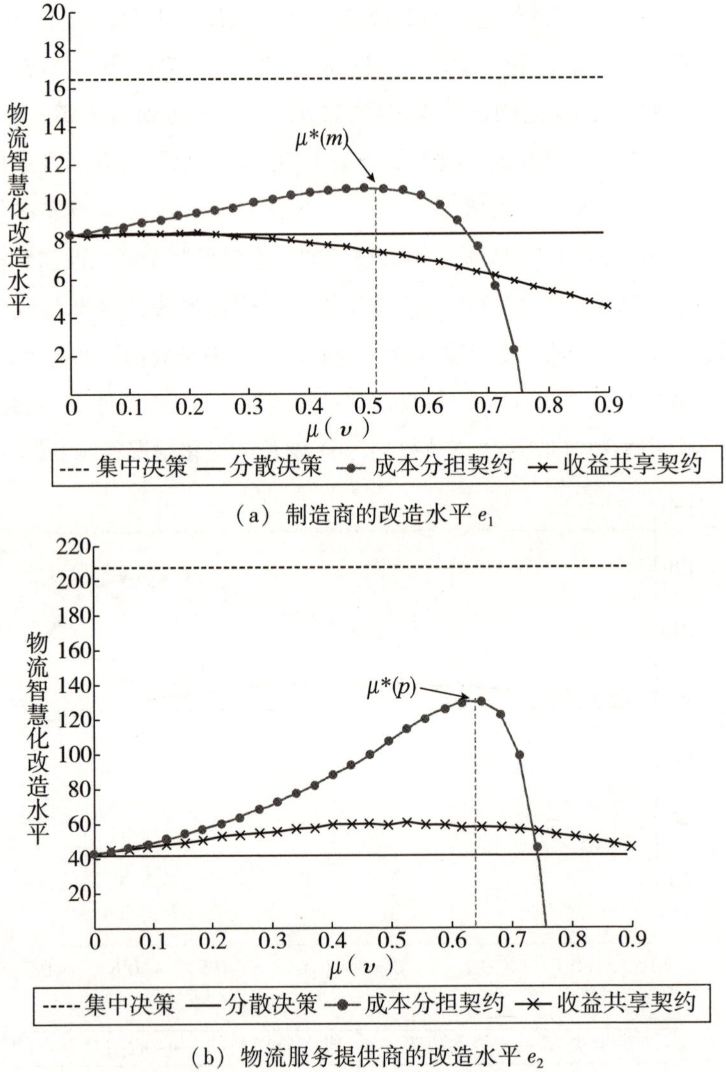

（a）制造商的改造水平 e_1

（b）物流服务提供商的改造水平 e_2

图 9－6　CS 与 RS 契约在 $\beta=3$ 条件下 μ（v）对 e_1，e_2 的影响

图9－6表示成本分担契约（收益共享契约）在$\beta = 3$条件下，成本分担系数（收益共享系数）$\mu(\nu)$对制造商与物流服务提供商的改造水平e_1，e_2的影响。图9－7表示成本分担契约（收益共享契约）在$\beta = 3$条件下，成本分担系数（收益共享系数）$\mu(\nu)$对制造商与物流服务提供商的效用U_m、U_p的影响。

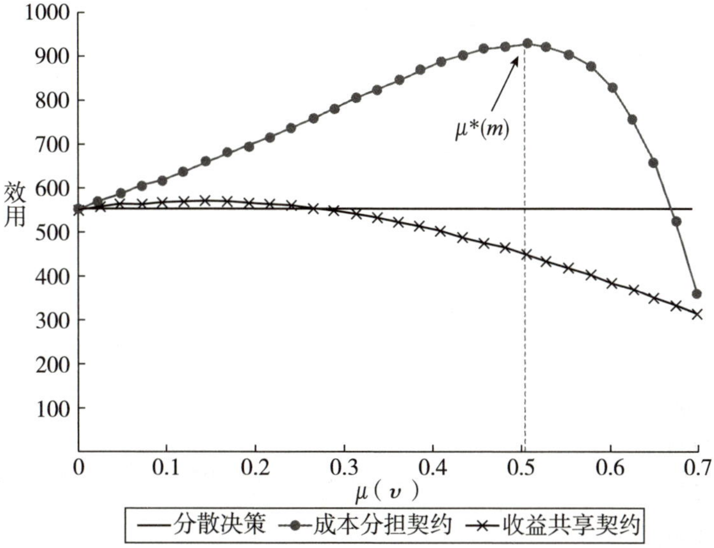

（a）制造商的效用U_m

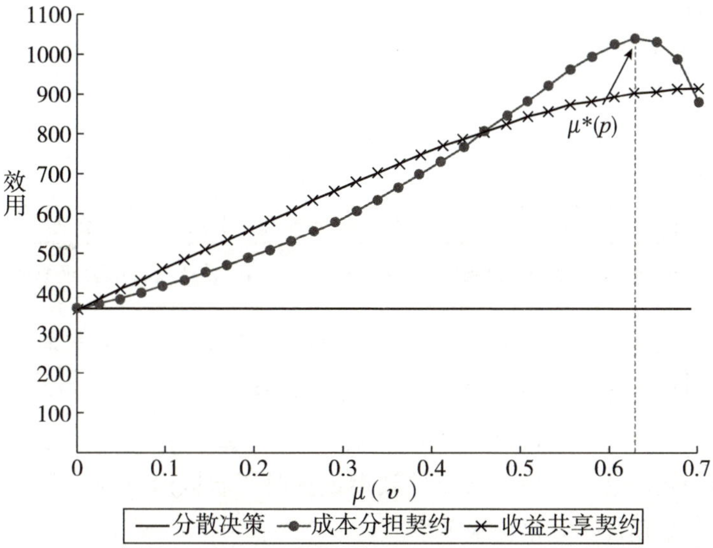

（b）物流服务提供商的效用U_p

图9－7　CS与RS契约在$\beta=3$条件下μ（υ）对U_m、U_p的影响

首先，我们可以看到，在一定条件下，收益共享契约与成本分担契约都可以提高制造商与物流服务提供商的物流智慧化改造水平与效用。但收益共享实现供应链协调的范围更小，即双方的改造水平与效用都增加的范围明显小于成本分担契约的协调范围。其次，在双方的改造水平与效用都增加的范围内，收益共享契约下的改造水平曲线总是低于成本分担契约下的改造水平曲线，说明收益共享契约的协调效果差于成本分担契约。

同样，我们将成本分担契约与收益共享契约在 $\beta = 3$ 条件下，供应链总体效用随成本分担系数（收益共享系数）$\mu(\nu)$ 增长的变化情况绘制如图 9－8 所示。

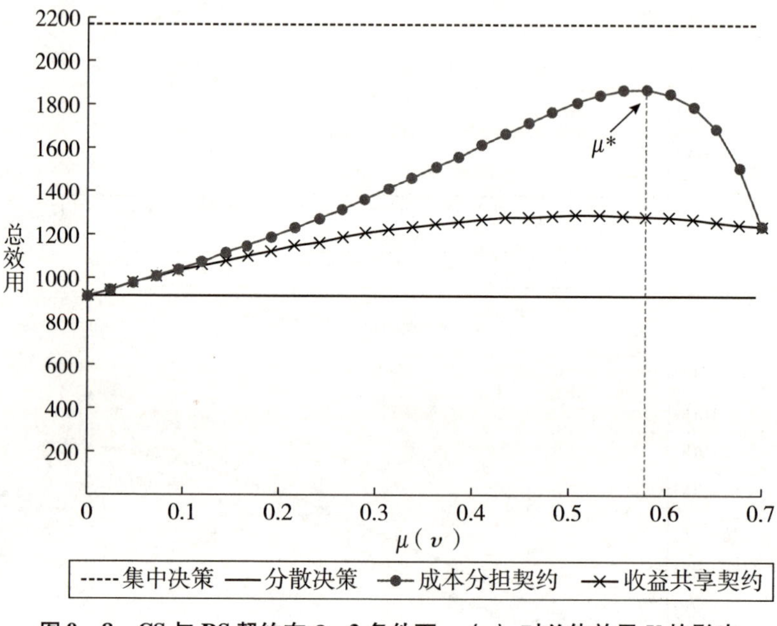

图 9－8　CS 与 RS 契约在 β =3 条件下 μ（v）对总体效用 U 的影响

可以看到在 $\beta = 3$ 条件下，成本分担契约与收益共享契约没有达到集中决策的总体效用。此外，我们可以看到，成本分担契约下，当供应链整体效用取得最大值时，此时最优成本分担系数 $\mu^*(p) > \mu^* > \mu^*(m)$，与 $\beta = 18$ 时的结论保持一致。这说明供应链整体效用最优时，制造商与物流服务提供商的改造水平与效用都不是最优水平。

我们将成本分担契约与收益共享契约的协调范围与 β 的关系绘制如图 9－9 所示。

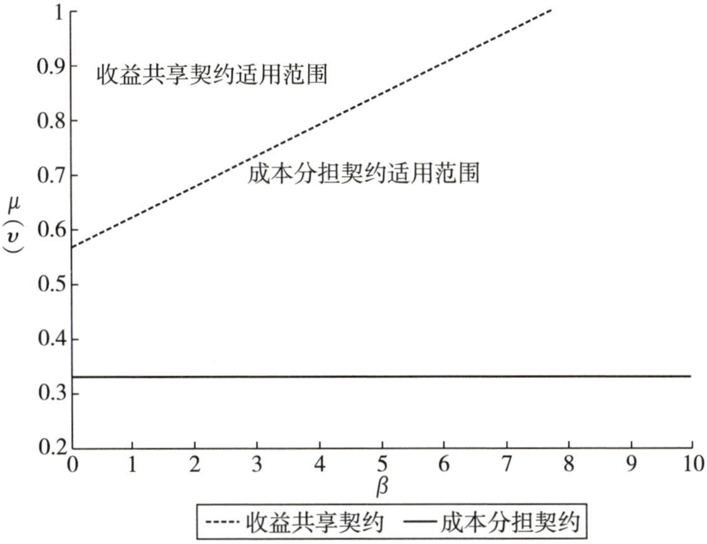

图 9－9　CS 与 RS 契约的适用范围

可以看到，成本分担契约的适用范围要明显大于收益共享契约的适用范围。

因此，以上论述可以证明我们得到的结论。收益共享契约在物流服务提供商的改造成本较高时，即 $\beta > p_1\eta + Kd - p_2\eta - \theta(1+g)$ 时，并不能实现供应链的协调，成本分担契约在 $\frac{2(p_1\eta + Kd) - p_2\eta - \theta(1+g)}{2(p_1\eta + Kd)} > \mu \geqslant 0$ 时可以实现供应链的协调，与 β 无关。同时，成本分担契约的协调效果总是优于收益共享契约。

9.4.4　成本分担－收益共享组合契约的适用范围

从定理 5 可以看到，我们提出的成本分担－收益共享契约可以实现供应链的最优协调，但需要满足一定的条件。因此，我们在本章的参数条件下，将成本分担－收益共享契约的适用范围绘制如图 9－10 所示。

图 9－10 反映了制造商与物流服务提供商在我们提出的成本分担－收益共享契约下，实现供应链最优协调的收益共享系数 ξ 与物流服务提供商改造成本系数 β 的范围。其中，实线为上限约束 $\min\left\{1-\frac{U_m^{(2)*}}{U^{(1)*}}, Z_2, Z_3\right\}$，虚线为下限约束 $\max\left\{\frac{U_p^{(2)*}}{U^{(1)*}}, Z_1\right\}$。图中的上限约束表示，制造商在成本分担－收益共

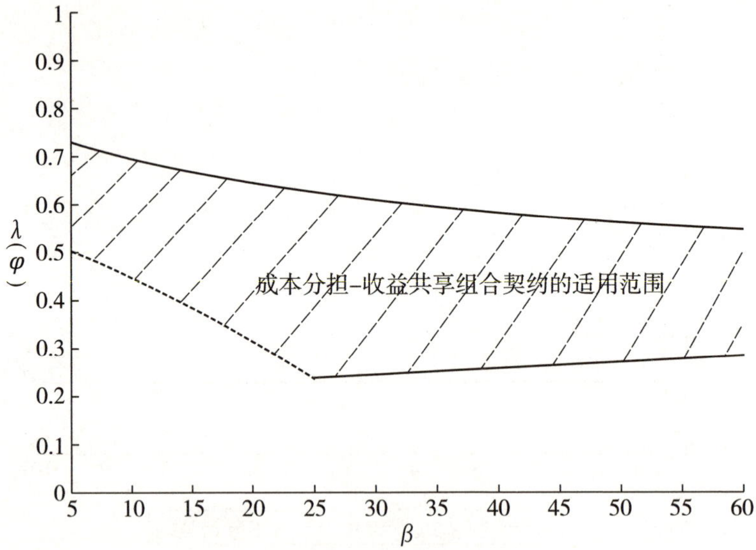

图 9-10　CS 与 RS 组合契约的适用范围

享契约下的效用大于分散决策时的 ξ 与 β 的参数组合；下限约束表示，物流服务提供商在成本分担-收益共享契约下的效用大于分散决策，以及服务费用降低比例 $\lambda<1$ 的条件下，ξ 与 β 的参数组合。

9.5　促进物流智慧化协同改造的建议

通过博弈模型分析，我们发现供应链契约在制造商与物流商的物流智慧化协同改造中发挥着重要作用，通过合理的契约设计，可以很好地处理两者的协同关系，实现对双方的共同激励，从而提高两者的物流智慧化改造水平与供应链的整体效用。因此，我们结合本章的研究内容提出几条促进两者物流智慧化协同改造的建议。

（1）在制造商与物流服务提供商的物流智慧化协同改造中，传统的成本分担契约与收益共享契约在一定条件下可以实现供应链的协调，提高双方改造水平的同时，提高双方的效用。而通过合理的参数设置，可以实现双方的协调改进。但在物流智慧化改造中，当物流企业具有较高的改造成本时，成本分担契约相比收益共享契约具有更好地协调效果与适用范围。这表示，制造商作为物流智慧化改造的主导者，应当利用其技术与资金优势，为物流服务提供商提供支持，降低物流服务提供商的改造压力，从而激励物流服务提供商努力提高改造水平，为双方带来积极的效用。

（2）当双方都需要进行物流智慧化改造，并考虑协同改造的影响关系时，传统的成本分担契约与收益共享契约都不能实现供应链的最优协调。这表示，主导者的成本分担或者收益共享在激励跟随者提高改造水平时，会降低自身的改造积极性，从而降低协调效果。因此，在物流智慧化协同改造中，主导者与跟随者之间应是相互支持、相互激励的。

（3）利用成本分担契约对物流智慧化协同改造进行协调过程中，当供应链整体效用最优时，制造商与物流服务提供商并没有取得最优水平。这说明了制造商与物流服务提供商单方面追求自身效用最优，都会损害供应链的整体效用。因此，制造商与物流服务提供商在商议成本分担契约时，不能只考虑自身的物流智慧化改造水平与效用最优化，应综合考虑双方的效用，合理设置成本分担系数，实现供应链整体效用的最大化。

（4）在物流智慧化协同改造的背景下，本章提出的成本分担－收益共享契约可以实现供应链的最优协调。一方面，制造商利用自身的资金和技术力量，帮助物流服务提供商进行物流智慧化改造，并分担提供商的一部分改造成本，激励提供商努力提高改造水平；另一方面，物流服务提供商提供更低费用的物流服务，作为制造商分担自身改造成本的回馈。但在提高改造水平的同时，制造商应提供一定的收益共享比例，来保证双方的效用也有所增加，从而建立长期、稳定、信任的合作关系，实现彼此的双赢。

附录 9－A

定理 1 证明：

$$e_1^{(1)*} = \frac{1}{\alpha}\left\{p\eta + K(1-d) - \theta g + \frac{[p\eta + Kd + \theta(1+g)]^2}{2\beta}\right\}$$

$$e_1^{(2)*} = \frac{1}{\alpha}\left\{p_1\eta + K(1-d) + \frac{(p_1\eta + Kd)[p_2\eta + \theta(1+g)]}{\beta}\right\}$$

$$\Delta e_1 = e_1^{(1)*} - e_1^{(2)*} = \frac{1}{\alpha}\left\{p_2\eta - \theta g + \frac{(p_1\eta + Kd)^2 + [p_2\eta + \theta(1+g)]^2}{2\beta}\right\}$$

$$U^{(1)*} = pq_0 + \frac{1}{2}\alpha\,(e_1^{(1)*})^2 = pq_0 + \frac{1}{2}\alpha\,(e_1^{(2)*} + \Delta e_1)^2$$

$$U^{(2)*} = pq_0 + \frac{1}{2}\Big\{p_1\eta + K(1-d) + 2p_2\eta - 2\theta g + \frac{[p\eta + Kd + \theta(1+g)][p_2\eta + \theta(1+g)]}{\beta}\Big\}e_1^{(2)*}$$

$$= pq_0 + \frac{1}{2}\Big\{\alpha e_1^{(2)*} + 2p_2\eta - 2\theta g + \frac{[p_2\eta + \theta(1+g)]^2}{\beta}\Big\}e_1^{(2)*}$$

$$\because U^{(1)*} - U^{(2)*} = \frac{1}{2}\alpha(e_1^{(2)*} + \Delta e_1)^2 - \frac{1}{2}\Big\{\alpha e_1^{(2)*} + 2p_2\eta - 2\theta g + \frac{[p_2\eta + \theta(1+g)]^2}{\beta}\Big\}e_1^{(2)*} = \alpha e_1^{(2)*}\Delta e_1 + \frac{1}{2}\alpha(\Delta e_1)^2 - \frac{1}{2}\Big\{2p_2\eta - 2\theta g + \frac{[p_2\eta + \theta(1+g)]^2}{\beta}\Big\}e_1^{(2)*}$$

$$= \frac{1}{2}\alpha(\Delta e_1)^2 + \frac{(p_1\eta + Kd)^2}{2\beta}e_1^{(2)*} > 0$$

$$\therefore U^{(1)*} > U^{(2)*}$$

$$e_2^{(1)*} = e_1^{(1)*}\frac{p\eta + Kd + \theta(1+g)}{\beta}$$

$$e_2^{(2)*} = e_1^{(2)*}\frac{p_2\eta + \theta(1+g)}{\beta}$$

当 $p_2\eta - \theta g + \dfrac{(p_1\eta + Kd)^2 + [p_2\eta + \theta(1+g)]^2}{2\beta} > 0$，则 $e_1^{(1)*} > e_1^{(2)*}$；

$$\because \frac{p\eta + Kd + \theta(1+g)}{\beta} > \frac{p_2\eta + \theta(1+g)}{\beta}$$

$$\therefore e_2^{(1)*} > e_2^{(2)*}$$

附录 9 – B

定理 2 证明：

$$e_1^{(3)*} = e_1^{(2)*} + \frac{\left(\frac{1}{1-\mu} - 1\right)[p_2\eta + \theta(1+g)]\left[p_1\eta + Kd - \frac{p_2\eta + \theta(1+g)}{2(1-\mu)}\right]}{\alpha\beta}$$

$$e_2^{(3)*} = e_1^{(3)*}\frac{p_2\eta + \theta(1+g)}{(1-\mu)\beta}$$

$$U_m^{(3)*} = p_1q_0 + \frac{1}{2}\alpha\,(e_1^{(3)*})^2$$

$$U_p^{(3)*}=p_2q_0+\left\{p_2\eta-\theta g+\frac{1}{2}\frac{[p_2\eta+\theta(1+g)]^2}{(1-\mu)\beta}\right\}e_1^{(3)*}$$

当 $p_1\eta+Kd-\frac{p_2\eta+\theta(1+g)}{2(1-\mu)}>0$ 且 $1>\mu\geqslant 0$，

即 $\max\left\{\frac{2(p_1\eta+Kd)-p_2\eta-\theta(1+g)}{2(p_1\eta+Kd)},0\right\}>\mu\geqslant 0$，

$$\because e_1^{(3)*}-e_1^{(2)*}=\frac{\left(\frac{1}{1-\mu}-1\right)[p_2\eta+\theta(1+g)]\left[p_1\eta+Kd-\frac{p_2\eta+\theta(1+g)}{2(1-\mu)}\right]}{\alpha\beta}\geqslant 0$$

$\therefore e_1^{(3)*}\geqslant e_1^{(2)*}$，

$$U_m^{(3)*}-U_m^{(2)*}=\frac{1}{2}\alpha(e_1^{(3)*})^2-\frac{1}{2}\alpha(e_1^{(2)*})^2\geqslant 0$$

由上可知 $U^{(3)*}-U^{(2)*}=U_m^{(3)*}-U_m^{(2)*}+U_p^{(3)*}-U_p^{(2)*}\geqslant 0$

所以 $U^{(3)*}-U^{(2)*}\geqslant 0$

其中在 $p_1\eta+Kd\geqslant\frac{p_2\eta+\theta(1+g)}{2}$ 条件下，$U^{(1)*}-U^{(3)*}>0$

$$\because \frac{p_2\eta+\theta(1+g)}{(1-\mu)\beta}\geqslant\frac{p_2\eta+\theta(1+g)}{\beta}$$

$$\therefore e_2^{(3)*}-e_2^{(2)*}=e_1^{(3)*}\frac{p_2\eta+\theta(1+g)}{(1-\mu)\beta}-e_1^{(2)*}\frac{p_2\eta+\theta(1+g)}{\beta}\geqslant 0$$

$$U_p^{(3)*}-U_p^{(2)*}=\left\{p_2\eta-\theta g+\frac{1}{2}\frac{[p_2\eta+\theta(1+g)]^2}{(1-\mu)\beta}\right\}e_1^{(3)*}-\left\{p_2\eta-\theta g+\frac{1}{2}\frac{[p_2\eta+\theta(1+g)]^2}{\beta}\right\}e_1^{(2)*}\geqslant 0$$

$$e_1^{(3)*}=e_1^{(2)*}+\frac{\left(\frac{1}{1-\mu}-1\right)[p_2\eta+\theta(1+g)]\left[p_1\eta+Kd-\frac{p_2\eta+\theta(1+g)}{2(1-\mu)}\right]}{\alpha\beta}$$

假设 $t=\frac{1}{1-\mu}$

$$e_1^{(3)*}=-\frac{(t-1)[p_2\eta+\theta(1+g)]\left[p_1\eta+Kd-\frac{p_2\eta+\theta(1+g)}{2}t\right]}{\alpha\beta}$$

$$=-\frac{[p_2\eta+\theta(1+g)]^2}{2}t^2+\left(p_1\eta+Kd+\frac{1}{2}\right)[p_2\eta+\theta(1+g)]t-(p_1\eta+Kd)+e_1^{(2)*}$$

$\therefore$ $e_1^{(3)*}$ 与 $t=\dfrac{1}{1-\mu}$ 成二次函数关系，

$\therefore$ $\exists t^*=\dfrac{1}{1-\mu^*}$，当 $t<t^*$，$e_1^{(3)*}$ 随着 t 的增加而增加；当 $t>t^*$，$e_1^{(3)*}$ 随着 t 的增加而减少。

又 $\because$ μ 随着 t 的增加而增加，μ 随着 t 的减少而减少。

$\therefore$ $\exists\mu^*$，当 $\mu<\mu^*$，$e_1^{(3)*}$ 随着 μ 的增加而增加；当 $\mu>\mu^*$，$e_1^{(3)*}$ 随着 μ 的增加而减少，当 $\mu=\mu^*$，$e_1^{(3)*}$ 取得最大值。

附录 9-C

定理 3 证明：

$$e_1^{(4)*}=e_1^{(2)*}+\frac{\nu p_1\eta[(1-\nu)p_1\eta+Kd-p_2\eta-\theta(1+g)-\beta]}{\alpha\beta}$$

$$e_2^{(4)*}=e_1^{(4)*}\frac{\nu p_1\eta+p_2\eta+\theta(1+g)}{\beta}$$

$$U_m^{(4)*}=p_1q_0+\frac{1}{2}\alpha\left(e_1^{(4)*}\right)^2$$

$$U_p^{(4)*}=p_2q_0+\left\{(\nu p_1+p_2)\eta-\theta g+\frac{1}{2}\frac{[(\nu p_1+p_2)\eta+\theta(1+g)]^2}{\beta}\right\}e_1^{(4)*}$$

当 $(1-\nu)p_1\eta+Kd-p_2\eta-\theta(1+g)-\beta$ 且 $1>\nu\geqslant0$，

即 $\max\left\{\dfrac{p_1\eta+Kd-p_2\eta-\beta-\theta(1+g)}{p_1\eta},0\right\}>\nu\geqslant0$，

$$e_1^{(4)*}-e_1^{(2)*}=\frac{\nu p_1\eta[(1-\nu)p_1\eta+Kd-p_2\eta-\theta(1+g)-\beta]}{\alpha\beta}\geqslant0$$

$\therefore$ $e_1^{(4)*}\geqslant e_1^{(2)*}$

$$U_m^{(4)*}-U_m^{(2)*}=\frac{1}{2}\alpha\left(e_1^{(4)*}\right)^2-\frac{1}{2}\alpha\left(e_1^{(2)*}\right)^2\geqslant0$$

$\because$ $(\nu p_1+p_2)\eta\geqslant p_2\eta$

$$\therefore e_2^{(4)*}-e_2^{(2)*}=e_1^{(4)*}\frac{\nu p_1\eta+p_2\eta+\theta(1+g)}{\beta}-e_1^{(2)*}\frac{p_2\eta+\theta(1+g)}{\beta}\geqslant0$$

$$U_p^{(4)*}-U_p^{(2)*}=\left\{(\nu p_1+p_2)\eta-\theta g+\frac{1}{2}\frac{[(\nu p_1+p_2)\eta+\theta(1+g)]^2}{\beta}\right\}e_1^{(4)*}$$
$$-\left\{p_2\eta-\theta g+\frac{1}{2}\frac{[p_2\eta+\theta(1+g)]^2}{\beta}\right\}e_1^{(2)*}\geqslant0$$

由上可知 $U^{(4)*}-U^{(2)*}=U_m^{(4)*}-U_m^{(2)*}+U_p^{(4)*}-U_p^{(2)*}\geqslant 0$

所以 $U^{(4)*}-U^{(2)*}\geqslant 0$

其中在 $p_1\eta+Kd\geqslant p_2\eta+\beta+\theta(1+g)$ 条件下，$U^{(1)*}-U^{(4)*}>0$。

定理4证明：

求得使 $e_1^{(3)*}$ 最优时的 μ^*，及对应的智慧物流改造水平 $e_1^{(3)*}\big|_{\mu^*}$，$e_2^{(3)*}\big|_{\mu^*}$ 为

$$\mu^*=1-\frac{p_2\eta+\theta(1+g)}{p_1\eta+Kd+\dfrac{p_2\eta+\theta(1+g)}{2}}$$

$$e_1^{(3)*}\big|_{\mu^*}=e_1^{(2)*}+\frac{\left[p_1\eta+Kd-\dfrac{p_2\eta+\theta(1+g)}{2}\right]^2}{2\alpha\beta}\neq e_1^{(1)*}$$

$$e_2^{(3)*}\big|_{\mu^*}=e_1^{(3)*}\frac{p_1\eta+Kd+\dfrac{p_2\eta+\theta(1+g)}{2}}{\beta}\neq e_2^{(1)*}$$

求得使 $e_1^{(4)*}$ 最优时的 ν^*，及对应的智慧物流改造水平 $e_1^{(4)*}\big|_{\nu^*}$，$e_2^{(4)*}\big|_{\nu^*}$ 为

$$\nu^*=\frac{p_1\eta+Kd-p_2\eta-\theta(1+g)-\beta}{2p_1\eta}$$

$$e_1^{(4)*}\big|_{\nu^*}=e_1^{(2)*}+\frac{[p_1\eta+Kd-p_2\eta-\theta(1+g)-\beta]^2}{4\alpha\beta}$$

$$e_2^{(4)*}\big|_{\nu^*}=e_1^{(4)*}\frac{p\eta+Kd+\theta(1+g)-\beta}{2\beta}$$

因为 $e_1^{(3)*}\big|_{\mu^*}-e_1^{(4)*}\big|_{\nu^*}=\dfrac{\left[p_1\eta+Kd-\dfrac{p_2\eta+\theta(1+g)}{2}\right]^2}{2\alpha\beta}-\dfrac{[p_1\eta+Kd-p_2\eta-\theta(1+g)-\beta]^2}{4\alpha\beta}$

$$=\frac{[p_1\eta+Kd-p_2\eta-\theta(1+g)-\beta][p_1\eta+Kd+p_2\eta+\theta(1+g)+\beta]+\left[\dfrac{p_2\eta+\theta(1+g)}{2}\right]^2}{4\alpha\beta}$$

所以，当 $p_1\eta+Kd\geqslant p_2\eta+\beta+\theta(1+g)$，则

$$e_1^{(3)*}\big|_{\mu^*}>e_1^{(4)*}\big|_{\nu^*}$$

因为 $\dfrac{p_1\eta+Kd+\dfrac{p_2\eta+\theta(1+g)}{2}}{\beta}-\dfrac{p\eta+Kd+\theta(1+g)-\beta}{2\beta}=\dfrac{p_1\eta+Kd+\beta}{2\beta}>0$，

所以 $e_2^{(3)*}\big|_{\mu^*} > e_2^{(4)*}\big|_{\nu^*}$。

此外，在 $p_1\eta + Kd \geqslant p_2\eta + \beta + \theta(1+g)$ 条件下，$U^{(3)*} - U^{(4)*} > 0$。

附录9－D

定理5证明：

令 $e_1^{(5)*} = e_1^{(1)*}$，$e_2^{(5)*} = e_2^{(1)*}$，求得

$$\lambda^* = \frac{M + \theta(1+g)A - 2\theta g\beta}{M} - \frac{\xi}{1-\xi}\frac{2K(1-d)\beta + KdA}{M}$$

$$\varphi^* = 1 - \frac{p_1\eta + \lambda^* p_2\eta + \dfrac{Kd}{1-\xi}}{A}$$

$$M = p_2\eta[p\eta + Kd + \theta(1+g) + 2\beta]$$

$$A = p\eta + Kd + \theta(1+g)$$

$$\begin{aligned}
\therefore U^{(5)*} &= p[q_0 + \eta(e_1^{(5)*} + e_2^{(5)*})] + K[e_1^{(5)*} + d(e_2^{(5)*} - e_1^{(5)*})] + \\
&\quad \theta[e_2^{(5)*} + g(e_2^{(5)*} - e_1^{(5)*})] - \frac{1}{2}\alpha(e_1^{(5)*})^2 - \frac{1}{2}\frac{\beta}{e_1^{(5)*}}(e_2^{(5)*})^2 \\
&= p[q_0 + \eta(e_1^{(1)*} + e_2^{(1)*})] + K[e_1^{(1)*} + d(e_2^{(1)*} - e_1^{(1)*})] + \\
&\quad \theta[e_2^{(5)*} + g(e_2^{(1)*} - e_1^{(1)*})] - \frac{1}{2}\alpha(e_1^{(1)*})^2 - \frac{1}{2}\frac{\beta}{e_1^{(1)*}}(e_2^{(1)*})^2 \\
&= U^{(1)*}
\end{aligned}$$

$$U_m^{(5)*} = p_1q_0 + (1-\xi)(U^{(1)*} - pq_0)$$

$$U_p^{(5)*} = p_2q_0 + \xi(U^{(1)*} - pq_0)$$

当 $\dfrac{U_p^{(2)*} - p_2q_0}{U^{(1)*} - pq_0} \leqslant \xi \leqslant 1 - \dfrac{U_m^{(2)*} - p_1q_0}{U^{(1)*} - pq_0}$，则

$$U^{(1)*} - U_p^{(2)*} \geqslant U_m^{(5)*} = p_1q_0 + (1-\xi)(U^{(1)*} - pq_0) \geqslant U_m^{(2)*}$$

$$U^{(1)*} - U_m^{(2)*} \geqslant U_p^{(5)*} = p_2q_0 + \xi(U^{(1)*} - pq_0) \geqslant U_p^{(2)*}$$

定理6证明：

$$\lambda^* = \frac{M + \theta(1+g)A - 2\theta g\beta}{M} - \frac{\xi}{1-\xi}\frac{2K(1-d)\beta + KdA}{M}$$

当 $\lambda^* \geqslant 0$，则

$$\frac{M + \theta(1+g)A - 2\theta g\beta}{M} - \frac{\xi}{1-\xi}\frac{2K(1-d)\beta + KdA}{M} \geqslant 0$$

$$\xi \leqslant Z_2 = \frac{M + \theta(1+g)A - 2\theta g\beta}{M + 2K(1-d)\beta + KdA + \theta(1+g)A - 2\theta g\beta}$$

当 $\lambda^* \leqslant 1$,则

$$\frac{M + \theta(1+g)A - 2\theta g\beta}{M} - \frac{\xi}{1-\xi}\frac{2K(1-d)\beta + KdA}{M} \leqslant 1$$

$$\xi \geqslant Z_1 = \frac{\theta(1+g)A - 2\theta g\beta}{2K(1-d)\beta + KdA + \theta(1+g)A - 2\theta g\beta}$$

$$\varphi^* = 1 - \frac{p_1\eta + \lambda^* p_2\eta + \frac{Kd}{1-\xi}}{A}$$

$$\because \frac{p_1\eta + \lambda^* p_2\eta + \frac{Kd}{1-\xi}}{A} > 0$$

$$\therefore \varphi^* < 1$$

当 $\varphi^* \geqslant 0$,则

$$\xi \leqslant Z_3 = \frac{\theta(2g+1)}{K(2d-1) + \theta(2g+1)}$$

$$\therefore \max\left\{\frac{U_p^{(2)*} - p_2 q_0}{U^{(1)*} - p q_0}, Z_1\right\} \leqslant \xi \leqslant \min\left\{1 - \frac{U_m^{(2)*} - p_1 q_0}{U^{(1)*} - p q_0}, Z_2, Z_3\right\}$$

10 电商智能供应链中考虑数据共享与平台赋能的智慧物流生态合作研究

10.1 电商供应链中智慧物流生态合作

随着信息技术如互联网技术的飞速发展，各种在线购物平台，例如亚马逊（Amazon）、阿里巴巴和京东，依据其强大的信息交互和信息处理能力，大大降低了用户的购物成本并改善了用户的购物体验，电子商务在人们的日常活动中发挥着越来越重要的作用（Marco，2016）。与此同时，海量用户数据的不断增加，以及行业的激烈竞争使得有效、经济的信息技术不断被电子商务公司追寻（Laudon and Traver，2010）。例如，近年来，基于机器学习的人工智能（AI）技术由于其自我学习等智慧特征被广泛应用，京东的无界零售和阿里巴巴的盒马鲜生便是将 AI 分析整合应用到零售当中（China daily，2020）。作为电子商务中的重要一环，物流服务提供商由于电子商务的发展受到了许多技术方面的压力和挑战，为此各种类型平台，如电子商务平台（Wei，2020）、物流平台（周文辉等，2018），常常会通过技术赋能行为帮助合作伙伴更好地掌握 AI 等先进技术，即通过技术赋能行为帮助合作伙伴更好地掌握 AI 等先进技术，从而为客户提供高质量服务，本章将关注电子商务智能供应链中物流平台的技术赋能情况。

电子商务的快速发展颠覆了物流行业的运作模式，电子商务对 AI 等技术的强调使得智慧物流不断兴起，越来越多的企业开始重视智慧物流体系建设，例如，电商巨头阿里巴巴旗下的菜鸟网络、电商巨头京东旗下的京东物流等都是典型的代表。在智慧物流发展过程中，许多利益相关的企业，在高度复杂和分散的物流市场中进行合作和竞争，形成了“智慧物流生态链”。智慧物流生态链是以数据共享、信用机制、物联网技术为支撑，以平台运营中心为核心，由供给企业生态群、生态运营商、需求企业生态群组成的链状结构

（Ji，2008；Chen and Xu，2011）。其中，供给企业生态群通常是平台上的各类功能型物流服务提供商（简称提供商），需求企业生态群是平台上的各类客户，生态运营商则是从事平台管理的运营企业（简称为“平台”）。智慧物流生态链中的合作相比传统合作有以下两大特征：一方面，生态合作下的数据是共享的，而传统合作相对封闭（Ji，2008）；另一方面，生态合作强调利益相关者之间的共同演化与价值共创（Romero and Molina，2011），这个过程是一个动态演变过程，并且双方合作时会有资源的互换，通常表现为平台企业会给提供商提供技术赋能（如AI技术支持），提高提供商的技术水平，从而获得更多的客户需求（周文辉等，2018），而提供商则会将服务信息分享给平台企业，帮助平台更好地开展技术赋能服务。与之相比，传统合作更倾向于一种纯粹的买卖关系，平台不会给提供商提供技术赋能的服务。正因如此，数据共享和平台技术赋能已成为电商智能供应链中智慧企业关注的热点问题。

然而，在构建智慧物流生态链的过程中，许多提供商出于自身数据保护的需要，并不是所有提供商都愿意与平台开展生态合作的，也有一些平台缺乏与提供商开展生态合作的动机。例如，日日顺物流平台的物流服务提供商往往只愿意按照日日顺平台的要求，提供合同相关业务的数据，对于其他方面的数据不会共享，这在一定程度会限制双方合作的深度，不利于平台整合功能的充分发挥。显然，从现实观察来看，平台与提供商在开展合作时都存在两种选择，一种是生态合作，另一种是普通合作（即非生态合作）。因此，在智慧物流生态链中，平台和提供商什么情况选择生态合作、什么情况选择非生态合作是一个十分值得研究的问题。

此外，相比传统合作，生态合作强调利益相关者之间的协同演变与价值共创（Romero and Molina，2011），因此，智慧物流生态链合作属于一个重复博弈的动态过程。本章将使用与时间相关的可以有效刻画博弈主体学习机制和演化策略的演化博弈理论，对智慧物流生态链研究中关于数据共享和平台赋能的生态合作问题进行刻画。并从三个问题入手，详细介绍电商供应链中平台与提供商的生态合作如何有效开展。

（1）智慧物流平台及其提供商进行生态合作的前提条件是什么？

（2）智慧物流平台及其提供商获得博弈的稳态情况的前提条件是什么？

（3）智慧物流平台是否能够调节某些参数，使得双方从非生态合作的状态转换为生态合作的状态？

10.2 电商供应链智慧物流生态合作的关键问题

10.2.1 物流平台与物流提供商生态合作的实践问题

对于智慧物流平台而言，互联网技术的发展使得它们拥有能够定期收集客户信息的“大数据”（Choe et al.，2018），与提供商相比，平台更善于预测市场需求（Zhang and Zhang，2020）。选择生态合作时，平台会与合作企业实时共享许多信息（比如需求信息）；与此同时，智慧物流平台还会利用自身拥有的各类技术（如大数据技术、AI 技术）对生态合作企业提供技术支持，即平台的赋能行为。赋能行为越来越被各大智慧物流平台所强调，例如菜鸟网络、京东物流等，成为智慧物流生态链的核心竞争力之一。以菜鸟网络为例，菜鸟网络与圆通速递构建了生态合作伙伴关系，菜鸟网络常常为圆通速递进行技术赋能，如 2018 年菜鸟网络与圆通速递合作建设超级机器人分拨中心，2019 年又与圆通速递等公司合作建设 5G 分拨中心（Yiou，2019）。选择非生态合作时，平台与提供商之间只是一般的业务合作关系。例如，菜鸟网络与日日顺物流常常进行一般性业务合作，菜鸟网络将大件商品的物流运输委托给日日顺物流，但不会进行深入技术赋能。

智慧物流提供商方面，提供商常常选择普通合作而不选择生态合作是智慧物流生态合作进程中的瓶颈问题。对于提供商而言，生态合作下额外数据的共享会带来风险，比如商业机密的泄露风险，并且提供商往往处于弱势方，共享带来的收益存在较大的不确定性（Qi and Zhang，2008），这使得部分提供商不会选择生态合作。

从上述看来，在智慧物流生态链中，物流平台与提供商都存在生态合作与非生态合作的选择。具体什么情况下选择生态合作，什么情况选择非生态合作，是一个十分值得研究和探讨的问题。

10.2.2 电商供应链管理及赋能合作理论研究的不足

电子商务产生于经济价值创造和信息技术的融合，在电商智能供应链中应用智能系统技术和方法面临着许多挑战和机遇（Akkermans，2001）。一直以来许多学者做了大量研究，Thiel et al.（2003）设计了智能电子商务中基于代理的用于企业对客户的应用程序界面，Zeng（2009）则发现了产品推荐时信息过载的问题，设计了基于 Web 挖掘的推荐系统。随着 AI 技术的不断发展，AI 技术在电商智能供应链中的应用越来越普遍，Turban et al.（2018）对智能电子商务系统中的 AI 知识、AI 应用程序等进行了专题介绍。智能电商物流作为电商智能供应链的关键环节，近年来受到广泛关注，Leung et al.（2018）关注于物流服务提供商（LSP）如何高效地处理外包中的电子商务物流订单问题，并重新设计了配送中心的电子商务订单的履行过程。Barenji et al.（2019）则提出了一种基于混合代理的电子商务物流园区（EcLP）运输调度和同步的方法，并且进行了系统的案例研究，然而这些智能电商物流的研究问题多集中于企业内部的技术应用问题，较少关注物流企业的生态合作问题，比如平台型企业对合作伙伴的技术赋能行为（Wei，2020）。此外，物流生态链也得到广泛的关注，如物流平台与客户之间的关系演化（Sharma and Choudhury，2014）、共生合作过程中的相互作用和协同效应（Suh and Kim，2015）、物流生态链管理与技术（TEECE，2018；Pujo and Ounnar，2018）。然而，当前研究缺乏对智慧物流生态合作中相关行为的探讨，多为定性研究。

现有赋能研究主要有两个视角：一是员工赋能。员工赋能强调如何通过权力的下放提高员工的主动性，基于权力的心理体验是员工赋权感受的基础（Menon，2001），如 Spreitzer（1995）剖析了车间的员工心理赋权，使用结构方程模型验证了四个赋权维度的聚合效度和区分效度，并分析了其对心理赋权总体构建的贡献。Boudrias（2009）则探讨主管授权管理实务（SEMP）、员工心理授权（PE）与员工行为授权（BE）之间的关系。二是顾客赋能。随着信息技术如互联网技术的发展，顾客赋能越来越被强调（Wright et al.，2006，Fuller et al.，2009），强调企业给予顾客更多的主动权和参与权（Yuksel et al.，2016），进而与企业实现价值共创，参与到企业的营销活动与设计研发中（Labrecque et al.，2013）。现有的文献主要是研究企业的内部管理行为，但对平台型企业对其合作伙伴的技术赋能行为少有研究，本研究将弥补这一空白。

此外，供应链数据共享问题是学术界通常研究的问题。早在 2003 年，Chen（2003）就对企业在供应链成员之间共享数据能获得的诸多益处进行了详细调查，这些好处包括缓和牛鞭效应、更好地匹配供求、减少库存和产能成本（Lee and Whang，2000；Toktay and Wein 2001；Aviv 2003）。然而，以往的研究侧重于一方向另一方共享数据的策略选择，而智慧物流生态链更关注于双方都存在是否共享数据的策略选择（即选择生态合作则会共享数据，选择非生态合作则不会共享数据）。表 10 – 1 列举了本研究与现有相关文献的对比，可以发现，现有的研究并没有考虑智慧物流生态链中双方数据共享的问题，也没有对技术赋能进行刻画。

表 10 – 1　本研究与现有文献的对比

比较内容	Suh and Kim，2015	Li and Zhao，2018	Gu et al.，2019	Barenji et al.，2019	本研究
研究问题	物流生态合作过程中的相互作用和协同效应	供应商和制造商合作行为的影响因素	不同逆向物流经营策略的公司之间的合作问题	基于混合代理的电子商务物流园区运输调度	考虑数据共享与平台赋能的智慧物流生态合作研究
研究方法	实证研究	演化博弈	演化博弈	理论框架	演化博弈
是否考虑电子商务智能供应链	×	×	×	√	√
是否考虑时间因素与学习机制	×	√	√	×	√
是否考虑物流生态链	√	×	×	×	√
是否考虑双方数据共享	√	×	×	×	√
是否考虑技术赋能	×	×	×	×	√

10.3　智慧物流平台与智慧物流提供商生态合作的描述与假设

本章研究电商智能供应链中，智慧物流生态链关于平台赋能和数据共享的生态合作问题。在实际情况中，相比传统合作，智慧物流生态合作强调利益相关者之间的协同演变与价值共创，是一个重复博弈的动态过程。因此，本文采用与时间相关、可以有效刻画博弈主体学习机制和策略演化的演化博弈理论，并进行模型构建。由于现实生活中不会存在完全理性的决策者，本章假设智慧物流平台和智慧物流提供商是有限理性的。

在智慧物流生态链中，平台在与提供商的合作中常常采用代理销售模式（Abhishek et al.，2012）。在代理销售模式下，提供商通过平台企业向终端消费者出售服务，并在服务完成后支付给平台一定比例的分成。例如，中国的电商巨头京东旗下的京东物流便采用这样的模式。

（1）平台赋能的刻画。

智慧物流平台在非生态合作时，平台只会进行普通的代理销售，整合客户的需求订单，然后分配给提供商，从中获取收入分成。智慧物流平台选择非生态合作时分成比例为 $\hat{\lambda}$, $0<\hat{\lambda}<1$，智慧物流服务价格为 p，此时智慧物流平台和智慧物流提供商的需求函数是 $d=a-bp$，其中 a 表示智慧物流平台面对的市场潜在总量，即基础市场规模。

智慧物流平台选择生态合作时，智慧物流平台会对智慧物流提供商提供技术帮助，即平台赋能。比如，运营方面对智慧物流设备的投资和运营流程的优化，销售方面帮助提供商开展大数据营销。不妨设在选择生态合作时，智慧物流平台和智慧物流提供商的需求函数是 $d=a-bp+ke$，智慧物流平台选择生态合作时，付出的赋能努力为 e，其努力可以提高提供商的效率，从而提高市场需求。参考 Niu et al.（2015）及 Cachon et al.（2017）的模型假设，本章标准化 $k=1$，$d=a-bp+e$。平台的赋能成本为 $\frac{1}{2}c_1e^2$。智慧物流平台选择生态合作时分成比例为 λ, $0<\lambda<1$。

（2）数据共享的刻画。

互联网技术的发展使得平台能够定期收集客户信息“大数据”（Choe et al.，2018），与提供商相比，平台更善于预测市场需求（Zhang and Zhang，2020）。参考 Zhang and Zhang（2020）的设置，平台和提供商有着不对称的需求信息，总市场规模由 $a+\theta$ 组成。a 是基础市场规模，平台和提供商均知道；θ 表示市场潜力的不确定性水平，并且只有平台知道；对于提供商而言，θ 是一个均值为 0 且服从某一分布的变量。

若平台选择生态合作，会共享需求信息。平台和提供商的需求函数变为 $d=a+\theta-bp+e$。平台在非生态合作时，不会共享需求信息。平台知道具

体的需求信息为 $d = a + \theta - bp + e$，提供商得到的需求信息为 $d = a + E(\theta) - bp + e$，提供商根据需求信息决策价格。

若提供商选择生态合作，提供商不仅提供基本业务数据，也会提供平台所需求的其他数据，此时提供商会有一个风险成本 r。但是数据共享会造成平台的赋能成本降低，如果此时平台生态合作，其技术赋能的成本为 $\frac{1}{2}c_0e^2$，其中 $c_0 < c_1$，这是因为在智慧物流提供商共享了额外数据的情况下，智慧物流平台的交易成本会下降。若提供商选择非生态合作时，不会共享额外数据。

本章使用的的符号说明如表 10－2 所示。

表 10－2　符号与说明

符号	意　义
a	基础市场规模
b	价格弹性系数
p	智慧物流服务价格
θ	市场潜力的不确定性水平
r	智慧物流提供商生态合作时的风险成本
λ	智慧物流平台选择生态合作时分成比例
$\hat{\lambda}$	智慧物流平台选择非生态合作时分成比例
e	智慧物流平台的赋能努力
c_1	智慧物流提供商非生态合作下平台的赋能努力成本系数
c_0	智慧物流提供商生态合作下平台的赋能努力成本系数

10.4　智慧物流平台与智慧物流提供商生态合作的博弈分析

根据上文，我们可以得到智慧物流平台与智慧物流提供商的收益矩阵，如表 10－3 所示。

表 10－3　　智慧物流平台与智慧物流提供商的收益矩阵

		智慧物流提供商	
		生态合作（x）	非生态合作（$1-x$）
智慧物流平台	生态合作（y）	$\prod_{1A}=(1-\lambda)(a+\theta-bp+e)p-r$ $\prod_{2A}=\lambda(a+\theta-bp+e)p-\frac{1}{2}c_0e^2$	$\prod_{1B}=(1-\lambda)(a+\theta-bp+e)p$ $\prod_{2B}=\lambda(a+\theta-bp+e)p-\frac{1}{2}c_1e^2$
	非生态合作（$1-y$）	$\prod_{1C}=(1-\hat{\lambda})(a+E(\theta)-bp)p-r$ $\prod_{2C}=\hat{\lambda}(a+E(\theta)-bp)p$	$\prod_{1D}=(1-\hat{\lambda})(a+E(\theta)-bp)p$ $\prod_{2D}=\hat{\lambda}(a+E(\theta)-bp)p$

注：下标 1 表示智慧物流提供商，下标 2 表示智慧物流平台。

决策顺序：首先是智慧物流平台在生态合作下决策赋能努力程度，其次是提供商决策零售价格 p，最终求得双方四种情况下的最优利润，得到智慧物流平台与智慧物流提供商的最终收益矩阵，如表 10－4 所示。

表 10－4　　智慧物流平台与智慧物流提供商的最终收益矩阵

		智慧物流提供商	
		生态合作（x）	非生态合作（$1-x$）
智慧物流平台	生态合作（y）	$\Pi_{1A}^*=\frac{b(a+\theta)^2c_0{}^2(1-\lambda)}{(2bc_0-\lambda)^2}-r$ $\Pi_{2A}^*=\frac{1}{2}\frac{(a+\theta)^2c_0\lambda}{2bc_0-\lambda}$	$\Pi_{1B}^*=\frac{b(a+\theta)^2c_1{}^2(1-\lambda)}{(2bc_1-\lambda)^2}$ $\Pi_{2B}^*=\frac{1}{2}\frac{(a+\theta)^2c_1\lambda}{2bc_1-\lambda}$
	非生态合作（$1-y$）	$\Pi_{1C}^*=\frac{a^2(1-\hat{\lambda})}{4b}-r$ $\Pi_{2C}^*=\frac{a^2\hat{\lambda}}{4b}$	$\Pi_{1D}^*=\frac{a^2(1-\hat{\lambda})}{4b}$ $\Pi_{2D}^*=\frac{a^2\hat{\lambda}}{4b}$

注：下脚标 1 表示智慧物流提供商，下脚标 2 表示智慧物流平台。

根据四种情况智慧物流平台利润函数对赋能努力 e 二阶求导小于 0，得到 $\lambda<2c_ib$。当 $\lambda\geqslant 2c_ib$ 时，平台的利润随着智慧物流平台赋能努力的增加而无限增加（$\lambda>2c_ib$）或保持不变（$\lambda=2c_ib$），因此不存在最优的赋能努力，这在实际中是非常少见的。为了使本章更具有实践性和普遍性，我们聚焦于研究 $\lambda<2c_ib$ 的情况。

然后构建每一个主体的复制动态方程，给出复制动态方程的一般表达式为

$$\frac{\mathrm{d}x_i}{\mathrm{d}t} = x_i[(u_{x_i}, x) - u(x, x)] \tag{10-1}$$

其中，x_i 表示采用纯策略概率，(u_{x_i}, x) 表示采用纯策略时的期望值，$u(x, x)$ 表示平均期望值，t 表示时间。

据表 10－4，智慧物流提供商生态合作和非生态合作策略的期望收益分别为

$$E_x = y\frac{b(a+\theta)^2 c_0{}^2(1-\lambda)}{(2bc_0-\lambda)^2} + (1-y)\frac{a^2(1-\hat{\lambda})}{4b} - r = yM + (1-y)\frac{a^2(1-\hat{\lambda})}{4b} - r$$

$$E_{1-x} = y\frac{b(a+\theta)^2 c_1{}^2(1-\lambda)}{(2bc_1-\lambda)^2} + (1-y)\frac{a^2(1-\hat{\lambda})}{4b} = yN + (1-y)\frac{a^2(1-\hat{\lambda})}{4b}$$

令 $M = \frac{b(a+\theta)^2 c_0{}^2(1-\lambda)}{(2bc_0-\lambda)^2}$，$N = \frac{b(a+\theta)^2 c_1{}^2(1-\lambda)}{(2bc_1-\lambda)^2}$，易知 $M > N$。混合策略期望收益为 $G_x = xE_x + (1-x)E_{1-x}$，则 $\frac{\mathrm{d}x}{\mathrm{d}t} = x(E_x - G_x) = x(1-x)(E_x - E_{1-x})$，令 $F(x) = \frac{\mathrm{d}x}{\mathrm{d}t}$，则有

$$F(x) = \frac{\mathrm{d}x}{\mathrm{d}t} = x(1-x)[y(M-N) - r] \tag{10-2}$$

同理，智慧物流平台生态合作和非生态合作策略的期望收益分别为

$$E_y = \frac{1}{2}x\frac{(a+\theta)^2 c_0\lambda}{2bc_0-\lambda} + \frac{1}{2}(1-x)\frac{(a+\theta)^2 c_1\lambda}{2bc_1-\lambda}$$

$$E_{1-y} = \frac{a^2\hat{\lambda}}{4b}$$

$$F(y) = \frac{\mathrm{d}y}{\mathrm{d}t} = y(1-y)\left[\frac{1}{2}x\frac{(a+\theta)^2 c_0\lambda}{2bc_0-\lambda} + \frac{1}{2}(1-x)\frac{(a+\theta)^2 c_1\lambda}{2bc_1-\lambda} - \frac{a^2\hat{\lambda}}{4b}\right] \tag{10-3}$$

智慧物流提供商与智慧物流平台生态合作的演化博弈过程可由复制动态方程（10－2）、方程（10－3）描述。令 $F(x) = 0$，$F(y) = 0$，得到 5 个均衡点，分别是 E_1（0，0），E_2（1，0），E_3（0，1），E_4（1，1）和 $E_5(x^*, y^*)$，其中

$$x^* = \frac{(2bc_0-\lambda)\{2bc_1[(a+\theta)^2\lambda - a^2\hat{\lambda}] + a^2\lambda\hat{\lambda}\}}{2b(c_0-c_1)(a+\theta)^2\lambda^2}$$

$$y^* = \frac{r(2bc_0 - \lambda)^2(2bc_1 - \lambda)^2}{(a+\theta)^2 b\lambda(1-\lambda)(c_1 - c_0)(4bc_0c_1 - c_0\lambda - c_1\lambda)}$$

根据 Friedman（1998）提出的复制动态系统的雅克比矩阵定义，求解系统的演化稳定策略，用雅克比矩阵表示

$$\boldsymbol{J} = \begin{pmatrix} \frac{\partial F(x)}{\partial x} & \frac{\partial F(x)}{\partial y} \\ \frac{\partial F(y)}{\partial x} & \frac{\partial F(y)}{\partial y} \end{pmatrix} = \begin{pmatrix} a_{11} & a_{12} \\ a_{21} & a_{22} \end{pmatrix}$$

$$a_{11} = (1-2x)[y(M-N) - r] \qquad a_{12} = x(1-x)(M-N)$$

$$a_{21} = y(1-y)\left[\frac{1}{2}\frac{(a+\theta)^2 c_0\lambda}{2bc_0 - \lambda} - \frac{1}{2}\frac{(a+\theta)^2 c_1\lambda}{2bc_1 - \lambda}\right]$$

$$a_{22} = (1-2y)\left[\frac{1}{2}x\frac{(a+\theta)^2 c_0\lambda}{2bc_0 - \lambda} + \frac{1}{2}(1-x)\frac{(a+\theta)^2 c_1\lambda}{2bc_1 - \lambda} - \frac{a^2\hat{\lambda}}{4b}\right]$$

$\boldsymbol{J}$ 的行列式和迹为

$$\det(\boldsymbol{J}) = \frac{\partial F(x)}{\partial x}\frac{\partial F(y)}{\partial y} - \frac{\partial F(x)}{\partial y}\frac{\partial F(y)}{\partial x}; \ \mathrm{tr}(\boldsymbol{J}) = \frac{\partial F(x)}{\partial x} + \frac{\partial F(y)}{\partial y} \tag{10-4}$$

给出不同局部均衡点下的雅克比矩阵特征值，如表 10－5 所示。

表 10－5　不同局部均衡点下的雅克比矩阵特征值

均衡点	特征值
E_1（0，0）	$\lambda_{11} = -r \qquad \lambda_{12} = \frac{1}{4b}\frac{2[(a+\theta)^2\lambda - a^2\hat{\lambda}]bc_1 + a^2\lambda\hat{\lambda}}{2bc_1 - \lambda}$
E_2（1，0）	$\lambda_{21} = r \qquad \lambda_{22} = \frac{1}{4b}\frac{2[(a+\theta)^2\lambda - a^2\hat{\lambda}]bc_0 + a^2\lambda\hat{\lambda}}{2bc_0 - \lambda}$
E_3（0，1）	$\lambda_{31} = M - N - r \qquad \lambda_{32} = -\frac{1}{4b}\frac{2[(a+\theta)^2\lambda - a^2\hat{\lambda}]bc_1 + a^2\lambda\hat{\lambda}}{2bc_1 - \lambda}$
E_4（1，1）	$\lambda_{41} = -(M - N - r) \qquad \lambda_{42} = -\frac{1}{4b}\frac{2[(a+\theta)^2\lambda - a^2\hat{\lambda}]bc_0 + a^2\lambda\hat{\lambda}}{2bc_0 - \lambda}$

其中，$M = \frac{b(a+\theta)^2 c_0{}^2(1-\lambda)}{(2bc_0 - \lambda)^2}$，$N = \frac{b(a+\theta)^2 c_1{}^2(1-\lambda)}{(2bc_1 - \lambda)^2}$，$2bc_i > \lambda$。

当 $\hat{\lambda} > \frac{2(a+\theta)^2 bc_i\lambda}{a^2(2bc_i-\lambda)}$，有 $2[(a+\theta)^2\lambda - a^2\hat{\lambda}]bc_i + a^2\lambda\hat{\lambda} < 0$。

当 J 的行列式大于 0，迹小于 0 时，或者 J 的特征值都小于 0 时，该局部均衡点为演化稳定点（ESS）（Friedman，1998；Liu et al.，2015），穷举所有可能存在的情况，如表 10－6 所示。

表 10－6　情况汇总

情况	内容	补充
1	$\hat{\lambda} > \frac{2(a+\theta)^2 bc_0\lambda}{a^2(2bc_0-\lambda)}$	情形 1：$r<M-N$ 情形 2：$r>M-N$
2	$r>M-N$ 且 $\hat{\lambda} < \frac{2(a+\theta)^2 bc_1\lambda}{a^2(2bc_1-\lambda)}$	
3	$r<M-N$ 且 $\hat{\lambda} < \frac{2(a+\theta)^2 bc_1\lambda}{a^2(2bc_1-\lambda)}$	
4	$r>M-N$ 且 $\frac{2(a+\theta)^2 bc_1\lambda}{a^2(2bc_1-\lambda)} < \hat{\lambda} < \frac{2(a+\theta)^2 bc_0\lambda}{a^2(2bc_0-\lambda)}$	
5	$r<M-N$ 且 $\frac{2(a+\theta)^2 bc_1\lambda}{a^2(2bc_1-\lambda)} < \hat{\lambda} < \frac{2(a+\theta)^2 bc_0\lambda}{a^2(2bc_0-\lambda)}$	

说明：表 10－6 中之所以情况 1 不展开为两种情况，是因为情况 1 “内容” 部分便决定了最终的演化稳定策略，“补充” 部分不起决定性作用。

根据式（10－4）和表 10－5、表 10－6，我们分析各种情况下的演化稳定策略。

10.4.1　情况 1 下的演化稳定策略

情况 1，$\hat{\lambda} > \frac{2(a+\theta)^2 bc_0\lambda}{a^2(2bc_0-\lambda)}$ 时，即智慧物流平台非生态合作时的分成比例大于 $\frac{2(a+\theta)^2 bc_0\lambda}{a^2(2bc_0-\lambda)}$。

情况 1 下还有两种情形，$r<M-N$ 的情形 1 和 $r>M-N$ 的情形 2，均衡点稳定性特征分析如表 10－7，表 10－8 所示，动态演化原理如图 10－1 和图 10－2 所示。

表 10－7　　情况 1 均衡点稳定性特征分析情形 1：$r<M-N$

均衡点	λ_{i1}	λ_{i2}	det（J）的符号	tr（J）的符号	局部稳定性
E_1（0，0）	<0	<0	+	−	演化稳定点（ESS）
E_2（1，0）	>0	<0	−	/	鞍点（Saddle point）
E_3（0，1）	>0	>0	+	+	不稳定点（Unstable point）
E_4（1，1）	<0	>0	−	/	鞍点（Saddle point）

表 10－8　　情况 1 均衡点稳定性特征分析情形 2：$r>M-N$

均衡点	λ_{i1}	λ_{i2}	det（J）的符号	tr（J）的符号	局部稳定性
E_1（0，0）	<0	<0	+	−	演化稳定点（ESS）
E_2（1，0）	>0	<0	−	/	鞍点（Saddle point）
E_3（0，1）	<0	>0	−	/	鞍点（Saddle point）
E_4（1，1）	>0	>0	+	+	不稳定点（Unstable point）

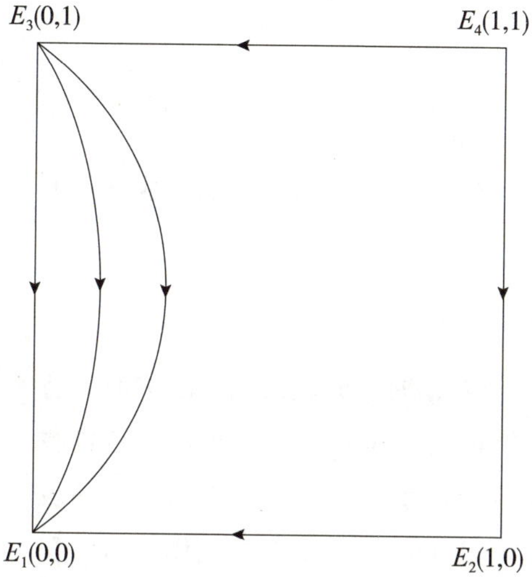

（a）动态演化原理图

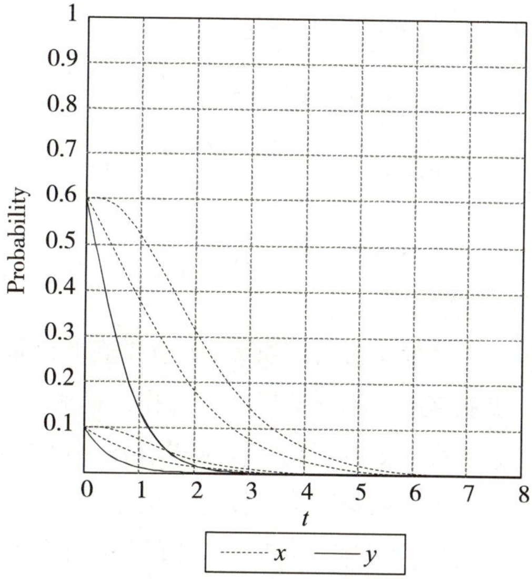

（b）动态演化过程

图 10－1　情况 1 中情形 1 的动态演化原理图

注：图 10－1（b）的生成参数为 $a=100$，$b=1$，$\theta=0.001$，$c_0=10$，$c_1=12$，$r=1$（$r<1.99$），$\lambda=0.05$，$\hat{\lambda}=0.051$（$\hat{\lambda}>0.050125$）。

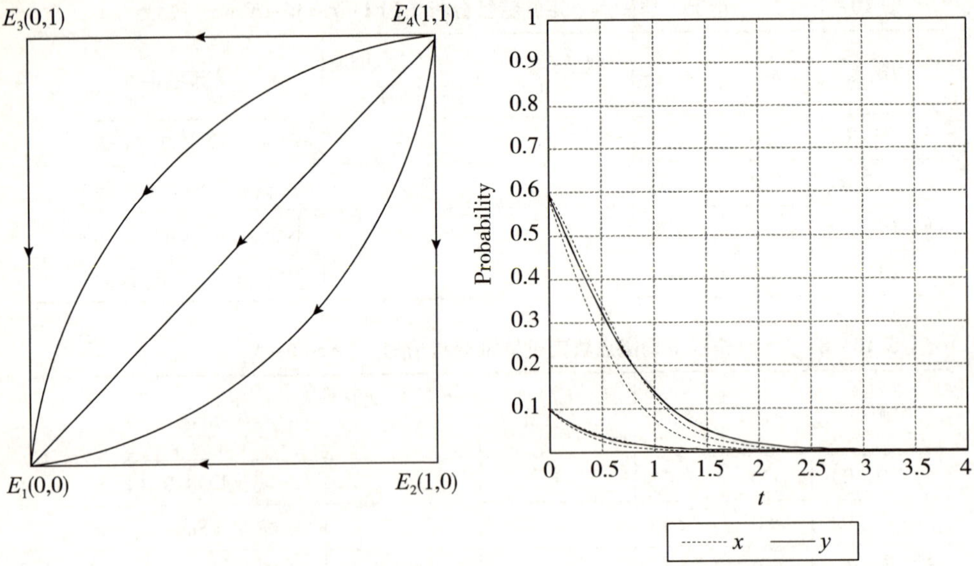

（a）动态演化原理图　　（b）动态演化过程

图 10－2　情况 1 中情形 2 的动态演化原理图

注：图 10－2（b）的生成参数为 $a=100$，$b=1$，$\theta=0.001$，$c_0=10$，$c_1=12$，$r=3$（$r>1.99$），$\lambda=0.05$，$\hat{\lambda}=0.051$（$\hat{\lambda}>0.050125$）。

综上所述，我们得到命题 1。

命题 1：$\hat{\lambda}>\frac{2(a+\theta)^2bc_i\lambda}{a^2(2bc_i-\lambda)}$时，智慧物流平台非生态合作时的分成比例大于$\frac{2(a+\theta)^2bc_i\lambda}{a^2(2bc_i-\lambda)}$，此时均衡点是（0，0）。

命题 1 说明，当 $\hat{\lambda}$（智慧物流平台非生态合作时的分成比例）过大时，智慧物流平台不会选择生态合作，此时无论提供商的风险成本是否小于合作收益，提供商都不会选择生态合作。命题 1 较为直观，由于平台生态合作的成本都大于收益，平台没有动力进行深入技术赋能和共享需求等工作。但是我们发现，命题 1 中表 10－4 的情况下提供商生态合作收益是大于风险成本的。提供商最终不选择生态合作的根本原因是 $\hat{\lambda}$ 过大时，非生态合作策略永远是平台的最优选择，而此时提供商不会得到平台的赋能和数据共享，只能选择非生态合作。为了打破这个对自身不利的局面，提供商可以与平台重新商定非生态合作的分成比例与生态合作的分成比例，促使双方实现生态合作的稳态，双方由非生态合作（0，0）到生态合作（1，1）的具体的转换方式将在本章第5节的10.5.2部分将详细叙述。

10.4.2 情况2下的演化稳定策略

情况2，$r > M - N$ 且 $\hat{\lambda} < \dfrac{2(a+\theta)^2 bc_1\lambda}{a^2(2bc_1-\lambda)}$ 时，即提供商风险成本很大，智慧物流平台非生态合作时的分成比例小于 $\dfrac{2(a+\theta)^2 bc_1\lambda}{a^2(2bc_1-\lambda)}$。均衡点稳定性特征分析如表10-9所示，动态演化原理如图10-3所示。

表10-9　情况2均衡点稳定性特征分析

均衡点	λ_{i1}	λ_{i2}	det（J）的符号	tr（J）的符号	局部稳定性
E_1（0，0）	<0	>0	−	/	鞍点（Saddle point）
E_2（1，0）	>0	>0	+	+	不稳定点（Unstable point）
E_3（0，1）	<0	<0	+	−	演化稳定点（ESS）
E_4（1，1）	>0	<0	−	/	鞍点（Saddle point）

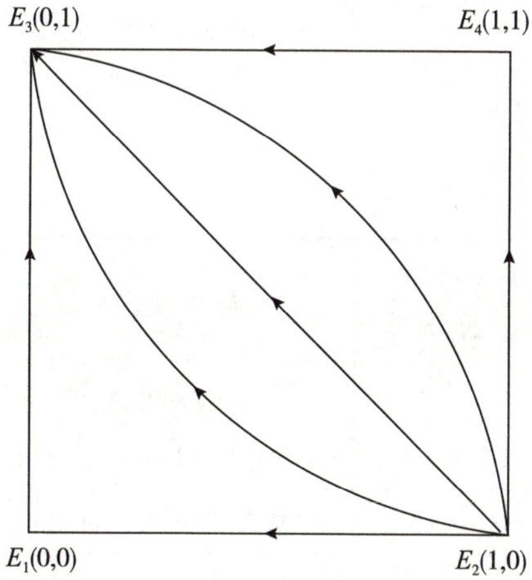

（a）动态演化原理图

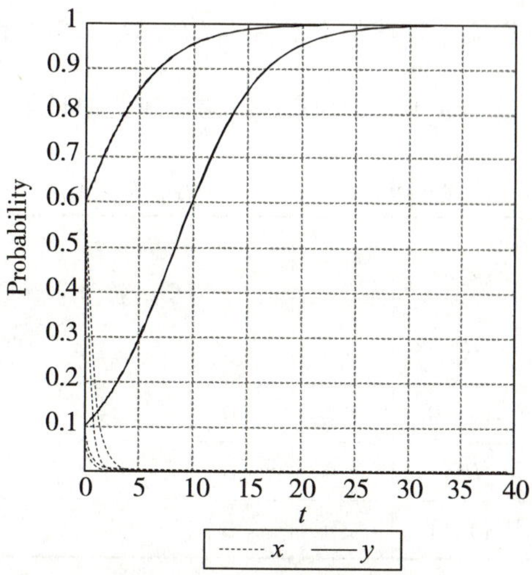

（b）动态演化过程

图10-3　情况2的动态演化原理图

注：图10-3（b）的生成参数为 $a=100$，$b=1$，$\theta=0.001$，$c_0=10$，$c_1=12$，$r=3$（$r>1.99$），$\lambda=0.05$，$\hat{\lambda}=0.05$（$\hat{\lambda}<0.050104$）。

命题2：$r > M - N$ 且 $\hat{\lambda} < \dfrac{2(a+\theta)^2 bc_1\lambda}{a^2(2bc_1-\lambda)}$ 时，即提供商风险成本很大，智慧物流平台非生态合作时的分成比例小于 $\dfrac{2(a+\theta)^2 bc_1\lambda}{a^2(2bc_1-\lambda)}$，此时均衡点是（0，1）。

命题 2 说明，当提供商的风险成本大于合作收益，提供商不会选择生态合作。$\hat{\lambda}$（智慧物流平台非生态合作时的分成比例）过小时，智慧物流平台会选择生态合作，此时出现的局面为提供商不选择合作而平台选择合作。命题 2 解释了为什么产业界中即使提供商不提供更多的数据，平台也愿意主动为之进行技术赋能的现象，这种情况常常出现在平台的起步阶段与发展阶段。与此同时，平台也有动力促使提供商选择生态合作，平台可以从降低提供商共享数据的风险成本、提高其生态合作的收益入手去做，由（0，1）到都选择生态合作（1，1）的具体的转换方式在本章将详细叙述。

10.4.3 情况 3 下的演化稳定策略

情况 3，$r < M - N$ 且 $\hat{\lambda} < \dfrac{2(a+\theta)^2 bc_1\lambda}{a^2(2bc_1-\lambda)}$ 时，即提供商风险成本较小，智慧物流平台非生态合作时的分成比例小于 $\dfrac{2(a+\theta)^2 bc_1\lambda}{a^2(2bc_1-\lambda)}$。均衡点稳定性特征分析如表 10－10 所示，动态演化原理如图 10－4 所示。

表 10－10　　情况 3 均衡点稳定性特征分析

均衡点	λ_{i1}	λ_{i2}	det（J）的符号	tr（J）的符号	局部稳定性
E_1（0，0）	<0	>0	−	/	鞍点（Saddle point）
E_2（1，0）	>0	>0	+	+	不稳定点（Unstable point）
E_3（0，1）	>0	<0	−	/	鞍点（Saddle point）
E_4（1，1）	<0	<0	+	−	演化稳定点（ESS）

综上所述，我们得到命题 3。

命题3：$r < M - N$ 且 $\hat{\lambda} < \dfrac{2(a+\theta)^2 bc_1\lambda}{a^2(2bc_1-\lambda)}$ 时，即提供商风险成本较小，智慧

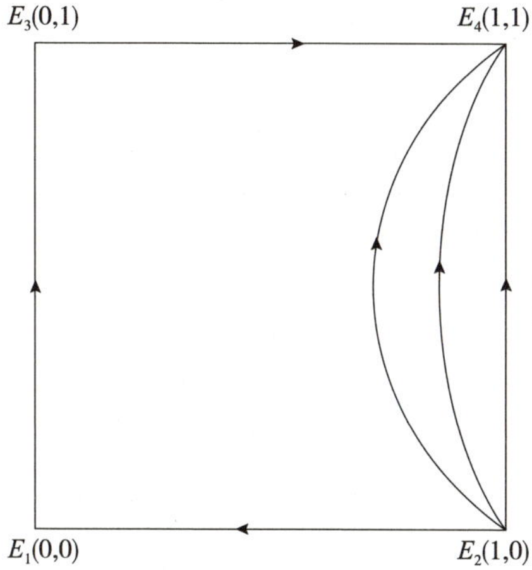

（a）动态演化原理图

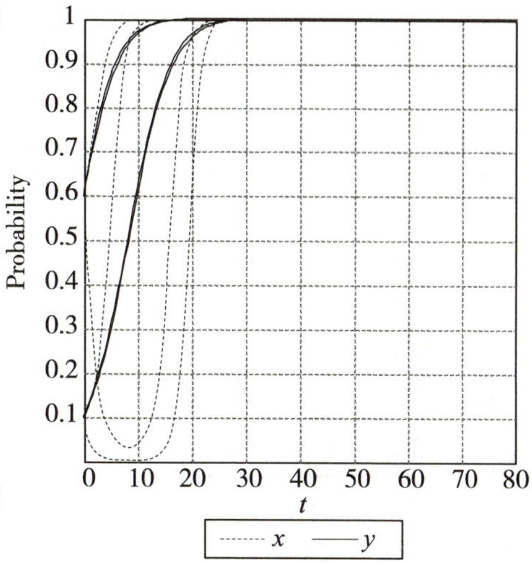

（b）动态演化过程

图 10－4　情况 3 的动态演化原理图

注：图 10－4（b）的生成参数为 $a=100$，$b=1$，$\theta=0.001$，$c_0=10$，$c_1=12$，$r=1$（$r<1.99$），$\lambda=0.05$，$\hat{\lambda}=0.05$（$\hat{\lambda}<0.050104$）。

物流平台非生态合作时的分成比例小于 $\frac{2(a+\theta)^2bc_1\lambda}{a^2(2bc_1-\lambda)}$，此时均衡点是（1，1）。

其中，$M=\frac{b(a+\theta)^2c_0{}^2(1-\lambda)}{(2bc_0-\lambda)^2}$，$N=\frac{b(a+\theta)^2c_1{}^2(1-\lambda)}{(2bc_1-\lambda)^2}$，$r<(a+\theta)^2(1-\lambda)[\frac{bc_0{}^2}{(2bc_0-\lambda)^2}-\frac{bc_1{}^2}{(2bc_1-\lambda)^2}]$。

命题 3 给出的是双方生态合作的条件。命题 3 说明提供商面临较大的基础市场规模 a 或者较低数据共享的风险成本时，合理的生态合作分成比例是提供商生态合作的关键。平台选择生态合作则取决于非生态合作分成比例 $\hat{\lambda}$、生态合作分成比例 λ、基础市场规模 a、价格弹性系数 b 和赋能成本之间的关系。命题 3 给出了双方生态合作的前提情况，这可以作为双方谋求生态合作的参考。由其他稳定状态到生态合作（1，1）的具体的转换方式在本章第 5 节的 10.5.2 部分将详细叙述。

10.4.4　情况 4 下的演化稳定策略

情况 4，$r>M-N$ 且 $\frac{2(a+\theta)^2bc_1\lambda}{a^2(2bc_1-\lambda)}<\hat{\lambda}<\frac{2(a+\theta)^2bc_0\lambda}{a^2(2bc_0-\lambda)}$，即提供商风险

成本较大，智慧物流平台非生态合作时的分成比例在两者之间。均衡点稳定性特征分析如表 10－11 所示，动态演化原理如图 10－5 所示。

表 10－11　　情况 4 均衡点稳定性特征分析

均衡点	λ_{i1}	λ_{i2}	det（J）的符号	tr（J）的符号	局部稳定性
E_1（0，0）	<0	<0	+	−	演化稳定点（ESS）
E_2（1，0）	>0	>0	+	+	不稳定点（Unstable point）
E_3（0，1）	<0	>0	−	/	鞍点（Saddle point）
E_4（1，1）	>0	<0	−	/	鞍点（Saddle point）

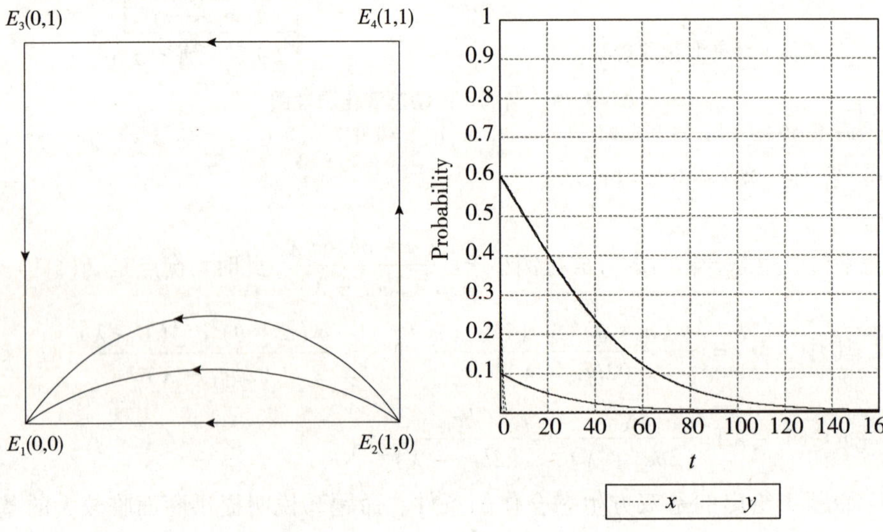

（a）动态演化原理图　　　　（b）动态演化过程

图 10－5　情况 4 的动态演化原理图

注：图 10－5（b）的生成参数为 $a=100$，$b=1$，$\theta=0.001$，$c_0=10$，$c_1=12$，$r=3$（$r>1.99$），$\lambda=0.05$，$\hat{\lambda}=0.05012$（$0.050104<\hat{\lambda}<0.050125$）。

综上所述，我们得到命题 4。

命题 4：$r>M-N$ 且 $\frac{2(a+\theta)^2bc_1\lambda}{a^2(2bc_1-\lambda)}<\hat{\lambda}<\frac{2(a+\theta)^2bc_0\lambda}{a^2(2bc_0-\lambda)}$，即提供商风险成本较大，智慧物流平台非生态合作时的分成比例在两者之间，此时系统均衡点为（0，0）。

命题4说明，当提供商的风险成本大于合作收益，提供商不会选择生态合作。$\hat{\lambda}$（智慧物流平台非生态合作时的分成比例）处于某一区间时，智慧物流平台也不会选择生态合作。不同于命题1主要由于平台没有动力导致最终都不选择生态合作，命题4的情况下提供商和平台都没有动力进行生态合作，此时双方应积极调整非生态合作下的分成比例，从而离开恶性循环。

根据命题1到命题4，我们得到如下结论：第一，平台获得合理的分成比例、提供商面临较大的市场规模、较小的服务价格敏感系数或者较低数据共享的风险成本是双方生态合作的关键；第二，平台生态合作与非生态合作下的分成比例、服务价格敏感系数和赋能成本之间的关系决定了平台最终的演化稳定策略。

10.4.5 情况5下的演化稳定策略

情况5，$r < M - N$ 且 $\frac{2(a+\theta)^2 bc_1\lambda}{a^2(2bc_1-\lambda)} < \hat{\lambda} < \frac{2(a+\theta)^2 bc_0\lambda}{a^2(2bc_0-\lambda)}$，即提供商风险成本较小，智慧物流平台非生态合作时的分成比例在两者之间。均衡点稳定性特征分析如表10－12所示，动态演化原理如图10－6所示。

表10－12　情况5均衡点稳定性特征分析

均衡点	λ_{i1}	λ_{i2}	det（J）的符号	tr（J）的符号	局部稳定性
E_1（0，0）	<0	<0	+	−	演化稳定点（ESS）
E_2（1，0）	>0	>0	+	+	不稳定点（Unstable point）
E_3（0，1）	>0	>0	+	+	不稳定点（Unstable point）
E_4（1，1）	<0	<0	+	−	演化稳定点（ESS）

图10－6（a）说明演化到（0，0）还是（1，1）与初始状态处于什么位置有关，即与图中$E_3E_5E_2E_4$的面积有关，图10－6（b）进行了数值模拟。以平台为例，当平台的初始合作概率$y_0=0.1$时（即初始合作意愿低），其最终演化稳定策略为$y=0$，即非生态合作；当平台的初始合作概率$y_0=0.6$时（即初始合作意愿较高），其最终演化稳定策略为$y=1$，即生态合作。在初始状态组合（x_0，y_0）为（0.6，0.1）和（0.1，0.1）的情况下，最终演化稳定点为（0，0）；在初始状态为（0.6，0.6）和（0.1，0.6）的情况下，最

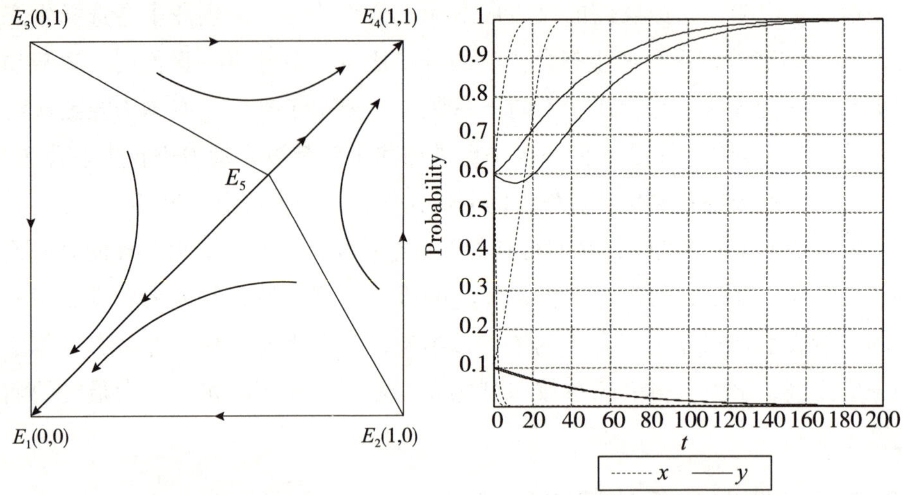

（a）动态演化原理图　　　　（b）动态演化过程

图 10－6　情况 5 的动态演化原理图

注：图 10－6（b）的生成参数为 $a=100$，$b=1$，$\theta=0.001$，$c_0=10$，$c_1=12$，$r=1$（$r<1.99$），$\lambda=0.05$，$\hat{\lambda}=0.05012$（$0.050104<\hat{\lambda}<0.050125$）。

终演化稳定点为（1，1）。

综上所述，我们得到命题 5。

命题 5：$r<M-N$ 且 $\dfrac{2(a+\theta)^2bc_1\lambda}{a^2(2bc_1-\lambda)}<\hat{\lambda}<\dfrac{2(a+\theta)^2bc_0\lambda}{a^2(2bc_0-\lambda)}$，即提供商风险成本较小，智慧物流平台非生态合作时的分成比例在两者之间，此时系统均衡点为（0，0）和（1，1）。

命题 5 说明在特定条件下，双方初始选择合作的概率的不同组合可以最终演化出双方都选择生态合作或双方都选择非生态合作两种稳定结果。这说明达成合作的障碍有些时候不是外在因素，而是类似于“蝴蝶效应”，即由于双方一开始较低的合作意愿导致了多轮博弈后越来越不会合作；或者双方一开始有合作的设想，在多轮博弈后达到了持续生态合作的稳态。

图 10－6 中，鞍点为 E_5（x^*，y^*），其中

$$x^*=\frac{(2bc_0-\lambda)\{2bc_1[(a+\theta)^2\lambda-a^2\hat{\lambda}]+a^2\lambda\hat{\lambda}\}}{2b(c_0-c_1)(a+\theta)^2\lambda^2}$$

$$y^*=\frac{r(2bc_0-\lambda)^2(2bc_1-\lambda)^2}{(a+\theta)^2b\lambda(1-\lambda)(c_1-c_0)(4bc_0c_1-c_0\lambda-c_1\lambda)}$$

$$S_{E_3E_5E_2E_4} = 1 - \frac{1}{2}x^* - \frac{1}{2}y^*$$

$$= 1 - \frac{1}{2}\left(\frac{(2bc_0 - \lambda)\left\{2bc_1[(a+\theta)^2\lambda - a^2\hat{\lambda}] + a^2\lambda\hat{\lambda}\right\}}{2b(c_0 - c_1)(a+\theta)^2\lambda^2} + \frac{r(2bc_0 - \lambda)^2(2bc_1 - \lambda)^2}{(a+\theta)^2 b\lambda(1-\lambda)(c_1 - c_0)(4bc_0c_1 - c_0\lambda - c_1\lambda)}\right)$$

10.5 生态合作的敏感性分析

本书将进行两方面的敏感性分析，一是部分探索“蝴蝶效应”的情形，分析相关参数的变化对“蝴蝶效应”结果的影响。二是研究参数变化对演化稳定点的影响，用以分析非理想稳态到理想稳态（都生态合作）的转化过程。

10.5.1 情况与演化稳定策略的敏感性分析

面积 $S_{E_3E_5E_2E_4}$ 指的是既可以演化为都合作又可以演化为都不合作条件下，双方决定都合作的初始状态组合形成的面积（后文简称为 S）。

根据 10.4.5 可知，$r < M - N$ 且 $\frac{2(a+\theta)^2bc_1\lambda}{a^2(2bc_1 - \lambda)} < \hat{\lambda} < \frac{2(a+\theta)^2bc_0\lambda}{a^2(2bc_0 - \lambda)}$，即提供商风险成本较小，智慧物流平台的分成比例在两者之间，此时系统均衡点为（0，0）和（1，1）。该情况下演化生态合作点（1，1）与初始状态处于什么位置有关，图 10－6 中 $E_3E_5E_2E_4$ 的面积 S 越大则演化为生态合作的概率越高。

在本部分，我们将研究外生变量对 S 的影响，以提供商风险成本 r、基础市场规模 a 为例。

10.5.1.1 风险成本 r 对 S 的影响

为了研究风险成本 r 对 S 的影响，我们首先给出求导结果，如式（10－5）所示。

$$\frac{\partial S}{\partial r} = -\frac{(2bc_0 - \lambda)^2(2bc_1 - \lambda)^2}{(a+\theta)^2 b\lambda(1-\lambda)(c_1 - c_0)[4bc_0c_1 - (c_0 + c_1)\lambda]} \quad (10-5)$$

$\frac{\partial S}{\partial r} < 0$ 恒成立，S 为 r 的单调递减函数，即随着风险成本 r 的增加，S 会逐渐变小，因而“蝴蝶效应”下演化到生态合作（1，1）的可能性减小。数值模拟 r 对 S 的影响如图 10－7 所示。

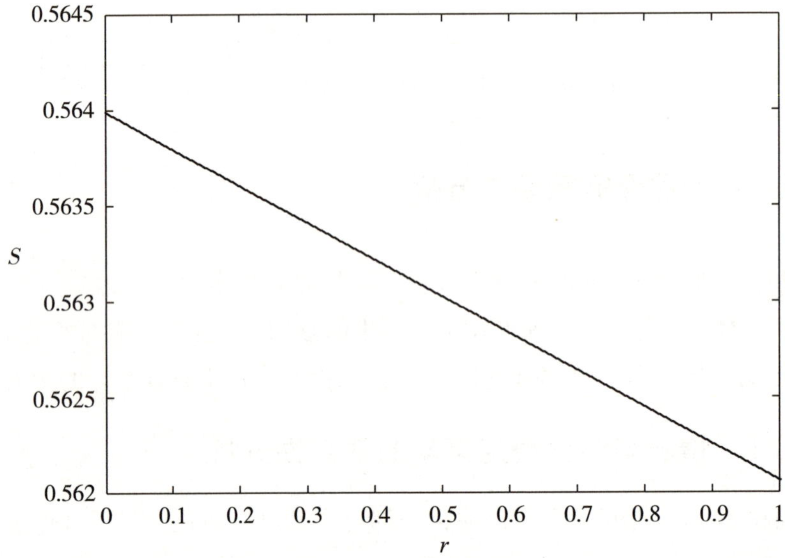

图 10－7　r 对 S 的影响

注：图 10－7 的生成参数为 $a=100$，$b=1$，$\theta=0.001$，$c_0=1$，$c_1=2$，$\lambda=0.05$，$\hat{\lambda}=0.05012$。

图 10－7 表明，随着风险成本 r 的增加，最终的稳态结果趋向于非生态合作。

10.5.1.2　基础市场规模 a 对 S 的影响

为了研究基础市场规模 a 对 S 的影响，我们首先给出求导结果，如式（10－6）所示。

$$\frac{\partial S}{\partial a} = -\frac{(2bc_0-\lambda)a\theta\hat{\lambda}(2bc_1-\lambda)}{2(a+\theta)^3 b(c_1-c_0)\lambda^2} + \frac{r(2bc_0-\lambda)^2(2bc_1-\lambda)^2}{(a+\theta)^3 b\lambda(1-\lambda)(c_1-c_0)(4bc_0c_1-c_0\lambda-c_1\lambda)} \tag{10-6}$$

$a < \frac{2\lambda r(2bc_0-\lambda)(2bc_1-\lambda)}{(1-\lambda)\hat{\lambda}\theta(4bc_0c_1-c_0\lambda-c_1\lambda)}$ 时，$\frac{\partial S}{\partial a} > 0$ 恒成立，S 为 a 的单调递增函数，即随着基础市场规模 a 的增加，S 会逐渐变大，因而“蝴蝶效应”下演化到生态合作（1，1）的可能性增大。$a > \frac{2\lambda r(2bc_0-\lambda)(2bc_1-\lambda)}{(1-\lambda)\hat{\lambda}\theta(4bc_0c_1-c_0\lambda-c_1\lambda)}$ 时，

$\frac{\partial S}{\partial a}<0$ 恒成立，S 为 a 的单调递减函数，即随着基础市场规模 a 的增加，S 会逐渐变小，因而“蝴蝶效应”下演化到生态合作（1，1）的可能性变小。数值模拟 a 对 S 的影响如图 10－8 所示。

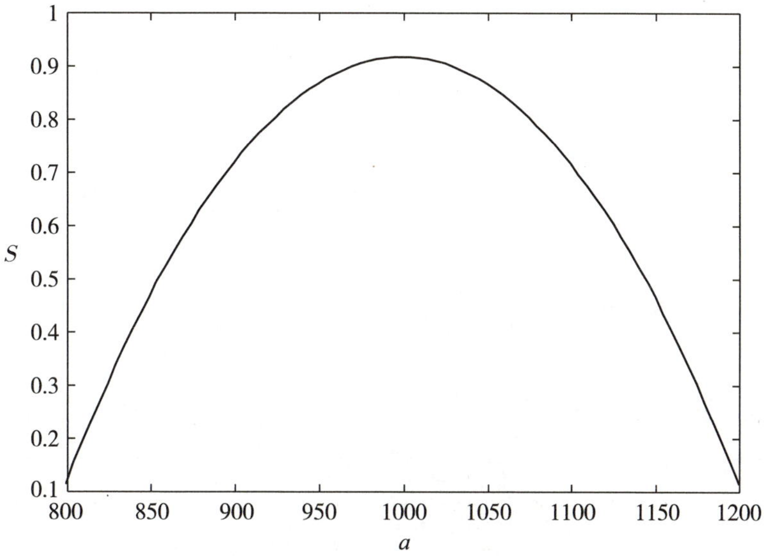

图 10－8　a 对 S 的影响

注：图 10－8 的生成参数为 $r=1$，$b=1$，$\theta=0.1$，$c_0=1$，$c_1=2$，$\lambda=0.05$，$\hat{\lambda}=0.05012$。

图 10－8 表明随着基础市场规模 a 的增大，最终的稳态结果趋向于非生态合作。

综上所述，随着风险成本 r 的增加，基础市场规模 a 的增大，最终的稳态结果趋向于非生态合作。

10.5.2　参数变化对演化稳定点的影响

10.5.2.1　演化稳定点的充要条件分析

根据前文所述，我们得到局部稳定点成为演化稳定点的充要条件，如表 10－13 所示。

表 10-13　　局部稳定点成为演化稳定点的充要条件

ESS	条　件	对应命题和演化路径
E_1 (0, 0)	(1) $r < M - N$ 且 $\hat{\lambda} > \frac{2(a+\theta)^2 bc_0\lambda}{a^2(2bc_0-\lambda)}$	命题 1，路径图 10-1
	(2) $r > M - N$ 且 $\hat{\lambda} > \frac{2(a+\theta)^2 bc_0\lambda}{a^2(2bc_0-\lambda)}$	命题 1，路径图 10-2
	(3) $r > M - N$ 且 $\frac{2(a+\theta)^2 bc_1\lambda}{a^2(2bc_1-\lambda)} < \hat{\lambda} < \frac{2(a+\theta)^2 bc_0\lambda}{a^2(2bc_0-\lambda)}$	命题 4，路径图 10-5
	(4) $r < M - N$ 且 $\frac{2(a+\theta)^2 bc_1\lambda}{a^2(2bc_1-\lambda)} < \hat{\lambda} < \frac{2(a+\theta)^2 bc_0\lambda}{a^2(2bc_0-\lambda)}$	命题 5，路径图 10-6
E_3 (0, 1)	$r > M - N$ 且 $\hat{\lambda} < \frac{2(a+\theta)^2 bc_1\lambda}{a^2(2bc_1-\lambda)}$	命题 2，路径图 10-3
E_4 (1, 1)	(1) $r < M - N$ 且 $\hat{\lambda} < \frac{2(a+\theta)^2 bc_1\lambda}{a^2(2bc_1-\lambda)}$	命题 3，路径图 10-4
	(2) $r < M - N$ 且 $\frac{2(a+\theta)^2 bc_1\lambda}{a^2(2bc_1-\lambda)} < \hat{\lambda} < \frac{2(a+\theta)^2 bc_0\lambda}{a^2(2bc_0-\lambda)}$	命题 5，路径图 10-6

其中，$M = \frac{b(a+\theta)^2 c_0^2(1-\lambda)}{(2bc_0-\lambda)^2}$，$N = \frac{b(a+\theta)^2 c_1^2(1-\lambda)}{(2bc_1-\lambda)^2}$。

表 10-13 对所有的路径进行了穷举，可能看出，同一稳定点可能有多条稳定路径，如双方都不选择生态合作（0，0）的稳定路径有 4 种，双方都选择生态合作（1，1）的稳定路径有 2 种；同一稳定路径可能有多个稳定点，比如命题 5 中的情况会出现（0，0）和（1，1）两种稳定结果，出现"蝴蝶效应"。

10.5.2.2　稳定点 E_3（0，1）向理想稳定点 E_4（1，1）的转化

根据表 10-13，知道 $r\downarrow$，或 $N\downarrow$，或 $M\uparrow$，（$M-N$ 整体变大可以由 λ 变化得到）可以实现稳定点 E_3（0，1）向理想稳定点 E_4（1，1）的转化。提供商演化稳定策略 $x=0$ 变为 $x=1$。如图 10-9 所示。

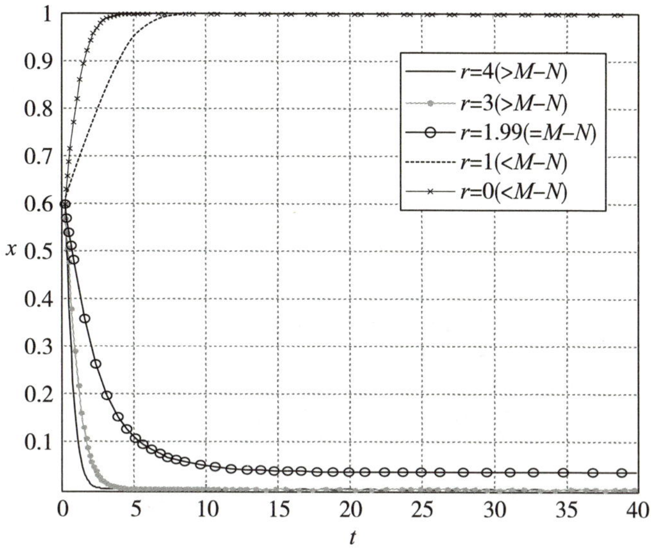

图 10－9　参数 r 影响下 E_3（0，1）向 E_4（1，1）的转化（$x=0$ 变为 $x=1$）

注：图 10－9 的生成参数为 $a=100$，$b=1$，$\theta=0.001$，$c_0=10$，$c_1=12$，$\lambda=0.05$，$\hat{\lambda}=0.05$。初始值 $x=0.6$，$y=0.6$。

E_3（0，1）是稳态的情况下，由图 10－9 可知，由于 $r=M-N$ 是 E_3（0，1）向 E_4（1，1）转化的临界条件，在 $r>M-N$ 时，稳态下 $x=0$，在 $r<M-N$ 时，稳态下 $x=1$。而 $r=M-N$ 时，E_3（0，1）和 E_4（1，1）都是稳态，提供商可以任意选择，此时选择生态合作 x 的概率虽然也会趋于稳定，但不会是 1 或者 0。

10.5.2.3　稳定点 E_1（0，0）向理想稳定点 E_4（1，1）的转化

根据表 10－13，依稳定点 E_1（0，0）的条件（1）（4）和 E_4（1，1）的条件（1）（2），可以知道 $\hat{\lambda}\downarrow$ 或 $\lambda\uparrow$ 可以实现稳定点 E_1（0，0）向理想稳定点 E_4（1，1）的转化。提供商演化稳定策略 $x=0$ 变为 $x=1$，平台演化稳定策略 $y=0$ 变为 $y=1$。

考虑到 E_1（0，0）向理想稳定点 E_4（1，1）的转化过程会经历“蝴蝶效应”所在的区间，本章将设置两组不同初始值进行分析，图 10－10 中初始值 $x=0.3$，$y=0.3$，此时“蝴蝶效应”区间内双方初始意愿倾向于非生态合作。图 10－11 中初始值 $x=0.6$，$y=0.6$，此时“蝴蝶效应”区间内双方初始

意愿倾向于生态合作。

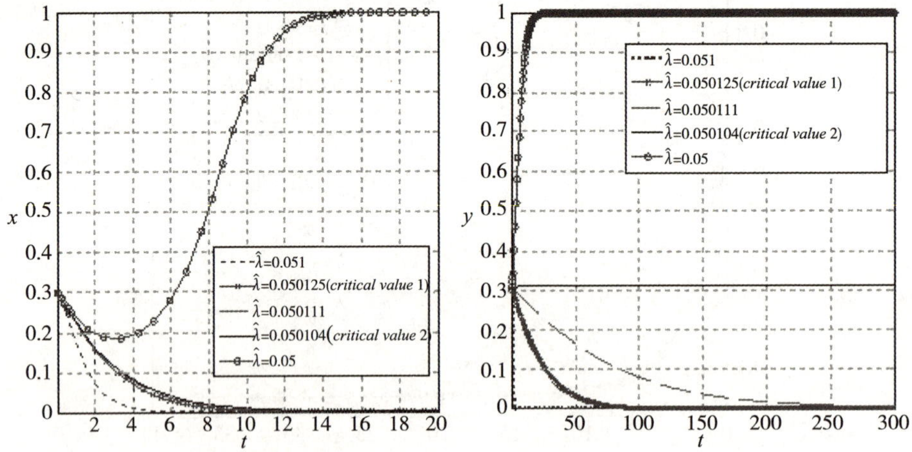

图 10－10　参数 $\hat{\lambda}\downarrow$ 影响下 E_1（0，0）向 E_4（1，1）的转化

（$x=0$ 变为 $x=1$，$y=0$ 变为 $y=1$）

注：图 10－10 的生成参数为 $a=100$，$b=1$，$\theta=0.001$，$c_0=10$，$c_1=12$，$r=1$，$\lambda=0.05$。初始值 $x=0.3$，$y=0.3$。

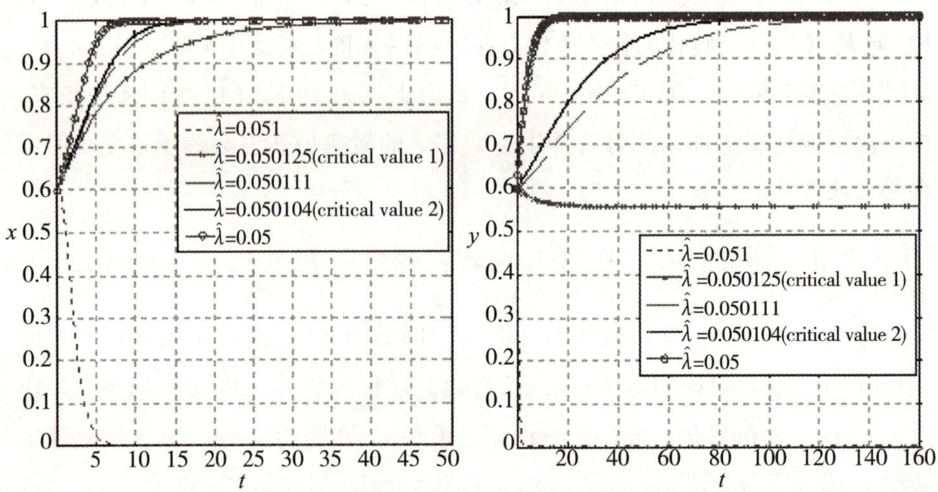

图 10－11　参数 $\hat{\lambda}\downarrow$ 影响下 E_1（0，0）向 E_4（1，1）的转化

（$x=0$ 变为 $x=1$，$y=0$ 变为 $y=1$）

注：图 10－11 的生成参数为 $a=100$，$b=1$，$\theta=0.001$，$c_0=10$，$c_1=12$，$r=1$，$\lambda=0.05$。初始值 $x=0.6$，$y=0.6$。

在 $\hat{\lambda} > 0.050125$ 区间内，E_1（0，0）为稳定点；在 $0.050104 < \hat{\lambda} < 0.050125$ 区间内存在"蝴蝶效应"，初始状态决定了稳定点为 E_1（0，0）还是 E_4（1，1）；对于 $\hat{\lambda} < 0.0501040$ 区间，此条件下 E_4（1，1）为稳定点。图 10－10 和图 10－11 都表明，$\hat{\lambda}$↓可以实现稳定点 E_1（0，0）向理想稳定点 E_4（1，1）的转化。不同的是，图 10－10 和图 10－11 的初始状态不同。图 10－10 中初始状态 $x=0.3$，$y=0.3$，此时"蝴蝶效应"区间稳定点为 E_1（0，0），$\hat{\lambda}=0.050104$（黑色实线）为"蝴蝶效应"区间和 E_4（1，1）稳定区间的临界值，此时平台选择生态合作 y 的概率虽然也会趋于稳定，但不会是 1 或者 0。

图 10－11 中初始状态 $x=0.6$，$y=0.6$，此时"蝴蝶效应"区间稳定点为 E_4（1，1）。$\hat{\lambda}=0.050125$ 为"蝴蝶效应"区间和 E_1（0，0）稳定区间的临界值，此时平台选择生态合作 y 的概率虽然也会趋于稳定，但不会是 1 或者 0。

由 10.5.2.1 小节和 10.5.2.2 小节可以知道，通过调节平台生态合作下的分成比例 λ（或者非生态合作下的分成比例 $\hat{\lambda}$），不仅可以实现稳定点 E_3（0，1）向理想稳定点 E_4（1，1）的转化，也可以实现稳定点 E_1（0，0）向理想稳定点 E_4（1，1）的转化。

10.6 电商智能供应链中智慧物流生态合作的启示与建议

电商智能供应链中，受到电子商务快速发展和 AI 等新信息技术的影响，越来越多的物流平台开始重视智慧物流体系建设，智慧物流平台和智慧物流提供商持久稳定的生态合作成为电子商务智慧化发展过程中的关键环节。

本章介绍的平台和提供商生态合作的演化路径，不仅有益于电商智慧物流的建设，也可以推广至整个电商智能供应链，对电商智能供应链管理具有借鉴作用。第一，电商智能供应链各环节的领导者（如电子商务平台、智慧物流平台）要关注各成员数据共享的意愿，比如智慧物流平台对需求信息共享的意愿、智慧物流提供商对额外数据共享的动力。数据共享是实现生态合作的必要前提。第二，电商智能供应链各环节的领导者要注重技术带来的质变，即通过 AI 等新的平台赋能技术给整个生态系统带来的好处，拉动需求的技术赋能对双方达成生态合作起着重要的促进作用。第三，由于智慧物流生态合作中存在明显的“蝴蝶效应”，电商智能供应链各环节的领导者需要关注在其他方面（如跨界合作、协同创新等）是否也会存在类似的“蝴蝶效应”，从而做出相应的对策。

对于智慧物流平台，合理的平台分成比例、提供商面临较大的基础市场规模或者较低的数据共享风险成本是其实现生态合作的关键。平台可以调整生态合作的分成比例实现其他稳定情况向双方都生态合作的稳定情况转变。一方面，平台可以通过制订最佳的分成比例促成双方生态合作形成最终稳态；另一方面，平台也可以积极向行业协会、地方政府寻求援助，建立权威的数据共享平台和数据使用机制，从而降低提供商参与生态合作的风险成本。此外，物流平台也应该重视生态合作的“蝴蝶效应”，有些时候哪怕所有实现生态合作的条件都得到满足，也可能会被双方最初的微妙意愿影响而使得结果截然相反。对于存在合作意愿的物流企业，平台要积极释放合作信号，提高提供商的合作意愿，避免“蝴蝶效应”。

对于提供商而言，选择是否进行生态合作时要从长远角度出发，充分考虑拟开展合作的平台运营商的综合能力，降低自身的风险成本，选择赋能效率较高的物流平台运营商。对于某些提供商，可能会同时与多个物流平台运营商合作，在其选择是否进行生态合作时可以参考本章的合作情况，从而选择适合自身长远发展的物流平台。此外，提供商也需要关注“蝴蝶效应”，以免错过合作的良好机会。

11 电商平台主导下的智慧物流生态链组织效率影响因素框架探索研究

11.1 电商平台主导下的智慧物流生态链发展背景

前面章节已经介绍了智慧物流生态链的定义与内涵，智慧物流生态链是以数据共享、信用机制、物联网技术为支撑，以平台运营中心为核心，由供给生态群、生态运营商、需求生态群组成的链状结构（Ji，2008；Chen and Xu，2011）。其中，两端的供给生态群和需求生态群通过物联网形成社群，使得提供商之间，客户之间产生相互影响。生态运营商负责通过平台运营中心，在智慧仓储、智慧云配等技术支持下，实现两个社群的高效匹配。

近年来，我国电子商务与物流协同发展不断加深，推进了物流智慧化转型升级。各大电商平台如：阿里巴巴、京东物流、苏宁物流等都纷纷构建起智慧物流生态链，电商主导下的智慧物流生态链快速发展。相比于一般类型，电商主导下的智慧物流生态链由电商订单驱动，电商平台运营商负责物流供给生态群和需求生态群的高效匹配，其客户需求更加个性化、多样化，其供给端的协作与沟通要求更高。因此，电商平台如何高效匹配供给端与需求端，如何提高生态链的组织效率具有更加重要的作用，这是实现其主导生态链的稳定、健康发展的关键。

然而，从实践层面来看，首先，我国物流行业的企业规模普遍不大，整个行业小、散、乱现象明显，有效管理手段不足，存在诸多难以治理的状况。这种状况的存在导致生产要素难以自由流动，资源配置效率低下，难以形成统一、开放、有序的市场（Wang and Lin，2019）。以菜鸟网络的调研结果为例，依托于阿里系企业庞大的订单量，菜鸟联盟致力于构建以数据为驱动的社会化协同物流平台，整合社会物流企业资源，推动物流产业降本增效。但是，管理者表示，生态链涉及的社会化物流企业原有的利益错综复杂，帮助它们提升管理能力、进行深层次的改革成本非常高，还面临着它们是否愿意接受变革的问题。菜鸟物流与合作伙伴之间的合作一直处于不断试错摸索之中，双方在战略方向与目标制订方面尚未达成统一意见。其次，电商物流行业中的平台企业崛起较晚，是一种新型的企业经营方式，其合作无相关经验可以借鉴，只能由双方在合作过程中不断摸索，因而会不可避免地产生一定的试错成本（Luo et al.，2019）。这些管理上的问题导致智慧物流生态链的组织效率并不高。最后，相比于一般智慧物流生态链，电商平台的客户生态群具有更加多样化的场景与响应需求，如“一小时达”“当日达”“送货上门”等。电商平台需要高效地组织物流服务提供商进行信息交流和网络协作，构建覆盖与响应更高的生态群。因此，相比于生态服务能力、生态技术创新能力是影响智慧物流组织效率的主要因素，电商平台主导下会呈现出新的特征。例如，生态链的履约程度将会显著影响电商平台与供给生态群的组织协作效率。从理论层面来看，物流服务提供商的能力被认为是影响电子商务订单处理效率的因素（Leung et al.，2018），更多地关注物联网技术在库存、物流和支付方面的应用能够有效提高运作效率（Xu，2014；Han and Li，2012）。而对于生态群之间有效协作关注较少，因此智慧物流生态链的组织效率影响因素还需要进一步探索。

本章基于来自中国的四个电商平台物流公司的一手访谈资料开展多案例研究，详细介绍了电商平台主导下的智慧物流生态链结构，以及组织效率影响因素，为电商平台高效组织智慧物流生态链提供理论框架。

11.2 电商平台主导下的智慧物流生态链结构

从基本结构来看，电商平台主导下的智慧物流生态链主要由三个部分组成，供给生态群、电商平台与需求生态群。

电商平台主导下智慧物流生态链的运作由订单驱动，运作过程主要包括三个环节：服务提供商基于信息共享的协同运作、电商平台全面智能化整合、末端客户服务的多场景化。

对于供给生态群中的服务提供商而言，其在智慧物流生态链的运作过程中主要是利用物联网技术，实现提供商社群高效的信息共享和互动。每个智慧物流生态链相关成员都充分发挥其所在领域的优势，共同完成订单要求。

同时，商贸、金融、物流各类企业协同运作，依托于智能化分析技术实现上下游高效协同的任务分配。

对于电商平台运营商而言，其在智慧物流生态链的运作过程中主要是利用优质的管理水平和先进的互联网技术，实现数据应用的开放、透明、共享；并通过整合电子商务企业、第三方物流服务商、供应链服务商等企业，支持物流行业向高附加值领域发展和升级。

对于需求生态群中的客户而言，末端服务的多场景化也是关键一环。在该环节中客户之间的互动会产生多样化的需求，引导电商平台联合供给生态群中的服务提供商推出多种服务产品，如“一小时达”“当日达”“送货上门”等，以满足甚至超过客户预期。并且在物流过程结束之后，还会有客户评价以信息流的方式反馈到电商平台和提供商社群，用来提高生态链供需匹配程度。

因此，电商平台主导下的智慧物流生态链如图 11 - 1 所示（虚线为信息流，实线为实物流）。

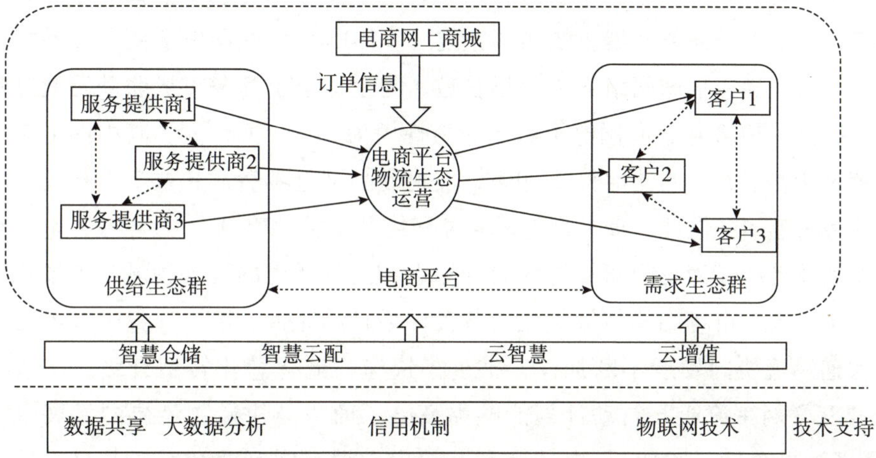

图 11 - 1　电商平台主导下的智慧物流生态链

11.3　研究方法与案例描述

11.3.1　研究方法

本章将采用多案例的研究方法，通过归纳、对比的方法进行论证。案例研究适用于研究现实问题是“怎么样”的，本章的研究对象为电商平台主导下的智慧物流生态链的组织效率，即回答“怎么样”的问题。多案例研究能够对案例进行深入、系统的描述和解释，从而使研究者更好地掌握问题的动态发展和所处情境，得到更全面和完整的结论。

多案例研究可被看成进行一系列的实验，各实验间遵循复制的逻辑原则，即由其他案例得到的结论均可用任何一个案例来验证或否证（Yin，2004）。相比于单案例研究，多案例研究有利于形成好的理论架构，若条件允许，采用多案例研究能更好地提炼出一般性的理论（Eisenhardt，1989）。

本次研究为电商平台主导下的智慧物流生态链组织效率影响因素框架探索，由于多案例研究比单个案例的研究要复杂，因此，它提供的模型也更可靠（Yin，1994）。

11.3.2 案例选择及案例描述

本章选取我国的电商平台进行研究，其主要原因有两个方面。第一，我国是世界上电子商务发展较快的国家之一。2018 年，我国电子商务交易规模持续扩大，稳居全球网络零售市场首位，与全球电子商务市场联动发展态势愈加明显；2018 年，我国电子商务交易规模为 31.63 万亿元，其中网上零售额超过 9 万亿元，同比增长 23.9%，实物商品网上零售额超过 7 万亿元，快递业务量超 507 亿件（商务部电子商务和信息化司，2019）。近年来，电子商务服务业已经成为我国新经济发展的亮点和最具活力的发展领域，市场规模进一步扩大，市场结构持续优化，分工体系日趋完善。第二，我国电子商务与快递物流协同发展不断加深，推进了快递物流智慧化转型升级。深入实施“互联网 + 流通”行动计划能够提高电子商务与快递物流协同发展水平（国务院办公厅，2018）。电子商务与快递数据互联互通和有序共享，是促进电子商务与快递协同发展的重要条件。许多电商平台服务企业加速整合，促进电商企业发挥协同效应，生态型电子商务平台成为未来发展新趋势。许多知名的电商平台如阿里巴巴、京东、海尔依托其强大的生态系统，对其生态体系内资源进行整合，积极探索智慧物流创新，寻求生态链上下游的协作共赢。因此，适合从我国的电商平台中选取相应的智慧物流案例进行本章的研究。

中华人民共和国商务部于 2017 年 9 月公布了 2017—2018 年度电子商务示

范企业名单，共238家企业。我们从中筛选出具有智慧物流生态链的企业10家，通过电话访谈和邮件往来获得了6家企业的认可。在这6家企业中，我们的案例企业选择标准如下。

（1）所选择的案例公司应该具有至少五年的电商平台发展经历，在近三年内有明确的智慧物流生态链建设。

（2）所选择的案例公司在服务领域、服务对象、组织模式等特征上应该具有一些差异，这样通过比较得到的结论才更具有价值及普适性。

（3）所选企业的智慧物流生态链发展情况、所提供的技术信息、生态链结构等相关信息可获得并真实。

根据上述标准，本章选取当前发展较好的且拥有不同的智慧物流生态链组织模式的电商平台作为研究案例，分别为：菜鸟网络、京东、唯品会和苏宁。这四个案例中，菜鸟网络是社会化协同物流平台，而京东、唯品会是自建物流并提供一体化解决方案，苏宁是集自营和第三方物流配送于一体的综合性物流公司。表11－1给出了四家案例企业物流的基本信息。

表11－1　　四家电商平台物流的基本信息

企业名称	成立时间（年）	企业规模（员工数量）	企业创新优势	业务区域	智慧生态链建设
菜鸟网络科技有限公司	2013	较大（约117893人）	打通覆盖跨境、快递、仓配、农村、末端配送的全网物流链路，提供大数据联通、数据赋能、数据基础产品等；提供仓配一体解决方案、跨境物流解决方案等	覆盖全国250个城市，仓储面积超过100万平方米	依托阿里巴巴平台，在“新零售”时代下，建立对物流全要素、全流程、全场景重构；计划将在全球多地建立世界级物流枢纽，打造全球端到端的供应链解决方案

续 表

企业名称	成立时间（年）	企业规模（员工数量）	企业创新优势	业务区域	智慧生态链建设
北京京东物流有限公司	2012	大（约140000人）	开放平台，提供京东快递、供应链及物流云服务	运营254个大型仓库、6个“亚洲一号”智能物流中心，仓储设施占地约430万平方米，拥有5987个配送站和自提点，覆盖全国2646个区县	开放平台计划，为企业提供供应链运营服务；探索“线上线下O2O+仓储物流协作”战略
唯品会信息科技有限公司	2013	中等（约31000人）	与兰剑合作开发蜂巢式电商4.0系统	拥有160万平方米仓储面积，1.8万仓储员工，5大物流仓储基地，布局12个海外仓和11个保税仓	首创全自动集货缓存，提升技术优化环节
天津苏宁物流有限公司	1990	较大（约110000人）	机器人仓储、无人物流的智慧物流样本正逐步成形	建成57个遍及全国的智慧化物流基地，基地总面积达到180万平方米	“数据+无人”两大智能生态探索物流前沿科技、百川计划，启动骨干仓网、社区仓网建设

11.3.3 数据来源

研究小组成员对每家公司的高层管理团队成员（包括CEO及其直接下属）进行访谈。数据来源包括三个方面：高层管理人员的初次访谈，公司高层管理团队成员的半结构化访谈，第二手资料。

（1）对高层管理人员进行初次访谈。访谈首先要求描述公司的智慧物流发展情况。其次要求对公司的核心能力、主要竞争对手、经营业绩等情况进行介绍。最后请每个高层管理人员针对电商平台主导下的智慧物流生态链的组织效率提出可能的影响因素，研究人员选择若干因素进行深入研究，并在之后与公司高层管理团队成员的半结构化访谈中详细阐释。

（2）对高层管理团队成员的半结构化访谈，根据初次访谈得到的影响因素初步构建影响机制的理论框架，提出命题假设。制订出详细的访谈问卷，由 11 个无确定答案的问题组成。根据归纳性研究方法，在访谈时可以补充一些能够提高访谈效果的问题。访谈通常持续 30 分钟到 60 分钟，但有时长达两个小时。访谈主要是对初次访谈的内容进行深入分析，同时也是对初次访谈的补充。

（3）对能够得到的行业报告和内部文献进行检索，并且收集整理公开可得的各家公司情况、财务绩效等，对这些信息进行非正式观察并收集数据。充分掌握公司的智慧物流发展历程及最新动态。

11.4 电商平台主导下的智慧物流生态链组织效率影响因素

本章通过调查国内四家主要电商平台物流公司主导下的智慧物流生态链，归纳出以下研究问题。①生态链的技术创新能力与电商平台主导下的智慧物流生态链组织效率的关系。②生态链契约关系与电商平台主导下的智慧物流生态链组织效率的关系。③其他因素（包括国家政策、消费者需求、生态链间竞争与信息共享）的影响机制。

11.4.1 生态链的技术创新能力与智慧物流生态链组织效率的关系

技术创新首次由熊彼特（Joseph A · Schumpeter）在《经济发展理论》中系统地提出。“创新”就是一种新的生产函数的建立，即实现一种从未有过的生产要素和生产条件的新结合，并将其引入生产体系。生态链的技术创新能力是指在智慧物流生态链中应用的现代化技术工具，并开发新技术的能力。技术创新能力的发展能够实现企业组织绩效的提高（Camisón and Villar-López, 2014）。由于颠覆性技术的快速发展，今天的企业正面临着前所未有的变化速度——组织必须发展它们的商业模型，以利用这些技术出现带来的机会

(Goldsby et al. , 2016)。研究表明，物流服务供应商应用新技术的意愿与供应链组织绩效之间存在正相关关系（Lin，2009)。技术创新能力的提高将有效提高中国物流业的供应链组织绩效（Lin，2008)。通过物联网、云计算等新技术构建智慧物流生态链的组织形式。大数据技术的创新发展促进了生态链信息共享，推动其组织效率的提高。据此提出假设1。

假设1：企业的技术创新能力增强，推动电商平台主导下的智慧物流生态链组织效率提高。

我们对这四家电商平台物流服务企业进行综合比较，结合访谈内容进行整理，如表11 -2所示。

四家企业均表示为了提高组织效率，有在技术创新方面进行投资的想法和战略。菜鸟网络主要致力于社会化协同平台建设，通过数据赋能生态链成员，提高协作效率；京东物流主要致力于供应链基础设施和智能平台建设，提升物流纵向一体化水平，提高生态链的组织效率；唯品会致力于将最先进的技术和设备运用到仓储物流体系中，利用大数据进行订单的优化分析，以及更多地赋能商家，促使生态链整体高效运作；苏宁的物流管理人员表示，苏宁在信息系统建设和智能仓储设备方面是非常强大的，这能够提高生态链组织效率。

这些证据都说明，虽然技术创新能力在不同运作模式的电商平台主导下的智慧物流生态链中有不同体现，但是增强技术创新能力能够推动人工智能、大数据、物联网等创新技术与物流生态链的深度融合，以实现智慧物流生态链的高效运作。我们认为假设1在该多案例分析中得到了验证。

表11 -2　四家电商平台对技术创新能力与生态链组织效率关系的描述

公司名称	技术创新	技术创新与组织效率的关系
菜鸟网络科技有限公司	“生态场景很丰富、很复杂，通过技术手段掌握场景之间的通性，能用尽量标准化的方式解决问题，这样才能降低成本。”	“基于电商单量预测，依靠淘系电商的单量，利用大数据预测，甚至可以为淘系商家提供分仓宝和选仓宝服务。菜鸟通过每天出售的订单信息，可以通过大数据分析商家在哪里建仓的效率最高，成本最低。”

续 表

公司名称	技术创新	技术创新与组织效率的关系
北京京东物流有限公司	“随着经济技术业态的不断发展，社会分工也日益精细，越来越多的企业从纵向一体化方式向外包非核心业务环节方式转变。智能供应链、技术创新、产品设计、精益生产、品牌营销共同构成了企业的核心竞争力。”	“过去十年自主研发的大数据平台、订单履约平台、零售平台、库存平台、仓储平台、运输平台等智能系统，很好地把硬件、软件和各种场景结合，将商家、消费者、货物、仓储、配送连接起来，统一管理、统一操作，形成以体验为导向的全流程供应链平台。在智能硬件方面，京东物流还通过无人仓、无人车、无人机、无人零售四大‘黑科技’，在全球引发效率革命。”
唯品会信息科技有限公司	“目前唯品会在做物流自动化和物流 AI 技术，还有自动化立体仓库。致力于将最先进的技术和设备运用到仓储物流体系建设中，巨资购入蜂巢系统，这意味着唯品会物流体系在仓储方面可以实现无人化。”	“大数据技术是我们一直在做的，基于每日百万级的订单量和用户数我们需要用大数据技术进行优化分析。科学技术是第一生产力，基于科学技术的创新才能有真正的效率提升。唯品会未来将利用自身优势，更多地赋能商家，在仓储、物流、金融等诸多方面为供应商提供一站式服务，携手为消费者带来最大化的‘惊喜’购物体验。”
天津苏宁物流有限公司	“无人仓、无人机、末端投递的无人小车‘卧龙 1 号’、投递站等先进技术与设备已经在苏宁物流中投入使用。这都依赖于基础设施的投入，同时我们对自动化技术非常期待。”	“目前企业能够达到量采的有自动拣选设备和无人仓（目前还做不到能够调节波峰波谷。如‘双 11’时的备货量是平时的 10 倍，这就需要人为的参与）。后台的物流信息系统，可以制订拣选路线（是按类型拣选，还是 U 型拣选等），它体现在配送、仓储的每一个环节，在快递员配送方面可以做到 1 小时达等。还可以进行订单预测。此外，硬件设备和智能化设备都有赖于基础设施的投入。”

11.4.2 生态链履约与智慧物流生态链组织效率的关系

为了生态链能够平稳运行，生态链成员需要制订契约，对生态链各节点上的企业进行协调，使之高效合作。契约是一种协调机制，它为供应链所有成员提供激励，使分散的供应链行为接近或完全等同于一体化供应链（Wang，2002）。契约的制订与执行能够有效地提高供应链绩效，例如，期权契约的执行可以使供应链协调得以实现，从而提高供应链绩效（Guo et al.，2005）。类似的，生态链上各企业是共生共存的，因此生态链契约就至关重要。生态链上契约的严格履行能够有效提高生态链绩效。据此提出假设2。

假设2：生态链严格履约能够提高智慧物流生态链组织效率。

我们从四家电商平台有关生态链契约履行与其组织效率的关系表述中发现，电商平台会通过促使生态链成员履行契约以提高生态链的整体效率，具体的调研内容如表11－3所示。

表11－3　四家电商平台对生态链契约履行与生态链组织效率关系的描述

公司名称	对契约履行与生态链组织效率关系的描述
菜鸟网络科技有限公司	“菜鸟对物流提供商主要还是依赖于合同的约束，惩罚为主，奖励为辅。生态链成员如果做得不好或者和菜鸟目标不匹配，菜鸟就会将其更替。在合作过程中契约的严格履行能够使生态链更加高效有序地运作。”
北京京东物流有限公司	“京东物流基于大数据、人工智能技术实现智能供应链一体化的柔性融合，以销售预测作为起点，在布局、补货、调拨、看板管理等方面，为生态链上的合作企业提供了有针对性的产品，为商家提供全渠道、全供应链环节的解决方案。商家可以感知供应链整体运行状况、健康状态，辅助商家做出最优决策，实现整体供应链可视、可控、最优。”
唯品会信息科技有限公司	“契约是企业间开展一切合作的基础，生态链合作伙伴严格履行契约，各个企业做自己专业内的事情，能够使整个链条高效有序地运作。”

续　表

公司名称	对契约履行与生态链组织效率关系的描述
天津苏宁物流有限公司	“在生态链上的企业信息共享，统一思想、统一组织，生态链整体共同发展。相比于原来，组成生态链之后，企业分工细化，每个企业的任务更加明确，企业只做自己专业的事情，效率更高。 在市场上并没有与苏宁完全相同的企业，不同企业在某些方面的要求会有细微的差别，因此有些合作成员能够提供的产品或者服务并没有其他公司能提供。电商平台会对成员企业有自己独特的要求，这是跟平台流程和运营模式有关的。履约程度越高，生态链的组织效率就越高。”

在访谈过程中，受访企业均表示生态链契约的严格履行对生态链组织效率的提高非常重要。菜鸟网络认为契约的严格履行能够促使生态链高效有序地运作。京东物流与生态链上企业深度融合，提供全流程的供应链解决方案以提高效率。唯品会认为契约的严格履行能保证生态链高效有序运作。苏宁物流也明确表示履约越严格，生态链的组织效率就越高。在以上例子中，核心企业都会根据生态链的整体目标，与生态链成员制订契约，约束其行为，并通过促使成员履约，提升生态链组织效率。我们认为假设 2 在该多案例分析中得到了验证。

11.4.3　其他因素对智慧物流生态链组织效率的影响

1. 国家政策

政策扶植的影响在科研创新方面体现为科技改革在激励高校和科研院所、增强企业创新能力、促进产学研结合等方面发挥了积极作用（Zhong and Yang，2007）。国家政策的倾斜，会有效地促进相关产业的发展。物流业对中国现代社会的影响巨大，已被公认为是中国主要的生产服务业之一（Yu，2015）。在绿色供应链管理方面，响应国家建设生态友好型社会的号召，许多学者开始研究寻求可持续发展的绿色供应链管理（Green et al.，2012）。在助推技术创新能力方面，研究表明，政府通过有效的技术政策促进国内技术发展，能够使企业成为技术升级的主要力量（Fan and Watanabe，2006）。同样，智慧物流的发展也能加速物流业降本增效的进程，国家政策的鼓励和支持，能够有效减少生态链技术创新过程中的障碍。据此得出假设3。

假设3：国家政策的支持会促使生态链技术创新能力的提高，进而提升智慧物流生态链组织效率。

如表11－4所示，受访的四家电商平台均认为国家政策会对智慧物流生态链的技术创新水平造成影响。菜鸟网络认为，国务院部署推进“互联网＋”高效物流，引领智慧物流进入了以大数据、云计算等现代信息技术为引导的全新发展阶段，促使企业提高技术创新水平。京东积极响应十九大报告有关供应链创新发展的要求，建立通路网络智能平台。唯品会认为国家政策会促使企业技术创新水平的提高，以响应政策对物流发展的要求。苏宁将国家政策看作智慧物流技术创新的导向，这推动企业不断提高技术创新水平，将更多的新技术与物流融合。因此，本章认为假设3在该多案例分析中得到了验证。

表11－4　四家电商平台对国家政策与生态链技术创新关系的描述

公司名称	对国家政策与生态链技术创新关系的描述
菜鸟网络科技有限公司	“2016年7月，国务院总理李克强主持召开了国务院常务会议，部署推进‘互联网＋’高效物流。这标志着以互联网、大数据、云计算等现代信息技术为引导的智慧物流进入了全新的发展阶段。从实践效果看，智慧物流已成为我国物流业提质增效、转型发展的新动能。”
北京京东物流有限公司	“十九大报告明确提出要在现代供应链领域培育新的增长点，形成新动能，建设现代化经济体系。这标志着我国开始进入现代供应链创新发展的新时代。京东物流以全球智能供应链基础网络（GSSC）为蓝图，建设实体的通路网络智能平台，推动实现供应链的无缝连接和快速反应，达到商流、物流、资金流、信息流的协调通畅。”
唯品会信息科技有限公司	“国家政策是对物流行业的宏观要求，可能对实际操作不会产生影响，但是会对未来的发展方向有影响。例如，生态环境相关政策会推动我们在绿色物流方面进行技术创新。”
天津苏宁物流有限公司	“国家政策对智慧物流技术创新起到了导向作用，决定了产业整体发展的大方向。”

2. 消费者需求

随着经济的不断发展，单一服务已经不能满足消费者日益增长的需求。在智慧物流生态链中，各社群电子交易设施、物流服务组、商业金融组和信息支持组被组织和安排在因特网上相互通信和交换信息，以便向客户提供物流服务（Wong，2006）。同时，消费者需求异质性为供应方对技术生命周期提供了解释，“技术满意的”消费者在形成创新激励机制中发挥作用（Adner and Levinthal，2001）。这意味着消费者需求的多样性能够激励企业的技术创新。在生态链上，每个成员的努力都与消费者市场不断变化的需求相一致（Rich and Hines，1997）。企业采用基于消费者异质性的策略可以产生竞争优势，没有资源或能力的模仿障碍，消费者成功地驱动了创新（Priem et al.，2012）。以消费者需求为导向，不断提升服务质量，在保证物流基本要求的情况下，提供超过消费者预期的服务，这就需要技术创新水平的不断提高来支撑。

据此，得出假设4。

假设4：消费者需求会促使生态链技术创新水平的提高，进而提升智慧物流生态链组织效率。

如表11－5所示，消费者需求会促使生态链技术创新能力的提高得到了四家受访企业的认可。企业都认为多变的消费者需求使得企业需要通过提高技术创新能力提供差异化的服务来创造更好的消费体验。当前，用户体验是衡量各企业服务水平的唯一标准，一方面是速度体验，另一方面是服务贴心。消费者需求的灵活多变，以及定制化需求的不断增加，会促使企业不断提高技术创新能力，从而提升智慧物流生态链的柔性和响应速度。

表11－5　四家电商平台对消费者需求与生态链技术创新关系的描述

公司名称	对消费者需求与生态链技术创新关系的描述
菜鸟网络科技有限公司	“个性化需求的增加对业务是一个很大的挑战，但是对未来是一个机遇，也是未来的盈利点，通用型的产品越来越难以支持2C（商对客）的需求。”
北京京东物流有限公司	“信息时代到来后，消费者成为新的权力中心。在供给侧，互联网不断削减商品流通的中间环节，物流触达产业的广度和深度不断加强；在消费侧，物流开始直接连通消费者。在这两大基础上，物流开始围绕用户体验而设计。”

续　表

公司名称	对消费者需求与生态链技术创新关系的描述
唯品会信息科技有限公司	“我们需要引导消费者的需求，在运作的具体实践中，不断探索能够给消费者带来方便、改善消费者体验的服务设计。”
天津苏宁物流有限公司	“对于消费者需求，我们要给消费者提供更具差异化、更能让人耳目一新的服务。提供的产品要超出消费者的需求，因为现在供应太方便了，只有提供差异化的产品和服务，才能让消费者记住。这就需要后台软件的支撑，需要智慧物流技术的创新。”

3. 生态链间竞争

研究表明，在生态链长期发展的过程中，竞争对技术创新的推动作用是不可忽视的（Hecker and Ganter，2013）。竞争显著促进了企业的供应链管理水平提高和供应链整合（Kim，2006）。在供应链竞争中，企业通过信息技术的创新，以及提高信息共享能力来不断地加强其竞争优势（Ha and Tong，2008）。同样，生态链间竞争会促使企业加快技术创新的步伐。为了在竞争中占据有利地位，获得更大的市场规模，电商平台生态链需要不断增强技术创新能力，推出具有独特性并且不可替代的服务来吸引消费者，从而扩大市场规模。创新型技术的应用是提高智慧物流生态链效率的根本。

据此，得出假设5。

假设5：生态链间竞争会促使生态链技术创新水平的提高，进而提升智慧物流生态链组织效率。

在对菜鸟进行调研时，我们了解到当前的物流行业已经从打价格战转变为了打服务战。我们将电商平台主导下的智慧物流生态链间竞争定义为物流时效、解决“最后一公里”配送的服务能力的竞争。四家受访企业均认为生态链间竞争会促进技术创新水平的提高。前端的竞争会促使企业提高技术创新水平，以加强对后端物流服务能力的支撑，使企业在竞争中获得长期优势。我们认为，假设5在该多案例分析中得到了验证。

表11－6总结了本次研究在生态链间竞争方面的证据。

表 11-6　　生态链间竞争

公司	示　例	生态链间竞争是否促进技术创新水平的提高?
菜鸟网络科技有限公司	“这是一个必然的现象，因为前端的竞争更多的是平台方从商业角度进行的竞争。物流作为背后的支撑能力，更多地表达在商品端和消费者端。当竞争进一步产生之后，竞争的服务能力提供方会参与进来，它们共享的内容有助于整个链路上更快、更好、更节约地去帮助商家端实现其所期望的物流服务的提升，这会推动技术创新水平的提高。”	是
北京京东物流有限公司	“物流技术的创新有两种，一种是竞争引起的技术创新，例如阿里新上线的快递员App。竞争使得电商平台是否能获得订单取决于服务的质量和是否能提供高附加值的服务，这就需要从技术和管理两个方面降本增效。”	是
唯品会信息科技有限公司	“竞争可能不会促进两个强势平台的联合，但是竞争会促进个体技术的强大，使得公司在技术上不断探索和精进。目前越来越强调基于技术的竞争，在物流建设上更强调技术的发展。”	是
天津苏宁物流有限公司	“竞争越多，生态链智慧物流技术的创新步伐就越快。从我们的角度来讲，在同等的经营压力、同等投入下，要不断提高技术，才能保证成本优势，具有长期的竞争优势。”	是

4. **信息共享**

成员有意愿共享其信息才能建立更深层次的契约关系，才能构建深度履约的有凝聚力的生态链（Croom and Fawcett，2007）。不少学者已经研究了信息共享对于供应链的价值。信息共享和信息质量对供应链合作伙伴的信任和供应链合作伙伴之间的共同愿景有积极的影响，促使成员积极履约（Li and Lin，2006）。Eckerd 等验证了信息共享有助于减少合作公司的不道德行为，同时促进在长期合作关系中履约（Eckerd and Hill，2012）。尤其是当企业信息不透明时，信息共享减少了违约，使得企业深入履行契约（Doblas - Madrid and Minetti，2013）。类似，在电商平台主导下的智慧物流生态链中信息共享也是很重要的。借助于电商平台强大的整合能力，信息共享能够有效地实现资源共享，并且根据客户的订单信息，使物流商对其路径安排、仓库选址等进行合理规划。

信息技术的发展使得全球供应链伙伴之间的信息共享成为可能（Strader et al.，2002）。新的信息技术使得信息共享对各成员的协调作用更加紧密（Fiala，2005）。技术创新能力的提高会使信息共享的效率和质量都大幅提高，进而促进信息共享水平与履约之间的正向关系。据此得出假设 6。

假设 6a：生态链信息共享水平越高，智慧物流生态链契约履行越严格。

假设 6b：技术创新能力的提高将促进生态链信息共享水平与生态链契约履行之间的正向关系。

表 11 - 7 总结了本次研究在信息共享水平方面的证据，我们从访谈和共享信息种类中估计整体信息共享的水平。

表 11 - 7　信息共享水平

公司	示例	信息共享种类	信息共享水平
菜鸟网络科技有限公司	“菜鸟和制造商之间的数据共享：线上线下一盘货”； “数据共享使得供应和需求更加高效地对应”； “阿里系以外的数据只能进行沉淀，不能用于商业化。”	销售信息、 部分物流信息、 制造商信息（除顺丰以外信息全链路共享）	比较高
北京京东物流有限公司	“实现全供应链数据实时交互和可视化，是提高整体供应链协同水平的必然趋势”； “在供应链数据打通的基础上，进一步引入天气、路况、突发事件等外部数据。”	物流数据（共享各环节必须要有的经营性信息）	比较高

续 表

公司	示例	信息共享种类	信息共享水平
唯品会信息科技有限公司	“基于基本商业原则的信息共享，信息共享落实到运营和技术层次，生态链上企业的信息化达到一定水平时，不同企业甚至不同企业的不同部门实现信息联动。”	全流程信息、战略信息、物流信息、制造商数据、客户信息、……	很高
天津苏宁物流有限公司	“签约之后，成员企业除了商业机密（例如价格）之外所有信息都会共享。只要有需要，企业都会进行沟通和共享，促进共同进步。”	全流程信息、战略信息、物流信息、制造商数据、客户信息、……	很高

如表 11－7 所示，四家电商平台的信息共享水平存在差异，信息共享水平越高，生态链成员的信息联动越强，履约效果就越好。高度的信息共享水平也增加了成员违约成本，这就促进了生态链成员的契约履行。同时，生态链上信息的共享需要技术的支持，才能实现全流程可跟踪的数据化操作。因此，访谈结果证明，信息共享与生态链契约履行的正向相关关系受到技术创新能力的影响，假设 6 得证。

11.4.4 电商平台主导下的智慧物流生态链技术创新能力与契约履行程度的关系

电商平台主导下的智慧物流生态链上企业的履约程度往往比传统的合作关系的履约程度更高。这是因为电商平台主导下的智慧物流生态链企业互动增加，关系更加紧密。技术创新能力提升意味着更多的技术创新将会应用到生态链中，例如数据共享、信息管理平台的建设，这会极大地加强社群中成员企业间的交流沟通，彼此掌握对方更多的信息，一旦出现违约情况，对自身造成的损害是不可估量的。例如：供应商管理库存（VMI）模式下信息共享可以有效降低违约风险（Ma and Song，2012）；物联网平台在仓库管理上的创新应用能够有效提高动态环境下仓库分散管理的反应能力，提高企业的履约程度（Reaidy et al.，2015）。生态链的技术创新能力的提高会加强契约履行，促成生态链企业更深层的融合，从而建立起长久的合作关系。

据此，得出假设7。

假设7：生态链技术创新能力的提高会促进生态链契约履行程度的深入。

如表11－8所示，我们调研的四家企业均投入了较大的资源以提高技术创新能力，但是四家企业在投资方面略有不同。菜鸟网络比较注重平台的搭建。而京东、唯品会和苏宁物流则侧重于物流基础设施的技术创新，实现仓储、配送等现代化技术革新。

在实际中，智慧物流生态链的技术创新能力的提高会加强生态链成员企业之间的互联互通、深度融合，促使它们组成命运共同体，朝着同一个目标努力，从而促进生态链履约程度的深入。因此，假设7得到验证。

表11－8　四家电商平台对技术创新与生态链契约履行关系的描述

公司	示例
菜鸟网络科技有限公司	“技术创新能力的提高，比如，成员间信息共享是能够促进生态链契约的履行，每个物流服务提供商在淘宝每个月都有服务质量的考评，这些评价对于它们来说是很在意的。通过这个手段，表现在商家端和消费者端，然后由商家和消费者选择是否使用该物流提供商，这样就会促进其更重视服务质量的提升，履行生态链契约。”
北京京东物流有限公司	“每个链条环节所需的关键性信息通过技术创新水平的提高能够高效加工和传达，比如，快递员需要收寄货人信息，运输需要品类及温湿度信息，这样就减少了信息的琐碎程度。技术创新使得电商平台占据合作中的主导地位，促进成员企业紧密合作，加深了全链条成员合作，推动契约履行。”
唯品会信息科技有限公司	“技术创新能力提高必然会使生态链的契约履行更加深入，现代科学管理必须要以信息技术为前提。信息技术在某种意义上说是垄断资源，要达到一定的深度和广度。信息技术是中枢神经系统，上下游合作最核心的内容是避免信息的不对称、失真和滞后，实现信息透明化。”
天津苏宁物流有限公司	“智慧物流技术创新能力的提高是否会促进生态链成员企业间更深程度的履约，答案是肯定的。像阿里在这方面已经做得很深入了，阿里收购高德，将地址信息运用到淘宝、支付宝等阿里系平台上，这样企业间合作程度就很深了。”

11.5 电商平台主导下的智慧物流生态链组织效率影响因素理论框架

本研究探索了在电商平台主导的背景下智慧物流生态链组织效率的影响因素，研究了这些因素对组织效率的影响机制和因素之间的相互关系，并且得到了几个假设。图 11－2 描述了本研究的假设，这些假设围绕两个关键影响因素——技术创新能力和契约履行展开。

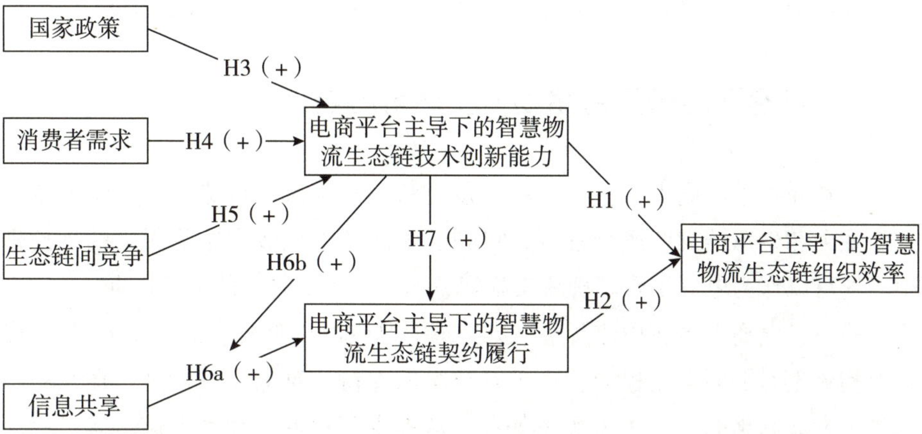

图 11－2　电商平台主导下的智慧物流生态链组织效率影响因素模型

注：H 数字对应文中的假设，+表示影响因素之间呈现正向相关关系。

几项假设都着重描述了各因素如何影响电商平台主导下的智慧物流生态链的组织效率。通过多案例研究，我们发现契约履行程度和技术创新能力是直接影响电商平台主导下智慧物流生态链组织效率的因素。电商平台的发展依托于信息技术的快速发展，其主导下的智慧物流生态链的发展也离不开人工智能、云计算、大数据等技术的发展，技术发展能够更好地促进生态链协同管理，降低成本，提高组织效率（假设 1）。生态链上各成员间的契约履行程度越高，契约对生态链上下游企业的协调作用就越强，生态链的组织效率就会越高（假设 2）。通过访谈，我们发现这两个直接因素并非独立存在的，生态链技术创新能力的提高，有利于实现科学高效的管理，从而加深生态链的契约履行程度（假设 7）。

除了直接影响因素，国家政策、消费者需求、生态链间竞争、信息共享等也会影响电商平台主导下的智慧物流生态链组织效率，但是与主要影响因素不同，这些因素为间接影响因素。国家政策、消费者需求、生态链间竞争通过影响技术创新进而影响生态链的组织效率。国家政策的支持会促进企业的技术创新（假设3），消费者需求的多样化和不确定性也会促使企业不断提高技术创新水平来应对挑战（假设4），生态链间竞争会促使企业加快技术创新的步伐（假设5）。信息共享通过影响生态链契约履行最终影响其组织效率，信息共享水平越高，生态链成员间就越信任，契约履行程度就会越高（假设6a）。同时，我们发现电商平台主导下的智慧物流生态链技术创新能力的提高还会加强信息共享与生态链契约履行程度之间的关系（假设6b）。

11.6 电商平台构建智慧物流生态链的建议

本章介绍了电商平台主导下的智慧物流生态链影响因素——生态链技术创新能力和生态链契约履行程度，得到了生态链组织效率影响因素的理论框架。这可以作为电商平台管理者实施智慧物流生态链管理的借鉴依据。

第一，电商平台在构建智慧物流生态链时应当注重技术创新能力的提升。智慧物流生态链的全流程运营离不开技术的支持，对电商平台这一在互联网基础上发展起来的产业来说更是如此。从提供商社群的智慧仓储、运输等环节，到电商平台的可视化管理、上下游的高效匹配，都离不开现代通信技术的创新发展。加大技术创新的投入将会有效提升智慧物流生态链的组织效率。

第二，电商平台管理者需要把握技术创新能力与生态链契约履行之间的关系，以促进成员履约。首先，依据电商平台自身的发展战略制订合理的生态链契约。其次，分析国家政策、消费者需求，以及生态链间竞争对其技术创新能力的影响，并把握技术创新对信息共享与生态链契约履行关系的调节作用。借助国家政策的推动，差异化竞争，深度了解客户需求，对内外部情况作出准确的判断与预测，从而更好地创新智慧物流技术，构建高效的智慧物流生态链。

12 智慧物流生态链设计及其实证分析研究

12.1 智慧物流生态链设计的关键问题

当今智慧物流体系处在一个强大的网络环境，体系中众多的利益相关者可以扮演不同的角色在高度复杂和分散的物流市场中进行合作和竞争，形成了“智慧物流生态链”（Hofman and Bastiaansen，2014）。为了促进智慧物流生态链的健康运营，科学地设计智慧物流生态链是最重要的前提。设计智慧物流生态链是快速响应客户需求、深度挖掘市场潜力、增强生态链整体协同能力竞争能力和创新能力的重要保证。许多智慧物流企业如京东物流、日日顺物流、菜鸟网络、中外运等逐渐重视生态链体系设计，这为推动后续的生态链可持续运营奠定了坚实的基础。然而，由于生态合作伙伴具有多方位、技术创新盲目性等特征，如何充分发挥各个环节的主观能动性，保持整体目标的一致性，围绕客户价值构建动态、稳定、有序的生态链仍然是一个巨大的挑战。

在智慧物流生态链的现有研究中，关于智慧物流生态链设计的研究较少，目前对物流架构的设计研究多是基于传统物流背景（He，2018），考虑了智慧物流的部分特点（王帅和林坦，2019），或者基于某一视角进行分析，如可持续视角（胡中峰和杨学春，2019），融入智慧的元素，对企业运营进行了研究。但是，对智慧物流生态链的设计鲜有研究，并且缺少具体案例的实证研究，难以为智慧物流生态链发展提供前瞻性的参考。

因此，本章以此作为切入点，对智慧物流生态链的设计问题开展专门的研究，探索生态链设计的原则和主要考虑的因素，以及生态链结构设计的相关方法，并结合已有的案例开展实证研究。

12.2 智慧物流生态链设计原则

物流作为生产性服务行业，根据刘伟华等（2008）提出的服务供应链设计原则，生态链结构的设计有以下六条原则，分别是上下双向贯穿的设计过程原则、协调性原则、动态性原则、创新性原则、全局性原则和战略性原则。

12.2.1 上下双向贯穿的设计过程原则

在智慧物流生态链设计中，存在自上而下和自下而上两种设计方法。自上而下是生态链分解的过程，先设计整体再设计局部，而自下而上则是一种生态链集成的过程。在设计智慧物流生态链时，战略规划与决策是首要环节，规划与决策的依据来自市场需求和企业发展规划，而下层各部门的执行过程是对规划的反馈，所以在设计的时候要上下双向贯穿，保证全局的整体性和高效性。

12.2.2 协调性原则

在智慧物流生态链中，各成员的协同程度至关重要。智慧物流生态链强调互利互惠、共赢共生，良好的战略合作伙伴关系是这一目标的重要保障。供应链协调是长久以来的话题，在智慧物流生态链中也更加被强调，充分发挥供应链各个环节的主观能动性，保持整体目标一致性，才能在激烈的市场竞争中赢得一席之地。

12.2.3 动态性原则

生态链作为一个多企业合作共同体，不确定性在生态链中随处可见。随着时代的发展，信息技术突飞猛进，行业也日新月异，企业更是“速生速死”。因此，一方面，生态链的设计要具有一定的柔性，能够紧跟环境的变化而做出响应，保持生态链的健康发展。另一方面，生态链需要能够降低不确定带来的各种影响，减少信息传递过程中的信息延迟、失真和扭曲。

12.2.4 创新性原则

创新是社会进步的核心驱动力，也是企业的生存要义，许多物流企业也在构建生态链的过程中在创新方面不断突破。如2019年京东物流设立5G智能物流示范园区，G7推出智能挂车“数字货舱”等，都是行业里构建生态链的典型范例。在生态链的创新过程中要注意几点：一是创新要符合企业的发展战略，在进行创新的时候不能盲目，也不能贪功，要紧紧围绕企业的战略目标出发；二是要符合市场需求；三是要发挥各个企业主体的联合创造性，不同企业主体会有不同视角和不同的利益诉求，要综合考虑。

12.2.5 全局性原则

生态链主要特点在于通过智慧物流现有设施与提供的服务，围绕客户的需求，提供全方位、全渠道和全过程的服务。因此，在设计生态链服务过程中，需要有全局性的思维。要围绕服务的细分和结构化，紧密围绕客户价值最大化，在成员的选择、服务内容的开发、服务绩效的评价等方面都需要全局统筹的思维。

12.2.6 战略性原则

生态链战略的提出与实施，需要智慧物流生态链上的所有企业成员共同努力，发现客户的价值点并且作出努力，所以战略性的布局十分关键。例如，日日顺的智慧物流生态链发展就是一个典型的例子，日日顺联合多家其他行业的供应商，为客户提供供应链一体化服务解决方案，目前已经为家电、家具、卫浴、健身器材、互补行业客户及用户，提供全品类、全渠道、全流程、一体化物流服务。

12.3 生态链设计中的核心影响因素

在进行生态链科学设计的过程中，核心影响因素有三类，分别是生态链成员、生态链主要产品和生态链布局。

12.3.1 生态链成员

生态链的成员不仅包括传统供应链的服务产品上游供应商、制造商、批发商、零售商和终端的生态链产品消费者，还包括整个服务过程中的其他产品的相关主体。此外，生态链不同属性的主体之间的合作关系也显示出多元化的特点（刘佳等，2019）。例如，科技信息服务生态链是由政府、企业、高校、科研机构等多元创新主体，在技术、文化、制度等多种创新环境下，采用辅助协调、决策支持等多种运行方式，为实现科技创新与知识创新而构成的合力。因此，从智慧物流生态链角度来看，生态链成员不仅包括原有的供应链各个主体成员，还包括提供相关信息、技术、设备和服务的各类企业主体。

12.3.2 生态链主要产品

产品设计是生态链发展的重要战略内容，好的产品定位能够为生态链业务的拓宽带来较大的利润空间和发展前景，所以生态链的主要产品设计尤为重要。在已有产品的基础上，它的设计将决定后期的服务主体投资、服务运作等一系列活动。

12.3.3 生态链布局

生态链的布局是指生态产品延伸的宽度。例如，围绕其生态产品，延伸出的一系列相关产品，这些相关产品形成关联性的布局，该布局将影响到生态链的系统发展。例如，菜鸟网络围绕物流生态链发展，积极推进“一横两纵”战略，建设整个物流行业的数字化基础设施，搭建面向未来的、基于新零售的智慧物流供应链解决方案，打造一张全球化的物流网络。

12.4 智慧物流生态链的设计方法

参考作者前期在服务供应链设计中的相关研究（刘伟华等，2008），本章提出智慧物流生态链设计方法，具体如图 12 - 1 所示。该设计方法中，主要包括需求分析、生态链产品设计、生态链类型确定、生态链成员确定、生态链搭建反馈过程。在这个设计过程中，需要智慧物流生态链的核心企业对市场需求进行科学分析并且挖掘出具有足够价值的潜在需求，确定产品和服务的有机组合，针对产品选择不同种类功能的提供商和运营商，并且确定生态链成员。

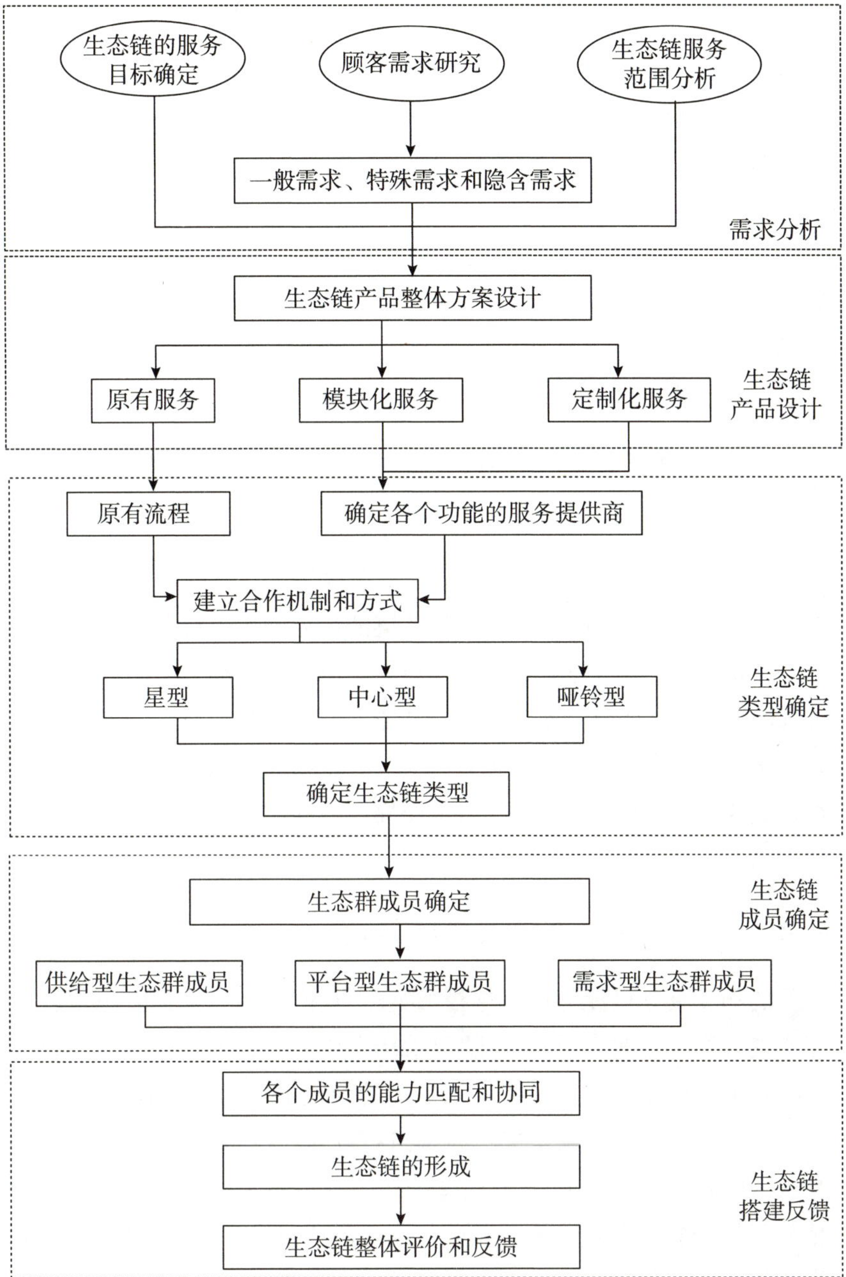

图 12－1　生态链结构设计流程

12.4.1 智慧物流生态链的需求分析

智慧物流的顾客需求研究：主要是通过需求分析，挖掘物流顾客的一般需求、特殊需求和隐含需求，获得这些需求的特性和需求的数量。

智慧物流生态链服务目标确定：通过目标确定，明确智慧物流生态链的服务水平和服务成本的目标。

生态链服务范围分析：通过智慧物流的顾客需求分析，找出所要建立的智慧物流生态链的运营管理特点，从而确定生态链的服务范围，运营管理特点，包括柔性的程度、服务的个性化程度、服务计划性的特点、服务能力的安排的特点等（刘伟华等，2008）。

12.4.2 生态链的产品设计

智慧物流生态链的产品设计主要有两个步骤，一是生态链产品整体方案设计；二是生态链具体产品设计。生态链产品整体方案设计的时候需要充分识别客户的需求，尤其是潜在的需求，对生态链的产品进行中长期的考虑。具体产品设计中，要根据整体服务方案进行子模块的分解和分类，根据自身的服务能力和外部的服务资源情况，进行提供服务能力的安排和部署。具体产品设计中通常来说有三种服务：一是一般服务，就是智慧物流系统提供的原有服务；二是模块化服务，即根据客户的不同需求而提供的各类增值服务，可以进行模块化选择；三是定制化服务，即根据客户的个性化需求提供的相应服务。

12.4.3 智慧物流生态链类型的确定

不同的物流服务目标不同，选择的智慧物流生态链类型也不同。通常来说，生态链类型有三种，分别是星型结构、中心型结构和哑铃型结构三种（李宗富，2017）。星型结构是以生态链上的管理成员为主的辐射型结构，供给生态群、需求生态群与各个成员直接进行联系，形成方便快捷的星状信息沟通模式。中心型结构也是一种重要结构，它是整个生态链的形成和发展，主要依赖于某一个部门或者某个成员，该部门或成员的信息传播和发布是生态链上的生产、组织、监管、发布等关键信息活动的基础，成为链上的主要控制者。哑铃型结构是以多平台互相合作为基础，以供给和需求为两大主力生态类群，两大类群直接与多平台相连接并进行沟通和业务往来，以供给和需求为主要的链群辐射地，链接其他等级的下属成员，形成哑铃型结构，共同推动生态链发展（李宗富和张向先，2016）。

在生态链设计中，要依据原有的流程，在各个服务提供商合作的基础上，根据合作机制、生态链成员的数量和结构，以及生态链信息流动方式确定生态链的结构布局，最终确定生态链的类型。

12.4.4 生态链成员的选择和确定

在生态链的设计和结构类型确定后，要进行生态链成员的选择，分别寻找供给型生态链成员、平台型生态链成员、需求型生态链成员。其中，供给型生态链成员在选择时需要明确该成员的供给产品特点、合作模式选择，以及供给周期等具体数量指标；平台型生态链成员则需要专门的技术部门成员对其技术进行监督和把控，平台的信息安全也十分重要；需求型生态链成员的选择关乎生态链布局等战略决策，需要明确该类成员的相关市场，了解该市场的属性特点。这三类成员之间，需要明确分工与合作。

12.4.5 生态链的搭建与反馈

在生态链成员选择和确定之后，通过契约合作，进行服务能力的匹配和对接并且完成流通信息的分享和整理，从而为生态链的基本结构打下坚实基础。然后通过设计相应的信息管理系统，集成服务供应链的信息，将线上信息和实体服务的业务同步进行。生态链投入运行后企业需要依据各种反馈结果对生态链不断地进行调整。

12.5 智慧物流生态链设计的实证研究

为进一步验证本章提出的生态链设计方法，这里对国内知名的两个物流企业——日日顺物流和林安物流进行实证研究，详细介绍它们做生态链设计的具体方法和过程。

12.5.1 日日顺物流生态链设计的实证分析

（1）日日顺物流简介。

日日顺物流隶属于海尔集团，主打大件物流，是国内领先的大件物流服务提供商。近年来，日日顺物流开始生态化发展，提出“人单合一，小微引爆”的发展原则，日日顺物流聚焦于用户个人场景，挖掘客户的个性化需求，利用“海达园”供应商平台，为用户提供快捷送达、一次到位和不断迭代升级的服务，以获取终身用户。日日顺物流基于科技化、数字化和场景化，产品从“送单品”到“送装同步、成套精准交付”，从“送产品”到“送全景解决方案”，为行业生态化发展树立了一个好的标杆。

（2）日日顺智慧物流生态链的设计过程。

第一步：需求分析。日日顺智慧物流利用“人单合一，小微引爆”的企业发展理念，利用日日顺的“服务兵”在服务过程中深入发现客户的潜在需求。同时，利用物联网生态感知技术，努力提升客户的个性化体验。日日顺已经构建了“四网融合”的平台（即信息网、配送网、仓储网、服务网），该平台涵盖了农村仓库网络，致力于实现最佳用户体验，并利用这些平台获取更多更为广泛的客户需求。

第二步：生态链产品设计。日日顺物流目前主攻三大场景设计，分别是健身场景、家居场景和社会化智能场景。在健身场景中，日日顺不单单提供健身器材，而是提供整个健身方案，包括健身食谱、运动装备。在家居场景中，用户的需求不仅是家的概念，很多的用户要求把厨房、卫生间等需要的服务进行整合，日日顺整合相关的家居品牌供应商，为客户提供一站式服务。在服务的过程中，日日顺根据获得的数据可以精确地提供用户解决方案。

第三步：生态链类型确定。依托海尔的大件订单，日日顺物流已经成功摸索出大件物品物流的基本模式，并且转型为物流平台型企业，同时充分利用平台优势串联不同企业成员。因此，日日顺物流生态链是一种典型的哑铃型生态链。

第四步：日日顺物流生态链成员选择。日日顺物流在发展中，既保留了原有的合作伙伴，也通过平台引用获得了京东、阿里等电商平台伙伴的支持。目前，为了给客户提供全方位的物流生态服务，日日顺物流助力供应商并进军智能家居领域，同时还吸引了很多供给型生态链成员的品牌加盟，其中包括谷歌、苹果、华为、三星等品牌。

第五步：生态链搭建与反馈。日日顺物流运行过程也不是一蹴而就的，它会通过实时反馈帮助日日顺物流完善生态链构建中的许多问题。例如，“车小微”平台中，用户会积极反馈在服务过程中的情况，从而有利于完善生态链的成员结构、组织效率和运行模式。

12.5.2 林安物流生态链设计的实证分析

（1）林安物流简介。

广东林安物流集团是一家以现代智慧物流园区的运营、管理和信息交易服务为主的第四方物流企业。集团在物流信息化、物流信用体系建设、物联网应用、第三方支付结算等方面处于全国领先水平，是广东省人民政府重点扶持的龙头企业。集团分别设有广州林安物流有限公司、广州林安物业管理有限公司、广州商物通网络科技有限公司，旗下的林安物流园是广州较大的物流园区，该园区主要从事现代物流园区的投资、运营、物流信息化建设和运营。

（2）林安物流设计基本过程。

第一步：物流生态链的需求分析。林安物流的客户主要是入驻林安物流园的第三方物流企业和司机。因此，林安物流利用大数据服务技术，预测在公路运输物流链上的每个环节的物流需求量和供应量，帮助第三方物流企业调整服务价格，帮助司机调整报价和服务质量。它们调研发现，货车司机迫切需要通过 App 实现全国的货源智能推荐，货主企业和第三方企业也需要通过新技术快速找到合适的运力。因此，避免双方在大量的车源信息和货源信息中自行搜索（既耗费用户的时间，又容易造成“有车没货”或者“有货没车”的情况），同时提供必要的增值性服务，成为林安物流客户的重要需求。

第二步：生态链产品的设计。林安物流根据行业的智慧化发展特点，对生态链上的产品进行了分类，如线上 App 业务、供应链金融业务、跨境电商和电商产业园业务、基地连锁板块业务，以及其他辅助业务。其中，在供应链金融产品中，林安物流集团拟与银行合作，尝试发放联名卡，提供“车主一卡通”专属服务，实现金融功能和园区功能的物理介质和系统功能的无缝链接，将金融服务、园区消费、园区管理、会员服务做到最佳整合，满足商户结算、融资、现金管理等一站式金融服务需求，以实现多方共赢。

第三步：生态链类型的确立。虽然大数据技术的引用使得林安物流自身的生态链结构更偏向哑铃型，但是其目标是充分利用供应链各环节的客户，并且将客户利益联结在一起，实现共赢，所以将其定位为星型结构。

第四步：生态链企业成员的确定。与其他行业不同的是，林安物流通过关联多家企业进行生态链的运行，生态链企业成员包括物流园区、物流设备工厂、集装箱厢式货车厂、轻重卡车厂、各地物流园区、油气储运企业、车队、专线公司、快运企业、快递企业等。这些企业共同为公路运输的客户司机和第三方物流企业提供生态化、集成化的服务。

第五步：生态链的搭建与反馈。截至 2019 年，林安物流已在海南、广东、江西、湖北、安徽、江苏、河南、河北、山东等省建立了自己的物流节点和物流网络，与生态链上的各个成员企业一起构建了全国物流生态圈。特别是，林安物流与其他物流园区构建了百驿互联工程，通过搭建百驿网，共同为网络上的成员企业提供多样化、生态化的物流服务。

12.6 智慧物流生态链设计的启示

智慧物流生态链设计是智慧物流运行的重要前提。本章以日日顺物流、林安物流为例进行了实证分析。研究结果表明，在生态链设计中，要充分遵循上下双向贯穿的设计过程原则、协调性原则、动态性原则、创新性原则、全局性原则和战略性原则。在设计过程中要充分考虑影响因素，如生态链成员、生态链主要产品和生态链布局。在设计方法上，要遵循需求分析、生态链产品设计、生态链类型确定、生态链成员确定、生态链搭建反馈几个过程。

13　智慧物流生态化指数的构建与应用研究

——来自日日顺物流的证据

13.1　智慧物流生态化指数

构建智慧物流生态链已经成为一种具有前瞻性、敏感性，充满智慧的自适应物流系统发展模式（Levans，2017），不少企业都在积极开展智慧物流生态链的相关实践。例如，京东物流提出了基于价值型生态链的智慧物流，旨在构建生态化的智慧物流供应与服务体系；日日顺物流正在以发展物流生态为核心，顺应物联网时代开放、协作、共赢的思路，搭建了一个开放的智慧物流生态体系，推动物流行业加速向智慧生态方向发展；菜鸟网络则提出了数字生态链大脑，与合作伙伴一起，通过建设国家智能物流骨干网，为整个行业生态效率的提升提供完善的基础设施。在当前企业纷纷开展智慧物流生态链建设的大背景下，随着参与者的增加和分工协作的复杂化，能否建立良好的智慧物流生态链成为考验物流生态运营商的关键。

智慧物流生态化指数是由多个可以反映智慧物流生态链发展水平的指标经过分项加权形成的，通过可量化和可获取的指标数据，利用科学的评价方法直观地反映智慧物流生态链发展水平的综合性指数。构建智慧物流生态化指数，一方面可以准确及时地判断当前智慧物流生态运营的整体绩效，另一方面能够发现智慧物流生态链运营过程中存在的问题，为核心企业改进智慧物流生态化运营提供必要的支持。

然而，在现有的学术研究中，关于智慧物流生态化指数的研究非常稀少，主要侧重于与物流相关的绩效（He et al.，2017），服务、运价、仓储、公路、电商等领域的相关指数（Beysenbaev and Dus，2020；Ekici et al.，2019）。虽然当前的研究尚未涉及智慧物流生态化指数的构建与应用，但如今许多领先的物流企业如京东物流、菜鸟网络、日日顺物流等，都希望通过构建智慧物流生态链，形成智慧物流生态体系，从而拥有新的核心竞争力（Papert and Pflaum，2017）。因此，开展智慧物流生态化指数评价，对于理论填充与企业实际应用都是十分必要的。本章在分析智慧物流生态链目标与功能的基础上，介绍了智慧物流生态化指数评价体系，并以具体企业日日顺物流为例研究其在企业实践中的应用。其中，在评价体系中既含有定性指标又含有定量指标的情况下，定量指标的数据为定值型，定性指标的数据采用区间型，最后基于混合型数值计算的方法得出企业的生态化指数评分。

13.2 物流生态化相关理论及物流行业指数

13.2.1 物流生态化相关理论

物流生态化是物流企业与供应链企业通过信息共享、技术创新等进行协作，逐步形成物流生态链的过程。通过联合上下游的合作伙伴，物流企业能够有效增强抵抗内部和外部干扰的能力（Ahi and Searcy，2013）。其中，企业成员之间良好的合作关系和利益共享机制是生态化维持的重要因素（Den et al.，2006）。而随着技术的不断进步，大数据技术能够实现空间数据的实时感知和理解分析（Annibal et al.，2019），物联网技术可以实现生态链资源的共享与协同（Papert and Pflaum，2017），云计算等技术能够实现对整个物流运营过程的可视化管理（Nowicka，2014）等。正确的战略方法和可用的现代数字基础设施能够提高物流生态系统构建的成功概率，促进生态系统中各角色的共生共赢（Hagel et al.，2008）。在实践方面，还有不少学者从具有一定利益关系的组织、群体构成的动态商业生态系统（Moore，1998）与农业生态系统研究（Riccardo et al.，2016；Shah et al.，2019）入手，来开展关于物流生态化的研究。Papert and Pflaum（2017）通过为物流公司设计物联网生态系统，帮助企业找到合适的合作伙伴，并建立有效的生态系统。Butala and Oosthuizen（2017）构建了一个用于不发达地区的生态物流网络模型，以促进该地区的信息资源共享及风险分担，使各成员共同应对商业机遇，获得整体效应。

13.2.2 物流行业相关指数

伴随着物流产业的发展，为了反映物流产业发展状况，许多行业相关指数也被纷纷发布。以中国为例，中国发布的物流行业相关指数包括中国快递物流服务品牌指数、中国公路物流运价指数、中国物流业景气指数、中国仓储指数、电商物流指数等。

有关物流相关指数的研究，许多国内外学者以评价方法作为指数构建的核心，提出了各种各样的物流行业指数的构建途径与方法。例如，Shao et al.（2009）应用层次分析法和模糊决策分析法对中国区域物流业的发展趋势进行全面评估，提出了增加物流企业的实力将大幅提升区域物流业竞争力的观点。Jiang and Yang（2009）运用模糊数学原理评价分析了现代农村物流指数系统的构建情况，详细计算了决策表中的因子重要性与权重系数。Wang and Wang（2016）构建了第三方物流企业的指数评价体系，并总结了企业生存和发展的四个要素，提出了物流速度的概念及计算方法。学者 Ruslan and Yuri 提出了改善世界银行公布的物流绩效指数的方法，从质量和数量上代表了 159 个国家物流系统的客观状况。Sule 等人分析了全球竞争指数对物流绩效的影响，进行实证研究，发现基础设施、技术准备、高等教育和创新的提升有利于本国物流绩效的改善。

在以上关于物流行业相关指数的研究中，我们尚未发现关于智慧物流生态化指数的研究。因此，本章在此基础上提出智慧物流生态化指数，为企业建设智慧物流生态链提供参考。

13.3 智慧物流生态化指数的构建依据

13.3.1 智慧物流生态化评价指标设计原则

在设计智慧物流生态化评价指标（Paddeu et al.，2017；Wang ang Wang，2016）时，一般遵循以下几个原则。

（1）整体性原则。在实际选取指标的过程中，应该以智慧物流生态链整体结构为基础，既要考虑到智慧物流的特性，又要考虑到生态化的要求。

（2）代表性原则。在构建智慧物流生态化指数评价指标的过程中，必须全面地反映智慧物流生态链各环节的内容。因此必须选取具有高度代表性的指标，从多角度去衡量智慧物流生态链的发展程度。

（3）可操作原则。筛选指标时，为了方便进行指标的计算和分析，需要确保指标数据的可获得性。

（4）可拓展性原则。智慧物流生态链正处于不断发展的阶段，因此智慧物流生态化指数的指标体系要能随着智慧物流生态链发展产生的新问题而进行调整拓展。

13.3.2 智慧物流生态链的目标

总体来看，智慧物流生态链有三个层面的目标。

首先，在运营层面上，智慧物流生态链的发展目标是通过提高资源利用率，进一步提高生态运营效益。智慧物流生态化应以数字化为基础，通过业务线上化、操作自动化、服务产品化、流程可视化、运营一体化及决策智能化（Yang et al.，2017），改变传统物流企业的运营模式。

其次，在组织层面上，智慧物流生态链要通过优化服务，使供给和需求双方得到合理匹配与协调。为了提升智慧物流的组织能力，智慧物流生态链打破了传统金字塔式科层制的组织架构，着力构建整合、开放、智慧化的“平台+分布式”的组织体系。

最后，在生态层面上，智慧物流生态链的建立实现了智慧物流行业的可持续发展（Quarshie et al.，2016；Morali and Searcy，2013）。生态链的运营企业通过“整合+链接”的核心能力，在物联网、大数据的信息技术作用下（Zhou et al.，2013），通过物流、商流、信息流、资金流的有机融合，实现各个企业在生态链上的协同和互补。

13.3.3 智慧物流生态链的功能

本节将从数字化集成、可视化运营、智能化作业三个层面入手，介绍智慧物流生态链的具体功能。

（1）数字化集成层。

数字化集成层作为智慧物流生态链的指挥中心，扮演“人体大脑”的角色，负责全局性的战略规划与决策、信息共享与协同，以及资源整合与开放。对于数字化集成层的功能划分，可以从以下几个维度展开。

战略规划与决策功能：进行智慧物流生态链的网络布局，随机更新网络布局规划，决策最优的规划部署，为快速响应环境变化做好战略层的基础准备（Sarkis，2003）；预测智慧物流变革和发展方向，智能推演优化战略决策。

信息共享与协同功能：实现数据交换和信息同步，将智慧物流生态链上各参与方的系统进行互联，实时进行信息数据共享程度与信息同步化程度评估；通过协同机制实现智慧物流生态链的深度协同。

资源整合与开放功能：以数字化平台为核心，整合多方资源，共同完成平台的订单执行；针对平台外部客户的差异化和个性化需求，制订相应的个性化解决方案，并进行可行性评估，给出最优解。

（2）可视化运营层。

可视化运营层作为智慧物流生态链的调度中心，扮演着“人体中枢”的角色，它依托云化的信息系统和智能算法，负责串联调度。根据其功能，可以划分以下四个维度。

计划功能：根据订单需求和资源状况，在商务规则的控制下，进行成本预测分析和绩效预测分析，并实时进行成本和绩效的优化，在此基础上以智能化的方式制订总计划。

组织功能：将总计划分配给各级操作系统，确保各级操作系统执行分计划，智能地进行业务信息匹配。

协调功能：实时评估系统算法的实用性并加以优化改进，依据数据分析和算法分析实时调整计划的执行内容，提高智慧物流生态链运营的效率和容错率。

控制功能：基于可视、可控、可量化技术，对作业层全程实行监视跟踪和异常事件控制，进行计划执行情况展示，一旦出现执行偏差，实时进行智能矫正；提供数据安全保护机制，确保数据的高度安全性和机密性。

（3）智能化作业层。

智能化作业层作为智慧物流生态链的执行单位，扮演着“人体四肢”的角色，它主要由基础设施系统构成，为智能仓储、智能运输、智能配送提供技术支持。根据作业层的功能，可以划分以下具体三个维度。

智能仓储功能：实现仓储的自动化与无人化，降低人工操作成本，提升自动作业比例，完成仓储基础设施的升级与运营维护。

智能运输功能：根据大数据分析技术、卫星定位技术，以及多种传感技术，按照最优的路线进行远程物流运输（Liu et al.，2019），确保运输过程的高效与安全，完成运输设备的升级与维护。

智能配送功能：实现城市内部“最后一公里”配送（Pålsson et al.，

2017），智能规划车辆运输路线，实现配送信息化与智能化，实时将配送信息反馈给控制中心。

综上，智慧物流生态链的功能划分如图 13－1 所示。

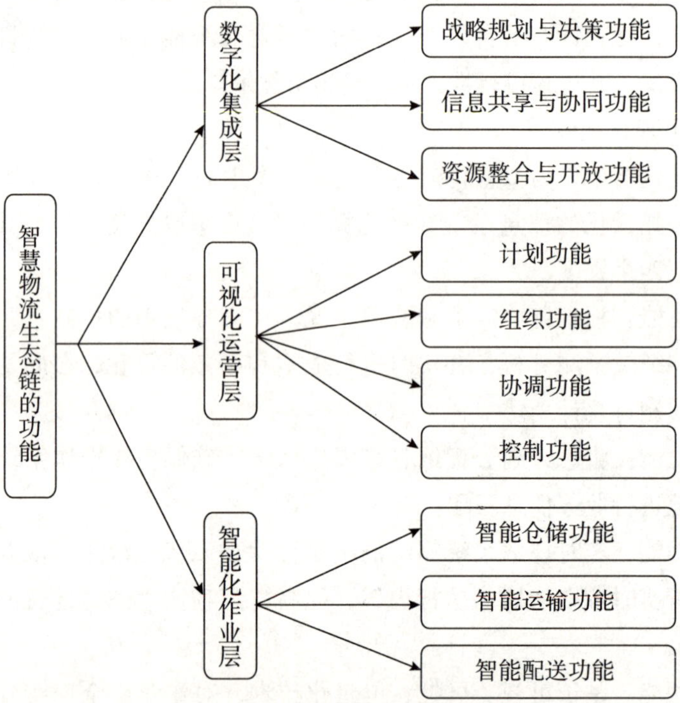

图 13－1　智慧物流生态链的功能

13.4　智慧物流生态化指数评价体系的构建

13.4.1　智慧物流生态化指数构建过程

智慧物流生态化指数评价体系的构建（Kucukaltan et al.，2016）过程主要包含筛选评价指标、统一数据标准、设置指标权重、计算生态化指数四个步骤。图 13－2 为智慧物流生态化指数的构建过程。

13.4.2　评价指标的筛选

依据前文智慧物流生态链的功能介绍，构建了一套完整的智慧物流生态

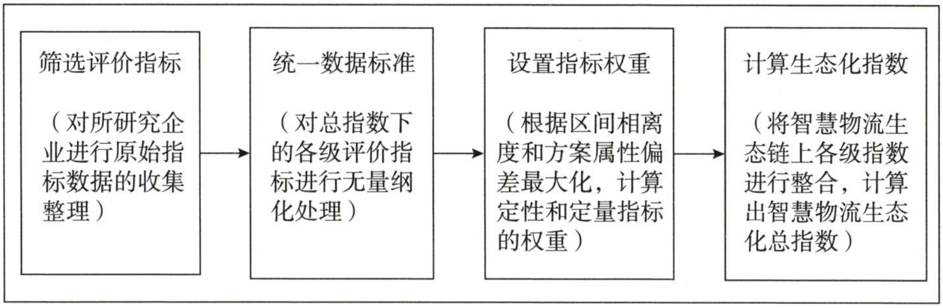

图 13－2　智慧物流生态化指数的构建过程

化评价指标体系，如表 13－1 所示。以数字化集成层、可视化运营层、智能化作业层作为一级评价指标。数字化集成分为战略规划与决策、信息共享与协同、资源整合与开放三个二级指标。计划、组织、协调、控制四个二级指标组成可视化运营。智能化作业通过智能仓储、智能运输、智能配送三个二级指标体现。我们在 10 个二级指标下又细分了 24 个三级指标。此外，还对每个指标的含义进行了解释并对指标属性进行了界定。

表 13－1　智慧物流生态化评价指标体系

一级指标	二级指标	三级指标	指标含义	指标属性
数字化集成层生态化指数 A_1	战略规划与决策 B_{11}	生态链整体的流程优化战略 C_{111}	生态链中的采购、仓储、销售各个流程是否制订了完备的战略	定性
		生态链网络布局随机更新战略 C_{112}	生态链中是否制订了网络布局更新战略	定性
	信息共享与协同 B_{12}	生态链成员数据共享范围 C_{121}	生态链上各企业之间的信息是否能够充分共享	定性
		生态链子系统互联比例 C_{122}	生态链中的采购、销售、物流运输等子系统之间信息互联的程度	定性
		生态链信息智能同步速度 C_{123}	在遇到生产、销售等问题时，公司与供应商、零售商的信息交流是否及时	定性
	资源整合与开放 B_{13}	需求个性化匹配水平 C_{131}	一个季度内接受客户个性化需求订单占总订单的比例	定量
		资源引领客户的程度 C_{132}	一个季度内设计新产品前，充分挖掘顾客需求的程度	定量

续 表

一级指标	二级指标	三级指标	指标含义	指标属性
可视化运营层生态化指数 A_2	计划 B_{21}	运营计划智能制订程度 C_{211}	制订产品完整运营计划时，采用系统自动排程的程度（或者非人工参与的程度）	定量
		需求预测的准确性 C_{212}	实际需求量与计划的偏差量	定量
	组织 B_{22}	分配计划科学性 C_{221}	将计划分配给相应生态链成员后，是否能够高效地完成	定性
		人员及设备的利用程度 C_{222}	生态链运营过程中人员与设备没有资源闲置的情况，即是否达到了资源最大利用率	定性
	协调 B_{23}	运营计划调整速度 C_{231}	一个季度内运营计划的调整次数	定量
		生态链成员目标契合度 C_{232}	生态链上的各个企业为运营目标统一而进行公开集体讨论的总次数	定量
	控制 B_{24}	生态链可视化覆盖范围 C_{241}	生态链的订单、物流、库存情况等相关信息是否可以准确获取并随时监控	定性
		异常事件智能矫正速度 C_{242}	运营过程中，发生异常事件后，是否能够快速获取准确信息并做出相应处理	定性
智能化作业层生态化指数 A_3	智能仓储 B_{31}	无人仓数量占总仓库比例 C_{311}	无人仓库面积占仓库总面积的比例	定量
		智能化仓储设备所占比例 C_{312}	智能化仓储设备占总仓储设备的比例	定量
		自动化立体仓库的面积占比 C_{313}	自动化立体仓库面积占总仓库面积的比例	定量
	智能运输 B_{32}	安装 GPS/北斗导航系统的运输车占比 C_{321}	安装 GPS/北斗导航系统的运输车占所有车辆数量比例	定量

续　表

一级指标	二级指标	三级指标	指标含义	指标属性
智能化作业层生态化指数 A_3	智能运输 B_{32}	安装车辆信息数据采集系统的运输车占比 C_{322}	安装车辆信息数据采集系统的运输车占所有车辆数量比例	定量
		运输准时到达率 C_{323}	准时运输任务占所有运输任务的比例	定量
	智能配送 B_{33}	采用智能设备进行配送的比例 C_{331}	采用智能设备进行配送的比例	定量
		准时配送比例 C_{332}	准时配送准订单占所有配送订单的比例	定量
		顾客投诉比例 C_{333}	顾客投诉数量占所有配送订单的比例	定量

13.4.3　指标数据无量纲化

本部分的公式参数如下：$I_i(i = 1,2)$ 分别表示效益型、成本型的下标集。设有 n 个方案，m 个三级指标。$\boldsymbol{Y}$、$\boldsymbol{R}$ 分别为决策矩阵、规范化决策矩阵。其中三级指标中有 m_1 项定值型指标，m_2 项区间型指标，$m_1 + m_2 = m$。决策矩阵 $\boldsymbol{Y} = (y_{ij})_{n\times m} = [(a_{ij})_{n\times m_1},(\overset{L}{a}_{ij},\overset{U}{a}_{ij})_{n\times m_2}]$，规范化决策矩阵 $\boldsymbol{R} = (r_{ij})_{n\times m} = [(r_{ij})_{n\times m_1},(\overset{L}{r}_{ij},\overset{U}{r}_{ij})_{n\times m_2}]$。为了方便指标数据的计算，将定值型和区间型数据均进行规范化处理。定值型数据的规范化方法中，效益型指标规范化方法如式（13－1）所示，成本型指标规范化方法如式（13－2）所示。对于定性指标，通过打分的方式用区间型数值表示，最终得到的数据是模糊的，当 y_{ij} 为区间型数据时，$\overset{L}{y}_{ij}$ 与 $\overset{U}{y}_{ij}$ 分别为区间型数据的最小值和最大值，其规范化方法如式（13－3）所示。

效益型指标为

$$r_{ij} = \frac{y_{ij}}{\overset{U}{y}_{ij}} \quad i\in N; \quad j\in I_1 \tag{13-1}$$

成本型指标为

$$r_{ij} = \frac{\overset{L}{y}_{ij}}{y_{ij}} \quad i\in N; \quad j\in I_2 \tag{13-2}$$

$$\overset{L}{r}_{ij}=\frac{\overset{L}{y}_{ij}}{\sqrt{\sum_{i=1}^{n}(\overset{U}{y}_{ij})^2}}\qquad i\in N;\quad j\in I \qquad (13-3)$$
$$\overset{U}{r}_{ij}=\frac{\overset{U}{y}_{ij}}{\sqrt{\sum_{i=1}^{n}(\overset{L}{y}_{ij})^2}}$$

对于定性指标，可以通过打分的方式将其转化为定量指标，最终得到的数据是模糊的，然后再按以上方法进行无量纲化处理。

13.4.4 指数模型的构建

由于本章所选择的生态化评价指标中既有定量指标，也有定性指标。所做出的决策矩阵中不仅含有定值型数据，也有区间型数据。本章将结合既有的基于混合型数值决策信息的指标评价方法（刘伟华等，2008），通过区间相离度和方案属性偏差最大化思想来客观地得到相应权重向量，从而描述现实决策中确定和不确定数据的真实情况，减少由于决策信息的不准确性带来的影响，客观合理地做出指标评价。评价方法如下。

智慧物流生态系统中共有 24 个三级指标，10 个二级指标，以及 3 个一级指标。设二级中有 m_1 项定值型指标，m_2 项区间型指标。一级指标用 A_i 表示，A_i 的权重用 k_i 表示。二级指标用 B_{ij} 表示，B_{ij} 的权重用 k_{ij} 表示。三级指标 C_{ijz} 的权重用 k_{ijz} 表示。

利用区间相离度和方案属性偏差最大化思想，建立智慧物流生态化三级指标权重最优化模型为

$$\max C_{ijz}(\omega)=\sum_{i=1}^{n}\sum_{j=1}^{m_1}\sum_{z=1}^{p}\sum_{y=1}^{p}(|r_{ijz}-r_{ijy}|)k_{ijz}+$$
$$\sum_{i=1}^{n}\sum_{j=m_1+1}^{m}\sum_{z=1}^{p}\sum_{y=1}^{p}(|\overset{L}{r}_{ijz}-\overset{L}{r}_{ijy}|+|\overset{U}{r}_{ijz}-\overset{U}{r}_{ijy}|)k_{ijz} \qquad (13-4)$$

通过此模型能够获得三级指标的最优权重 k_{ijz}。

则智慧物流生态化指数二级指标的最优权重为

$$k_{ij}=\sum_{i=1}^{n}\sum_{j=1}^{m}\sum_{z=1}^{p}k_{ijz} \qquad (13-5)$$

则智慧物流生态化指数一级指标的最优权重为

$$k_i = \sum_{i=1}^{n} \sum_{j=1}^{m} k_{ij} \tag{13-6}$$

可得智慧物流生态化区间综合属性值为

$$W = \sum_{i=1}^{n} A_i k_i = \sum_{i=1}^{n} \sum_{j=1}^{m} B_{ij} k_{ij} = \sum_{i=1}^{n} \sum_{j=1}^{m} \sum_{z=1}^{p} C_{ijz} k_{ijz} \tag{13-7}$$

对于区间型数据，设 $a = [a_L, a_U]$，$b = [b_L, b_U]$，建立可能度矩阵 $\boldsymbol{P}_{ab} = \boldsymbol{P}(a \geqslant b)$ 则

$$\boldsymbol{P}_{ab} = \frac{\min\{[(a_U - a_L) + (b_U - b_L)], \max[(a_U - b_L), 0]\}}{(a_U - a_L) + (b_U - b_L)} \tag{13-8}$$

对于定值型数据，设 a、b 均为实数，则

$$\boldsymbol{P}_{ab} = \begin{cases} 1, & a > b \\ 0.5, & a = b \\ 0, & a < b \end{cases} \tag{13-9}$$

基于模糊互补判断矩阵的排序理论，利用式（13-8）求得的可能度矩阵 $\boldsymbol{P}$，按其分量大小对方案进行排序，最终求得

$$W = \frac{\sum_{b=1}^{n} \boldsymbol{P}_{ab} + \frac{n}{2} - 1}{n(n-1)} \quad i \in N \tag{13-10}$$

计算智慧物流生态化指数。如企业某月份的生态化指数数据作为基准点100，且该月的生态化指数的实际数值为 W_0，那么其他第 i 个月份的智慧物流生态化指数值为 $\frac{W_i}{W_0} \times 100$。

13.5 基于日日顺的智慧物流生态化指数评价体系实际应用

前文提出了智慧物流生态化指数评价方法，为了说明此方法的实际应用，这里结合日日顺物流健身器材产品的实际数据，进行评价指标体系的实证分析。

13.5.1 日日顺智慧物流生态链的现状

日日顺物流成立于2000年，是中国大件物流的领军企业。日日顺物流隶属于海尔集团。企业发展先后经历企业物流—物流企业—平台企业—生态企

业四个转型阶段，依托先进的管理理念和物流技术，整合全球的一流网络资源，搭建起了专业化、标准化、智能化的开放大件物流服务平台。日日顺物流始终坚持以用户最佳体验为标准，为客户提供供应链一体化服务解决方案，目前已经为家电、家具、卫浴、健身器材和互补行业客户及用户提供全品类、全渠道、全流程、一体化物流服务。2017 年日日顺物流被国家发展改革委和商务部联合授予“国家智能化仓储物流示范基地”，被美国供应链管理专业协会评选为十大“中国供应链管理示范企业”，被中国物流与采购联合会授予首家“中国物流示范基地”。

目前，日日顺物流的智慧物流生态链组织模式：日日顺物流是智慧物流的生态链运营商，它有效整合了上游的供应商服务能力，还整合了下游的客户服务需求。基于数字化运作管理，日日顺物流在很多环节实现了透明、精益的智能化运作，在人、车、货、仓等物流要素上通过信息系统实现了业务数字化，进而实现对业务全流程的追踪、监管可视化。日日顺物流逐渐形成了包含 240 多个合作伙伴的智慧物流生态圈结构，合作伙伴包括品牌商、智慧仓储企业、智慧云配企业、技术开发类企业等。目前，企业已经建立了辐射全国的分布式三级云仓网络，拥有 10 个前置揽货仓，136 个智慧物流仓，6000 多家服务网点，总仓储面积 600 万 m^2 以上，实现全国网络基本无盲区覆盖。在全国规划 3300 多条班车循环专线，拥有 10 万辆“车小微”、20 万“服务兵”，为客户和用户提供到村、入户送装服务，并在全国 2915 个区县已实现“按约送达，送装同步”。

13.5.2 日日顺物流生态化评价数据收集

本次数据收集以日日顺物流的健身器材生态链为例，对日日顺物流的生态指数进行评价。本次生态化评价数据选取的目标时间段为 2019 年 7 月 1 日—9 月 30 日，如表 13－2 所示。

表 13－2　　日日顺智慧物流生态链指标评价决策矩阵

	二级指标	三级指标	量化评估		
			7 月	8 月	9 月
定量指标（定值型）	B_{13}	需求个性化匹配水平 C_{131}	100%	100%	100%
		资源引领客户的程度 C_{132}	70%	75%	78%

续 表

	二级指标	三级指标	量化评估		
			7 月	8 月	9 月
定量指标（定值型）	B_{21}	运营计划智能制订程度 C_{211}	30%	30%	30%
		需求预测的准确性 C_{212}	20%	18%	14%
	B_{23}	运营计划调整速度 C_{231}	5	5	4
		生态链成员目标契合度 C_{232}	30%	30%	30%
	B_{31}	无人仓数量占总仓库比例 C_{311}	0	0	0
		智能化仓储设备所占比例 C_{312}	100%	100%	100%
		自动化立体仓库的面积占比 C_{313}	10%	10%	13%
	B_{32}	安装 GPS/北斗导航系统的运输车占比 C_{321}	100%	100%	100%
		安装车辆信息数据采集系统的运输车占比 C_{322}	100%	100%	100%
		运输准时到达率 C_{323}	92%	94%	97%
	B_{33}	采用智能设备进行配送的比例 C_{331}	0	0	0
		准时配送比例 C_{332}	84%	88%	88%
		顾客投诉比例 C_{333}	13%	10%	9%
定性指标（区间型）	B_{11}	生态链整体的流程优化战略 C_{111}	[4, 5]	[4, 6]	[5, 7]
		生态链网络布局随机更新战略 C_{112}	[3, 4]	[3, 5]	[4, 5]
	B_{12}	生态链成员数据共享范围 C_{121}	[4, 6]	[4, 6]	[5, 7]
		生态链子系统互联比例 C_{122}	[6, 8]	[6, 8]	[7, 8]
		生态链信息智能同步速度 C_{123}	[7, 9]	[7, 9]	[7, 9]
	B_{22}	分配计划科学性 C_{221}	[5, 7]	[5, 7]	[5, 7]
		人员及设备的利用程度 C_{222}	[6, 7]	[6, 8]	[7, 8]
	B_{24}	生态链可视化覆盖范围 C_{241}	[7, 8]	[7, 9]	[7, 9]
		异常事件智能矫正速度 C_{242}	[6, 9]	[7, 9]	[7, 9]

已知各指标的权重信息如下。

$$\boldsymbol{H} = \Big\{ \boldsymbol{\omega} = (k_{111}, k_{112}, \cdots, k_{333}) \mid 0.05 \leqslant k_{131} \leqslant 0.06, 0.04 \leqslant k_{132} \leqslant 0.06,$$

$$0.02 \leqslant k_{211} \leqslant 0.04, 0.04 \leqslant k_{212} \leqslant 0.05, 0.03 \leqslant k_{231} \leqslant 0.04, 0.02 \leqslant k_{232} \leqslant 0.03,$$

$$0.03 \leqslant k_{311} \leqslant 0.05, 0.04 \leqslant k_{312} \leqslant 0.05, 0.04 \leqslant k_{313} \leqslant 0.06, 0.03 \leqslant k_{321} \leqslant 0.05,$$

$$0.05 \leqslant k_{322} \leqslant 0.06, 0.03 \leqslant k_{323} \leqslant 0.04, 0.02 \leqslant k_{331} \leqslant 0.04, 0.04 \leqslant k_{332} \leqslant 0.05,$$

$0.05 \leqslant k_{333} \leqslant 0.06, 0.02 \leqslant k_{111} \leqslant 0.04, 0.02 \leqslant k_{112} \leqslant 0.04, 0.04 \leqslant k_{121} \leqslant 0.07,$

$0.03 \leqslant k_{122} \leqslant 0.04, 0.05 \leqslant k_{123} \leqslant 0.06, 0.02 \leqslant k_{221} \leqslant 0.04, 0.03 \leqslant k_{222} \leqslant 0.04,$

$$0.03 \leqslant k_{241} \leqslant 0.05, 0.03 \leqslant k_{242} \leqslant 0.05, \sum_{i=1}^{n}\sum_{j=1}^{m}\sum_{z=1}^{p} k_{ijz} = 1 \Bigg\}$$

现利用本章使用的方法进行日日顺智慧物流生态化指标评价。

13.5.3 数据标准化

根据定性指标区间数据进行规范化决策，规范化方法如式（13－3）所示。同时对定值型数据进行规范化决策，规范化方法如式（13－1）和式（13－2）所示。通过规范化方法得到的决策矩阵如表 13－3 所列。

表 13－3　日日顺健身器材的智慧物流生态化评价值决策矩阵

	三级指标	量化评估		
		7 月	8 月	9 月
定量指标（定值型）	需求个性化匹配水平 C_{131}	1	1	1
	资源引领客户的程度 C_{132}	0.897	0.962	1
	运营计划智能制订程度 C_{211}	1	1	1
	需求预测的准确性 C_{212}	0.7	0.778	1
	运营计划调整速度 C_{231}	1	1	0.8
	生态链成员目标契合度 C_{232}	1	1	1
	无人仓数量占总仓库比例 C_{311}	0	0	0
	智能化仓储设备所占比例 C_{312}	1	1	1
	自动化立体仓库的面积占比 C_{313}	0.769	0.769	1
	安装 GPS/北斗导航系统的运输车占比 C_{321}	1	1	1
	安装车辆信息数据采集系统的运输车占比 C_{322}	1	1	1
	运输准时到达率 C_{323}	0.948	0.969	1
	采用智能设备进行配送的比例 C_{331}	0	0	0
	准时配送比例 C_{332}	0.955	1	1
	顾客投诉比例 C_{333}	0.692	0.9	1

续 表

	三级指标	量化评估		
		7月	8月	9月
定性指标（区间型）	生态链整体的流程优化战略 C_{111}	[0.381, 0.662]	[0.381, 0.795]	[0.477, 0.927]
	生态链网络布局随机更新战略 C_{112}	[0.369, 0.686]	[0.369, 0.857]	[0.492, 0.857]
	生态链成员数据共享范围 C_{121}	[0.364, 0.795]	[0.364, 0.795]	[0.455, 0.927]
	生态链子系统互联比例 C_{122}	[0.433, 0.733]	[0.433, 0.733]	[0.505, 0.733]
	生态链信息智能同步速度 C_{123}	[0.449, 0.742]	[0.449, 0.742]	[0.449, 0.742]
	分配计划科学性 C_{221}	[0.412, 0.808]	[0.412, 0.808]	[0.412, 0.808]
	人员及设备的利用程度 C_{222}	[0.451, 0.636]	[0.451, 0.727]	[0.526, 0.727]
	生态链可视化覆盖范围 C_{241}	[0.466, 0.660]	[0.466, 0.742]	[0.466, 0.742]
	异常事件智能矫正速度 C_{242}	[0.385, 0.777]	[0.449, 0.777]	[0.449, 0.777]

利用区间相离度和方案属性偏差最大化思想，建立智慧物流生态化二级指标最优化模型为

$$\max C_{ij}(\omega) = 1.444k_{111} + 1.176k_{112} + 0.892k_{121} + 0.288k_{122} + 0k_{123} + 0k_{131} + 0.412k_{132} + 1.332k_{211} + 1.2k_{212} + 0k_{221} + 0.664k_{222} + 0.8k_{231} + 0k_{232} + 0.328k_{241} + 0.256k_{242} + 0k_{311} + 0.924k_{312} + 0k_{313} + 0k_{321} + 0k_{322} + 0.208k_{323} + 0k_{331} + 0.18k_{332} + 1.232k_{333}$$

用 LINGO12.0 求解此模型，得到三级指标的最优权重向量为

$$\boldsymbol{\omega} = \begin{pmatrix} 0.04, 0.04, 0.07, 0.04, 0.05, 0.05, 0.06, 0.02, 0.05, 0.02, 0.04, 0.04, \\ 0.02, 0.05, 0.05, 0.03, 0.05, 0.04, 0.03, 0.05, 0.04, 0.02, 0.04, 0.06 \end{pmatrix}$$

则根据式（13-5）可计算二级指标的最优权重为

$$\boldsymbol{\omega} = (0.08, 0.16, 0.11, 0.07, 0.06, 0.06, 0.10, 0.12, 0.13, 0.12)$$

根据式（13-6）计算出一级指标权重为 $\boldsymbol{\omega} = (0.35, 0.29, 0.37)$。

根据式（13-7）计算日日顺智慧物流 7 月、8 月、9 月生态化总评分为 $W_7 = [0.67959, 0.82475]$，$W_8 = [0.70571, 0.86757]$，$W_9 = [0.75089, 0.90626]$。

根据式（13-8）求得两两比较的可能度矩阵为

$$P=\begin{pmatrix}0.5 & 0.388 & 0.246\\0.612 & 0.5 & 0.368\\0.754 & 0.632 & 0.5\end{pmatrix}$$

以日日顺物流 7 月的智慧物流生态化评价指数值为基准点 100，那么 8 月的智慧物流评价指数为 121.324，9 月的智慧物流生态化指数为 146.324。

13.5.4 日日顺智慧物流生态化综合评价

将上述计算结果通过图形直观展示。图 13－3 为日日顺公司 7 月、8 月、9 月的智慧物流生态化指数对比图。

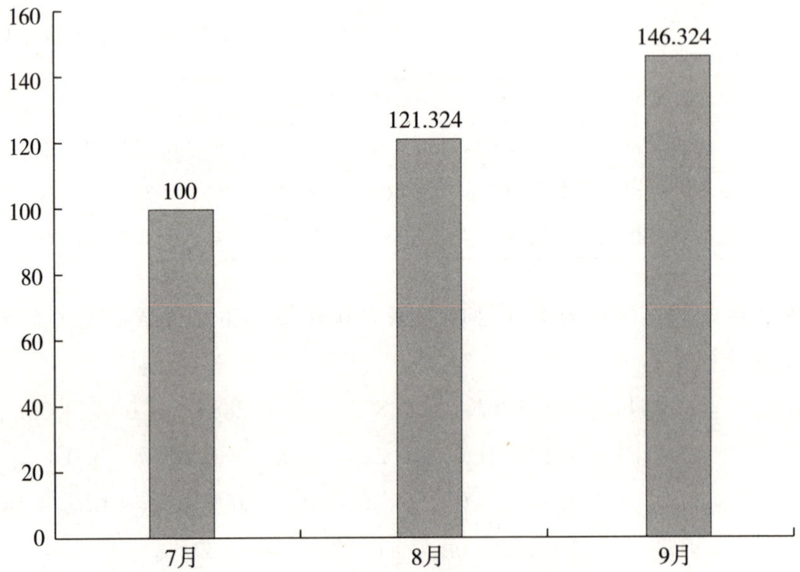

图 13－3 日日顺智慧物流生态化指数对比图

通过对图 13－3 的整体数据分析得知，2019 年 7 月、8 月、9 月，日日顺智慧物流生态化水平整体呈现良好上升趋势。总体上表明智慧物流向着生态化发展的适应能力在不断增强，各指标结构不断趋于合理化，资源的利用率也不断提高，战略决策制订得完善程度及灵活性不断改善。但目前企业的智慧物流生态链并没有实现完全的自动化、智慧化。

13. 6 智慧物流生态化指数的启示

智慧物流生态化指数是由多个可以反映智慧物流生态化发展水平的指标进行分项加权得到的，通过可量化和可获取的指标数据，利用科学的评价方法直观地反映智慧物流生态链发展水平的综合性指数。

首先，本章介绍了包含数字化集成、可视化运营、智能化作业 3 个准则层的智慧物流生态化评价体系，并细分了战略规划与决策、信息共享与协同、资源整合与开放、计划、组织、协调、控制、智能仓储、智能运输、智能配送 10 个二级指标，以及 24 个三级指标。这些指标对于智慧物流企业与生态化发展水平的衡量具有重要的参考意义。

其次，本章的智慧物流生态化指标评价体系拓展了已有的物流行业相关指数的研究，且特别考虑了指标中既存在定值型数据又存在区间型数据的情况，运用基于混合型数值决策信息的评价方法进行指数评价。

最后，本章在实践方面选取了日日顺物流进行智慧物流生态化分析，定量计算了 2019 年 7—9 月日日顺智慧物流生态化的各指标权重。在此基础上进行生态化指数计算，实现了日日顺智慧物流生态化的综合评价，并给出相应的建议。其他物流企业可以参考综合评价的过程，以及借鉴日日顺在智慧物流生态化发展中遇到问题的改进方向。

14 信息不对称下考虑信任行为的智慧物流生态链冲突处理机制研究

14.1 智慧物流生态链的冲突问题概述

随着信息技术的发展，智慧物流生态合作成为当前发展的潮流。智慧物流生态链是以数据共享、信用机制、物联网技术为支撑，以平台运营中心为核心，由供给生态群、生态运营商与需求生态群组成的链状结构（Chen and Xu，2011）。物流服务供应链中的集成商逐渐转变为智慧物流生态链中的平台型集成商角色，电商巨头阿里巴巴旗下的菜鸟网络和电商巨头京东旗下的京东物流都是典型的代表。菜鸟网络与四通一达构建了生态合作伙伴关系，并为其提供技术赋能，如2018年菜鸟网络与圆通速递合作建设超级机器人分拨中心，2019年与圆通速递合作建设5G分拨中心（Yiou，2019）。

智慧物流生态链的特性之一是快速响应能力，研究表明，快速配送已经成为平台的关键功能之一。当采购的物流服务配送量小于市场需求量时，需要额外的快速物流配送能力，尤其在一些大型节日促销期间十分明显，而平台集成商可以快速组织物流服务提供商进行额外物流需求的配送。这在实践中十分普遍，例如，菜鸟物流作为平台集成商，对其物流服务提供商提供组织架构、信息技术的支撑，以提升管理和配送效率，并应对突发情况。智慧物流生态链的另一个特性是，平台集成商对物流服务提供商的集成程度与整合程度更高，两者的关系更加紧密，体现在当市场需求快速变化时，可以利用数据预测更精准地应对，并且快速满足市场的需求（Zhang and Zhang，2020）。

在智慧物流生态链中，目前平台集成商与物流服务提供商之间仍然存在一定程度信息不对称，这引发了智慧物流生态链中的冲突。冲突主要包含两种形式，一种形式是数据信息不共享导致的冲突（Li et al.，2018），例如，顺丰作为阿里巴巴重要的高质量物流服务提供商，在 2017 年 6 月 1 日，顺丰突然中止了阿里巴巴旗下的物流公司菜鸟物流获取其物流信息和数据的通道，阿里巴巴不能共享到客户的物流数据信息。随后阿里巴巴去除顺丰作为其物流服务提供商的选项，导致双方冲突，终止了合作关系。客户无法选择高质量的物流服务，对客户造成一定的影响，最终由国家邮政局出面进行调解。另一种形式是由于信息不对称，物流服务提供商存在服务质量欺骗而导致的冲突，即物流服务提供商提供的服务质量，与向平台集成商承诺的服务质量不符，这是本章主要研究的情形。

14.2　智慧物流生态链的质量问题与行为影响

14.2.1　产业实践的表现

在实践中，根据物流服务提供商提供物流服务的速度和可靠度，可以将物流服务提供商分为高服务质量的服务提供商和低服务质量的服务提供商。例如，淘宝平台提供物流服务的物流服务提供商中，顺丰属于高服务质量的物流服务提供商（Li et al.，2018），而中通、圆通、申通、韵达，相对顺丰而言，属于低服务质量的提供商。智慧物流生态链的快速响应和生态链成员高度紧密的特性均对物流服务提供商的选取提出很高的要求，而合适的物流服务提供商对智慧物流生态链的效率和稳定十分重要。实践中，平台集成商会采用招标的形式选择下游物流服务提供商（Jin and Ryan，2012；Budde and Minner，2014），用严格的标准对投标的物流服务提供商进行考核。日日顺物流就会对智慧生态链中的物流服务提供商进行严格考核，考核指标主要有客户满意度、订单转化率等，并选择满足标准的提供商进行合作。因此，平台集成商对通过考核的提供商存在信任行为，相信通过考核的提供商能够提供相应质量的物流服务。

虽然通过考核，平台集成商与物流服务提供商之间存在信任关系，但物流服务提供商的服务质量欺骗会导致集成商的决策与市场实际需求存在偏差，从而影响利润，最终导致两者之间发生冲突，这也是实践中常见的冲突形式。无论是日日顺生态链中的物流服务提供商，还是菜鸟物流生态链整合的各种提供商，都存在部分物流服务提供商服务质量欺骗的情况。目前，区块链已经开始被应用于信息不对称导致的提供商信任问题和提供商质量判定。在产品质量方面，区块链技术被应用于追踪生鲜的原产地和运输过程（Naydenova，2017）。沃尔玛与IBM合作，确定全球食品供应链在哪些方面可以受益于区块链技术。在智慧生态链领域，唯链（VeChain）是基于区块链的供应链平台①，品牌方可以通过唯链在区块链上注册账户，发布自身信息并进行管理，在产品的运输过程中能实时记录信息，消费者和集成商也可以在物流运输过程中把握全程物流信息，这些信息的不可撤销和不可篡改特性可以有效保持物流运输过程的透明，从而有效防止了物流服务提供商的欺骗行为。因此，在智慧生态链中，平台集成商利用区块链技术，直接判断提供商服务质量的类型，是防止提供商服务质量欺骗的可能解决方案。

14.2.2 理论研究的不足

首先，针对智慧物流的研究，Bucovetchi et al.（2017）强调了范式从经典物流向智能物流的转变，重点介绍了物流流程的全球化趋势。其次，很多学者从技术角度对智慧物流进行了研究，例如，Gregor et al.（2017）认为智慧互联物流是一种通过云协作和大数据在企业之间共享数据的智慧互联产品系统（如AGV、自动化存储设备等）。但区块链作为一种新兴技术，具有支持数据收集、存储和管理，支持重要的产品和供应链信息等优势，可以被应用于智慧物流生态链中，例如生态运营商可以通过区块链技术将组织聚合在一起，通过设定不同的权限实现交易数据等信息的记录和共享（Saberi et al.，2019）。但目前针对区块链的研究，主要集中在金融领域（Catalini and Gans，2018；Chod and Lyandres，2018）和计算机领域（Dorri et al.，2017；Luciano et al.，2017），在运营管理（OM）领域的研究却十分缺乏。尽管研究表明区块链在供应链有很多应用，例如区块链同时影响着供应链流程、产品管理，以及不同网络方之间的财务交易（Hofmann et al.，2018）。在学术研究中，运营管理领域针对区块链的研究限于定性方面（Saberi et al.，2019），目前鲜有文章用建模方式，对区块链在解决虚假和信任问题方面的作用进行定量研究。本章针对区块链在智慧物流生态链领域的模型构建进行了首次尝试。

其次，垂直质量差异主要是指产品质量高低的差异，Mussa and Rosen

---

① 唯链官网，https：//www.vechain.com/.

(1978) 首先研究了这一问题。随后, Moorthy (1988) 和 Shaked and Sutton (1982) 研究了竞争对垂直质量差异产品的影响, 研究表明在竞争情况下, 公司应该提供不同质量类型的产品。Barghava and Choudhary (2001) 考虑了在质量固定的情况下, 对一系列的垂直质量差异产品的定价选择。Chambers et al. , (2006) 研究了在双寡头垄断下, 可变生产成本对质量选择、利润和市场覆盖的影响。以上关于垂直质量差异的问题主要集中在定价 (Barghava and Choudhary, 2001; Chen et al. , 2017)、动态定价 (Rhee and Thomadsen, 2016; Liu and Zhang, 2013) 等方面。由于供应链管理中经常存在信息不对称的问题, 因此, 提供垂直质量差异产品的商家对其产品质量的描述是否可靠则是一个需要研究的问题。很多学者利用信号甄别 (information acquisition) 的方式, 对产品的质量信息及其可靠性进行判定, 其中, Chambers et al. (2006) 研究了在双寡头垄断下, 可变生产成本对质量选择、利润和市场覆盖的影响。在 Gümüş et al. (2012) 的研究中, 一个不可靠的物流服务提供商提供价格和数量合同, 来与一个可靠的物流服务提供商竞争。以上关于垂直质量差异, 以及信息不对称下质量可靠性的研究都是针对实物产品的, 而本章将其引入智慧生态链领域。

最后, 对于信任行为的研究集中于社会关系领域, 主要研究信任行为对关系管理 (Campbell et al. , 2010)、合作机制 (Sridharan and Simatupang, 2013)、客户满意度 (Mahmoud et al. , 2018) 的影响。随后, 信任行为逐渐被引入供应链领域, 其广泛定义是, 信任是一种相互关系形式, 在这种关系中, 供应链中的成员认为它们的未来取决于彼此的互动 (Andaleeb, 1995; Fawcett et al. , 2012)。关于供应链中的信任行为研究也主要集中于信任行为对供应链成员间的关系影响 (Andersen and Kumar, 2004; Liu et al. , 2008; Huang and Wilkinson, 2013)。除此之外, 在信任行为与供应链权利结构的综合研究方面, Cai et al. (2013) 认为信任行为和权利通常是公司合作的前提, Duane et al. (2007) 认为权力和信任氛围是增强文化竞争力的关键因素, Handfield and Bechtel (2004) 发现权力和信任是供应链中共享特定协作生产行为的基础。对于供应链冲突的研究在建模方面, 主要涉及渠道冲突 (Tsay and Agrawal, 2004) 及中断冲突 (Ang et al. , 2016), 主要从分配及风险的角度进行研究。研究表明信任行为可以提升供应链合作的可能性, 降低交易成本, 减少供应链成员之间的误解和不良表现 (Williamson, 1971), 有益于供应链中的冲突管理（Celestina，2018）。但目前关于信任行为的研究还主要是利用实证研究方式（Johnston et al.，2004；Guiping and Wenan，2007；Panayides and Lun，2009），几乎没有定量研究。

为了突出本章研究的主要内容和创新，表 14－1 总结了本章研究与相关研究之间的对比。

表 14－1 本章研究与相关研究的对比

	Ang et al.，2016	Nikoofal and Gümüş，2019	本章内容
供应链类型	物流服务供应链	产品供应链	智慧物流生态链
冲突类型	中断冲突	×	质量欺骗
行为因素	×	信任行为	信任行为
是否考虑信息不对称	×	√	√
解决机制	惩罚机制	委托代理机制	惩罚机制、区块链技术

14.3 基于信任与信息不对称视角的智慧生态链冲突的影响机制

14.3.1 问题描述与模型假设

本章考虑智慧生态链中的一个平台集成商和一个物流服务提供商，由于平台集成商与物流服务提供商之间存在信息不对称，平台集成商只能确定两种类型的提供商，分别是高质量类型的提供商和低质量类型的提供商。在衡量物流服务提供商的服务质量方面，主要有速度、可靠性、接送、客户服务、售后服务等指标，在智慧物流生态链中，速度和可靠性指标十分重要，这也决定了整个智慧生态链的快速响应能力和紧密程度，因此高质量的服务提供商在速度和可靠性方面优于低质量的提供商。例如，顺丰作为高质量的服务提供商，其速度比公共快递快 50%，比私人快递快 20%（Liu and Kang，2015）。本章假设高质量的服务提供商，其服务质量的价值为 v_H，低质量的服务提供商，其服务质量的价值为 v_L（$v_H > v_L$）。

在平台集成商向提供商采购服务前，平台集成商对提供商进行考核，提供商会给平台集成商提供自身服务质量的相关信息，提供商可以选择说实话，也可以选择说谎。平台集成商根据考核判定提供商的类型，并且用β表示对提供商的信任程度。若平台集成商判定提供商是高质量物流服务提供商，那么平台集成商相信此提供商类型是 H－type 的概率为β，L－type 的概率为$1-\beta$，平台集成商对高质量提供商的质量期望为$\bar{v}_H=\beta v_H+(1-\beta)v_L$（Nikoofal and Gümüş，2019）。如果平台集成商判定提供商为低质量提供商，则平台集成商相信此提供商类型是 L－type 的概率为β，是 H－type 的概率为$1-\beta$，平台集成商对低质量提供商的质量期望为$\bar{v}_L=\beta v_L+(1-\beta)v_H$。

根据平台集成商对物流服务提供商的考核结果，平台集成商对市场的期望需求量为$\bar{d}$，$\bar{d}$与提供商的类型及其是否说谎相关，具体见后文。然后平台集成商以单位批发价格w向提供商预订数量q（$q=\bar{d}$）的物流服务，再以单位市场价格p销售给客户。研究表明，更高的交付质量会带来更高的消费者需求和满意度（Shang and Liu，2011）。所以本章假设市场的实际需求受物流服务质量的影响，假设市场需求函数为$d=a+v-p$，其中a为初始市场需求。由于本章研究的对象是物流服务，并非产品，同时为了方便研究，所以不考虑滞留成本。此外，相对普通的物流服务供应链而言，快速匹配是智慧物流生态圈的特性，在智慧生态圈的组建过程中，其信息技术、智能技术，以及挑选合格的提供商，都花费了大量成本。因此，在本章中不考虑智慧物流生态圈的快速匹配成本，直接将其作为一个特性。

另外，随着智慧供应链的发展，区块链越来越多被用于解决企业间的信任问题与欺骗行为（Naydenova，2017）。通过区块链技术，平台集成商与客户可以实时监督物流服务提供商，准确判断物流服务提供商的类型，从而杜绝物流服务提供商的欺骗行为，达到与物流服务提供商之间信息对称的效果。本章假设平台集成商的区块链建设成本为C_B。最后，在模型拓展中，我们考虑了更为一般并符合实践的情况，即考虑客户的质量偏好，这也是质量差异领域被广泛研究的因素（Biyalogorsky and Koenigsberg，2014；Rhee and Thomadsen，2016；Liu and Zhang，2013）。在实践中，不同的客户偏好不同的服务质量，例如，阿里巴巴将提供高物流服务质量的顺丰剔除后，客户的选择受到影响，从而影响淘宝的需求量和利润（Li et al.，2018）。综上所述，本文的主要研究问题如下。

（1）两种类型的物流服务提供商，什么情况下会选择欺骗平台集成商?

信任行为对物流服务提供商的欺骗行为有什么影响?

(2) 平台集成商应如何通过区块链技术来有效预防和解决智慧生态链冲突?

(3) 考虑客户的质量偏好后,对智慧生态链中的成员决策和利润有什么影响?

本章相关的数学符号及其含义总结如表 14 - 2 所示。

表 14 - 2　数学符号

符号	符号含义
p	物流服务的市场价格
v	服务质量的价值, $v_H > v_L$
$\bar{v}$	平台集成商对服务的期望质量
w	服务的批发价格,由物流服务提供商决定
d	市场需求量, $d = a + v - p$
$\bar{d}$	平台集成商对市场的期望需求量
q	平台集成商的物流服务采购量
q^e	额外匹配的物流量
β	平台集成商对物流服务提供商的信任程度
C_B	平台集成商建立区块链的成本
α	客户偏好
$\pi_{HH}^{i(s)}\ \pi_{HL}^{i(s)}$ $\pi_{LL}^{i(s)}\ \pi_{LH}^{i(s)}$	平台集成商(物流服务供应商)在各种情况下的利润

注:(1) 本章上标 ~ 代表信息不对称的情况,具体如 14.3.3.2 节中的模型所示。* 代表最优值。

(2) 为了保证后续计算和分析的可行性,市场容量存在下限 $\underline{a} = \frac{v_H - 3v_L}{2}$, $a \geq \underline{a}$。

(3) 下标"HH""HL""LL""LH"分别代表的情况为高质量物流服务提供商说实话、高质量物流服务提供商说谎、低质量物流服务提供商说实话、低质量物流服务提供商说谎。

14.3.2 典型模型

在本节,我们建立数学模型。首先,在 14.3.2.1 节中讨论平台集成商与物流服务提供商之间信息对称的情况，以此作为基础模型。然后，在14.3.2.2节中讨论信息不对称的情况，平台集成商和物流服务提供商之间依靠信任关系进行合作。通过对模型的求解及对比分析，以探讨信息不对称及信任行为对平台集成商和物流服务提供商的决策和利润的影响。

14.3.2.1 信息对称

在本节，考虑信息对称的情形下，智慧生态链中平台集成商和物流服务提供商的决策，并将其作为基础模型。

如果提供商是高质量的提供商，市场需求量为 $d_H = a + v_H - p_H$，

平台集成商的利润为 $\pi_H^i = (p_H - w_H)(a + v_H - p_H)$，

提供商的利润为 $\pi_H^s = w_H(a + v_H - p_H)$。

根据逆序求解法，求得

$$p_H^* = \frac{3(a + v_H)}{4}, w_H^* = \frac{a + v_H}{2}, d_H = \frac{a + v_H}{4}$$

$$\pi_H^{i*} = \frac{(a + v_H)^2}{16}, \pi_H^{s*} = \frac{(a + v_H)^2}{8} \tag{14-1}$$

类似的，如果提供商是低质量的提供商，则市场需求量为 $d_L = a + v_L - p_L$。

平台集成商和提供商的决策与利润为

$$\begin{aligned} p_L^* &= \frac{3(a + v_L)}{4}, w_L^* = \frac{a + v_L}{2}, d_L = \frac{a + v_L}{4} \\ \pi_L^{i*} &= \frac{(a + v_L)^2}{16}, \pi_L^{s*} = \frac{(a + v_L)^2}{8} \end{aligned} \tag{14-2}$$

14.3.2.2 信息不对称

本节在平台集成商和物流服务提供商信息不对称的情景下进行模型构建，①主要考虑了高质量物流服务提供商选择说实话和选择说谎情景；②主要考虑了低质量物流服务提供商选择说实话和选择说谎的情景；③对模型的均衡结果进行分析讨论。

1. 物流服务提供商类型为高质量提供商

(1) 高质量物流服务提供商选择说实话。

在这种情况下，平台集成商通过对提供商的考察，根据提供商提供的信

息，对提供商的信任程度为β。

则平台集成商的期望利润为

$$E(\tilde{\pi}^{i}_{HH}) = \beta(\tilde{p}_{HH} - \tilde{w}_{HH})(a + v_H - \tilde{p}_{HH}) + (1-\beta)(\tilde{p}_{HH} - \tilde{w}_{HH})(a + v_L - \tilde{p}_{HH}) \tag{14-3}$$

上式中，β为平台集成商信任提供商为高质量提供商的概率，$\tilde{p}_{HH} - \tilde{w}_{HH}$为平台集成商的单位利润，$a + v_H - \tilde{p}_{HH}$为提供商是高质量提供商情况下的市场份额。相应的，$1-\beta$为平台集成商认为提供商是低质量提供商的概率，$a + v_L - \tilde{p}_{HH}$为提供商是低质量提供商情况下的市场份额。

提供商的利润为$\tilde{\pi}^{s}_{HH} = \tilde{w}_{HH}\tilde{q}_{HH}$。

提供商和平台集成商之间是Stackelberg博弈，根据逆序求解法，首先平台集成商决策服务的市场销售价格为

$$\tilde{p}^{*}_{HH} = \frac{\tilde{w}_{HH} + a + \beta v_H + (1-\beta)v_L}{2} = \frac{\tilde{w}_{HH} + a + \bar{v}_H}{2} \tag{14-4}$$

则预期的市场需求为

$$\bar{d}_{HH} = \beta(a + v_H - \tilde{p}^{*}_{HH}) + (1-\beta)(a + v_L - \tilde{p}^{*}_{HH}) \tag{14-5}$$

因此，平台集成商会向提供商采购新服务数量为

$$\tilde{q}_{HH} = \bar{d}_{HH} = \beta(a + v_H - \tilde{p}^{*}_{HH}) + (1-\beta)(a + v_L - \tilde{p}^{*}_{HH}) \tag{14-6}$$

此时提供商的利润函数为

$$\tilde{\pi}^{s}_{HH} = \tilde{w}_{HH}\bar{d}_{HH} = -\frac{\tilde{w}^{2}_{HH}}{2} + \tilde{w}_{HH}\left[\beta\left(\frac{a-\bar{v}_H}{2} + v_H\right) + (1-\beta)\left(\frac{a-\bar{v}_H}{2} + v_L\right)\right] \tag{14-7}$$

提供商决策服务的最佳批发价格为$\tilde{w}^{*}_{HH} = \frac{a + \bar{v}_H}{2}$，

则
$$\tilde{p}^{*}_{HH} = \frac{3(a + \bar{v}_H)}{4},\ \bar{d}_{HH} = \tilde{q}_{HH} = \frac{a + \bar{v}_H}{4} \tag{14-8}$$

当平台集成商向提供商采购完毕，并开始销售服务时，平台集成商可以观测到的实际市场需求变为

$$\tilde{d}_{HH} = a + v_H - \tilde{p}^{*}_{HH} = \frac{a + (4-3\beta)v_H - 3(1-\beta)v_L}{4} \tag{14-9}$$

此时，平台集成商的物流服务采购量小于市场需求，需要进行应急物流采购，采购数量为

$$\tilde{q}^{e}_{HH} = \tilde{d}_{HH} - \bar{d}_{HH} = \frac{3(1-\beta)(v_H - v_L)}{4} \tag{14-10}$$

并且，平台集成商了解到提供商为高质量的提供商。

最终，提供商获得的利润为

$$\tilde{\pi}^{s*}_{HH} = \tilde{w}^{*}_{HH}\tilde{d}_{HH} = \frac{(a+\bar{v}_H)[a+(4-3\beta)v_H - 3(1-\beta)v_L]}{8} \tag{14-11}$$

平台集成商获得的利润为

$$\tilde{\pi}^{i*}_{HH} = (\tilde{p}^{*}_{HH} - \tilde{w}^{*}_{HH})\tilde{d}_{HH} = \frac{(a+\bar{v}_H)[a+(4-3\beta)v_H - 3(1-\beta)v_L]}{16} \tag{14-12}$$

（2）高质量物流服务提供商说谎。

在这种情况下，平台集成商通过对提供商的考察，根据提供商提供的信息，对提供商的信任程度为β。

则平台集成商的期望利润为

$$E(\tilde{\pi}^{i}_{HL}) = \beta(\tilde{p}_{HL} - \tilde{w}_{HL})(a + v_L - \tilde{p}_{HL}) + (1-\beta)(\tilde{p}_{HL} - \tilde{w}_{HL})(a + v_H - \tilde{p}_{HL}) \tag{14-13}$$

提供商的利润为 $\tilde{\pi}^{s}_{HL} = \tilde{w}_{HL}\tilde{q}_{HL}$。

提供商和平台集成商之间是 Stacklberg 博弈，根据逆序求解法，首先平台集成商决策服务的市场价格为

$$\tilde{p}^{*}_{HL} = \frac{\tilde{w}_{HL} + a + \beta v_L + (1-\beta)v_H}{2} = \frac{\tilde{w}_{HL} + a + \bar{v}_L}{2} \tag{14-14}$$

则预期的市场需求为

$$\bar{d}_{HL} = \beta(a + v_L - \tilde{p}^{*}_{HL}) + (1-\beta)(a + v_H - \tilde{p}^{*}_{HL}) \tag{14-15}$$

因此，平台集成商会向提供商采购新服务数量为

$$\tilde{q}_{HL} = \bar{d}_{HL} = \beta(a + v_L - \tilde{p}^{*}_{HL}) + (1-\beta)(a + v_H - \tilde{p}^{*}_{HL}) \tag{14-16}$$

此时提供商的利润函数为

$$\tilde{\pi}^{s}_{HL} = \tilde{w}_{HL}\bar{d}_{HL} = -\frac{\tilde{w}^{2}_{HL}}{2} + \tilde{w}_{HL}\left[\beta\left(\frac{a-\bar{v}_L}{2} + v_L\right) + (1-\beta)\left(\frac{a-\bar{v}_L}{2} + v_H\right)\right] \tag{14-17}$$

提供商决策其服务的最佳批发价格为 $\tilde{w}^{*}_{HL} = \dfrac{a+\bar{v}_L}{2}$，

则 $$\tilde{p}^{*}_{HL} = \frac{3(a+\bar{v}_L)}{4},\ \bar{d}_{HL} = \tilde{q}_{HL} = \frac{a+\bar{v}_L}{4} \quad (14-18)$$

当平台集成商向提供商采购完毕，并开始销售服务时，平台集成商可以观测到的实际市场需求变为

$$\tilde{d}_{HL} = a + v_H - \tilde{p}^{*}_{HL} = \frac{a - 3\beta v_L + (1+3\beta)v_H}{4} \quad (14-19)$$

此时，$\bar{d}_{HL} < \tilde{d}_{HL}$，需要平台集成商快速匹配市场需求，进行额外的服务采购，采购量为

$$\tilde{q}^{e}_{HL} = \tilde{d}_{HL} - \bar{d}_{HL} = \frac{(1+3\beta)(v_H - v_L)}{4} \quad (14-20)$$

因此，平台集成商了解到提供商为高质量的提供商，并判定提供商说谎。

提供商最终获得的利润为

$$\tilde{\pi}^{s*}_{HL} = \tilde{w}^{*}_{HL}\tilde{d}_{HL} = \frac{(a+\bar{v}_L)[a - 3\beta v_L + (1+3\beta)v_H]}{8} \quad (14-21)$$

平台集成商最终获得的利润为

$$\tilde{\pi}^{i*}_{HL} = (\tilde{p}^{*}_{HL} - \tilde{w}^{*}_{HL})\tilde{d}_{HL} = \frac{(a+\bar{v}_L)[a - 3\beta v_L + (1+3\beta)v_H]}{16} \quad (14-22)$$

2. 提供商为低质量提供商

（1）低质量提供商说实话。

在这种情况下，平台集成商通过对提供商的考察，根据提供商提供的信息，对提供商的信任程度为β。

则平台集成商的期望利润为

$$E(\tilde{\pi}^{i}_{LL}) = \beta(\tilde{p}_{LL} - \tilde{w}_{LL})(a + v_L - \tilde{p}_{LL}) + (1-\beta)(\tilde{p}_{LL} - \tilde{w}_{LL})(a + v_H - \tilde{p}_{LL}) \quad (14-23)$$

提供商的利润为 $\tilde{\pi}^{s}_{LL} = \tilde{w}_{LL}\tilde{q}_{LL}$。

计算过程与上文类似，均衡结果如附录 14－A 所示。

（2）低质量提供商说谎。

在这种情况下，平台集成商通过对提供商的考察，根据提供商提供的信息，对提供商的信任程度为β。

则平台集成商的期望利润为

$$E(\tilde{\pi}^{i}_{LH}) = \beta(\tilde{p}_{LH} - \tilde{w}_{LH})(a + v_H - \tilde{p}_{LH}) + (1 - \beta)(\tilde{p}_{LH} - \tilde{w}_{LH})(a + v_L - \tilde{p}_{LH}) \tag{14-24}$$

提供商的利润为 $\tilde{\pi}^{s}_{LH} = \tilde{w}_{LH}\tilde{q}_{LH}$。

计算过程与上文类似，均衡结果如附录 14 - A 所示。

14.3.3 讨论分析

本节对以上决策结果进行比较分析，得出物流服务提供商是否有动机采取欺骗行为，并分析信息不对称和平台集成商的信任行为对决策和利润的影响。然后，发现物流服务提供商与平台集成商之间冲突的条件，为后续引入冲突处理机制提供依据。

14.3.3.1 比较分析

定理 1：只有高质量物流服务提供商会需要平台集成商进行额外需求的快速匹配，低质量提供商不需要。若高质量提供商说实话，则额外需求的快速匹配量为

$$\tilde{q}^{e}_{HH} = \frac{3(1 - \beta)(v_H - v_L)}{4} \tag{14-25}$$

若高质量提供商说谎，则额外需求的快速匹配量为

$$\tilde{q}^{e}_{HL} = \frac{(1 + 3\beta)(v_H - v_L)}{4}$$

这说明市场中客户对高质量物流服务的需求量较高。2019 年“双十一”期间，顺丰全网收件量比平日增长 145.6%，需要额外的快速匹配。但顺丰采取大数据、云计算、人工智能等创新技术助力智慧决策，“双十一”快递件量预测准确率高达 99.6%。

定理 2：信息不对称和信任行为对市场需求的影响。

（Ⅰ）当且仅当 $\beta < \frac{1}{2}$，$\tilde{d}_{HH} > \tilde{d}_{HL} > d_H$；相反，$\tilde{d}_{HL} > \tilde{d}_{HH} > d_H$。

（Ⅱ）$d_L > \tilde{d}_{LH} > \tilde{d}_{LL}$。

（Ⅲ）$\tilde{d}_{HH}$ 和 $\tilde{d}_{LH}$ 随 β 递减，$\tilde{d}_{LL}$ 和 $\tilde{d}_{HL}$ 随 β 递增。

定理 2 反映了信息不对称对市场需求的影响。定理 2（Ⅰ）表明，当平台集成商对物流服务提供商的信任程度较低时（$\beta < 1/2$），高质量服务提供商

说实话得到的市场需求大于说谎得到的市场需求。相反，当平台集成商对提供商的信任程度较高时（$\beta > 1/2$），高质量提供商说谎得到的市场需求大于说实话得到的市场需求，此时，高质量服务提供商有动机说谎，以获得更高的市场需求。此外，无论高质量提供商是否说谎，信息不对称情况下的市场需求均大于信息对称情况下的市场需求，说明信息不对称可以增加高质量物流服务提供商的市场需求。定理2（Ⅱ）表明，低质量提供商说谎得到的市场需求大于说实话得到的市场需求，因此，低质量提供商有动机说谎，以获得更高的市场需求。并且信息不对称情况下的市场需求均小于信息对称情况下的市场需求，说明信息不对称会减少低质量物流服务提供商的市场需求。定理2（Ⅲ）表明，从平台集成商的角度而言，无论判定物流服务提供商的质量类型是否准确，只要信任其为高质量提供商，实际市场需求会随着其对提供商信任程度的增加而降低。而当信任其为低质量提供商时，实际市场需求会随着平台集成商对物流服务提供商信任程度的增加而增加。这是因为平台集成商对物流服务提供商类型的判定影响其市场定价的决策。如果认为物流服务提供商是高质量的，信任程度越高，市场定价越高，导致市场需求降低。相反，如果认为物流服务提供商是低质量的，信任程度越高，市场定价越低，导致市场需求增加。

定理3：信息不对称和信任行为对定价决策的影响。

（Ⅰ）当$\beta > \frac{1}{2}$，则有$p_H^* > \tilde{p}_{HH}^* > \tilde{p}_{HL}^*$，$w_H^* > \tilde{w}_{HH}^* > \tilde{w}_{HL}^*$；$\tilde{p}_{LH}^* > \tilde{p}_{LL}^* > p_L^*$，$\tilde{w}_{LH}^* > \tilde{w}_{LL}^* > w_L^*$。

（Ⅱ）当$\beta < \frac{1}{2}$，则有$p_H^* > \tilde{p}_{HL}^* > \tilde{p}_{HH}^*$，$w_H^* > \tilde{w}_{HL}^* > \tilde{w}_{HH}^*$；$\tilde{p}_{LL}^* > \tilde{p}_{LH}^* > p_L^*$，$\tilde{w}_{LL}^* > \tilde{w}_{LH}^* > w_L^*$。

（Ⅲ）$\tilde{p}_{HH}^*$，$\tilde{w}_{HH}^*$，$\tilde{p}_{LH}^*$，$\tilde{w}_{LH}^*$ 随β单调递增；而 $\tilde{p}_{HL}^*$，$\tilde{w}_{HL}^*$，$\tilde{p}_{LL}^*$，$\tilde{w}_{LL}^*$ 随β单调递减。

定理3反映了信息不对称对定价决策的影响。定理3（Ⅰ）和（Ⅱ）表明，对于高质量物流服务提供商，信息不对称会降低平台集成商和物流服务提供商的定价决策。对于低质量物流服务提供商，信息不对称会提升平台集成商和物流服务提供商的定价决策。定理3（Ⅰ）表明当平台集成商对物流服务提供商的信任程度较高时（$\beta > 1/2$），高质量提供商说实话情况下的市场定价与批发价格高于说谎情况下，高质量提供商没有动机说谎。而低质量提供商说谎情况下的市场定价与批发价格高于说实话情况下，低质量提供商有动机说谎。定理3（Ⅱ）表明，当平台集成商对物流服务提供商的信任程度较低时（$\beta < 1/2$）高质量物流服务提供商说实话情况下的市场定价与批发价格低于说谎情况下，高质量物流服务提供商有动机说谎。而低质量物流服务提供商说谎情况下的市场定价与批发价格低于说实话情况下，低质量物流服务提供商没有动机说谎。定理3（Ⅲ）表明，从平台集成商的角度而言，无论判定物流服务提供商的质量类型是否准确，只要信任其为高质量提供商，市场价格和批发价格会随着对提供商信任程度的增加而增加。而当平台集成商信任其为低质量提供商时，市场价格和批发价格随着对提供商信任程度的增加而降低。

定理4：信息不对称对利润的影响。

（Ⅰ）$\tilde{\pi}_{HH}^{i*} > \pi_{H}^{i*}$，$\tilde{\pi}_{HH}^{s*} > \pi_{H}^{s*}$；$\tilde{\pi}_{HL}^{s*} > \pi_{H}^{s*}$，$\tilde{\pi}_{HH}^{i*} > \pi_{H}^{i*}$。

（Ⅱ）$\tilde{\pi}_{LL}^{i*} < \pi_{L}^{i*}$，$\tilde{\pi}_{LH}^{i*} < \pi_{L}^{i*}$；$\tilde{\pi}_{LH}^{s*} > \pi_{L}^{s*}$，$\tilde{\pi}_{LL}^{s*} > \pi_{L}^{s*}$。

根据定理4，可以发现如果平台集成商与高质量物流服务提供商合作，无论高质量提供商是否选择欺骗平台集成商，其信息不对称情况下的利润均大于信息对称情况下的利润，并且信息不对称情况下平台集成商的利润大于信息对称情况下的利润，因此信息不对称对高质量提供商和平台集成商均有益。如果平台集成商与低质量物流服务提供商合作，无论低质量提供商是否选择欺骗平台集成商，其信息不对称情况下的利润均大于信息对称情况下的利润，但信息不对称情况下平台集成商的利润小于信息对称情况下的利润，因此信息不对称对低质量提供商有益，但对平台集成商有害。

定理5：信任行为对双方利润的影响。

（Ⅰ）$\dfrac{\partial\tilde{\pi}_{HH}^{i*}}{\partial\beta} > 0, \dfrac{\partial\tilde{\pi}_{HH}^{s*}}{\partial\beta} > 0$。

（Ⅱ）当 $\dfrac{v_H - 3v_L}{2} \leqslant a \leqslant 2v_H - 3v_L$，存在最佳信任程度为 $\beta^* = \dfrac{a + v_H}{3(v_H - v_L)}$。

相反，当 $a > 2v_H - 3v_L$，$\dfrac{\partial\tilde{\pi}_{HL}^{i*}}{\partial\beta} > 0, \dfrac{\partial\tilde{\pi}_{HL}^{s*}}{\partial\beta} > 0$。

（Ⅲ）$\dfrac{\partial\tilde{\pi}_{LL}^{i*}}{\partial\beta} > 0$，$\dfrac{\partial\tilde{\pi}_{LL}^{s*}}{\partial\beta} < 0$；$\dfrac{\partial\tilde{\pi}_{LH}^{i*}}{\partial\beta} < 0$，$\dfrac{\partial\tilde{\pi}_{LH}^{s*}}{\partial\beta} > 0$。

根据定理5（Ⅰ），高质量物流服务提供商说实话，则平台集成商和提供商的利润随信任程度的增加而增加。这是因为平台集成商的信任程度增加，则市场定价和批发价格随之增加，抵消了市场价格升高导致实际市场需求降低的影响，最终，平台集成商和高质量物流服务提供商的利润均增加。

根据定理5（Ⅱ），如果高质量物流服务提供商说谎，在市场容量较小的情况下，存在最优的信任程度，使平台集成商和高质量提供商的利润达到最大。在市场容量较大的情况下，平台集成商和高质量提供商的利润随信任程度的增加而增加。这是因为若高质量提供商说谎，则信任程度降低，市场价格和批发价格也随之降低，但是市场价格的降低，带来实际市场需求增加。如果总的市场容量较小，则价格的降低与市场需求的增加相互制衡，最终存在最佳信任程度使利润达到最大。但如果总的市场容量较大，则市场需求的增加程度大于价格的降低程度，最终利润上升。

根据定理5（Ⅲ），在低质量物流服务提供商说实话情况下，平台集成商的利润随信任程度的增加而增加，但是低质量提供商的利润随信任程度的增加而减少。这是因为市场价格和批发价格均随着信任程度的增加而降低，市场价格的降低带来实际市场需求的增加，并且需求增加的程度大于市场价格降低的程度，而小于批发价格降低的程度，最后，平台集成商的利润增加，低质量提供商的利润降低。但低质量提供商说谎情况下，平台集成商的利润随信任程度的增加而降低，但是低质量提供商的利润随信任程度的增加而增加。这是因为当低质量提供商说谎，则市场价格和批发价格随信任程度的增加而增加，但市场价格的增加与提供商的实际质量类型导致实际市场需求降低。最后实际市场需求的降低程度大于市场价格的增加程度，而小于批发价格的增加程度。最终，平台集成商的利润降低，低质量提供商的利润增加。

定理6：提供商不同策略下双方利润的对比。

（Ⅰ）当$\beta<\dfrac{1}{2}$时，$\tilde{\pi}_{LL}^{s*}>\tilde{\pi}_{LH}^{s*}$，$\tilde{\pi}_{HH}^{s*}>\tilde{\pi}_{HL}^{s*}$；相反，当$\beta>\dfrac{1}{2}$时，$\tilde{\pi}_{LL}^{s*}<\tilde{\pi}_{LH}^{s*}$，$\tilde{\pi}_{HH}^{s*}<\tilde{\pi}_{HL}^{s*}$。

（Ⅱ）当$\beta<\dfrac{1}{2}$时，$\tilde{\pi}_{LL}^{i*}<\tilde{\pi}_{LH}^{i*}$，$\tilde{\pi}_{HH}^{i*}>\tilde{\pi}_{HL}^{i*}$；相反，当$\beta>\dfrac{1}{2}$时，$\tilde{\pi}_{LL}^{i*}>\tilde{\pi}_{LH}^{i*}$，$\tilde{\pi}_{HH}^{i*}<\tilde{\pi}_{HL}^{i*}$。

定理6（Ⅰ）表明了物流服务提供商是否有动机进行欺骗，在平台集成商对物流服务提供商的信任程度较低的情况下（$\beta < 1/2$），低质量物流服务提供商和高质量物流服务提供商说实话获得的利润大于说谎情况下获得的利润。相反，在平台集成商对物流服务提供商的信任程度较高的情况下（$\beta > 1/2$），低质量提供商和高质量提供商说谎获得的利润大于说实话情况下获得的利润。根据定理 1 和定理 2，这主要是因为，对于低质量提供商，其欺骗行为对批发价格的影响大于对市场需求的影响。而对于高质量提供商，其欺骗行为对市场需求的影响大于对批发价格的影响。

根据定理 6（Ⅱ），在平台集成商对物流服务提供商的信任程度较低的情况下（$\beta < 1/2$），低质量提供商说谎会导致平台集成商获得较高的利润，而高质量提供商说实话会使得平台集成商获得较高的利润。相反，在平台集成商对物流服务提供商的信任程度较高的情况下（$\beta > 1/2$），低质量提供商说实话会使平台集成商获得较高的利润，而高质量提供商说谎会使得平台集成商获得较高的利润。根据定理 2 和定理 3，这主要是因为，低质量提供商和高质量提供商的欺骗行为对市场需求的影响均大于对市场价格的影响。

根据定理 6，我们可以将物流服务提供商的说谎或者说实话策略总结为图 14－1。

说实话	LS–赢 & PI–输	LS–输 & PI–赢
说谎	LS–输 & PI–赢	LS–赢 & PI–输

$\beta = \frac{1}{2}$

（a）低质量物流服务提供商的策略结果

说实话	HS–赢 & PI–赢	HS–输 & PI–输
说谎	HS–输 & PI–输	HS–赢 & PI–赢

$\beta = \frac{1}{2}$

（b）高质量物流服务提供商的策略结果

图 14－1　物流服务提供商的策略结果

在图 14－1 中，缩写“HS”代表高质量物流服务提供商，“LS”代表低质量物流服务提供商，“PI”代表平台集成商。

根据图 14－1，可以看出高质量物流服务提供商与集成商之间存在双赢的策略，分别是当平台集成商对提供商的信任程度较低时（$\beta < 1/2$），高质量提供商选择说实话；当平台集成商对提供商的信任程度较高时（$\beta > 1/2$），高质量提供商选择说谎。而对于低质量物流服务提供商，其与平台集成商之间永远是零和博弈，这会导致低质量提供商选择有益于自己的策略，即当平台集成商对提供商的信任程度较低时（$\beta < 1/2$），低质量提供商选择说实话；当平台集成商对提供商的信任程度较高时（$\beta > 1/2$），低质量提供商选择说谎。

根据以上分析，我们可以总结出平台集成商与物流服务提供商发生冲突的条件，如引理1所示。

引理1（冲突发生的条件）：平台集成商与高质量物流服务提供商合作，信息不对称与欺骗行为均不会导致冲突，并且存在双赢的情况。平台集成商与低质量物流服务提供商合作，两者是零和博弈，信息不对称和低质量物流服务提供商的欺骗行为均会引发冲突。

根据引理1，高质量提供商与平台集成商之间不存在引发冲突的条件。而低质量提供商与平台集成商之间的零和博弈方式导致双方必然存在冲突。低质量提供商永远选择榨取平台集成商的利润以增加自身利润的策略，其策略选取与平台集成商对低质量提供商的信任程度有关。一方面，如果平台集成商对其信任程度低，则低质量提供商不会采取欺骗行为，但会利用信息不对称来榨取平台集成商的利润。另一方面，如果平台集成商对其信任程度高，则低质量提供商选择采取欺骗行为，转移平台集成商的利润。

14.3.3.2 冲突处理机制

根据上文分析，信息不对称与信息不对称情况下低质量物流服务提供商的欺骗行都会导致利益冲突的发生。传统的应对机制是，集成商对说谎的物流服务提供商进行惩罚。本节通过建模，与惩罚机制进行对比，并研究平台集成商采取区块链技术的条件。

定理7：惩罚机制。

（Ⅰ）当$0<\beta<1/2$时，低质量物流服务提供商选择实话，但平台集成商由于信息不对称的影响，此时平台集成商利润受到损失，损失金额为

$$|\Delta\tilde{\pi}_{LL}^{i*}| = |\tilde{\pi}_{LL}^{i*} - \pi_{L}^{i*}| = \frac{(1-\beta)(v_H - v_L)[10a - v_L + 11v_H - 11\beta(v_H - v_L)]}{16} \tag{14-26}$$

此时由于低质量物流服务提供商没有说谎，因此不能对低质量提供商进行惩罚。平台集成商可以采取区块链技术对其进行监测，采取区块链技术的条件为$C_B \leqslant \Delta\tilde{\pi}_{LL}^{i*}$。

（Ⅱ）当$1/2<\beta<1$时，低质量物流服务提供商选择说谎，平台集成商利润受到损失，因此可以对提供商进行惩罚以弥补其损失，此时惩罚机制可以适用，低质量提供商需要付出的惩罚成本为

$$|\Delta\tilde{\pi}_{LH}^{i*}| = |\tilde{\pi}_{LH}^{i*} - \pi_{L}^{i*}| = \frac{\beta(v_H - v_L)[11\beta(v_H - v_L) + 10a + 10v_L]}{16} \tag{14-27}$$

根据定理7，当平台集成商对物流服务提供商的信任程度较低时，无论是低质量提供商还是高质量提供商都会说实话。信息不对称会使得平台集成商与高质量提供商合作时利润增加，与低质量物流服务提供商合作时利润减少，此时由于提供商没有欺骗行为，平台集成商是不能进行惩罚的，因此平台集成商可以建立区块链技术避免信息不对称对其利润造成负面影响，但建立区块链技术的成本不能高于其利润损失。当平台集成商对物流服务提供商的信任程度较高，无论是低质量提供商还是高质量提供商都会说谎，高质量提供商说谎，不会对平台集成商的利润造成负面影响，因此不会引发冲突。而低质量提供商说谎，会导致平台集成商的利润降低，从而引发冲突。此时，平台集成商会对低质量提供商的欺骗行为采取惩罚机制，不需要付出额外的成本建立区块链技术。

14.3.4 模型拓展分析

在本节考虑客户对商品的偏好，即市场中的客户，有 α 比例的客户更偏好质量，喜欢高质量类型的商品，有 $1-\alpha$ 比例的客户偏好价格，偏好低价格低质量的服务。在本小节的拓展中，我们研究在考虑客户偏好情况下，平台集成商和物流服务提供商应该如何决策，以达到自身利润的最大化。考虑客户偏好后的均衡结果见附录 14 - G。

定理8：客户偏好的影响。

（Ⅰ）考虑客户对物流服务质量的偏好，可以避免应急物流的发生。

（Ⅱ）考虑客户对物流服务质量的偏好，平台集成商的市场价格降低，物流服务提供商的零售价格增加。

（Ⅲ）对于实际市场需求，具体如图 14 - 2 所示。

注：$\hat{\alpha}_{HH} = \frac{4-\beta}{5-2\beta}$，$\hat{\alpha}_{HL} = \frac{3+\beta}{3+2\beta}$，$\hat{\alpha}_{LL} = \frac{1-\beta}{5-2\beta}$，$\hat{\alpha}_{LH} = \frac{\beta}{3+2\beta}$。

定理8（Ⅰ）表明，考虑市场中客户的质量偏好，有利于更好地应对市场需求，从而避免物流供不应求的应急情况。定理8（Ⅱ）表明，考虑市场中客户的偏好会促使平台集成商增加其订购量，这也是物流服务供不应求情况减少的原因。但会削弱平台集成商的定价能力，会提升物流服务提供商的

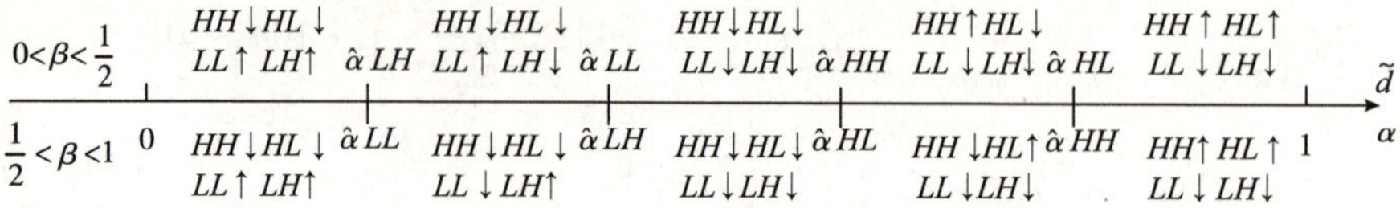

图 14－2　客户偏好对实际市场需求的影响

定价能力。根据定理 8（Ⅲ），可以发现当客户偏好高质量物流服务的比例 α 很低时，低质量物流服务的市场需求增加，高质量物流服务的市场需求减少。当客户偏好高质量物流服务的比例 α 很高时，高质量物流服务的市场需求增加，低质量物流服务的市场需求减少。当客户偏好高质量物流服务的比例 α 适中时，高质量和低质量物流服务的市场需求均减少。然而当客户偏好高质量物流服务的比例 α 适中偏低时，高质量物流服务的市场需求一定减少，但低质量物流服务的市场需求与信任程度 β 有关，当信任程度较低时，低质量提供商说实话获得的市场需求较大，当信任程度较高时，低质量提供商说谎获得的市场需求较大。同理，当客户偏好高质量物流服务的比例 α 适中偏高时，低质量物流服务的市场需求一定减少，但高质量物流服务的市场需求与信任程度 β 有关，当信任程度较低时，高质量的提供商说实话获得的市场需求较大，当信任程度较高时，高质量的提供商说谎获得的市场需求较大。

接下来，为了更直观地体现客户质量偏好对平台集成商和物流服务提供商利润的影响，用数值模拟进行比较，并给出不同质量类型物流服务提供商策略选择的可行范围。

注：$v_L = 0.6$，$v_H = 2$，$a = 100$。

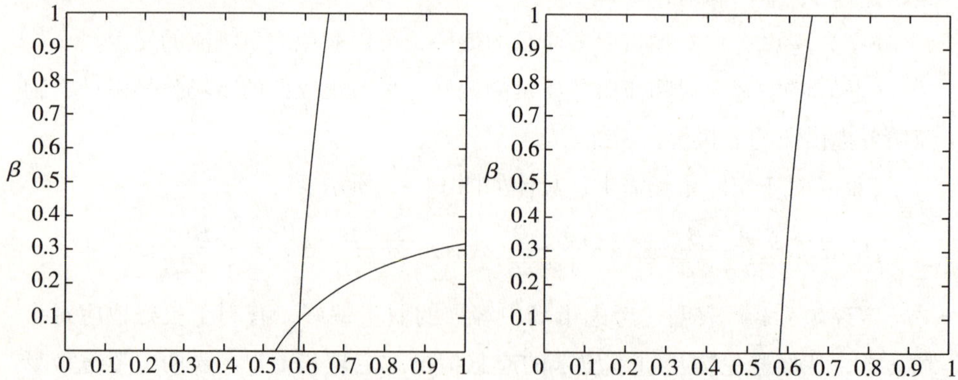

（a）HH情况下平台集成商的利润　　（b）HH情况下物流服务提供商的利润

图 14－3　HH 情况下平台集成商与物流服务提供商的利润

从图 14－3（a）和图 14－3（b）中可以看出，高质量物流服务提供商说实话的可行范围，即客户对高质量物流服务的偏好 α 处于中等及偏低水平。这与实践中相符，例如顺丰作为高质量物流服务提供商，市场中客户对顺丰的偏好是低于“四通一达”的。

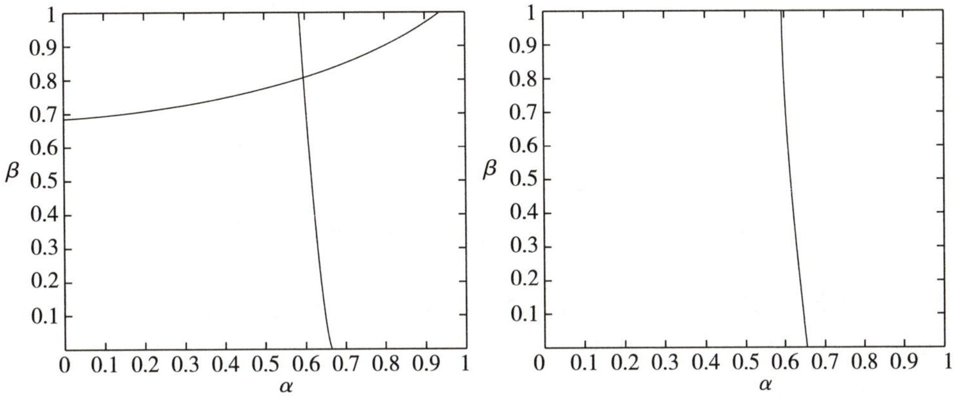

（a）HL情况下平台集成商的利润　　（b）HL情况下物流服务提供商的利润

图 14－4　HL 情况下平台集成商与物流服务提供商的利润

从图 14－4（a）和图 14－4（b）中可以看出高质量物流服务提供商说谎的可行范围。当客户对高质量物流服务的偏好 α 处于较高水平时，高质量物流服务提供商可以说谎。对平台集成商而言，只有当客户对高质量物流服务的偏好 α 处于较高水平，且平台集成商对高质量物流提供商信任程度 β 较高时，高质量提供商可以说谎。综合来看，高质量物流服务提供商说谎的可行范围为客户对高质量物流服务的偏好 α 处于较高水平，且平台集成商对其信任程度 β 较高时。

从图 14－5（a）和图 14－5（b）中可以看出低质量物流服务提供商说实话的可行范围。当客户对高质量的偏好 α 处于中等及较高水平时，低质量提供商说实话可行。而只有当客户对高质量物流服务的偏好 α 处于中等及较高水平，且平台集成商对低质量提供商信任程度 β 较高时，其说实话对平台集成商可行。综合来看，低质量提供商说实话的可行范围为客户对高质量物流服务的偏好 α 处于中等水平及较高水平，且平台集成商对其信任程度 β 较高。这是因为当市场中客户更偏好高质量物流服务时，平台集成商对提供低质量物流服务的物流服务提供商信任程度更大，才能允许其提供物流服务。这与

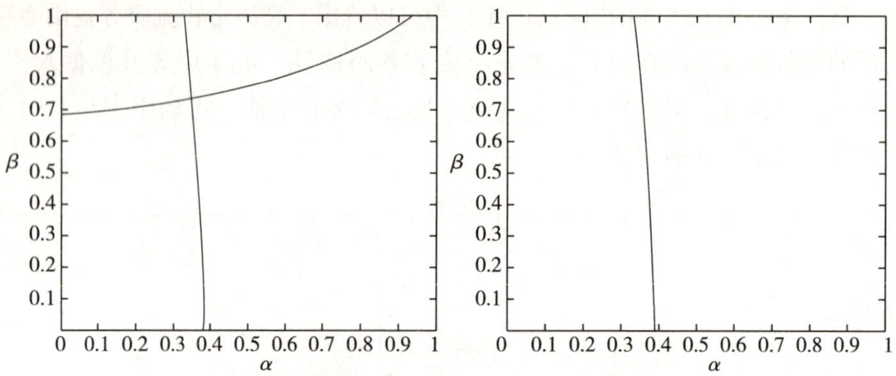

（a）LL情况下平台集成商的利润　　（b）LL情况下物流服务提供商的利润

图 14-5　LL 情况下平台集成商与物流服务提供商的利润

实践中也是一致的，例如“四通一达”作为低质量物流服务提供商，菜鸟网络经常对其进行考核以提升信任程度。

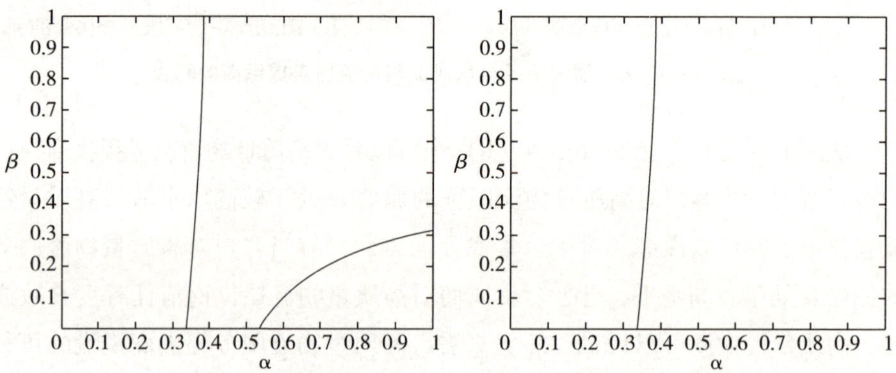

（a）LH情况下平台集成商的利润　　（b）LH情况下物流服务提供商的利润

图 14-6　LH 情况下平台集成商与物流提供商的利润

从图 14-6（a）和图 14-6（b）中可以看出低质量提供商说谎的可行范围。当客户对高质量物流服务的偏好 α 处于较低水平时，低质量提供商说谎对自身和平台集成商均可行。

14.3.5　主要结论

本章以智慧生态链中一个物流平台集成商和一个物流服务提供商为背景，考虑了信息不对称情况下，平台集成商对不同质量类型的物流服务提供商具有信任行为，研究不同质量类型物流服务提供商欺骗行为的动机，以及信任行为对决策与利润的影响，并提出区块链技术对解决信息不对称及欺骗行为的适用条件。最后本章考虑更为一般的情况，即考虑市场中客户存在物流服务质量偏好。本章得到的主要结论如下。

首先，本研究发现在平台集成商对物流服务提供商的信任程度较低的情况下（$\beta < 1/2$），低质量提供商和高质量提供商均选择说实话。相反，当平台集成商对物流服务提供商的信任程度较高的情况下（$\beta > 1/2$），低质量提供商和高质量提供商均选择欺骗。但平台集成商与高质量提供商合作，无论高质量提供商是否选择欺骗，信息不对称与欺骗行为均不会导致冲突，并且存在双赢情况。而平台集成商与低质量提供商合作，两者是零和博弈，信息不对称和低质量提供商的欺骗行为均会引发冲突。

其次，在平台集成商对物流服务提供商的信任程度较低的情况下（$\beta < 1/2$），低质量提供商没有欺骗行为，但平台集成商会因为信息不对称而遭受损失，此时平台集成商可以采用区块链技术，但采用区块链技术的条件是构建区块链技术付出的成本低于信息不对称带来的损失。在平台集成商对物流服务提供商的信任程度较高的情况下（$\beta > 1/2$），低质量的提供商会存在欺骗行为，此时平台集成商可以对其欺骗行为进行惩罚，只需要采取惩罚机制，无须构建区块链技术。

最后，如果平台集成商考虑客户对物流服务质量的偏好，可以避免应急物流的发生，但会导致平台集成商的市场定价降低，物流服务提供商的零售定价增加。此外，不同的高质量偏好程度引起的市场需求变化不同，整体趋势是随着市场中客户对高质量物流服务偏好的增加，高质量物流服务的市场需求逐渐增加，低质量物流服务的市场需求逐渐减少。最后，本章给出了考虑客户物流服务质量偏好后，不同类型的物流服务提供商的策略选择（说实话、说谎）的可行范围。

14.4 智慧物流生态链冲突处理的相关建议

本章可以为智慧生态链中平台集成商与物流服务提供商提供管理学见解。对平台集成商而言，其对物流服务提供商的信任程度较高的情况下，提供商选择说谎，这说明越是熟悉的提供商，平台集成商越要加强管理。具体的机制体现为，当平台集成商对物流服务提供商的信任程度较低时，平台集成商选择区块链技术，可以有效避免信息不对称的危害；当平台集成商对提供商的信任程度较高时，平台集成商选择惩罚机制。最后，平台集成商需要考虑市场中客户的物流服务质量价值偏好，利用以往的运营数据，对客户的物流服务质量价值偏好进行归类和记录，不仅可以有效避免供不应求的应急物流的发生，同时还可以帮助平台集成商在不同的客户物流服务质量偏好下，决策相应的信任程度。

对物流服务提供商而言，高质量提供商可以与平台集成商达成双赢的合作局面；而低质量提供商与平台是零和博弈，会导致冲突，因此建议低质量提供商提升其质量，或者与平台集成商共享信息、加强合作，以提升自身质量和竞争力。在实践中，属于低质量类型的“四通一达”与菜鸟网络加强合作，菜鸟网络通过收购其股份，实现信息数据的共享，并且帮助其进行组织架构和管理制度的提升，最终实现其物流服务质量的提升。

附录 14 – A　均衡解

	高质量物流服务提供商	
	真实	说谎
期望需求 $\bar{d}(=\bar{q})$	$\bar{d}_{HH}=\bar{q}_{HH}=\frac{a+\bar{v}_H}{4}$	$\bar{d}_{HL}=\bar{q}_{HL}=\frac{a+\bar{v}_L}{4}$
真实需求 $\tilde{d}$	$\tilde{d}_{HH}=\frac{a+(4-3\beta)v_H-3(1-\beta)v_L}{4}$	$\tilde{d}_{HL}=\frac{a-3\beta v_L+(1+3\beta)v_H}{4}$
市场价格 $\tilde{p}^*$	$\tilde{p}^*_{HH}=\frac{3(a+\bar{v}_H)}{4}$	$\tilde{p}^*_{HL}=\frac{3(a+\bar{v}_L)}{4}$
批发价格 $\tilde{w}^*$	$\tilde{w}^*_{HH}=\frac{a+\bar{v}_H}{2}$	$\tilde{w}^*_{HL}=\frac{a+\bar{v}_L}{2}$
$\tilde{\pi}^{i*}$	$\tilde{\pi}^{i*}_{HH}=\frac{(a+\bar{v}_H)[a+(4-3\beta)v_H-3(1-\beta)v_L]}{16}$	$\tilde{\pi}^{i*}_{HL}=\frac{(a+\bar{v}_L)[a-3\beta v_L+(1+3\beta)v_H]}{16}$
$\tilde{\pi}^{s*}$	$\tilde{\pi}^{s*}_{HH}=\frac{(a+\bar{v}_H)[a+(4-3\beta)v_H-3(1-\beta)v_L]}{8}$	$\tilde{\pi}^{s*}_{HL}=\frac{(a+\bar{v}_L)[a-3\beta v_L+(1+3\beta)v_H]}{8}$
	低质量物流服务提供商	
	真实	说谎
期望需求 $\bar{d}(=\bar{q})$	$\bar{d}_{LL}=\bar{q}_{LL}=\frac{a+\bar{v}_L}{4}$	$\bar{d}_{LH}=\bar{q}_{LH}=\frac{a+\bar{v}_H}{4}$
真实需求 $\tilde{d}$	$\tilde{d}_{LL}=\frac{a+(4-3\beta)v_L-3(1-\beta)v_H}{4}$	$\tilde{d}_{LH}=\frac{a-3\beta v_H+(1+3\beta)v_L}{4}$

续 表

	低质量物流服务提供商	
	真实	说谎
市场价格 $\tilde{p}^*$	$\tilde{p}_{LL}^* = \frac{3(a+\bar{v}_L)}{4}$	$\tilde{p}_{LH}^* = \frac{3(a+\bar{v}_H)}{4}$
批发价格 $\tilde{w}^*$	$\tilde{w}_{LL}^* = \frac{a+\bar{v}_L}{2}$	$\tilde{w}_{LH}^* = \frac{a+\bar{v}_H}{2}$
$\tilde{\pi}^{i*}$	$\tilde{\pi}_{LH}^{i*} = \frac{(a+\bar{v}_L)[a+(4-3\beta)v_L-3(1-\beta)v_H]}{16} - \frac{(a+\bar{v}_L)^2}{8}$	$\tilde{\pi}_{LH}^{i*} = \frac{9(a+\bar{v}_H)[a-3\beta v_H+(1+3\beta)v_L]}{16} - \frac{(a+\bar{v}_H)^2}{8}$
$\tilde{\pi}^{s*}$	$\tilde{\pi}_{LL}^{s*} = \tilde{w}_L^*\tilde{q}_L = \frac{(a+\bar{v}_L)^2}{8}$	$\tilde{\pi}_{LH}^{s*} = \tilde{w}_{LH}^*\tilde{q}_{LH} = \frac{(a+\bar{v}_H)^2}{8}$

$$\tilde{\pi}_{HH}^{i*} = \frac{a^2+2a(2-\beta)v_H-2a(1-\beta)v_L+(4-3\beta)\beta v_H^2-3(1-\beta)^2v_L^2+2(2-3\beta)(1-\beta)v_Hv_L}{16}$$

$$\tilde{\pi}_{HH}^{s*} = \frac{a^2+2a(2-\beta)v_H-2a(1-\beta)v_L+(4-3\beta)\beta v_H^2-3(1-\beta)^2v_L^2+2(2-3\beta)(1-\beta)v_Hv_L}{8}$$

$$\tilde{\pi}_{HL}^{i*} = \frac{a^2+2a(1+\beta)v_H-2a\beta v_L+(1+3\beta)(1-\beta)v_H^2-3\beta^2v_L^2+2\beta(3\beta-1)v_Hv_L}{16}$$

$$\tilde{\pi}_{HL}^{s*} = \frac{a^2+2a(1+\beta)v_H-2a\beta v_L+(1+3\beta)(1-\beta)v_H^2-3\beta^2v_L^2+2\beta(3\beta-1)v_Hv_L}{8}$$

$$\tilde{\pi}_{LL}^{i*} = \frac{a^2-10a(1-\beta)v_H+2a(6-5\beta)v_L-11(1-\beta)^2v_H^2+(12\beta-11\beta^2)v_L^2+2(6-11\beta)(1-\beta)v_Hv_L}{16}$$

$$\tilde{\pi}_{LL}^{s*} = \frac{a^2+2a(1-\beta)v_H+2a\beta v_L+(1-\beta)^2v_H^2+\beta^2v_L^2+2\beta(1-\beta)v_Hv_L}{8}$$

$$\tilde{\pi}_{LH}^{i*} = \frac{a^2-11\beta^2v_H^2+(1-\beta)(1+11\beta)v_L^2-10a\beta v_H+(2a+10a\beta)v_L+(22\beta^2-10\beta)v_Hv_L}{16}$$

$$\tilde{\pi}_{LH}^{s*} = \frac{a^2+2a(1-\beta)v_L+2a\beta v_H+(1-\beta)^2v_L^2+\beta^2v_H^2+2\beta(1-\beta)v_Hv_L}{8}$$

附录 14－B　定理 1 的证明

（Ⅰ）

$$\tilde{d}_{HH}-\tilde{d}_{HL} = \frac{(4-3\beta)v_H-3(1-\beta)v_L+3\beta v_L-(1+3\beta)v_H}{4}$$

$$= \frac{3(1-2\beta)(v_H-v_L)}{4}$$

当 $\beta < \frac{1}{2}$，则 $\tilde{d}_{HH}-\tilde{d}_{HL} > 0$；

当$\beta > \frac{1}{2}$，则$\tilde{d}_{HH} - \tilde{d}_{HL} < 0$。

$$\tilde{d}_{HH} - d_H = \frac{(4-3\beta)v_H - v_H}{4} = \frac{3(1-\beta)v_H}{4} > 0$$

$$\tilde{d}_{HL} - d_H = \frac{-3\beta v_L + (1+3\beta)v_H - v_H}{4} = \frac{3\beta(v_H - v_L)}{4} > 0$$

（Ⅱ）

$$\tilde{d}_{LH} - \tilde{d}_{LL} = \frac{-3\beta v_H + (1+3\beta)v_L + (3-3\beta)v_H - 4v_L + 3\beta v_L}{4}$$

$$= \frac{(3-6\beta)(v_H - v_L)}{4} > 0$$

$$\tilde{d}_{LL} - d_L = \frac{(4-3\beta)v_L - 3(1-\beta)v_H - v_L}{4}$$

$$= \frac{3(1-\beta)(v_L - v_H)}{4} < 0$$

$$\tilde{d}_{LH} - d_L = \frac{-3\beta v_H + (1+3\beta)v_L - v_L}{4}$$

$$= \frac{3\beta(v_L - v_H)}{4} < 0$$

（Ⅲ）

$$\frac{\partial \tilde{d}_{HH}}{\partial \beta} = \frac{\partial \tilde{d}_{LH}}{\partial \beta} = \frac{3(v_L - v_H)}{4} < 0$$

$$\frac{\partial \tilde{d}_{LL}}{\partial \beta} = \frac{\partial \tilde{d}_{HL}}{\partial \beta} = \frac{3(v_H - v_L)}{4} > 0$$

附录 14 – C　定理 2 的证明

（Ⅰ）

$$\tilde{p}^*_{HH} - \tilde{p}^*_{HL} = \frac{3(a+\bar{v}_H)}{4} - \frac{3(a+\bar{v}_L)}{4} = \frac{3(2\beta-1)(v_H - v_L)}{4}$$

当$\beta > \frac{1}{2}$，则$\tilde{p}^*_{HH} - \tilde{p}^*_{HL} > 0$；

当$\beta < \frac{1}{2}$，则$\tilde{p}^*_{HH} - \tilde{p}^*_{HL} < 0$。

$$\tilde{p}^*_{HH} - p^*_H = \frac{3(a+\bar{v}_H) - 3(a+v_H)}{4} = \frac{-3(1-\beta)(v_H - v_L)}{4} < 0$$

$$\tilde{p}_{HL}^{*}-p_{H}^{*}=\frac{3(a+\bar{v}_{L})-3(a+v_{H})}{4}=\frac{-3\beta(v_{H}-v_{L})}{4}<0$$

最优值 w^{*} 的证明与 p^{*} 类似。

（Ⅱ）

$$\tilde{p}_{LL}^{*}-\tilde{p}_{LH}^{*}=\frac{3(a+\bar{v}_{L})}{4}-\frac{3(a+\bar{v}_{H})}{4}=\frac{3(2\beta-1)(v_{L}-v_{H})}{4}$$

当 $\beta>\frac{1}{2}$，则 $\tilde{p}_{LL}^{*}-\tilde{p}_{LH}^{*}<0$；

当 $\beta<\frac{1}{2}$，则 $\tilde{p}_{LL}^{*}-\tilde{p}_{LH}^{*}>0$。

$$\tilde{p}_{LL}^{*}-p_{L}^{*}=\frac{3(a+\bar{v}_{L})-3(a+v_{L})}{4}=\frac{3(1-\beta)(v_{H}-v_{L})}{4}>0$$

$$\tilde{p}_{LH}^{*}-p_{L}^{*}=\frac{3(a+\bar{v}_{H})-3(a+v_{L})}{4}=\frac{3\beta(v_{H}-v_{L})}{4}>0$$

最优值 w^{*} 的证明与 p^{*} 类似。

（Ⅲ）

$$\frac{\partial\tilde{p}_{HH}^{*}}{\partial\beta}=\frac{\partial\tilde{p}_{LH}^{*}}{\partial\beta}=\frac{3(v_{H}-v_{L})}{4}>0;\quad \frac{\partial\tilde{w}_{HH}^{*}}{\partial\beta}=\frac{\partial\tilde{w}_{LH}^{*}}{\partial\beta}=\frac{(v_{H}-v_{L})}{2}>0$$

$$\frac{\partial\tilde{p}_{LL}^{*}}{\partial\beta}=\frac{\partial\tilde{p}_{HL}^{*}}{\partial\beta}=\frac{3(v_{L}-v_{H})}{4}<0;\quad \frac{\partial\tilde{w}_{LL}^{*}}{\partial\beta}=\frac{\partial\tilde{w}_{HL}^{*}}{\partial\beta}=\frac{(v_{L}-v_{H})}{2}<0$$

附录 14－D　定理 3 的证明

（Ⅰ）

$$\Delta\tilde{\pi}_{HH}^{i*}=\tilde{\pi}_{HH}^{i*}-\pi_{H}^{i*}=\frac{(1-\beta)[2av_{H}-2av_{L}-(1-3\beta)v_{H}^{2}-3(1-\beta)v_{L}^{2}-2(2-3\beta)v_{H}v_{L}]}{16}$$

$$\frac{\partial\Delta\tilde{\pi}_{HH}^{i*}}{\partial\beta}=\frac{-[2a-4v_{H}+6v_{L}+6\beta(v_{H}-v_{L})](v_{H}-v_{L})}{16}$$

$$\frac{\partial^{2}\Delta\tilde{\pi}_{HH}^{i*}}{\partial^{2}\beta}=\frac{-6(v_{H}-v_{L})^{2}}{16}<0$$

可以得到 $\Delta\tilde{\pi}_{HH}^{i*}$ 是 β 的凹函数。

令 $\frac{\partial\Delta\tilde{\pi}_{HH}^{i*}}{\partial\beta}=0$，可以证得 $\beta^{*}=\frac{v_{H}-3v_{L}-2a}{3(v_{H}-v_{L})}$。

由于 $2a-v_{H}+3v_{L}>0$，明显可以发现 $\beta_{2}=\frac{v_{H}-3v_{L}-2a}{3(v_{H}-v_{L})}<0$。

因此 $\Delta\tilde{\pi}_{HH}^{i*} \geqslant 0, \beta \in [0,1]$。

$$\Delta\tilde{\pi}_{HL}^{i*} = \tilde{\pi}_{HL}^{i*} - \pi_H^{i*} = \frac{\beta[2av_H - 2av_L + (2-3\beta)v_H^2 - 3\beta v_L^2 + 2(3\beta-1)v_Hv_L]}{16}$$

$$\frac{\partial\Delta\tilde{\pi}_{HL}^{i*}}{\partial\beta} = \frac{2av_H - 2av_L + (2-3\beta)v_H^2 - 3\beta v_L^2 + 2(3\beta-1)v_Hv_L + 6\beta v_Hv_L - 3\beta v_H^2 - 3\beta v_L^2}{16}$$

$$= \frac{2a(v_H - v_L) - 6\beta(v_H - v_L)^2 + 2v_H(v_H - v_L)}{16}$$

$$= \frac{[2a + 2v_H - 6\beta(v_H - v_L)](v_H - v_L)}{16}$$

$$\frac{\partial^2\Delta\tilde{\pi}_{HL}^{i*}}{\partial^2\beta} = \frac{-6(v_H - v_L)^2}{16} < 0$$

可以得到 $\Delta\tilde{\pi}_{HL}^{i*}$ 是 β 的凹函数。

令 $\frac{\partial\Delta\tilde{\pi}_{HL}^{i*}}{\partial\beta} = 0$，可以得到

$$\beta^* = \frac{2v_H + 2a}{3(v_H - v_L)}$$

由于 $2a - v_H + 3v_L > 0$，可以证得

$$\beta_2 = \frac{2v_H + 2a}{3(v_H - v_L)} > 1$$

因此 $\Delta\tilde{\pi}_{HL}^{i*} \geqslant 0, \beta \in [0,1]$。

如上所述，可以证得 $\tilde{\pi}_{HH}^{i*} > \pi_H^{i*}$，$\tilde{\pi}_{HH}^{i*} > \pi_H^{i*}$。

类似的，可以证得 $\tilde{\pi}_{HL}^{s*} > \pi_H^{s*}$，$\tilde{\pi}_{HH}^{s*} > \pi_H^{s*}$。

（Ⅱ）

$$\Delta\tilde{\pi}_{LH}^{i*} = \tilde{\pi}_{LH}^{i*} - \pi_L^{i*} = \frac{\beta[-11\beta v_H^2 + (10-11\beta)v_L^2 - 10av_H + 10av_L + (22\beta-10)v_Hv_L]}{16}$$

$$= \frac{\beta[-11\beta(v_H - v_L)^2 - 10a(v_H - v_L) + 10v_L^2 - 10v_Hv_L]}{16}$$

$$= \frac{\beta(v_H - v_L)[-11\beta(v_H - v_L) - 10a - 10v_L]}{16} < 0$$

$$\Delta\tilde{\pi}_{LL}^{i*} = \tilde{\pi}_{LL}^{i*} - \pi_L^{i*} = \frac{(1-\beta)[-10av_H + 10av_L - 11(1-\beta)v_H^2 + (11\beta-1)v_L^2 + 2(6-11\beta)v_Hv_L]}{16}$$

$$= \frac{(1-\beta)[-10a(v_H - v_L) + 11\beta(v_H - v_L)^2 + (v_L - 11v_H)(v_H - v_L)]}{16}$$

$$= \frac{(1-\beta)(v_H - v_L)[11\beta(v_H - v_L) - 10a + v_L - 11v_H]}{16}$$

$$\frac{\partial^2 \Delta\tilde{\pi}_{LL}^{i*}}{\partial^2\beta} = \frac{-22\,(v_H - v_L)^2}{16} < 0$$

令 $\Delta\tilde{\pi}_{LL}^{i*} = 0$，则 $\beta_1 = 1$，$\beta_2 = \dfrac{10a + 11v_H - v_L}{11(v_H - v_L)}$；

因为 $2a - v_H + 3v_L > 0$，明显可证得 $\beta_2 = \dfrac{10a + 11v_H - v_L}{11(v_H - v_L)} > 1$；

因此，$\Delta\tilde{\pi}_{LL}^{i*} \leqslant 0$，$\beta \in [0,1]$。

如上所述，可以证得 $\tilde{\pi}_{LL}^{i*} < \pi_L^{i*}$，$\tilde{\pi}_{LH}^{i*} < \pi_L^{i*}$。

$$\Delta\tilde{\pi}_{LL}^{s*} = \tilde{\pi}_{LL}^{s*} - \pi_L^{s*} = \frac{(2a + \bar{v}_L + v_L)(\bar{v}_L - v_L)}{8}$$

$$= \frac{(2a + \bar{v}_L + v_L)(1 - \beta)(v_H - v_L)}{8} > 0$$

$$\Delta\tilde{\pi}_{LH}^{s*} = \tilde{\pi}_{LH}^{s*} - \pi_L^{s*} = \frac{(2a + \bar{v}_H + v_L)(\bar{v}_H - v_L)}{8}$$

$$= \frac{(2a + \bar{v}_H + v_L)\beta(v_H - v_L)}{8} > 0$$

如上所述，可以证得 $\tilde{\pi}_{LH}^{s*} > \pi_L^{s*}$，$\tilde{\pi}_{LL}^{s*} > \pi_L^{s*}$。

附录 14 – E　定理 4 的证明

$$\frac{\partial\tilde{\pi}_{HH}^{i*}}{\partial\beta} = \frac{-2av_H + 2av_L - 6\beta v_H^2 + 6(1-\beta)v_L^2 + (12\beta - 10)v_Hv_L}{16}$$

$$= \frac{(v_H - v_L)[-2a - 6\beta(v_H - v_L) - 6v_L] - 4v_Hv_L}{16} < 0$$

类似的，有

$$\frac{\partial\tilde{\pi}_{HH}^{s*}}{\partial\beta} = \frac{(v_H - v_L)[-2a - 6\beta(v_H - v_L) - 6v_L] - 4v_Hv_L}{8} < 0$$

$$\frac{\partial\tilde{\pi}_{HL}^{i*}}{\partial\beta} = \frac{2av_H - 2av_L + (2 - 6\beta)v_H^2 - 6\beta v_L^2 + (12\beta - 2)v_Hv_L}{16}$$

$$= \frac{(v_H - v_L)[2a - 6\beta(v_H - v_L) + 2v_H]}{16}$$

$$\frac{\partial^2\tilde{\pi}_{HL}^{i*}}{\partial^2\beta} = \frac{-6\,(v_H - v_L)^2}{16} < 0$$

因此 $\tilde{\pi}_{HL}^{i*}$ 是 β 的凹函数。

令 $\dfrac{\partial\tilde{\pi}_{HL}^{i*}}{\partial\beta} = 0$，得出

$$\beta = \frac{a + v_H}{3(v_H - v_L)}$$

如果 $a > 2v_H - 3v_L$，$\frac{\partial \tilde{\pi}_{HL}^{i*}}{\partial \beta} > 0$，$\tilde{\pi}_{HL}^{i*}$ 随 β 单调递增。

如果 $\frac{v_H - 3v_L}{2} \leqslant a \leqslant 2v_H - 3v_L$，当 $\beta = \frac{a + v_H}{3(v_H - v_L)}$，则 $\tilde{\pi}_{HL}^{i*}$ 存在最大值。

类似的，当 $a > 2v_H - 3v_L$，$\frac{\partial \tilde{\pi}_{HL}^{s*}}{\partial \beta} > 0$，$\tilde{\pi}_{HL}^{s*}$ 随 β 单调递增。

当 $\frac{v_H - 3v_L}{2} \leqslant a \leqslant 2v_H - 3v_L$，当 $\beta = \frac{a + v_H}{3(v_H - v_L)}$，则 $\tilde{\pi}_{HL}^{s*}$ 存在最大值。

$$\begin{aligned}\frac{\partial \tilde{\pi}_{LL}^{i*}}{\partial \beta} &= \frac{10av_H - 10av_L + 22(1-\beta)v_H^2 + (12 - 22\beta)v_L^2 + (44\beta - 34)v_H v_L}{16} \\ &= \frac{(v_H - v_L)[10a - 22\beta(v_H - v_L) + 22v_H - 12v_L]}{16} \\ &= \frac{(v_H - v_L)[12(1-\beta)(v_H - v_L) + 10(a + \bar{v}_L)]}{16} > 0\end{aligned}$$

$$\begin{aligned}\frac{\partial \tilde{\pi}_{LH}^{i*}}{\partial \beta} &= \frac{-22\beta v_H^2 + (10 - 22\beta)v_L^2 - 10av_H + 10av_L + (44\beta - 10)v_H v_L}{16} \\ &= \frac{(v_H - v_L)[-22\beta(v_H - v_L) - 10a - 10v_L]}{16} < 0\end{aligned}$$

$$\frac{\partial \tilde{\pi}_{LL}^{s*}}{\partial \beta} = \frac{\partial\left\{\frac{[a + \beta v_L + (1-\beta)v_H]^2}{8}\right\}}{\partial \beta} = \frac{[a + \beta v_L + (1-\beta)v_H](v_L - v_H)}{4} < 0$$

$$\frac{\partial \tilde{\pi}_{LH}^{s*}}{\partial \beta} = \frac{\partial\left\{\frac{[a + \beta v_H + (1-\beta)v_L]^2}{8}\right\}}{\partial \beta} = \frac{[a + \beta v_H + (1-\beta)v_L](v_H - v_L)}{4} > 0$$

附录 14 – F　定理 5 和定理 6 的证明

$$\begin{aligned}\tilde{\pi}_{HH}^{s*} - \tilde{\pi}_{HL}^{s*} &= \frac{2a(1-2\beta)v_H - 2a(1-2\beta)v_L - (1-2\beta)v_H^2 - 3(1-2\beta)v_L^2 + 4(1-2\beta)v_H v_L}{8} \\ &= \frac{(1-2\beta)(2av_H - 2av_L - v_H^2 - 3v_L^2 + 4v_H v_L)}{8} \\ &= \frac{(1-2\beta)(v_H - v_L)(2a - v_H + 3v_L)}{8}\end{aligned}$$

因为 $2a - v_H + 3v_L > 0$，

可以得出当$\beta < \frac{1}{2}$，则$\tilde{\pi}_{HH}^{s*} > \tilde{\pi}_{HL}^{s*}$；当$\beta > \frac{1}{2}$，则$\tilde{\pi}_{HH}^{s*} < \tilde{\pi}_{HL}^{s*}$。

与$\tilde{\pi}_{HH}^{s*}$和$\tilde{\pi}_{HL}^{s*}$类似，比较$\tilde{\pi}_{HH}^{i*}$和$\tilde{\pi}_{HL}^{i*}$，则

$$\tilde{\pi}_{LL}^{s*} - \tilde{\pi}_{LH}^{s*} = \frac{(a+\bar{v}_L)^2 - (a+\bar{v}_H)^2}{8} = \frac{(2a+\bar{v}_L+\bar{v}_H)(1-2\beta)(v_H - v_L)}{8}$$

可以得到当$\beta < \frac{1}{2}$，则$\tilde{\pi}_{LL}^{s*} > \tilde{\pi}_{LH}^{s*}$；反之，当$\beta > \frac{1}{2}$，则$\tilde{\pi}_{LL}^{s*} < \tilde{\pi}_{LH}^{s*}$。

根据$\tilde{\pi}_{LL}^{i*}$和$\tilde{\pi}_{LH}^{i*}$，则

$$\begin{aligned}\tilde{\pi}_{LL}^{i*} - \tilde{\pi}_{LH}^{i*} &= \frac{10a(2\beta-1)v_H + 10a(2\beta-1)v_L + 11(2\beta-1)v_H^2 + (2\beta-1)v_L^2 - 12(2\beta-1)v_Hv_L}{16}\\ &= \frac{(2\beta-1)[10a(v_H+v_L) + 11v_H^2 + v_L^2 - 12v_Hv_L]}{16}\\ &= \frac{(2\beta-1)[10a(v_H+v_L) + (11v_H - v_L)(v_H - v_L)]}{16}\end{aligned}$$

可以得出当$\beta < \frac{1}{2}$，则$\tilde{\pi}_{LL}^{i*} < \tilde{\pi}_{LH}^{i*}$；反之，当$\beta > \frac{1}{2}$，则$\tilde{\pi}_{LL}^{i*} > \tilde{\pi}_{LH}^{i*}$。

附录 14 – G　考虑客户偏好情况下的均衡解

		期望需求 $\bar{d}(=\tilde{q})$	真实需求 $\tilde{d}$
高质量物流服务提供商	真实	$\bar{d}_{HH}^{\alpha} = \frac{(1+\alpha+\beta-2\alpha\beta)a + \bar{v}_H}{4}$	$\tilde{d}_{HH}^{\alpha} = \frac{(5\alpha+\beta-2\alpha\beta-3)a + (4-3\beta)v_H - 3(1-\beta)v_L}{4}$
	说谎	$\bar{d}_{HL}^{\alpha} = \frac{(2+2\alpha\beta-\alpha-\beta)a + \bar{v}_L}{4}$	$\tilde{d}_{HL}^{\alpha} = \frac{(3\alpha-2-\beta+2\alpha\beta)a + (1+3\beta)v_H - 3\beta v_L}{4}$
低质量物流服务提供商	真实	$\bar{d}_{LL}^{\alpha} = \frac{(2+2\alpha\beta-\alpha-\beta)a + \bar{v}_L}{4}$	$\tilde{d}_{LL}^{\alpha} = \frac{(2-5\alpha-\beta+2\alpha\beta)a + (4-3\beta)v_L - 3(1-\beta)v_H}{4}$
	说谎	$\bar{d}_{LH}^{\alpha} = \frac{(1+\alpha+\beta-2\alpha\beta)a + \bar{v}_H}{4}$	$\tilde{d}_{LH}^{\alpha} = \frac{(1-3\alpha+\beta-2\alpha\beta)a + (1+3\beta)v_L - 3\beta v_H}{4}$
		市场价格 $\tilde{p}^*$	批发价格 $\tilde{w}^*$
高质量物流服务提供商	真实	$p_{HH}^{\alpha*} = \frac{(3+2\alpha\beta-\alpha-\beta)a + 3\bar{v}_H}{4}$	$w_{HH}^{\alpha*} = \frac{(1-2\alpha\beta+\alpha+\beta)a + \bar{v}_H}{2}$
	说谎	$p_{HL}^{\alpha*} = \frac{(2-2\alpha\beta+\alpha+\beta)a + 3\bar{v}_L}{4}$	$w_{HL}^{\alpha*} = \frac{(2+2\alpha\beta-\alpha-\beta)a + \bar{v}_L}{2}$

续 表

		市场价格 $\tilde{p}^*$	批发价格 $\tilde{w}^*$
低质量物流服务提供商	真实	$p_{LL}^{\alpha *}=\frac{(2-2\alpha\beta+\alpha+\beta)a+3\overline{v}_L}{4}$	$w_{LL}^{\alpha *}=\frac{(2+2\alpha\beta-\alpha-\beta)a+\overline{v}_L}{2}$
	说谎	$p_{LH}^{\alpha *}=\frac{(3+2\alpha\beta-\alpha-\beta)a+3\overline{v}_H}{4}$	$w_{LH}^{\alpha *}=\frac{(1-2\alpha\beta+\alpha+\beta)a+\overline{v}_H}{2}$

附录 14－H　定理 8 的证明

（Ⅰ）

$$(q_{HH}^{\alpha})^e=\tilde{d}_{HH}^{\alpha}-\overline{d}_{HH}=4[(1-\beta)(v_H-v_L)-(1-\alpha)a]<0$$

$$(q_{HL}^{\alpha})^e=\tilde{d}_{HL}^{\alpha}-\overline{d}_{HL}=4\beta(v_H-v_L)-(4-3\alpha)a<0$$

$$(q_{LL}^{\alpha})^e=\tilde{d}_{LL}^{\alpha}-\overline{d}_{LL}=-4(1-\beta)(v_H-v_L)-4a<0$$

$$(q_{LH}^{\alpha})^e=\tilde{d}_{LH}^{\alpha}-\overline{d}_{LH}=-4\beta(v_H-v_L)-4a<0$$

（Ⅱ）

$$\overline{d}_{HH}^{\alpha}-\overline{d}_{HH}=\overline{d}_{LH}^{\alpha}-\overline{d}_{LH}=\frac{\alpha(1-\beta)+\beta(1-\alpha)}{4}>0$$

$$\overline{d}_{HL}^{\alpha}-\overline{d}_{HL}=\overline{d}_{LL}^{\alpha}-\overline{d}_{LL}=\frac{(1-\alpha)(1-\beta)+\alpha\beta}{4}>0$$

$$\tilde{w}_{HH}^{\alpha *}-\tilde{w}_{HH}^{*}=\tilde{w}_{LH}^{\alpha *}-\tilde{w}_{LH}^{*}=\frac{\alpha(1-\beta)+\beta(1-\alpha)}{2}>0$$

$$\tilde{w}_{HL}^{\alpha *}-\tilde{w}_{HL}^{*}=\tilde{w}_{LL}^{\alpha *}-\tilde{w}_{LL}^{*}=\frac{(1-\alpha)(1-\beta)+\alpha\beta}{2}>0$$

$$\tilde{p}_{HH}^{\alpha *}-\tilde{p}_{HH}^{*}=\tilde{p}_{LH}^{\alpha *}-\tilde{p}_{LH}^{*}=\frac{\beta(\alpha-1)+\alpha(\beta-1)}{2}<0$$

$$\tilde{p}_{HL}^{\alpha *}-\tilde{p}_{HL}^{*}=\tilde{p}_{LL}^{\alpha *}-\tilde{p}_{LL}^{*}=\frac{(\alpha-1)(1-\beta)-\alpha\beta}{2}<0$$

（Ⅲ）

$$\tilde{d}_{HH}^{\alpha}-\tilde{d}_{HH}=\frac{5\alpha-2\alpha\beta+\beta-4}{4}$$

令 $\tilde{d}_{HH}^{\alpha}-\tilde{d}_{HH}=0$，可以得出阈值

$$\hat{\alpha}_{HH}=\frac{4-\beta}{5-2\beta}$$

当 $\alpha>\hat{\alpha}_{HH}$，则 $\tilde{d}_{HH}^{\alpha}>\tilde{d}_{HH}$；反之亦然。

$$\tilde{d}_{HL}^{\alpha} - \tilde{d}_{HL} = \frac{3\alpha - \beta + 2\alpha\beta - 3}{4}$$

令 $\tilde{d}_{HL}^{\alpha} - \tilde{d}_{HL} = 0$，可以得出阈值

$$\hat{\alpha}_{HL} = \frac{3+\beta}{3+2\beta}$$

$$\tilde{d}_{LL}^{\alpha} - \tilde{d}_{LL} = \frac{1 - 5\alpha - \beta + 2\alpha\beta}{4}$$

当 $\alpha > \hat{\alpha}_{HL}$，则 $\tilde{d}_{HL}^{\alpha} > \tilde{d}_{HL}$；反之亦然。

令 $\tilde{d}_{LL}^{\alpha} - \tilde{d}_{LL} = 0$，可以得出阈值

$$\hat{\alpha}_{LL} = \frac{1-\beta}{5-2\beta}$$

$$\tilde{d}_{LH}^{\alpha} - \tilde{d}_{LH} = \frac{-3\alpha + \beta - 2\alpha\beta}{4}$$

当 $\alpha > \hat{\alpha}_{LL}$，则 $\tilde{d}_{LL}^{\alpha} < \tilde{d}_{LL}$；反之亦然。

令 $\tilde{d}_{LH}^{\alpha} - \tilde{d}_{LH} = 0$，可以得出阈值

$$\hat{\alpha}_{LH} = \frac{\beta}{3+2\beta}$$

当 $\alpha > \hat{\alpha}_{LH}$，则 $\tilde{d}_{LH}^{\alpha} < \tilde{d}_{LH}$；反之亦然。

明显的，可以看出 $\hat{\alpha}_{HH} > \hat{\alpha}_{LL}$，$\hat{\alpha}_{HL} > \hat{\alpha}_{LH}$。

对 $\hat{\alpha}_{HH}$ 和 $\hat{\alpha}_{HL}$，$\hat{\alpha}_{LL}$ 和 $\hat{\alpha}_{LH}$ 进行比较

$$\hat{\alpha}_{HH} - \hat{\alpha}_{HL} = \frac{(3+2\beta)(4-\beta) - (3+\beta)(5-2\beta)}{(5-2\beta)(3+2\beta)} = \frac{3(2\beta-1)}{(5-2\beta)(3+2\beta)}$$

$$\hat{\alpha}_{LL} - \hat{\alpha}_{LH} = \frac{(3+2\beta)(1-\beta) - \beta(5-2\beta)}{(5-2\beta)(3+2\beta)} = \frac{3(1-2\beta)}{(5-2\beta)(3+2\beta)}$$

总的来看，可以总结出当 $0 < \beta < \frac{1}{2}$，则 $\hat{\alpha}_{HL} > \hat{\alpha}_{HH} > \hat{\alpha}_{LL} > \hat{\alpha}_{LH}$；

否则，当 $\frac{1}{2} < \beta < 1$，则 $\hat{\alpha}_{HH} > \hat{\alpha}_{HL} > \hat{\alpha}_{LH} > \hat{\alpha}_{LL}$。

接下来，对实际市场需求进行比较。

当 $0 < \beta < \frac{1}{2}$，

$\alpha\in(0,\hat{\alpha}_{LH})$，$\tilde{d}_{HH}^{\alpha}<\tilde{d}_{HH}$，$\tilde{d}_{HL}^{\alpha}<\tilde{d}_{HL}$，$\tilde{d}_{LH}^{\alpha}>\tilde{d}_{LH}$，$\tilde{d}_{LL}^{\alpha}>\tilde{d}_{LL}$；

$\alpha\in(\hat{\alpha}_{LH},\hat{\alpha}_{LL})$，$\tilde{d}_{HH}^{\alpha}<\tilde{d}_{HH}$，$\tilde{d}_{HL}^{\alpha}<\tilde{d}_{HL}$，$\tilde{d}_{LH}^{\alpha}<\tilde{d}_{LH}$，$\tilde{d}_{LL}^{\alpha}>\tilde{d}_{LL}$；

$\alpha\in(\hat{\alpha}_{LL},\hat{\alpha}_{HH})$，$\tilde{d}_{HH}^{\alpha}<\tilde{d}_{HH}$，$\tilde{d}_{HL}^{\alpha}<\tilde{d}_{HL}$，$\tilde{d}_{LH}^{\alpha}<\tilde{d}_{LH}$，$\tilde{d}_{LL}^{\alpha}<\tilde{d}_{LL}$；

$\alpha\in(\hat{\alpha}_{HH},\hat{\alpha}_{HL})$，$\tilde{d}_{HH}^{\alpha}>\tilde{d}_{HH}$，$\tilde{d}_{HL}^{\alpha}<\tilde{d}_{HL}$，$\tilde{d}_{LH}^{\alpha}<\tilde{d}_{LH}$，$\tilde{d}_{LL}^{\alpha}<\tilde{d}_{LL}$；

$\alpha\in(\hat{\alpha}_{HL},1)$，$\tilde{d}_{HH}^{\alpha}>\tilde{d}_{HH}$，$\tilde{d}_{HL}^{\alpha}>\tilde{d}_{HL}$，$\tilde{d}_{LH}^{\alpha}<\tilde{d}_{LH}$，$\tilde{d}_{LL}^{\alpha}<\tilde{d}_{LL}$。

当$\frac{1}{2}<\beta<1$，

$\alpha\in(0,\hat{\alpha}_{LL})$，$\tilde{d}_{HH}^{\alpha}<\tilde{d}_{HH}$，$\tilde{d}_{HL}^{\alpha}<\tilde{d}_{HL}$，$\tilde{d}_{LH}^{\alpha}>\tilde{d}_{LH}$，$\tilde{d}_{LL}^{\alpha}>\tilde{d}_{LL}$；

$\alpha\in(\hat{\alpha}_{LL},\hat{\alpha}_{LH})$，$\tilde{d}_{HH}^{\alpha}<\tilde{d}_{HH}$，$\tilde{d}_{HL}^{\alpha}<\tilde{d}_{HL}$，$\tilde{d}_{LH}^{\alpha}>\tilde{d}_{LH}$，$\tilde{d}_{LL}^{\alpha}<\tilde{d}_{LL}$；

$\alpha\in(\hat{\alpha}_{LL},\hat{\alpha}_{HH})$，$\tilde{d}_{HH}^{\alpha}<\tilde{d}_{HH}$，$\tilde{d}_{HL}^{\alpha}<\tilde{d}_{HL}$，$\tilde{d}_{LH}^{\alpha}<\tilde{d}_{LH}$，$\tilde{d}_{LL}^{\alpha}<\tilde{d}_{LL}$；

$\alpha\in(\hat{\alpha}_{HH},\hat{\alpha}_{HL})$，$\tilde{d}_{HH}^{\alpha}<\tilde{d}_{HH}$，$\tilde{d}_{HL}^{\alpha}>\tilde{d}_{HL}$，$\tilde{d}_{LH}^{\alpha}<\tilde{d}_{LH}$，$\tilde{d}_{LL}^{\alpha}<\tilde{d}_{LL}$；

$\alpha\in(\hat{\alpha}_{HL},1)$，$\tilde{d}_{HH}^{\alpha}>\tilde{d}_{HH}$，$\tilde{d}_{HL}^{\alpha}>\tilde{d}_{HL}$，$\tilde{d}_{LH}^{\alpha}<\tilde{d}_{LH}$，$\tilde{d}_{LL}^{\alpha}<\tilde{d}_{LL}$。

15　基于社会网络分析法的智慧物流生态链可持续运营风险评价研究

15.1　智慧物流生态链可持续运营风险概述

智慧物流生态链在快速发展的同时，可持续运营风险也跟着凸显。例如，近年来有很多物流平台都倒闭或者被兼并，如全峰快递、安能快递等。影响智慧物流生态链可持续运营风险的因素有很多，这些影响因素可能来自政治、经济、环境、竞争对手或者合作伙伴。并且，风险因素之间往往密切相关，一旦危机爆发，会使得生态链风险迅速蔓延，并引发级联效应，最终导致风险事件的二次升级，使得风险沿着智慧物流生态链的节点路径放大产生灾难性后果。

而且对于很多物流企业来说，智慧物流生态链并不只有一条。以日日顺物流为例，其针对不同行业构建了八条不同的物流生态链：家电物流、健身行业物流、家居物流、3C行业物流、快消品行业物流、领先1KM物流解决方案、国际运输物流及农特生鲜冷链物流。因此，对于企业而言，除了识别生态链中的关键风险因素外，它们还需要知道不同生态链风险的大小，以保证整个企业生态链的稳定运营。因此，了解智慧物流生态链风险因素之间的关联关系，能够有助于了解并制订有效的风险防范策略，以实现生态链的持续运转。

然而，尽管现在产业界已经广泛认识到理解生态链风险因素相互作用的重要性，但目前研究都是针对传统供应链风险中断的场景和应对方法方面（刘璠和刘家国，2019），并没有对智慧物流生态链的风险问题进行专题研究，也尚未见社会网络分析方法在智慧供应链风险评价中的应用。同时，当前主要围绕提出导致风险的主要因素展开，很少有学者研究风险影响因素之间的关联关系。因此，存在以下几个重要问题。

（1）影响智慧物流生态链的主要风险因素有哪些？

（2）不同风险因素之间存在怎样的相互关系？

（3）面对多个智慧物流生态链，如何比较不同智慧物流生态链的中断风险？

社会网络分析法（Social Network Analysis，SNA）是一种通过构建各因素间相互关系的社会网络图，来分析各因素间关联度，以及各因素对整个系统影响程度的一类网络分析方法（Tang and Lai，2019）。智慧物流生态链中的各个风险影响因素不是相互独立的，更多时候它们是牵一发而动全身。社会网络分析法能够很好地分析各个风险影响因素之间的关联关系（Banks et al.，2019），能够以生态链的内外部环境为导向，来探讨风险网络中的关系强弱、网络规模与联系机制，从而更好地识别出影响智慧物流生态链风险的关键因素，达到降低生态链风险的目的。本章基于社会网络分析法构建了一个识别、测量和分析多个智慧物流生态链风险因素及其相互作用的框架，介绍了针对智慧物流生态链中断风险的评价体系。

15.2 供应链风险识别、防范与社会网络分析法

15.2.1 供应链风险识别与防范

按照供应链中断时应对时间的不同，供应链中断应对可以分为事前防御、事中控制和事后应急三种形式（刘璠和刘家国，2019）。①事前防御是指中断事件发生前即采取相应行动消除其引发的部分扰动，以降低该事件最终导致供应链中断的概率。其中多源供应（Yang and Sun，2010）、保持适量库存冗余（Yao and Chen，2015）是应对供应链中断事前预防的有效措施。②事中控制主要集中在应急计划的实施，包括进行需求管理、使用后备供应源等。Namdar et al.（2018）研究了单源采购、多源采购、后备供应商、现货采购等采购策略在应对供应链中断时对供应链弹性的影响，发现买方的警告能力在提高供应链弹性方面起着至关重要的作用。③事后应急即在供应链中断出现后迅速响应、恢复行动，防止供应链出现永久性中断或是崩溃。不少学者针对中断后恢复做了深入研究。卢梦飞等（2015）设计了同时存在供应和需求不确定性的中断修复供应链，并在此基础上引入鲁棒优化概念和应急策略组

合，确定了在不同场景和不同时段下的最优供应商选择和分配决策。Paul et al.（2018）开发了一种定量的供应链中断缓解方法，考虑了一个可能出现供应中断的，包含多个供应商、单一制造商和多个零售商的三层供应链系统，研究开发了一种有效的启发式方法来解决单个中断的模型，以在发生中断后生成恢复计划。

智慧物流生态链是当前智慧经济的重要组成部分，它具备数字化、可视化、平台化特点。然而，相对于传统的供应链中断，智慧物流生态链中断的后果更为严重。因为在智慧物流生态链中，企业与企业之间的联系更为紧密。同时，造成智慧物流生态链中断的原因也与传统供应链不尽相同。智慧物流生态链的可持续运营更加会受到技术、生态链成员的影响。因此，以往针对传统供应链风险中断的场景和应对方法，并不适用于智慧物流生态链的场景。

15.2.2 社会网络分析法

社会网络分析法是目前最常见的一种风险因素关联分析研究方法（Clark - Ginsberg et al.，2018）。风险网络是由风险节点与节点之间的链接组成的。社会网络分析法以图论为基础，探索各个节点之间的、不同风险节点之间的关系模式，找出关键风险节点以降低网络风险（Tang and Lai，2019）。目前，已经有很多的社会网络分析法软件工具可用于编码、可视化、分析风险网络的关系模式，如 UCINET，NetDraw，NetMiner 和 Pajek 等。社会网络分析法已经被运用到了各个研究领域，如跨组织网络的特征（Hu et al.，2016；Tang et al.，2017）、疾病传播（Klovdahl，1985）等。社会网络的关键在于分析各个网络节点的中心度，以识别风险网络中关键节点与风险相互作用的方法（Borgatti and Everett，2005），并且分析风险网络密度、内聚性与层次结构（Scott，2000）。

虽然社会网络分析作为一个成熟的网络分析方法已经被运用到各个领域，包括风险分析中（Tang and Lai，2019）。然而，据我们所知，现在的学者都集中研究了城市风险、疾病传播风险等，对于智慧物流生态链的可持续风险尚未展开。本章开创性地运用社会网络分析法研究智慧物流生态链的可持续风险及其运作机理，在目前智慧化转型的黄金时期，能够很好地为企业提供现实指导。

15.3 基于社会网络分析风险研究框架

本小节介绍了智慧物流生态链可持续风险的社会网络分析法的基本思路和框架。在 15.3.1 小节中，我们介绍了社会网络分析法的基本步骤，并提出了本章的基本框架。15.3.2 小节提出了智慧物流生态链风险的影响因素。15.3.3 小节是智慧物流生态链风险关系评估。15.3.4 小节是社会网络分析方法。

15.3.1 社会网络分析法分析步骤

本章遵循社会网络分析法的基本步骤，首先对影响智慧物流生态链风险的因素进行识别，其次对风险因素之间的相互关系进行分析，最后提出风险的防范措施和智慧物流生态链的可持续发展路径。研究框架如图 15－1 所示。提出研究框架后，我们以物流企业日日顺为例，对提出的研究框架进行验证，为企业实践提供帮助。

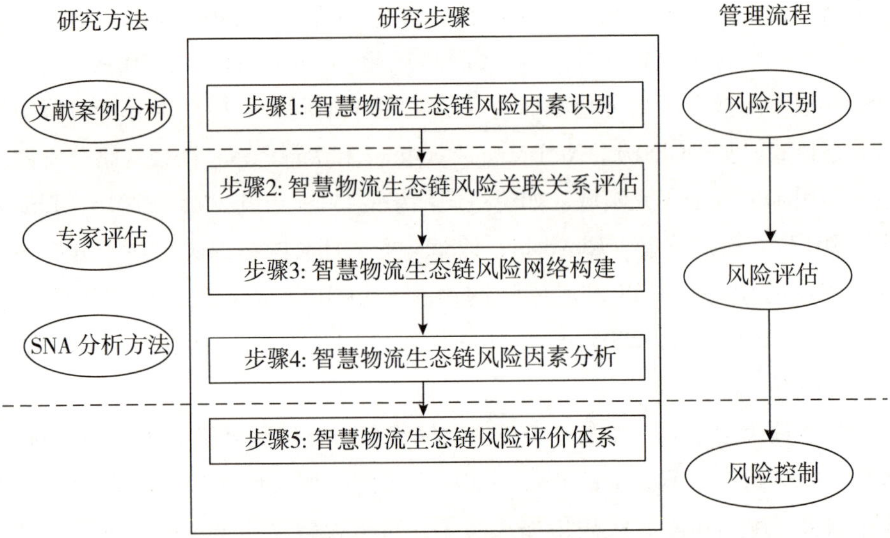

图 15－1 研究框架

15.3.2 智慧物流生态链风险影响因素

智慧物流生态链风险的产生可能是多环节的，其生态链中多个参与主体之间联系密切，生态链中任何一个环节的错误都有可能导致整个链条出现巨大的风险。本书第2章图2-1展示了智慧物流生态链的基本结构，并着重强调了生态圈中各个参与主体之间的互动。

从智慧物流生态链的结构来看，生态链的基本结构包括生态链中的物联网社群（提供商社群、客户社群）、平台运营中心（物流生态运营商）。不同于传统的供应链结构，物流生态链成员之间除了上下游的链条关系，其不同的社群之间也联系紧密。因此，生态链成员之间的互动与关系比传统供应链中的更加紧密，若生态链成员中出现了可持续风险，可能会快速扩散。除了生态链成员，生态链中还有非常重要的核心环节和支撑要素，如智能化作业、数字化集成、可视化运营、数据共享、信用机制和物联网技术等。核心环节和支撑要素都是来源技术，生态链的稳定运行离不开技术的支撑。因此，支撑技术的风险也是生态链风险的来源。此外，生态链的运营离不开外部社会、经济与政治环境，外部环境的变化也会对于生态链的风险造成巨大的影响。综上所述，智慧物流生态链的风险影响因素主要有三个，包括来自生态链结构内的内部成员风险、支撑技术风险，以及外部环境风险。

15.3.2.1 生态链成员可持续风险

智慧物流生态链中强调的是不同组织、个体间的互动，是共生、互生的关系。但是，生态链成员之间不是单纯的联盟关系。联盟的切入点是双边或小范围的多边关系，不同联盟之间的关系往往是割裂的。而生态链则将合作伙伴视为一个整体。智慧物流生态链成员的这种紧密相连的关系加剧了生态链成员可持续风险对于生态链的影响。根据生态链成员的划分，可以将生态链成员可持续风险划分为内部利益相关者风险、外部利益相关者风险，以及非直接利益相关者风险。

（1）内部利益相关者风险。内部利益相关者包括企业内部的董事会、职能部门、业务单元，以及员工。典型的内部利益相关者的可持续风险包括企业相关部门泄露顾客隐私信息、公司领导人个人违反社会责任行为等。

（2）外部利益相关者风险。外部利益相关者主要包括客户、商业合作伙伴，各级供应商、分销商和承包商，竞争对手等。例如，由于供应商的可持续风险造成的供应中断。

（3）非直接利益相关者风险。非直接利益相关者主要包括公众和其他组织，例如标准制定机构、工会、社会公共服务机构等。随着公众对可持续问题的关注与社交媒体影响力的不断扩大，非直接利益相关者所带来的可持续风险在智慧物流生态链中的重要性不断提升。

15.3.2.2 生态链技术风险

信息技术是现代物流技术的核心（Wu，2003）。信息技术在现代物流中发挥了重要的支撑作用，是整个物流体系运作的基础。而在智慧物流中，信息技术的重要性更为突出。智慧物流是一种由大数据、物联网、云计算等新兴技术驱动，在物流服务运作中实现自动化、可视化、信息化的全行业互联互通、共享共生的模式。智慧物流生态链的技术风险主要分为两类：颠覆性技术升级风险和技术路线变换风险。技术的发展往往不是循序渐进的过程，一项新技术的推广和应用能够带来巨大的改变，如智能手机。这种颠覆性技术的出现会使得生态链模式受到巨大的冲击，从而导致风险的产生。此外，技术路线改变也是非常重要的，技术路线往往决定了生态链基本构成的运营模式，并且改变技术路线往往伴随着技术的升级，不可避免地就会出现一定的漏洞。一旦出现技术漏洞，很可能会导致智慧物流生态链中关键数字资产泄露，给生态链成员带来巨大的损失。所以，颠覆性技术升级风险和技术路线变换风险是智慧物流生态链技术风险的主要来源。

15.3.2.3 外在环境风险

智慧物流生态链环境是指与物流相关的客体情况和外部条件。智慧物流的发展离不开物流体制、市场机制、政策法规等环境。智慧物流生态链与外部环境密切相关，环境是智慧物流生态链产生的沃土、存在的基础、发展的动力，而物流的发展又要求环境与之相适应。智慧物流生态链的可持续发展更多的是受到外在软环境的影响。影响智慧物流生态链发展的外在软环境主要包括：政府管理体制、行业管理体制、中介服务体制、产业政策体系，以及法律法规体系。智慧物流生态链外在环境一直处于不断变化的过程之中，任何一种外部环境的变化都会对生态链成员的运营产生重要影响，因此，对外部环境实时关注并做好相应的防范措施对于智慧物流生态链的可持续运营有着重要的意义。

15.3.3　智慧物流生态链风险关系评估

从上述分析可以知道，影响智慧物流生态链风险的因素如表 15－1 所示。为了判断出各个网络节点代表的影响因素之间的相互关联关系，本小节采用了德尔菲法进行影响因素之间的相互关系调查。为了减弱专家主观判断造成的评价误差，我们只采用“有影响”和“无影响”两个是非选项。因此，我们采用了二进制的 0－1 矩阵（Risk Structure Matrix，RSM），来表示不同影响因素之间的相互作用。其中，$RSM_{ij}=0$ 表示风险因素 i 对风险因素 j 没有影响，$RSM_{ij}=1$ 表示影响因素 i 对风险因素 j 有影响。值得注意的是，当 $i=j$ 时，$RSM_{ij}=0$，这表明每个风险因素对自己是不能造成影响的。

表 15－1　智慧物流生态链风险影响因素

风险编号	风险来源	对应的风险因素
1	生态链成员可持续风险	内部利益相关者风险
2	生态链成员可持续风险	外部利益相关者风险
3	生态链成员可持续风险	非直接利益相关者风险
4	生态链技术风险	颠覆性技术升级风险
5	生态链技术风险	技术路线变换风险
6	外在环境风险	政府管理体制风险
7	外在环境风险	行业管理体制风险
8	外在环境风险	中介服务体制风险
9	外在环境风险	产业政策体系风险
10	外在环境风险	法律法规体系风险

15.3.4　风险影响因素的网络分析

根据邻接矩阵计算出各风险因素的两个度属性：点入度与点出度，用于衡量节点间的相互作用强度（Tang and Lai，2019）。度属性是衡量某结点与链条中其他结点联系的频度，根据点入度与点出度分析有助于找出处于核心及边缘的风险影响因素。当某风险因素具有较高的点出度时，则表示该风险因素与其他风险因素交互作用显著。当点入度越大时，表示该风险因素越易受到其他风险因素的影响；而点入度越小时，则表示该风险因素具有较强的客观性，其他风险因素较难对该风险因素产生直接的影响。从上述分析可知，点入度和点出度的计算方法如下。

$$点入度(I_i) = \sum_{j=0}^{9} RSM_{ij} \tag{15-1}$$

$$点出度(D_i) = \sum_{i=0}^{9} RSM_{ij} \tag{15-2}$$

$$总点度(T_i) = 点入度(I_i) + 点出度(D_i) \tag{15-3}$$

根据节点的度属性指标，可以将节点分为四种类型。

（1）孤立节点（$D_n = 0, I_n = 0$）：不受其他任何节点的影响，无关联关系。

（2）触发节点（$D_n > 0, I_n = 0$）：位于网络关系的源头，在网络中表现为影响关系均指向该节点，而不受其他节点指向控制。位于网络关系的顶端，作为其他风险发生的原因。

（3）汇聚节点（$D_n = 0, I_n > 0$）：位于网络关系的底端，与其他节点关联紧密，并处于被影响方。此类节点存在的可能性较大，而对其上一节点的控制又相对复杂且数量繁多。因此，想要调整此类节点对网络的影响，就应对整体网络进行调整。

（4）路径节点（$D_n > 0, I_n > 0$）：此类节点既能被其他节点影响，又能影响另外节点，在网络中起到了影响传送的关键作用，应作为关键节点进行把控。

15.4 日日顺物流案例研究

15.4.1 企业介绍

在本小节，我们以日日顺为例，进行智慧物流生态链的社会网络分析。日日顺先后经历企业物流—物流企业—平台企业—生态企业的四个转型阶段，依托先进的管理理念和物流技术，整合全球一流网络资源，搭建专业化、标准化、智能化的开放大件物流服务平台，已成为智慧物流生态链构建典范。

15.4.2 数据收集

我们选取了日日顺家电智慧物流生态链为例，并于 2019 年 7 月 30 日至 8

月 15 日对日日顺物流进行了走访调研，收集到了十位专家的意见。根据在日日顺物流收集到的问卷，我们得到智慧物流生态链中各个影响因素之间的关系矩阵，如表 15－2 所示。

表 15－2　日日顺家电智慧物流生态链风险影响因素关系矩阵

风险编号	1	2	3	4	5	6	7	8	9	10	点出度
1	0	8	7	7	6	4	5	4	3	5	49
2	9	0	7	9	8	7	9	7	8	7	71
3	5	7	0	5	6	6	7	7	7	7	57
4	8	8	7	8	0	6	6	4	4	6	57
5	9	7	9	9	7	6	6	7	10	7	77
6	6	8	9	7	8	0	10	9	10	7	74
7	8	8	7	8	5	10	0	8	10	8	72
8	8	9	5	6	7	6	8	0	7	8	64
9	5	9	5	8	4	7	10	7	0	8	63
10	7	7	7	9	6	7	7	8	9	0	67
点入度	65	71	63	76	57	59	68	61	68	63	

15.4.3 智慧物流生态链风险影响因素关系分析

根据从日日顺调研得到的关系矩阵可知，目前家电智慧物流生态链中各个风险因素的点入度和点出度如表 15－3 所示。表 15－3 的结果显示，所有风险因素的点入度和点出度均大于 0，说明所有风险因素在智慧物流生态链的风险影响社会网络中，均属于路径节点。即每种风险因素既会对其他因素产生影响，也会被其他因素影响，起到了风险传递的作用。

表 15－3　风险因素网络分析

风险编号	风险来源	风险因素	点出度	点入度
1	生态链成员可持续风险	内部利益相关者风险	49	65
2	生态链成员可持续风险	外部利益相关者风险	71	71
3	生态链成员可持续风险	非直接利益相关者风险	57	63

续 表

风险编号	风险来源	风险因素	点出度	点入度
4	生态链技术风险	颠覆性技术升级风险	57	76
5	生态链技术风险	技术路线变换风险	77	57
6	外在环境风险	政府管理体制风险	74	59
7	外在环境风险	行业管理体制风险	72	68
8	外在环境风险	中介服务体制风险	64	61
9	外在环境风险	产业政策体系风险	63	68
10	外在环境风险	法律法规体系风险	67	63

该风险因素点出度越大，与其他风险因素交互作用越显著，越容易导致其他风险产生。相反，点入度越大，则越易受其他风险因素的影响；而越小时，则表示该风险因素具有较强的客观性，其他风险因素较难对该风险因素产生直接影响。

根据表 15 -3 的结果可以知道，点出度比较大的前三个影响因素是技术路线变换风险、政府管理体制风险、行业管理体制风险。点入度较大的前四个风险影响因素是颠覆性技术升级风险、外部利益相关者风险、行业管理体制风险和产业政策体系风险。

从点出度的结果来看，对于日日顺企业来说，技术路线变换风险、政府管理体制风险、行业管理体制风险最容易导致其他风险的产生。这一结果体现了智慧物流生态链的可持续性会很大程度上受到技术变化与外界环境的影响。只要主要技术、政策环境发生变化，或者是行业的体制改变（如物流标准的变化等）都会影响到智慧物流生态链的平稳运营。从另一个角度来说，合理的政策引导、行业规范可以为智慧物流生态链创造良好的发展环境，对于生态链的持续稳定运营起到了至关重要的作用。

从点入度的结果来看，颠覆性技术升级风险、外部利益相关者风险、行业管理体制风险和产业政策体系风险很容易成为继发性风险，即由于其他风险因素的产生而产生。当其他因素导致颠覆性技术风险出现时，会使得生态链模式改变存在巨大的未知性，企业可能会放弃颠覆性技术变革。而外部利益相关者同样也会由于其他风险的出现而相继爆发，如市场不景气或行业竞争激烈时，超载等情况会更容易出现。而对于行业管理体制和产业政策体制风险，其他风险可能导致现有体制出现问题，引发生态链无序发展等问题，这种情况下，政府往往会介入以保证市场的平稳运行。

15.5　基于改进 TOPSIS 法的智慧物流生态链风险评价

上文我们对影响智慧物流生态链风险的因素进行了识别，并基于社会网络分析法分析了影响日日顺家电智慧物流生态链风险的关键因素。然而，对于很多智慧物流企业来说，其生态链往往不止一条。针对不同的产品，智慧物流企业会针对产品特性开发不同的专业物流解决方案，从而形成了多条智慧物流生态链。以日日顺为例，其旗下就有家电物流、健身行业物流、家居物流、3C 行业物流、快消品行业物流、领先 1KM 物流解决方案、国际运输物流，以及农特生鲜冷链物流八条智慧物流生态链。为了全面了解不同物流生态链之间的风险大小，并找出相对风险较大的智慧物流生态链，以便更好地把控整个企业的风险。在本小节，我们将基于社会网络分析法，构建一个智慧物流生态链的风险评价体系并进行实证分析。通过评价体系，可以判断不同生态链之间的风险大小，从而更好地对供应链风险进行防控。

15.5.1　评价模型的步骤

评价指标体系的构建主要是判断不同物流生态链之间的风险大小关系，并以此作为自身物流生态链的风险防范依据，或者作为选择合适生态链伙伴的基础。根据上述社会网络分析我们知道，影响物流生态链风险的因素主要有 10 个，这 10 个风险因素都有其对应的点出度、点入度。点出度和点入度反映了指标的不同风险。TOPSIS（Technique for Order Preference by Similarity to Ideal Solution）法，又称理想点法，是一种多目标的决策方法。它能够借助多目标决策问题的正理想解和负理想解对评价目标进行排序。TOPSIS 法能够充分利用原始数据，反映各个评价对象之间的差距。但由于 TOPSIS 的规范决策矩阵存在求解比较复杂、权重主观性较强等缺陷，在实际应用上有一定困难。本章对 TOPSIS 法进行了改进，完善了上述缺点，为智慧物流生态链的风险评价提供了一种新思路。

15.5.1.1 构建标准化决策矩阵

步骤1：构建决策矩阵。

假设需要对 m 个对象进行评价，则需要对 m 个被评价对象的10个风险影响因素指标分别构建决策矩阵。由于每个风险因素有点出度和点入度两个指标，所以需要分别构建点出度决策矩阵和点入度决策矩阵。以点出度决策矩阵为例，首先需要根据 m 个评价对象的10个点出度指标的数据，构造一个 $m\times10$ 阶关系矩阵。假设第 i 个评价对象的第 j 个风险因素的点出度大小为 d_{ij}，则其点出度决策矩阵为 $\boldsymbol{A} = (D_{ij})_{m\times n}$

$$\boldsymbol{A} = \begin{pmatrix} d_{11} & d_{12} & \cdots & d_{1n} \\ d_{21} & d_{22} & \cdots & d_{2n} \\ \vdots & \vdots & & \vdots \\ d_{m1} & d_{m2} & \cdots & d_{mn} \end{pmatrix} \tag{15-4}$$

步骤2：构建标准化决策矩阵。

通过下式对决策矩阵的值进行归一化处理，得到标准化矩阵 $\boldsymbol{R}_{ij} = (r_{ij})_{m\times n}$

$$r_{ij} = \begin{cases} (d_{j\max} - d_{ij})/(d_{j\max} - d_{j\min}) & d_{j\max} \neq d_{j\min} \\ 1 & d_{j\max} = d_{j\min} \end{cases} \tag{15-5}$$

步骤3：确定正、负理想点。

在标准化矩阵 $\boldsymbol{R}_{ij} = (r_{ij})_{m\times n}$ 中，选出每个评价指标的最大值，组成向量 R^+，即为正理想点。反之，将每个评价指标的最小值选出组成的向量则为负理想点。由于所有指标都已经标准化，因此，正理想解为 $\boldsymbol{R}^+ = (1,1,\cdots,1)$，负理想解为 $\boldsymbol{R}^- = (0,0,\cdots,0)$。

15.5.1.2 指标权重的确定

一般来说，确定指标权重的方法有专家打分法、层次分析法（AHP）等，但这些方法的主观性都很强。本章根据决策矩阵的数值信息建立目标规划模型，能够更加客观地反映权重。

假设10个指标对应的权重分别为 $w_1, w_2, \cdots, w_n$，则第 i 个评价对象与正、负理想点的加权距离平方和为

$$f_i(w) = f_i(w_1, w_2, \cdots, w_n) = \sum_{j=1}^{n} w_j^2 (1 - r_{ij})^2 + \sum_{j=1}^{n} w_j^2 r_{ij}^2 \tag{15-6}$$

由理想点的定义可知，评价对象离正理想点越近越好，因此$f_i(w)$越小越好。根据定义，求解以下目标函数

$$\min f(w) = \sum_{i=1}^{m} f_i(w) \tag{15-7}$$

其中，$\sum_{j=1}^{n} w_j = 1; w_j \geqslant 0; j = 1, 2, \cdots, n$。

构造拉格朗日函数为

$$F(w, \lambda) = \sum_{i=1}^{m} \sum_{j=1}^{n} w_j^2 [(1 - r_{ij})^2 + r_{ij}^2] - \lambda \left(1 - \sum_{j=1}^{n} w_j\right) \tag{15-8}$$

令

$$\begin{cases} \dfrac{\partial F}{\partial w_j} = 2\sum_{i=1}^{m} w_j [(1 - r_{ij})^2 + r_{ij}^2] - \lambda = 0 \\ \dfrac{\partial F}{\partial \lambda} = 1 - \sum_{j=1}^{n} w_j = 0 \end{cases} \tag{15-9}$$

解得

$$w_j = \mu_j / \sum_{j=1}^{n} \mu_j \tag{15-10}$$

其中，$\mu_j = 1/\sum_{i=1}^{m} [(1 - r_{ij})^2 + r_{ij}^2]$。

15.5.2 风险大小排序

通过上述过程，可以得到评价对象与正理想解之间距离的加权平方和为

$$f_i(w)^+ = \sum_{j=1}^{n} w_j^2 (1 - r_{ij})^2 \tag{15-11}$$

距离平方和越小，则风险程度越低。但考虑到本章有点出度和点入度两个指标，我们按照上述方法分别计算出点出度距离的加权平方和$f_i(w)^+$，以及点入度距离的加权平方和$g_i(w)^+$，得到每个评价对象的最终评价分数为

$$Q_i = \frac{1}{2} f_i(w)^+ + \frac{1}{2} g_i(w)^+ \tag{15-12}$$

当最终评价分数风险大小Q_i越小时，表明该智慧物流生态圈的风险性越小，越趋于稳定。

15.5.3 算例分析

日日顺物流作为中国大件物流的领军企业，其物流体系涉及了多个行业。在不同的行业中，日日顺物流都有相对独立的智慧物流生态链体系，为了了解不同生态链之间的风险关系，我们选取了家电物流、健身物流，以及快消品物流为例，利用本章提出的评价方法进行评价分析。我们将基于调研得到三个智慧物流生态链的点出度和点入度汇总，如表 15－4 所示。

表 15－4　　算例点出度和点入度汇总

物流行业＼风险编号		1	2	3	4	5	6	7	8	9	10
家电	点出度	49	71	57	57	77	74	72	64	63	67
	点入度	65	71	63	76	57	59	68	61	68	63
健身	点出度	67	71	65	77	55	59	70	62	70	63
	点入度	64	75	65	70	55	65	60	63	75	68
快消品	点出度	63	72	60	77	60	60	59	75	63	70
	点入度	63	77	68	75	65	66	69	75	70	72

15.5.3.1 风险大小比较

步骤 1：确定决策矩阵。

根据表 15－4，可以得到点出度和点入度的矩阵分别为

$$\boldsymbol{D}_{ij} = \begin{pmatrix} 49 & 71 & 57 & 57 & 77 & 74 & 72 & 64 & 63 & 67 \\ 67 & 71 & 65 & 77 & 55 & 59 & 70 & 62 & 70 & 63 \\ 63 & 72 & 60 & 77 & 60 & 60 & 59 & 75 & 63 & 70 \end{pmatrix} \tag{15-13}$$

$$\boldsymbol{I}_{ij} = \begin{pmatrix} 65 & 71 & 63 & 76 & 57 & 59 & 68 & 61 & 68 & 63 \\ 64 & 75 & 65 & 70 & 55 & 65 & 60 & 63 & 75 & 68 \\ 63 & 77 & 68 & 75 & 65 & 66 & 69 & 75 & 70 & 72 \end{pmatrix} \tag{15-14}$$

步骤 2：确定标准化决策矩阵。

我们用 15.5.1.1 节中的方法对矩阵进行标准化，标准化后的点出度和点入度矩阵分别如式（15－15）和式（15－16）所示。

$$S(D_{ij}) = \begin{pmatrix} 1 & 1 & 1 & 1 & 0 & 0 & 0 & 0.85 & 1 & 0.43 \\ 0 & 1 & 0 & 0 & 1 & 1 & 0.15 & 1 & 0 & 1 \\ 0.22 & 0 & 0.625 & 0 & 0.77 & 0.93 & 1 & 0 & 1 & 0 \end{pmatrix} \quad (15-15)$$

$$S(I_{ij}) = \begin{pmatrix} 0 & 1 & 1 & 0 & 0.8 & 0 & 0.11 & 1 & 1 & 1 \\ 0.5 & 0.67 & 0.6 & 1 & 1 & 0.14 & 1 & 0.86 & 0 & 0.44 \\ 1 & 0 & 0 & 0.1 & 0 & 1 & 0 & 0 & 0.71 & 0 \end{pmatrix} \quad (15-16)$$

对指标进行标准化后，很显然可以看出，正理想解为 $R^+ = (1,1,\cdots,1)$，负理想解为 $R^- = (0,0,\cdots,0)$。

步骤3：确定各指标的权重。

根据式（15－10），可以计算得到点出度和点入度评价中各个风险因素的权重，分别如式（15－17）和式（15－18）所示。

$$D(w) = (0.376 \quad 0.333 \quad 0.395 \quad 0.333 \quad 0.378 \quad 0.348 \quad 0.364 \quad 0.364 \quad 0.33 \quad 0.398) \quad (15-17)$$

$$I(w) = (0.400 \quad 0.391 \quad 0.397 \quad 0.355 \quad 0.373 \quad 0.362 \quad 0.357 \quad 0.362 \quad 0.386 \quad 0.399) \quad (15-18)$$

15.5.3.2 风险大小排序

根据公式（15－11），计算得到日日顺的家电物流、健身物流，以及快消品物流这三个智慧物流生态链的点出度风险大小为

$$f_1(w)^+ = 0.03436, f_2(w)^+ = 0.04687, f_3(w)^+ = 0.04794$$

可以看出，$f_1(w)^+ < f_2(w)^+ < f_3(w)^+$，因此，家电物流的点出度风险是最小的。同理，可以得到这三个智慧物流生态链的点入度风险大小为

$$g_1(w)^+ = 0.03659, g_2(w)^+ = 0.02662, g_3(w)^+ = 0.06862$$

可以看出，$g_2(w)^+ < g_1(w)^+ < g_3(w)^+$，因此，健身物流的点入度风险是最小的。得到点出度和点入度的风险大小后，根据公式（15－12）计算出了整体的风险大小为

$$Q_1(w)^+ = 0.03548, Q_2(w)^+ = 0.03674, Q_3(w)^+ = 0.05828$$

因此，从总体风险大小来看，得到 $Q_1(w)^+ < Q_2(w)^+ < Q_3(w)^+$，即快消品智慧物流生态链的风险最高，健身智慧物流生态链次之，家电智慧物流生态链的风险则最小。

上述数值分析解释了本章风险评价方法的计算步骤。在实际运用中，本评价体系除了能够分析企业中不同产品线智慧物流生态链的风险大小，还可以对比更多企业。利用该评价模型，可以清楚地知道企业在整个行业中风险值的大小，从而更好地指导企业防范智慧物流生态链风险。此外，该评价模型还能成为行业协会或政府对物流生态链进行评价的工具，并以此为标准遴选示范企业。

15.6 智慧物流生态链风险防范

15.6.1 生态链成员风险防范

智慧物流生态链成员风险的防范措施是基于利益相关者理论构建的。利益相关者理论是指企业经理为了平衡各个利益相关者的利益需求而进行的管理活动。它是1984年弗里曼在《战略管理：利益相关者方法》一书中提出的概念。利益相关者理论认为利益相关者在企业中占据举足轻重的位置，利益相关者的整体利益是企业的终极追求。智慧物流生态链包括内部利益相关者、外部利益相关者和非直接利益相关者。这些利益相关者的生存和发展都是密切相关的，它们在经营活动中相互合作，共同影响了供应链风险。因此，要将供应链风险最小化离不开各利益相关者的积极配合。

15.6.1.1 内部利益相关者风险防范

2017年，美国注册会计师协会下属的审计程序委员会发布了最新的《企业风险管理——与战略和绩效的整合》，主张企业在制订与实施战略过程中注重企业风险管理的价值，将治理与文化、战略和目标设定、绩效、审查和整改及信息、沟通和报告确定为企业风险管理的五大要素（许培培，2018）。由此可见，内部风险管理对于智慧物流生态链而言至关重要。内部风险的主要管理措施如下。

（1）针对自身情况建立企业发展战略和合理的风险处理系统。在设计和构建供应链时，企业要充分认识到供应链存在的风险，根据其结构、环境的特点分析风险因素，区分风险类别，制订合理风险管理目标，选择合理风险工具。

（2）进行企业业务流程和组织结构重组。智慧物流生态链和原来的供应链管理的模式不同，因此智慧物流生态链要求链条内企业在组织结构上进行创新，减少各职能部门之间的隔阂。除此之外，企业内部的业务流程也要适应不断扁平化的生态链模式。因此，这就需要管理者运用系统的思维和整体的观点去看待整个物流生态链问题，对企业业务流程和组织结构进行重组，设立核心目标，明确企业间的相互关系，加强企业间的信息共享，将各方同战略目标结合在一起，鼓励持续改进，保证生态链的正常运转，以实现风险最小化（毛太田和刘蓉，2015）。

（3）加强相关人才的培养。智慧物流生态链中的节点企业要加强对优秀风险管理人才的引进和培养，与高校合作，采取正规的教育和在职培训，培养一批具有创新能力的智慧物流生态链管理人才，进一步提高物流生态链的风险防范能力和管理质量。

15.6.1.2 外部利益相关者风险管理

外部利益相关者风险管理应该是建立在合作博弈的基础之上。智慧物流生态链中的外部利益相关者，互为竞争者，但也相互合作。在一个健康的智慧物流生态链中，企业间的相互合作应该要大于竞争。合作博弈是指一方或者多方利益增加的情况下，其他方的利益不受损害，从整体上而言，利益总和增加（刘东宁等，2019）。合作博弈能够产生合作剩余，合作博弈各方以此为限进行合作或妥协。加强外部利益相关者的风险管理主要从以下几个方面展开。

（1）加强智慧物流生态链节点企业的协同合作。一条物流生态链中包含了诸多的节点企业，加强这些节点企业的协作可以充分利用企业的各自优势进行互补，以发挥生态链整体的竞争优势。比如，加强与供应商、下游分销商、竞争者的合作，可通过交叉持股等方式增强彼此之间的信任和联系，从而降低企业战略计划目标与生态链上其他成员目标不一致的风险。节点企业之间的合作是围绕着降低生态链风险的共同目标，并争取自身利益的最大化展开的。这些方式不仅可以提高合作的效率，更重要的是，还可以通过及时传递信息防止“牛鞭效应”扩大，从而防范生态链风险。

（2）提高物流生态链成员协作的柔性。物流生态链中需求与供给的不确定性是客观存在的，生态链成员企业合作过程中，要通过协作柔性化，来减少由外界环境不确定性引起的变动。而许多生产企业的管理强调方法，减少库存以降低成本，这种运作模式一旦遇到突发事件或需求有较大波动时就会显现弹性缺乏。适应性强的协作关系会调整物流网络的设计来适应市场变化，通过跟踪经济形势的变化，特别是发展中国家经济形势的变化，在不熟悉的地区利用中介机构寻找可靠的售货商为不同的生产线创建不同的协作网络，以优化每条生产线的能力。通过这些手段确保不同的产品使用相同的部件和生产流程，在注重效率的同时仍应保持供应链弹性适度，来保持物流网络的灵活性。

（3）实施完整合理的客户关系管理，通过技术手段提高客户忠诚度。通过收集和分析客户数据，企业可以从中挖掘客户价值，在一定程度上减少因客户流失带来的风险。客户关系管理系统不仅可以使生态链中的成员企业广泛地覆盖市场，更利于企业实施标准化、统一化管理，争夺更多的顾客资源，建立更多的顾客信息和更高的企业形象。

15.6.1.3 非直接利益相关者风险防范

非直接利益相关者的风险防范主要产生于公众和其他组织，例如标准制定机构、工会、社会公共服务机构等。随着公众对可持续问题的关注，以及社交媒体影响力的不断扩大，非直接利益相关者带来的可持续风险在智慧物流生态链中的重要性不断提升。

非直接利益相关者与生态链成员之间没有直接的利益关系。它们带来的风险是由于生态链中的不可持续行为曝光之后，非直接利益相关者的关注会扩大这些风险带来的影响。因此，管理非直接利益相关者带来的风险主要依赖于企业树立的良好形象，以及风险发生后所采取的合适公关手段。所以，物流生态链成员企业要重视在社会环境等公益事业方面的投入，培养出色的公关团队，以应对随时爆发的可持续风险。

15.6.2 生态链技术风险防范

大数据、云计算、互联网等高新技术是智慧物流生态链的重要支撑要素（Uckelmann，2008；Govindan et al.，2018），也是区分智慧物流生态链和普通供应链的重要元素之一。因此，智慧物流生态链必须关注由于技术的不稳定所带来的风险。防范智慧物流生态链技术风险可以从以下几个方面展开。

（1）加强重要技术原件的多源采购。在当今高度国际化的社会分工背景下，生态链的生产和服务都不可避免地依赖于第三方厂商或专业机构，单一供应商的业务中断将直接或间接对物流生态链的业务和运营结果造成不利影响。因此，智慧物流生态链需要避免单一来源供应商采购方案，并对关键技术部件优选多产地制造的供应资源，同时在设计上对关键部件力求有备份解决方案，减少由于单一供应商的供应中断或者产品质量问题对智慧物流生态链正常运营造成的影响。为此，智慧物流生态链需要持续例行开展供应商审核与评估，以及物料供应风险评估，提前识别风险，并及时采取防范措施（包括启动器件替代、方案设计、储备、扩大产能等），以降低供应风险，确保供应连续性。

（2）加快关键技术的自主产权研发。由于一些关键的技术，特别是在信息领域的技术，它们的知识产权都被国外的企业或部门掌握。为了防止由于贸易摩擦或政治环境的波动导致技术知识产权的不稳定分享，智慧物流生态链成员必须加快对关键技术的研发，拥有独立的知识产权，提升业务连续性意识和应对突发事件的能力，有效保证业务连续性。

（3）提高信息安全。信息安全问题主要指信息传递过程中的泄露及破坏，涉及信息技术的应用问题（Anderson and Moore，2006；Bulgurcu et al.，2010）。物流生态链作用的发挥很大程度上依赖链条上合作伙伴企业之间的协同作业，虽然当前技术取得了飞速发展，但仍然存在许多缺陷，如网络传输速度的不稳定、数据传输过程中的出错概率、网络黑客的蓄意破坏和对数据的恶意截取和篡改、病毒的侵略等，这些缺陷的客观存在均可能影响到信息传输过程的安全性（黄芳，2010）。另外，物流生态链上各成员企业之间的应用水平参差不齐、数据标准不统一等情况，也可能导致信息无法共享或共享出错等。所以，生态链成员要加强信息安全技术的投入，保证成员间合作的正常稳定。

15.6.3 生态链外部环境风险防范

外部环境风险指的是企业所处的市场环境给企业带来的风险。通常这一类风险无法预测。例如，经济环境：全球经济复苏之路依然挑战重重，金融和地缘政治风险在加剧。法律风险：全球化的趋势愈加明显，智慧物流生态链一些业务所在的地区，由于法律环境的复杂性，即使力求遵守所有当地法规且无意违反，但仍可能存在各种难以预见的风险。贸易壁垒：全球贸易增速放缓，发展本地经济就业为各国政策首选。随着全球业务持续增长，面临更多更复杂的贸易方面的挑战。特定国家风险：由于国际经济及政治形势纷繁复杂，在不同国家开展业务会涉及一定的特有风险，例如内乱、经济和政治不稳定、货币汇率急剧波动、外汇管制、主权债务危机、经营权监管、劳工问题等。特别地，在特定地区由于特殊形势导致个别国家之间或者多个国家之间的双边或多边关系紧张，发生诸如局部战争、相互制裁、特定事件引发的动乱等情形，都可能严重影响智慧物流生态链在当地的运营，对业务发展造成重大影响。

智慧物流生态链的风险具有全球性特征。物流生态链的全球化是经济全球化的体现，其面临的风险既可能来自国内，也可能来自世界任何一个地方。发达的通信网络，把世界各地的物流需求和供给信息都紧紧地联系在一起。这一点与传统物流大不相同，传统物流可以通过自然距离、关税或非关税壁垒、互不兼容的法律制度来制造一道道牢固的屏障，以避免可以预料到的风险。在网络化的物流体系中，国界已不复存在，任何自然的或人为的屏障都形同虚设。要应对这些风险，就要求物流生态链的成员具有较高的风险管理和应变能力，密切监控这些风险和环境的变化，尽早采取应对措施，减少对业务的影响。

一般来说，宏观环境的变化对企业造成的影响并不会太大。面对瞬息万变的经济环境，企业应该制订最基本的应对措施。特殊的经营模式要求物流生态链成员尽可能最大限度地做到一体化、标准化，建立柔性的供应链设计，增强供应链管理的灵活性，减少外界环境不确定性引起的变动因素，及时准确传递供给和需求的信息，避免风险的规模效应。积极寻求政府帮助，诸如融资渠道的狭窄、地方保护主义的盛行、行业内的恶性竞争等外部风险需要政府有关部门加强管理和教育，从宏观方面来引导企业持续、快速、健康地发展。

15.7 智慧物流生态链可持续运营风险的防范建议

本章介绍了影响智慧物流生态链风险的因素，包括生态链成员可持续风险（内部利益相关者风险、外部利益相关者风险，以及非直接利益相关者风险），技术风险（颠覆性技术升级风险和技术路线变换风险），以及外部环境风险（政府管理体制风险、行业管理体制风险、中介服务体制风险、产业政策体系风险和法律法规体系风险）。该研究对智慧物流企业，特别是日日顺物流的可持续发展有重要的启示。

首先，所有的智慧物流企业都应该从生态链成员、技术和外部环境这三方面着手，全面加强智慧物流生态链的风险防范。其次，对于日日顺物流来说，要尤其注意技术路线变换风险、政府管理体制风险、行业管理体制风险，以及内外部利益相关者风险这几个风险因素的风险防范。最后，任何智慧物流企业都可以通过本章的框架和评价体系，对自身的智慧物流生态链风险因素进行识别，从而对重点风险因素开展防范。例如，针对外部成员的风险防范，可以采取加强智慧物流生态链节点企业的协同合作、提高物流生态链成员协作的柔性、实施完整合理的客户关系管理等方式。

参考文献

[1] ABDEL – BASSET M, MANOGARAN G, MOHAMED M. Internet of Things (IoT) and its impact on supply chain: A framework for building smart, secure and efficient systems [J]. Future Generation Computer Systems, 2018, 86: 614 – 628.

[2] ABHISHEK V, JERATH K, ZHANG Z J. To Platform Sell or Resell? Channel Structures in Electronic Retailing [J]. Ssrn Electronic Journal, 2012.

[3] ACCORSI R, CHOLETTE S, MANZINI R, et al. The land – network problem: ecosystem carbon balance in planning sustainable agro – food supply chains [J]. Journal of Cleaner Production, 2016, 112: 158 – 171.

[4] ADNER R, LEVINTHAL D. Demand heterogeneity and technology evolution: implications for product and process innovation [J]. Management science, 2001, 47 (5): 611 – 628.

[5] AHI PAYMAN, SEARCY CORY. A comparative literature analysis of definitions for green and sustainable supply chain management [J]. Journal of Cleaner Production, 2013, 52: 329 – 341.

[6] AHN K, LIM S, LEE Y. Modeling of smart supply chain for sustainability [M] //Advanced Multimedia and Ubiquitous Engineering. Springer, Berlin, Heidelberg, 2016: 269 – 278.

[7] AKKERMANS H. Intelligent e – business: from technology to value [J]. IEEE Intelligent Systems, 2001, 16 (4): 8 – 10.

[8] ANDALEEB S S. Dependence relations and the moderating role of trust: implications for behavioural intentions in marketing channels [J]. International Journal of Research in Marketing, 1995, 12 (2): 157 – 172.

[9] ANDERSEN P H, KUMAR R. Emotions, trust and relationship develop-

ment in business relationships: A conceptual model for buyer – seller dyads [J]. Industrial Marketing Management, 2004, 35 (4): 522 –535.

[10] ANDERSON R, MOORE T. The economics of information security [J]. Science, 2006, 314 (5799): 610 –613.

[11] ANG E, IANCU D A, SWINNEY R. Disruption Risk and Optimal Sourcing in Multitier Supply networks [J]. Management Science, 2016, 63 (8): 2397 –2771.

[12] ANNIBAL S, YAO H J, MARK B. The social process of Big Data and predictive analytics use for logistics and supply chain management [J]. International Journal of Physical Distribution & Logistics Management, 2019, 49 (7): 706 –726.

[13] AVIV Y. A time – series framework for supply – chain inventory management [J]. Operations Research, 2003, 51 (2): 210 –227.

[14] AYDIN A, PARKER R P. Innovation and technology diffusion in competitive supply chains [J]. European journal of operational research, 2018, 265 (3): 1102 –1114.

[15] BABICH V, HILARY G. Distributed Ledgers and Operations: What Operations Management Researchers Should Know About Blockchain Technology [J]. Manufacturing & Service Operations Management, 2019.

[16] BALFAQIH H, NOPIAH Z M, SAIBANI N, et al. Review of supply chain performance measurement systems: 1998—2015 [J]. Computers in Industry, 2016, 82: 135 –150.

[17] BANKS V A, STANTON N A, PLANT K L. Who is responsible for automated driving? A macro – level insight into automated driving in the United Kingdom using the Risk Management Framework and Social Network Analysis [J]. Applied ergonomics, 2019, 81: 102904.

[18] BARENJI A V, WANG W M, LI Z, et al. Intelligent E – commerce logistics platform using hybrid agent based approach [J]. Transportation Research Part E: Logistics and Transportation Review, 2019, 126: 15 –31.

[19] BARGHAVA H K, CHOUDHARY V. Information Goods and Vertical Differentiation [J]. Journal of Management Information Systems, 2001, 18 (2):

89 – 106.

[20] BARRETO L, AMARAL A, PEREIRA T. Industry 4.0 implications in logistics: an overview [J]. Procedia Manufacturing, 2017, 13: 1245 – 1252.

[21] BARTHOLDI III J J, EISENSTEIN D D, LIM Y F. Self – organizing logistics systems [J]. Annual Reviews in Control, 2010, 34 (1): 111 – 117.

[22] BARUT M, FAISST W, KANET J J. Measuring supply chain coupling: an information system perspective [J]. European Journal of Purchasing & Supply Management, 2002, 8 (3): 161 – 171.

[23] BEHRENDT F, LAU L K, MÜLLER M, et al. Development of a Concept for a Smart Logistics Maturity index [C]. PROLOG 2018: International Conference on Project Logistics. 2018: 1 – 13.

[24] KUCUKALTAN B, IRANI Z, AKTAS E. A decision support model for identification and prioritization of key performance indicators in the logistics industry [J]. Computers in Human Behavior, 2016, 65: 346 – 358.

[25] BEYSENBAEV R, DUS Y. Proposals for improving the Logistics Performance Index [J]. The Asian Journal of Shipping and Logistics, 2020, 36 (1): 34 – 42.

[26] BHASKARAN S R, KRISHNAN V. Effort, Revenue, and Cost Sharing Mechanisms for Collaborative New Product Development [J]. Management Science, 2009, 55 (7): 1152 – 1169.

[27] BICHOU K. A two – stage supply chain DEA model for measuring container – terminal efficiency [J]. International Journal of Shipping and Transport Logistics, 2011, 3 (1): 6 – 26.

[28] BITRAN G. Managing the tug – of – war between supply and demand in the service industries [J]. European Management Journal, 1997, 15 (5): 523 – 536.

[29] BIYALOGORSKY E, KOENIGSBERG O. The Design and Introduction of Product Lines When Consumer Valuations are Uncertain [J]. Production and Operations Management, 2014, 23 (9): 1539 – 1548.

[30] BLOOMBERG NEWS. Chinese billionaires clash over Alibaba's parcel deliveries [EB/OL]. (2018 – 08 – 29) [2019 – 12 – 15]. https: //www. bloomberg.

com/news/articles/2017 - 06 - 02/chinese - billionaires - clash - over - alibaba - s - parcel - deliveries.

[31] BODDY D, MACBETH D, WAGNER B. Implementing collaboration between organizations: an empirical study of supply chain partnering [J]. Journal of Management studies, 2000, 37 (7): 1003-1018.

[32] BORGATTI S P, EVERETT M G. A graph - theoretic perspective on centrality [J]. Social networks, 2005, 28 (4): 466-484.

[33] BOUDRIAS J S, GAUDREAU P, SAVOIE A, et al. Employee empowerment [J]. Leadership & Organization Development Journal, 2009.

[34] BOURANTA N, CHITIRIS L, PARAVANTIS J A, et al. The relationship between internal and external service quality [J]. International Journal of Contemporary Hospitality Management, 2009, 21 (3): 275-293.

[35] BREZNIK L, LAHOVNIK M. Dynamic Capabilities and Competitive Advantage: Findings from Case Studies [J]. Management : Journal of Contemporary Management Issues, 2016: 167-185.

[36] BUCOVETCHI O, SIMIOANA A E, STANCIU R D, et al. A new approach in Supply Chain Processes - Smart Logistics [C]. MATEC Web of Conferences. EDP Sciences, 2017, 121: 07004.

[37] BUDDE M, MINNER S. First - and second - price sealed - bid auctions applied to push and pull supply contracts [J]. European Journal of Operational Research, 2014, 237 (1): 370-382.

[38] BULGURCU B, CAVUSOGLU H, BENBASAT I. Information security policy compliance: an empirical study of rationality - based beliefs and information security awareness [J]. MIS quarterly, 2010, 34 (3): 523-548.

[39] BUTALA P, OOSTHUIZEN G A. A sustainable logistics network model for socio - economic development [J]. Applied intelligence, 2017, 41 (2): 366-382.

[40] CACHON G P, DANIELS K M, LOBEL R. The role of surge pricing on a service platform with self - scheduling capacity [J]. Manufacturing & Service Operations Management, 2017, 19 (3): 368-384.

[41] CACHON G P, LARIVIERE M A. Supply chain coordination with reve-

nue – sharing contracts: strengths and limitations [J]. Management science, 2005, 51 (1): 30 – 44.

[42] CAI S, GOH M, SOUZA R, et al. Knowledge sharing in collaborative supply chains: twin effects of trust and power [J]. International Journal of Production Research, 2013, 51 (7): 2060 – 2076.

[43] CAMISÓN C, VILLAR – LÓPEZ A. Organizational innovation as an enabler of technological innovation capabilities and firm performance [J]. Journal of business research, 2014, 67 (1): 2891 – 2902.

[44] CAMPBELL L, SIMPSON J A, BOLDRY J G, et al. Trust, variability in relationship evaluations, and relationship processes [J]. Journal of Personality and Social Psychology, 2010, 99 (1): 14 – 31.

[45] CAO M, ZHANG Q. Supply chain collaboration: Impact on collaborative advantage and firm performance [J]. Journal of operations management, 2011, 29 (3): 163 – 180.

[46] CASADESUS – MASANELL R, RICART J E. From strategy to business models and onto tactics [J]. Long range planning, 2010, 43 (2): 195 – 215.

[47] CATALINI C, GANS J S. Initial coin offerings and the value of crypto tokens [R]. Cambridge: National Bureau of Economic Research, 2018.

[48] CELESTINA, M. Between trust and distrust in research with participants in conflict context [J]. International Journal of Social Research Methodology, 2018, 21 (3): 373 – 383.

[49] CHAMBERS C, KOUVELIS P, SEMPLE J. Quality – based Competition, Profitability, and Variable Costs, Profitability, and Variable Costs [J]. Management Science, 2006, 52 (12): 1884 – 1895.

[50] CHAN A K K, CHEN C H, ZHAO L JD. com: leveraging the edge of e – business [J]. Emerging Markets Case Studies Collection, 2018, 8 (3): 1 – 30.

[51] CHANG H H, WONG K H, CHIU W S. The effects of business systems leveraging on supply chain performance: Process innovation and uncertainty as moderators [J]. Information & Management, 2019, 56 (6): 103 – 140.

[52] CHAO G H, IRAVANI S M R, SAVASKAN R C. Quality improvement incentives and product recall cost sharing contracts [J]. Management science,

2009, 55 (7): 1122 - 1138.

[53] CHEN F. Information sharing and supply chain coordination [J] . Surveys in operations research and management science, 2003, 11: 341 - 421.

[54] CHENG Y, TAO F, XU L, et al. Advanced manufacturing systems: supply - demand matching of manufacturing resource based on complex networks and Internet of Things [J] . Enterprise Information Systems, 2018, 12 (7): 780 - 797.

[55] CHEN J, ZHANG H, SUN Y. Implementing coordination contracts in a manufacturer Stackelberg dual - channel supply chain [J] . Omega, 2012, 40 (5): 571 - 583.

[56] CHEN K H, WANG C H, HUANG S Z, et al. Service innovation and new product performance: The influence of market - linking capabilities and market turbulence [J] . International Journal of Production Economics, 2016, 172: 54 - 64.

[57] CHEN L, XU F. Study on the Collaborative Innovation Oriented SDN Enterprise Ecological Collaboration Model [J] . International Business Research, 2011, 4 (2): 112 - 115.

[58] CHEN L, ZHAO X, TANG O, et al. Supply chain collaboration for sustainability: A literature review and future research agenda [J] . International Journal of Production Economics, 2017, 194: 73 - 87.

[59] CHEN P, XU H, LI Y, et al. Joint Product Variety, Pricing and Scheduling Decisions in a Flexible Facility. International Journal of Production Research, 2016, 55 (2): 606 - 620.

[60] CHEN S, WANG C, OU S M. The Key Success Factors of Developing Intelligent Logistics Within Pharmaceutical Industry in Fujian Free Trade Area [C] //2017 International Conference on Green Informatics (ICGI) . IEEE, 2017: 149 - 154.

[61] CHEN Y F, WANG S L. Research on the Match of the Logistics Service Capability and Data Mining—Based on the Comparative Analysis of Traditional Logistics Information and Smart Logistics [J] . Logistics Sci - Tech, 2015, 11: 79 - 82.

[62] CHEN Y M, GOAN M J, HUANG P N. Selection process in logistics outsourcing - a view from third party logistics provider [J] . Production Planning &

Control, 2011, 22 (3): 308 - 324.

[63] CHERTOW M, EHRENFELD J. Organizing self - organizing systems: Toward a theory of industrial symbiosis [J]. Journal of industrial ecology, 2012, 16 (1): 13 - 27.

[64] WEI H. E - commerce firms lend farmers helping hands [EB/OL]. (2020 - 01 - 15) [2020 - 02 - 02]. https://www.chinadaily.com.cn/a/202001/15/WS5e1e68aca310128217271125.html., 2020.

[65] CHINA DAILY. Expert at CES 2020 sheds light on why China leads in e - commerce [EB/OL]. (2020 - 01 - 15) [2020 - 02 - 02]. https://www.chinadaily.com.cn/a/202001/10/WS5e181e0ba310cf3e35583c63.html., 2020.

[66] CHOD J, LYANDRES E. A theory of ICOs: Diversification, agency, and information asymmetry [J]. Management Science forthcoming, 2018.

[67] CHOE C, KING S, MATSUSHIMA N. Pricing with cookies: Behavior - based price discrimination and spatial competition [J]. Management Science, 2018, 64 (12): 5669 - 5687.

[68] CHO G S. A Study on Establishment of Smart Logistics Center based on Logistics 4.0 [J]. Journal of Multimedia Information System, 2018, 5 (4): 265 - 272.

[69] CHO W, KE J F, HAN C. An empirical examination of the use of bargaining power and its impacts on supply chain financial performance [J]. Journal of Purchasing and Supply Management, 2019, 25 (4): 100550.

[70] CHU L Y, SAPPINGTON D E. PROCUREMENT CONTRACTS: THEORY VS. PRACTICE [J]. International Journal of Industrial Organization, 2009, 27 (1): 51 - 59.

[71] CHU Z, FENG B, LAI F. Logistics service innovation by third party logistics providers in China: Aligning guanxi and organizational structure [J]. Transportation Research Part E: Logistics and Transportation Review, 2018, 118: 291 - 307.

[72] CLARK - GINSBERG A, ABOLHASSANI L, RAHMATI E A. Comparing networked and linear risk assessments: from theory to evidence [J]. International journal of disaster risk reduction, 2018, 30: 216 - 224.

[73] CLAUDIA COLICCHIA, GINO MARCHET, MARCO MELACINI, et al. Building environmental sustainability: empirical evidence from Logistics Service Providers [J] . Journal of Cleaner Production, 2013, 59: 197 -209.

[74] COLICCHIA C, CREAZZA A, NOE C, et al. Information sharing in supply chains: a review of risks and opportunities using the Systematic Literature Network Analysis (SLNA) [J] . Supply Chain Management, 2019, 24 (1): 5 -21.

[75] CORTADA J W. A Framework for Understanding Information Ecosystems in Firms and Industries [J] . Information & Culture A Journal of History, 2016, 51 (2): 133 -163.

[76] CAMISÓN C, VILLAR -LÓPEZ A. Organizational Innovation As an Enabler of Technological Innovation Capabilities and Firm Performance [J] . Journal of Business Research, 2014, 67 (1): 2891 -2902.

[77] CUI R, LI M, LI Q. Value of high -quality logistics: Evidence from a clash between SF Express and Alibaba [J] . Management Science, 2019, 66 (9): 3879 -3902.

[78] CUI W. Study on Problems and Countermeasures of Smart Logistics Development in China [C] //Proceedings of the 2018 International Conference on Internet and e -Business. 2018: 303 -307.

[79] DAMERI R P, BENEVOLO C, VEGLIANTI E, et al. Understanding smart cities as a glocal strategy: A comparison between Italy and China [J] . Technological Forecasting and Social Change, 2019, 142: 26 -41.

[80] DA MOTA PEDROSA A. Customer integration during innovation development: An exploratory study in the logistics service industry [J] . Creativity and Innovation Management, 2012, 21 (3): 263 -276.

[81] DAUGHERTY P J, CHEN H, FERRIN B G, et al. Organizational structure and logistics service innovation [J] . The International Journal of Logistics Management, 2011, 22 (1): 26 -51.

[82] DAVIS J, EDGAR T, PORTER J, et al. Smart manufacturing, manufacturing intelligence and demand -dynamic performance [J] . Computers & Chemical Engineering, 2012, 47: 145 -156.

[83] DEJONCKHEERE J, DISNEY S M, LAMBRECHT M R, et al. The impact of information enrichment on the bullwhip effect in supply chains: A control engineering perspective [J]. European journal of operational research, 2004, 153 (3): 727 - 750.

[84] DEN HARTIGH E, TOL M, VISSCHER W. The health measurement of a business ecosystem [C] //ECCON 2006 Annual Meeting. 2006: 1 - 39.

[85] DING H, GUO B, LIU Z, et al. Information sharing and profit allotment based on supply chain cooperation [J]. International Journal of Production Economics, 2011, 133 (1): 70 - 79.

[86] DOBLAS - MADRID A, MINETTI R. Sharing information in the credit market: Contract - level evidence from U. S. firms [J]. Journal of financial Economics, 2013, 109 (1): 198 - 223.

[87] DORAN D, THOMAS P, CALDWELL N. Examining buyer - supplier relationships within a service sector context [J]. Supply Chain Management, 2005, 10 (4): 272 - 277.

[88] DORRI A, KANHERE S S, JURDAK R. Towards an optimized blockchain for IoT [C]. 2017 IEEE/ACM Second International Conference on Internet - of - Things Design Implementation. IEEE, 2017: 173 - 178.

[89] DOUAIOUI K, FRI M, MABROUKKI C. The interaction between industry 4. 0 and smart logistics: concepts and perspectives [C]. 2018 international colloquium of logistics and supply chain management (LOGISTIQUA). IEEE, 2018: 128 - 132.

[90] IRELAND R D, WEBB J W. Strategic entrepreneurship: Creating competitive advantage through streams of innovation [J]. Business Horizons, 2007, 50 (1): 49 - 59.

[91] ECKERD S, HILL J A. The buyer - supplier social contract: information sharing as a deterrent to unethical behaviors [J]. International Journal of Operations & Production Management, 2012, 32 (22): 238 - 255.

[92] EIGEN M, SCHUSTER P. A principle of natural self - organization [J]. Naturwissenschaften, 1977, 64: 541 - 565.

[93] EISENHARDT K M. Better stories and better constructs: The case for

rigor and comparative logic [J]. Academy of Management review, 1991, 16 (3): 620-627.

[94] EISENHARDT K M. Building theories from case study research [J]. Academy of management review, 1989, 14 (4): 532-550.

[95] EISENHARDT K M, GRAEBNER M E. Theory Building From Cases: Opportunities And Challenges [J]. Academy of Management Journal, 2007, 50 (1): 25-32.

[96] EISENHARDT K M. Making Fast Strategic Decisions In High - Velocity Environments [J]. Academy of Management Journal, 1989, 32 (3): 543-576.

[97] EKICI Ş Ö, KABAK Ö, ÜLENGIN F. Improving logistics performance by reforming the pillars of Global Competitiveness Index [J]. Transport Policy, 2019, 81: 197-207.

[98] ESRA E, ADIL B. Complexity and performance measurement for retail supply chains [J]. Industrial Management & Data Systems, 2019, 119 (4): 719-742.

[99] ELLINGER A E, KELLER S B, BAS A B E. The empowerment of frontline service staff in 3PL companies [J]. Journal of Business Logistics, 2010, 31 (1): 79-98.

[100] ELLRAM L M. A structured method for applying purchasing cost management tools [J]. Journal of Supply Chain Management, 1996, 32 (1): 11-19.

[101] EL OUARDIGHI F, KIM B. Supply quality management with wholesale price and revenue - sharing contracts under horizontal competition [J]. European Journal of Operational Research, 2010, 206 (2): 329-340.

[102] EL OUARDIGHI F. Supply quality management with optimal wholesale price and revenue sharing contracts: A two - stage game approach [J]. International Journal of Production Economics, 2014, 156: 260-268.

[103] ERHUN F, KESKINOCAK P, TAYUR S. Dynamic procurement, quantity discounts, and supply chain efficiency [M]. Berlin: Springer, 2011.

[104] ESWARAN M, KOTWAL A. The role of the service sector in the process of industrialization [J]. Journal of Development Economics, 2002, 68 (2): 401-420.

[105] FAN P, WATANABE C. Promoting industrial development through technology policy: Lessons from Japan and China [J]. Technology in Society, 2006, 28 (3): 303 - 320.

[106] FARAJPOUR F, TAGHAVIFARD M T, YOUSEFLI A, et al. Information sharing assessment in supply chain: hierarchical fuzzy rule - based system [J]. Journal of Information & Knowledge Management, 2018, 17 (1): 1850002.

[107] CROOM S, FAWCETT S E, OSTERHAUS P, et al. Information sharing and supply chain performance: the role of connectivity and willingness [J]. Supply Chain Management: An International Journal, 2007, 12 (5): 358 - 368.

[108] FAWCETT S E, JONES S L, FAWCETT A M. Supply chain trust: the catalyst for collaborative innovation [J]. Business Horizons, 2012, 55 (2): 163 - 178.

[109] FAWCETT S E, MAGNAN G M, MCCARTER M W. A three - stage implementation model for supply chain collaboration [J]. Journal of Business Logistics, 2008, 29 (1): 93 - 112.

[110] FIALA P. Information sharing in supply chains [J]. Omega, 2005, 33 (5): 419 - 423.

[111] FULLER J, MUEHLBACHER H, MATZLER K, et al. Consumer empowerment through internet - based co - creation [J]. Journal of management information systems, 2009, 26 (3): 71 - 102.

[112] FREEMAN R E. Strategic management: A stakeholder approach [J]. Cambridge university press, 1951.

[113] FRIEDMAN D. On economic applications of evolutionary game theory [J]. Journal of evolutionary economics, 1998, 8 (1): 15 - 43.

[114] FROSCH R A. Correction: Industrial ecology: a philosophical introduction [J]. Proceedings of the National Academy of Sciences of the United States of America, 1992, 89 (8), 3669.

[115] STEFANSSON G. Collaborative logistics management and the role of third - party service providers [J]. International journal of physical distribution & logistics management, 2006, 36 (2): 76 - 92.

[116] LUCIANO G B, ALEXANDER P, MARLON D et al. Optimized exe-

cution of business processes on blockchain [C]. International Conference on Business Process Management. 2017: 130 - 146.

[117] MARCO G. East - Commerce: China, e - commerce and the internet of things [M]. John Wiley & Sons, 2016.

[118] GE Z, HU Q, XIA Y. Firms' R&D cooperation behavior in a supply chain [J]. Production and Operations Management, 2014, 23 (4): 599 - 609.

[119] GHOSH D, SHAH J. Supply chain analysis under green sensitive consumer demand and cost sharing contract [J]. International Journal of Production Economics, 2015, 164: 319 - 329.

[120] GÜMÜŞ M, RAY S, GURNANI H. Supply - side story: Risks, guarantees, competition, and information asymmetry [J]. Management Science, 2012, 58 (9): 1694 - 1714.

[121] GOLDSBY T J, ZINN W. Technology innovation and new business models: can logistics and supply chain research accelerate the evolution? [J]. Journal of Business Logistics, 2016, 37 (2): 80 - 81.

[122] GOVINDAN K, CHENG T C E, MISHRA N, et al. Big data analytics and application for logistics and supply chain management [J]. Transportation Research Part E: Logistics and Transportation Review, 2018, 114: 343 - 349.

[123] GOVINDAN K, POPIUC M N. Reverse supply chain coordination by revenue sharing contract: A case for the personal computers industry [J]. European Journal of Operational Research, 2014, 233 (2): 326 - 336.

[124] GOVINDAN K. Sustainable consumption and production in the food supply chain: A conceptual framework [J]. International Journal of Production Economics, 2018, 195: 419 - 431.

[125] TACHIZAWA E M, ALVAREZ - GIL M J, MONTES - SANCHO M J. How "smart cities" will change supply chain management [J]. Supply Chain Management, 2015, 20 (3): 237 - 248.

[126] GREEN K W, ZELBST P J, MEACHAM J, et al. Green supply chain management practices: impact on performance [J]. Supply Chain Management, 2012, 17 (3): 290 - 305.

[127] GREGOR T, KRAJČOVIČ M, WIECEK D. Smart Connected Logistics

[J]. Procedia Engineering, 2017, 192: 265 - 270.

[128] GRUNER R L, POWER D. Mimicking natural ecosystems to develop sustainable supply chains: A theory of socio - ecological intergradation [J]. Journal of cleaner production, 2017, 149: 251 - 264.

[129] GUERRIERI P, MELICIANI V. International Competitiveness in Producer Services [J]. Social ence Electronic Publishing, 2004.

[130] GUIPING Z, WENAN P. Trust and relationship commitment on cooperative performance of supply chain [J]. Journal of Southeast University, 2007, (S1): 64 - 70.

[131] GUNASEKARAN A, NGAI E W T, CHENG T C E. Developing an e - logistics system: a case study [J]. International Journal of Logistics Research and Applications, 2007, 10 (4): 333 - 349.

[132] GUNASEKARAN A, SUBRAMANIAN N, PAPADOPOULOS T. Information technology for competitive advantage within logistics and supply chains: A review [J]. Transportation Research Part E: Logistics and Transportation Review, 2017, 99: 14 - 33.

[133] GUO Q, YANG D L, CHI G T. Supply Chain Coordination with Option Contract [J]. Systems Engineering, 2005 (10): 1 - 6.

[134] GUO Z X, WANG X F. Selection and evaluation of e - commerce enterprises logistics operation models based on F - AHP method [C] //Proceeding of the 3rd International Conference on Mechatronics, Robotics and Automation. Atlantis Press, 2015.

[135] GURNANI H, SHI M. A bargaining model for a first - time interaction under asymmetric beliefs of supply reliability [J]. Management science, 2006, 52 (6): 865 - 880.

[136] GU W, WEI L, ZHANG W, et al. Evolutionary game analysis of cooperation between natural resource - and energy - intensive companies in reverse logistics operations [J]. International Journal of Production Economics, 2019, 218: 159 - 169.

[137] HAANAES K, MICHAEL D, JURGENS J, et al. Making sustainability profitable [J]. Harvard Business Review, 2013, 91 (3): 110 - 115.

[138] HA A Y, TONG S. Contracting and information sharing under supply chain competition [J]. Management science, 2008, 54 (4): 701-715.

[139] HAGEL J, BROWN J S, DAVISON L. Shaping strategy in a world of constant disruption [J]. Harvard Business Review, 2008, 86 (10): 80-89.

[140] HAKEN H. Synergetics [J]. IEEE Circuits & Devices Magazine, 1977, 28 (3): 412-414.

[141] HANDFIELD R B, BECHTEL C. The role of trust and relationship structure in improving supply chain responsiveness [J]. Industrial marketing management, 2002, 31 (4): 367-382.

[142] HANDFIELD R B, BECHTEL C. Trust, power, dependence, and economics: can SCM research borrow paradigms? [J]. International Journal of Integrated Supply Management, 2004, 1 (1) 3-32.

[143] HAN J, LI Z P. Constructing logistics e-commerce platform based on internet of things [J]. Value Engineering, 2012, 31: 10-14.

[144] HECKER A, GANTER A. The influence of product market competition on technological and management innovation: Firm-level evidence from a large-scale survey [J]. European Management Review, 2013, 10 (1): 17-33.

[145] HEIM G R, SINHA K K. Operational drivers of customer loyalty in electronic retailing: An empirical analysis of electronic food retailers [J]. Manufacturing & Service Operations Management, 2001, 3 (3): 264-271.

[146] HERCZEG G, AKKERMAN R, HAUSCHILD M Z. Supply chain collaboration in industrial symbiosis networks [J]. Journal of cleaner production, 2018, 171: 1058-1067.

[147] HE S. Research on Platform Strategy of Enterprises from the Perspective of Value Co-Creation-Taking Xiaomi's Ecological Chain as an Example [C] // 2018 2nd International Conference on Management, Education and Social Science (ICMESS 2018). Atlantis Press, 2018.

[148] HEYDARI J. Lead time variation control using reliable shipment equipment: An incentive scheme for supply chain coordination [J]. Transportation research part E: Logistics and transportation Review, 2014, 63: 44-58.

[149] HE Z, CHEN P, LIU H, et al. Performance measurement system and

strategies for developing low - carbon logistics: A case study in China [J] . Journal of Cleaner Production, 2017, 156: 395 - 405.

[150] HINGLEY M K. Power to all our friends? Living with imbalance in supplier - retailer relationships [J] . Industrial Marketing Management, 2005, 34 (8): 848 - 858.

[151] HOFMANN E, STREWE U M, BOSIA N. Discussion - How Does the Full Potential of BlockchainTechnology in Supply Chain Finance Look Like? In Supply Chain Finance and Blockchain Technology, 2018: 77 - 87.

[152] HOFMANN E, STREWE U M, BOSIA N. Discussion—How Does the Full Potential of Blockchain Technology in Supply Chain Finance Look Like? [J] . Supply Chain Finance and Blockchain Technology, 2018: 77 - 87.

[153] HOFMAN W J, BASTIAANSEN H J M. Roadmap towards a smart logistics ecosystem [J] . 2014.

[154] HONG J L. Research on Food Cold Chain Logistics System Collaboration [J] . China Business and Market, 2009, 23 (2): 20 - 23.

[155] HOPKINS J, HAWKING P. Big data analytics and IoT in logistics: A case study [J] . The International Journal of Logistics Management, 2018, 29 (2): 575 - 591.

[156] HUANG Y, WILKINSON I F. The dynamics and evolution of trust in business relationships [J] . Industrial Marketing Management, 2013, 42 (3): 455 - 465.

[157] HUA S, CHATTERJEE S R, JINGLIANG C. Achieving competitive advantage in service supply chain: evidence from the Chinese steel industry [J] . Chinese Management Studies, 2011, 5 (1): 68 - 81.

[158] HUNT R M. An introduction to the economics of payment card networks [J] . Review of Network Economics, 2011, 2 (2) .

[159] HUO B, ZHAO X, ZHOU H. The effects of competitive environment on supply chain information sharing and performance: an empirical study in China [J] . Production and Operations Management, 2014, 23 (4): 552 - 569.

[160] HU Q, KHOSA S, KAPUCU N. The intellectual structure of empirical network research in public administration [J] . Journal of public administration re-

search and theory, 2016, 26 (4): 593 - 612.

[161] HUSSAIN R. The mediating role of customer satisfaction: evidence from the airline industry [J]. Asia Pacific Journal of Marketing and Logistics, 2016, 28 (2): 234 - 255.

[162] HWANG C L, YOON K P. Multiple attribute decision making: methods and applications [M]. Berlin: Springer - Verlag, 1981.

[163] IBM Newsroom. Veridium to use IBM blockchain technology to create social and environmental impact tokens [EB/OL]. (2018 - 05 - 15) [2019 - 12 - 15]. https://newsroom.ibm.com/2018 - 05 - 15 - Veridium - to - Use - IBM - Blockchain - Technology - to - Create - Social - and - Environmental - Impact - Tokens.

[164] ISSAOUI Y, KHIAT A, BAHNASSE A, et al. Smart logistics: Study of the application of blockchain technology [J]. Procedia Computer Science, 2019, 160: 266 - 271.

[165] JABEUR N, AL - BELUSHI T, MBARKI M, et al. Toward leveraging smart logistics collaboration with a multi - agent system based solution [J]. Procedia Computer Science, 2017, 109: 672 - 679.

[166] JEBLE S, DUBEY R, CHILDE S J, et al. Impact of big data and predictive analytics capability on supply chain sustainability [J]. The International Journal of Logistics Management, 2018, 29 (2): 513 - 538.

[167] JIANG H, YANG J. Applying Rough Set Theory to Analyzing the Evaluation Index System of Modern Rural Logistics Construction [J]. International Conference on Test and Measurement, 2009, 418 - 421.

[168] JIANG L, WANG Y, LIU D. Logistics cost sharing in supply chains involving a third - party logistics provider [J]. Central European Journal of Operations Research, 2016, 24 (1): 207 - 230.

[169] JI G J. Ecological supply chains design mechanism based on virtual enterprises [C] //2008 IEEE International Conference on Service Operations and Logistics, and Informatics. IEEE, 2008.

[170] JI G, GUNASEKARAN A. Evolution of innovation and its strategies: from ecological niche models of supply chain clusters [J]. Journal of the Operation-

al Research Society, 2014, 65 (6): 888 -903.

[171] JIN Y, RYAN J K. Price and service competition in an outsourced supply chain [J] . Production and Operation Management, 2012, 21 (2): 331 -344.

[172] JOHN S. Social network analysis: A handbook [J] . Contemporary Sociology, 2000, 22 (1): 128.

[173] JOHNSTON D A, MCCUTCHEON D M, STUART F I, et al. Effects of supplier trust on performance of cooperative supplier relationships [J] . Journal of Operations Management, 2004, 22 (1): 23 -28.

[174] KAMBLE S S, GUNASEKARAN A, GAWANKAR S A. Achieving sustainable performance in a data - driven agriculture supply chain: A review for research and applications [J] . International Journal of Production Economics, 2020, 219: 179 -194.

[175] KAWA A. SMART logistics chain [C] //Asian conference on intelligent information and database systems. Berlin: Springer, 2012: 432 -438.

[176] KAYNAK R, TUǦRUL T A. Coordination and collaboration functions of disaster coordination centers for humanitarian logistics [J] . Procedia - Social and Behavioral Sciences, 2014, 109: 432 -437.

[177] KEMBRO J, SELVIARIDIS K, NÄSLUND D. Theoretical perspectives on information sharing in supply chains: a systematic literature review and conceptual framework [J] . Supply Chain Management, 2014, 19 (5/6): 609 -625.

[178] KIM M, CHAI S. The impact of supplier innovativeness, information sharing and strategic sourcing on improving supply chain agility: Global supply chain perspective [J] . International Journal of Production Economics, 2017, 187: 42 -52.

[179] KIM S W. Effects of supply chain management practices, integration and competition capability on performance [J] . Supply Chain Management, 2006, 11 (3): 241 -248.

[180] KIRCH M, POENICKE O, RICHTER K. RFID in logistics and production - Applications, research and visions for smart logistics zones [J] . Procedia Engineering, 2017, 178: 526 -533.

[181] KIYA F, DAVOUDPOUR H. Stochastic programming approach to re -

designing a warehouse network under uncertainty [J]. Transportation Research Part E: Logistics and Transportation Review, 2012, 48 (5): 919-936.

[182] KLASSEN R D, VACHON S. Collaboration and evaluation in the supply chain: The impact on plant-level environmental investment [J]. Production and Operations Management, 2003, 12 (3): 336-352.

[183] KLOVDAHL A S. Social networks and the spread of infectious diseases: the AIDS example [J]. Social science & medicine, 1985, 21 (11): 1203-1216.

[184] KORCZAK J, KIJEWSKA K. Smart Logistics in the development of Smart Cities [J]. Transportation Research Procedia, 2019, 39: 201-211.

[185] KUSIAK A. Smart manufacturing [J]. International Journal of Production Research, 2018, 56 (1-2): 508-517.

[186] LABRECQUE L I, VOR DEM ESCHE J, MATHWICK C, et al. Consumer power: Evolution in the digital age [J]. Journal of Interactive Marketing, 2013, 27 (4): 257-269.

[187] LANCIONI R, SCHAU H J, SMITH M F. Internet impacts on supply chain management [J]. Industrial Marketing Management, 2003, 32 (3): 173-175.

[188] LAUDON K C, TRAVER C G. E-commerce: business, technology, society [M]. 北京：清华大学出版社，2010.

[189] LAU H C W, CHOY K L, LAU P K H, et al. An intelligent logistics support system for enhancing the airfreight forwarding business [J]. Expert Systems, 2004, 21 (5): 253-268.

[190] LEE C H, RHEE B D, CHENG T C E. Quality uncertainty and quality-compensation contract for supply chain coordination [J]. European Journal of Operational Research, 2013, 228 (3): 582-591.

[191] LEE H L, PADMANABHAN V, WHANG S. Information distortion in a supply chain: The bullwhip effect [J]. Management science, 1997, 43 (4): 546-558.

[192] LEE, H AU L, WHANG S. Information sharing in a supply chain [J]. International Journal of Manufacturing Technology Management, 2000, 1 (1): 79-93.

[193] LEE S M, KIM S T, CHOI D. Green supply chain management and organizational performance [J]. Industrial Management & Data Systems, 2012, 112 (8): 1148-1180.

[194] LEITNER R, MEIZER F, PROCHAZKA M, et al. Structural concepts for horizontal cooperation to increase efficiency in logistics [J]. CIRP Journal of Manufacturing Science and Technology, 2011, 4 (3): 332-337.

[195] LENG M, PARLAR M. Game-theoretic analyses of decentralized assembly supply chains: Non-cooperative equilibria vs. coordination with cost-sharing contracts [J]. European journal of operational research, 2010, 204 (1): 96-104.

[196] LEUNG K H, CHOY K L, SIU P K Y, et al. A B2C e-commerce intelligent system for re-engineering the e-order fulfilment process [J]. Expert Systems with Applications, 2018, 91: 386-401.

[197] LEVANS M. Are we closer to "intelligent" logistics?: while the technological tools needed to create the seamless digital logistics network already exist, this year's panel says that these enablers need to be applied at a more rapid rate for today's logistics operations to stay relevant [J]. Logistics management, 2017.

[198] LIANG L, YANG F, COOK W D, et al. DEA models for supply chain efficiency evaluation [J]. Annals of Operations Research, 2006, 145 (1): 35-49.

[199] LI C, LIU X, DAI Z, et al. Smart City: A Shareable Framework and Its Applications in China [J]. Sustainability, 2019, 11 (16).

[200] LI D, O'BRIEN C. Integrated decision modelling of supply chain efficiency [J]. International journal of production economics, 1999, 59 (1-3): 147-157.

[201] LI G P. Wisdom in science and technology, wisdom in ecology, China's new era of smart logistics and entrepreneurial mission [J]. China Logistics & Purchasing, 2018 (24): 21.

[202] LI G, WEI Z, GE D. Research of Smart Logistics System Based on "Internet +" [C] //2018 2nd International Conference on Education Science and Economic Management (ICESEM 2018). Atlantis Press, 2018.

[203] LI L, CHI T, HAO T, et al. Customer demand analysis of the elec-

tronic commerce supply chain using Big Data [J]. Annals of Operations Research, 2018, 268: 113-128.

[204] LIN C Y. Determinants of the adoption of technological innovations by logistics service providers in China [J]. International Journal of Technology Management & Sustainable Development, 2008, 7 (1): 19-38.

[205] LIN C Y, HO Y H. RFID technology adoption and supply chain performance: an empirical study in China's logistics industry [J]. Supply Chain Management, 2009, 14 (5): 369-378.

[206] LINDAWATI, VAN SCHAGEN J, GOH M, et al. Collaboration in urban logistics: motivations and barriers [J]. International Journal of Urban Sciences, 2014, 18 (2): 278-290.

[207] LINH C T, HONG Y. Channel coordination through a revenue sharing contract in a two-period newsboy problem [J]. European Journal of Operational Research, 2009, 198 (3): 822-829.

[208] LI S, CUI X, HUO B, et al. Information sharing, coordination and supply chain performance [J]. Industrial Management & Data Systems, 2019, 119 (5): 1046-1071.

[209] LI S, LIN B. Accessing information sharing and information quality in supply chain management [J]. Decision support systems, 2006, 42 (3): 1641-1656.

[210] LIU D, XIAO X, LI H, et al. Historical evolution and benefit-cost explanation of periodical fluctuation in coal mine safety supervision: An evolutionary game analysis framework [J]. European journal of operational research, 2015, 243 (3): 974-984.

[211] LIU J. Development of China's Logistics Market [J]. Contemporary Logistics in China, 2016: 33-50.

[212] LIU Q, ZHANG D. Dynamic pricing competition with strategic customers under vertical product differentiation [J]. Management Science, 2013, 59 (1): 84-101.

[213] LIU S, ZHANG Y, LIU Y, et al. An "Internet of Things" enabled dynamic optimization method for smart vehicles and logistics tasks [J]. Journal of

cleaner production, 2019, 215: 806 - 820.

[214] LIU W, WANG D, ZHAO X, et al. The framework for designing new logistics service product: a multi - case investigation in China [J] . Asia Pacific Journal of Marketing and Logistics, 2019, 31 (4): 898 - 924.

[215] LIU W, WANG S, CHEN L, et al. The role of control powerallocation in service supply chains: Model analysis and empirical examination [J] . Journal of Purchasing and Supply Management, 2017, 23 (3): 176 - 190.

[216] LIU W, YAN X, WEI W, et al. Altruistic preference for investment decisions in the logistics service supply chain [J] . European Journal of Industrial Engineering, 2018, 12 (4): 598 - 635.

[217] LIU W, ZHANG J, WEI S, et al. Factors influencing organisational efficiency in a smart - logistics ecological chain under e - commerce platform leadership [J] . International Journal of Logistics Research and Applications, 2020: 1 - 28.

[218] LIU Y, KANG T W. Operational model of china's express services industry: A case study of SF - Express [J] . Journal of International Trade & Commerce, 2015, 11 (5): 43 - 58.

[219] LIU Y, LI Y, TAO L, et al. Relationship stability, trust and relational risk in marketing channels: Evidence from China. Industrial Marketing Management, 2008, 37 (4): 432 - 446.

[220] LIU Z, SUN X. Analysis of Influencing Factors of Symbiosis Relationship in E - commerce Ecological Chain [J] . Modern Marketing (Information Edition), 2019 (11): 47.

[221] LI X, ZHAO Q. Study on Cooperation Strategies Between Supply Chain Enterprises Based on Evolutionary Game Theory [C] //2018 15th International Conference on Service Systems and Service Management (ICSSSM) . IEEE, 2018.

[222] LOTFI Z, MUKHTAR M, SAHRAN S, et al. Information sharing in supply chain management [J] . Procedia Technology, 2013, 11: 298 - 304.

[223] LUKIĆ J, RADENKOVIĆ M, DESPOTOVIĆ - ZRAKIĆ M D, et al. Supply chain intelligence for electricity markets: A smart grid perspective [J] . Information Systems Frontiers, 2017, 19 (1): 91 - 107.

[224] LUO W, FANG M, LIU Z, et al. Research on Cooperation Evolution of E – commerce Logistics Platform from the Perspective of Business Ecology – A Case of Cai Niao Logistics Platform [J]. China Business and Market, 2019, 33 (10): 3 – 12.

[225] MA B, SONG Y N. VMI Mode of Information Sharing on the Default Risk Prevention and Control [J]. Journal of Chengdu University of Technology (Social Sciences), 2012, 20 (3): 40 – 43.

[226] MAHADEVAN K. Investigation of collaborative supply chain practices through integration, visibility and information sharing: theoretical and industry perspective [J]. Pharmazie, 2013, 27 (180): 1192 – 1199.

[227] MAHMOUD M A, HINSON R E, ADIKA M K. The Effect of Trust, Commitment, and Conflict Handling on Customer Retention: The Mediating Role of Customer Satisfaction [J]. Journal of Relationship Marketing, 2018, 17 (4): 257 – 276.

[228] MAKATSORIS H C, CHANG Y S. Design of a demand – driven collaborative supply – chain planning and fulfilment system for distributed enterprises [J]. Production Planning & Control, 2004, 15 (3): 292 – 302.

[229] MANTHOU V, VLACHOPOULOU M, FOLINAS D. Virtual e – Chain (VeC) model for supply chain collaboration [J]. International Journal of Production Economics, 2004, 87 (3): 241 – 250.

[230] MANVILLE C, COCHRANE G, CAVE J, et al. Mapping smart cities in the EU [J]. 2014.

[231] MA P, WANG H, SHANG J. Contract design for two – stage supply chain coordination: Integrating manufacturer – quality and retailer – marketing efforts [J]. International Journal of Production Economics, 2013, 146 (2): 745 – 755.

[232] MARSILLAC E, ROH J J. Connecting product design, process and supply chain decisions to strengthen global supply chain capabilities [J]. International Journal of Production Economics, 2014, 147: 317 – 329.

[233] MARTIN D, GUSTAFSSON A, CHOI S. Service innovation, renewal, and adoption/rejection in dynamic global contexts [J]. Journal of Business Research, 2016, 69 (7): 2397 – 2400.

[234] MARTIN P R, PATTERSON J W. On measuring company performance within a supply chain [J]. International Journal of Production Research, 2009, 47 (9): 2449-2460.

[235] KOVALSKY M, MIČIETA B. Support Planning and Optimization of Intelligent Logistics Systems [J]. Procedia Engineering, 2017, 192: 451-456.

[236] MCFARLANE D, GIANNIKAS V, LU W. Intelligent logistics: Involving the customer [J]. Computers in Industry, 2016, 81: 105-115.

[237] MCFARLANE, GIANNIKAS V, WONG A C Y, et al. Product intelligence in industrial control: Theory and practice [J]. Annual Reviews in Control, 2013, 37 (1): 69-88.

[238] MCGINNIS M A, KOHN J W. Logistics strategy, organizational environment, and time competitiveness [J]. Journal of Business Logistics, 1993, 14 (2): 1-23.

[239] MCIVOR R, HUMPHREYS P, MCCURRY L. Electronic commerce: supporting collaboration in the supply chain? [J]. Journal of Materials Processing Technology, 2003, 139 (1-3): 147-152.

[240] MENON S. Employee empowerment: An integrative psychological approach [J]. Applied psychology, 2001, 50 (1): 153-180.

[241] MONTREUIL B. Toward a Physical Internet: meeting the global logistics sustainability grand challenge [J]. Logistics Research, 2011, 3 (2-3): 71-87.

[242] MOORE J F. The rise of a new corporate form [J]. Washington Quarterly, 1998, 21 (1): 167-181.

[243] MOORTHY K S. Strategic Decentralization in Channels [J]. Marketing Science, 1988, 7 (4): 315-412.

[244] MORALI O, SEARCY C. A review of sustainable supply chain management practices in Canada. [J] Journal of Business Ethics, 2013, 117 (3), 635-658.

[245] MOTTL J. Why delivery is playing a starring role in the retail customer experience [EB/OL]. (2018-05-29) [2019-12-26]. https://www.retailcustomerexperience.com/blogs/why-delivery-is-playing-a-starring-role-in-the-retail-customer-experience.

[246] LIU W, CUI A. Study on Producer Logistics Service and its Outsourcing from Manufacturing Firms: a Perspective of Industrial Cluster [J] . International journal of logistics Economics and Globalisation, 2009, 2 (1): 67 –76.

[247] MUSSA M, ROSEN S. Monopoly and product quality [J] . Journal of Economic Theory, 1978, 18 (2): 301 –317.

[248] NAMDAR J, LI X, SAWHNEY R, et al. Supply chain resilience for single and multiple sourcing in the presence of disruption risks [J] . International Journal of Production Research, 2018, 56 (6): 2339 –2360.

[249] NAYDENOVA M. The world's first traceable coffee—Blockchain revolution [EB/OL] . (2017 –11 –07) [2020 –01 –20] . https: //www. leaprate. com/news/worlds – first – traceable – coffee – blockchain – revolution/.

[250] NEAGA I, LIU S, XU L, et al. Cloud enabled big data business platform for logistics services: a research and development agenda [C] . International Conference on Decision Support System Technology. Springer, Cham, 2015: 22 –33.

[251] NIE T, DU S. Dual – fairness supply chain with quantity discount contracts [J] . European Journal of Operational Research, 2017, 258 (2): 491 –500.

[252] NIKOOFAL M E, GÜMÜŞ M. Supply Diagnostic Incentives under Endogenous Information Asymmetry [J] . Production and Operations Management, 2019, 28 (3): 588 –609.

[253] YANG N N, SUN B W. Robust optimization of multi – sourcing strategies in resilient supply chain [C] //2010 International Conference on Management Science & Engineering 17th Annual Conference Proceedings. IEEE, 2010: 477 –481.

[254] NIU B, WANG Y, GUO P. Equilibrium pricing sequence in a co – opetitive supply chain with the ODM as a downstream rival of its OEM [J] . Omega, 2015, 57: 249 –270.

[255] NORMAN G. Spatial competition and spatial price discrimination [J] . The Review of Economic Studies, 1981, 48 (1): 97 –111.

[256] NOURI M, HOSSEINI – MOTLAGH S M, NEMATOLLAHI M, et al. Coordinating manufacturer's innovation and retailer's promotion and replenishment using a compensation – based wholesale price contract [J] . International Journal of

Production Economics, 2018, 198: 11 -24.

[257] NOWICKA K. Smart city logistics on cloud computing model [J] . Procedia - Social and Behavioral Sciences, 2014, 151: 266 -281.

[258] OH R, PARK J. A development of active monitoring system for intelligent RFID logistics processing environment [C] . //2008 International Conference on Advanced Language Processing and Web Information Technology. IEEE, 2008: 358 -361.

[259] OSÓRIO A L, CAMARINHA - MATOS L M, AFSARMANESH H. Enterprise collaboration network for transport and logistics services [C] . // Working Conference on Virtual Enterprises. Springer, Berlin, Heidelberg, 2013: 267 -278.

[260] OUYANG Q, ZHENG J, WANG S. Investigation of the construction of intelligent logistics system from traditional logistics model based on wireless network technology [J] . EURASIP Journal on Wireless Communications and Networking, 2019.

[261] PADDEU D, FANCELLO G, FADDA P. An experimental customer satisfaction index to evaluate the performance of city logistics services [J] . Transport, 2017, 32 (3): 262 -271.

[262] PANAYIDES P M, LUN Y H V. The impact of trust on innovativeness and supply chain performance [J] . International journal of production Economics, 2009, 122 (1): 35 -46.

[263] PAPERT M, PFLAUM A. Development of an ecosystem model for the realization of internet of things (IoT) services in supply chain management [J] . Electronic Markets, 2017, 27 (2): 175 -189.

[264] PAUL S K, SARKER R, ESSAM D. A reactive mitigation approach for managing supply disruption in a three - tier supply chain [J] . Journal of Intelligent Manufacturing, 2018, 29 (7): 1581 -1597.

[265] PHILIP A. Complexity theory and organization science [J] . Organization science, 1999, 10 (3): 216 -232.

[266] PILAT D, WÖLFL A. Measuring the Interaction between Manufacturing and Services [J] . SSRN Electronic Journal, 2005.

[267] PÅLSSON H, PETTERSSON F, HISELIUS L W. Energy consumption in e – commerce versus conventional trade channels – Insights into packaging, the last mile, unsold products and product returns [J]. Journal of cleaner production, 2017, 164: 765 – 778.

[268] POMPONI F, FRATOCCHI L, TAFURI S R. Trust development and horizontal collaboration in logistics: a theory based evolutionary framework [J]. Supply Chain Management: An International Journal, 2015, 20 (1): 83 – 97.

[269] PRAJOGO D, OLHAGER J. Supply chain integration and performance: The effects of long – term relationships, information technology and sharing, and logistics integration [J]. International Journal of Production Economics, 2012, 135 (1): 514 – 522.

[270] PRAJOGO D, OKE A, OLHAGER J. Supply chain processes [J]. International Journal of Operations & Production Management, 2016, 36 (2): 220 – 238.

[271] PRASAD S, SOUNDERPANDIAN J. Factors influencing global supply chain efficiency: implications for information systems [J]. Supply Chain Management: An International Journal, 2003, 8 (3): 241 – 250.

[272] PRIEM R L, LI S, CARR J C. Insights and new directions from demand – side approaches to technology innovation, entrepreneurship, and strategic management research [J]. Journal of management, 2012, 38 (1): 346 – 374.

[273] PRIGOGINE I, ALAN P M. The Challenge of Complexity, Self – organization and Dissipative Structure [J]. University of Texas Press, 1982, 1 (982): 85 – 92.

[274] PUJO P, OUNNAR F. Cyber – Physical Logistics System for Physical Internet [M] //Service Orientation in Holonic and Multi – Agent Manufacturing. Berlin: Springer, 2018: 303 – 316.

[275] QI F, PAN X, CHENG Y, et al. Research on Multi – Agent Cooperation Mechanism in Agile Supply Chain [J]. Systems Engineering – theory & Practice, 2003, 2: 51 – 56.

[276] WU Q. The Modern Logistics System Based on Information Technology [J]. Journal of Wuhan University of Technology (Social Science Edition), 2003,

6: 683 -687.

[277] QING X, MIN Z. Symbiotic Relationship of Producer Services and Manufacturing Industries in Industry Cluster [C] // 2009 International Conference on Management & Service Science. IEEE, 2009: 1 -4.

[278] QI Y, ZHANG Q. Research on information sharing risk in supply chain management [C] //2008 4th International Conference on Wireless Communications, Networking and Mobile Computing. IEEE, 2008: 1 -6.

[279] QI W, SHEN Z J M. A smart - city scope of operations management [J]. Production and Operations Management, 2019, 28 (2): 393 -406.

[280] QRUNFLEH S, TARAFDAR M. Supply chain management practices - IT utilisation alignment: impact on supply chain performance and firm performance [J]. International Journal of Business Information Systems 5, 2015, 18 (4): 364 -389.

[281] QUARSHIE A M, SALMI A, LEUSCHNER R. Sustainability and corporate socialresponsibility in supply chains: the state of research in supply chain management and business ethics journals [J]. Journal of Purchasing and Supply Management, 2016, 22 (2): 82 -97.

[282] QU T, LEI S P, WANG Z Z, et al. IoT - based real - time production logistics synchronization system under smart cloud manufacturing [J]. The International Journal of Advanced Manufacturing Technology, 2016, 84 (1 - 4): 147 -164.

[283] RAHMAN Z, QURESHI M N. Developing new services using fuzzy QFD: a LIFENET casestudy [J]. International Journal of Health Care Quality Assurance, 2008, 21 (7): 638 -658.

[284] RAI A, PAVLOU P, IM G, et al. Interfirm IT capability profiles and communications for cocreating relational value: evidence from the logistics industry [J]. MIS quarterly, 2012, 36 (1): 233 -262.

[285] RAJESH R. Measuring the barriers to resilience in manufacturing supply chains using Grey Clustering and VIKOR approaches [J]. Measurement, 2018, 126: 259 -273.

[286] RAMANATHAN U, GUNASEKARAN A. Supply chain collaboration:

Impact of success in long – term partnerships [J] . International Journal of Production Economics, 2014, 147: 252 –259.

[287] RAWEEWAN M, FERRELL W G. Information sharing in supply chain collaboration [J] . Computers & Industrial Engineering, 2018, 126: 269 –281.

[288] REAIDY P J, GUNASEKARAN A, SPALANZANI A. Bottom – up approach based on Internet of Things for order fulfillment in a collaborative warehousing environment [J] . International Journal of Production Economics, 2015, 159: 29 –40.

[289] RESCH A, BLECKER T. Pioneering supply chain design: a comprehensive insight into emerging trends, technologies and applications [M] . Eul Verlag, 2012.

[290] RHEE K E , THOMADSEN R . Behavior – Based Pricing in Vertically Differentiated Industries [J] . Management Science, 2016, 63 (8): 2729 –2740.

[291] RICCARDO A, SUSAN C, RICCARDO M, et al. The land – network problem: ecosystem carbon balance in planning sustainable agro – food supply chains. [J] Journal of Cleaner Production. 2016, 112: 158 –171.

[292] RICHEY R G, AUTRY C W. Assessing interfirm collaboration/technology investment tradeoffs [J] . The International Journal of Logistics Management, 2009, 20 (1): 30 –56.

[293] RICH N, HINES P. Supply – chain management and time – based competition: the role of the supplier association [J] . International Journal of physical distribution & logistics management, 1997, 27 (314): 210 –225.

[294] RODRIGUES V S, HARRIS I, MASON R. Horizontal logistics collaboration for enhanced supply chain performance: an international retail perspective [J] . Supply Chain Management: An International Journal, 2015, 20 (6): 631 –647.

[295] ROGERSON W P. Economic Incentives and the Defense Procurement Process [J] . The Journal of Economic Perspectives, 1994, 8 (4): 65 –90.

[296] ROMERO D, MOLINA A. Collaborative networked organisations and customer communities: value co – creation and co – innovation in the networking era [J] . Production Planning & Control, 2011, 22 (5 –6): 447 –472.

[297] SABERI S, KOUHIZADEH M, SARKIS J, et al. Blockchain technol-

ogy and its relationships to sustainable supply chain management [J] . International Journal of Production Research, 2019, 57 (7): 2117 -2135.

[298] SAHAY B S. Supply chain collaboration: the key to value creation [J] . Work study, 2003, 52 (2): 76 -83.

[299] SANDERS P. Phenomenology: A New Way of Viewing Organizational Research [J] . Academy of Management Review, 1982, 7 (3): 353 -360.

[300] SARKIS J. A strategic decision framework for green supply chain management [J] . Journal of Cleaner Production, 2003, 11 (4): 397 -409.

[301] SCHROEDER R G, BATES K A, JUNTTILA M A. A resource - based view of manufacturing strategy and the relationship to manufacturing performance [J] . Strategic management journal, 2002, 23 (2): 105 -117.

[302] SCOTT J. Social network analysis: A handbook [M] . London: Sage Publications, 2000.

[303] SHAH S M, LIU G, YANG Q, et al. Emergy - based valuation of agriculture ecosystem services and dis - services [J] . Journal of Cleaner Production, 2019, 239: 118019.

[304] SHAKED A, SUTTON J. Imperfect information, perceived quality, and the formation of professional groups [J] . Journal of Economic Theory, 1982, 27 (1), 170 -181.

[305] SHANG W, LIU L. Promised delivery time and capacity games in time - based competition [J] . Management Science, 2011, 57 (3): 599 -610.

[306] SHAN L, WANG X, ZHANG Z, et al. Systematic Analysis and Research on Logistics Network [J] . Management & Engineering, 2016, 24: 140 -149.

[307] SHAO J, MA T, DONG S, et al. Evaluation and analysis: development trend of China's logistics industry under supply chain globalization environments [J] . Journal of Service Science and Management, 2009, 2 (2): 71 -79.

[308] SHARMA S, CHOUDHURY A G. A qualitative study on evolution of relationships between third - party logistics providers and customers into strategic alliances [J] . Strategic Outsourcing: An International Journal, 2014, 7 (1): 2 -17.

[309] SHI X H, HU J L. Evolutionary game analysis on co - competition mechanism of logistics service supply chain [C] //Proc. Eighth. Wuhan. Int. Conf. E -

Bus, 2009 (3): 2646 – 2652.

[310] SIMÃO L E, GONÇALVES M B, RODRIGUEZ C M T. An approach to assess logistics and ecological supply chain performance using postponement strategies [J]. Ecological indicators, 2016 (63): 398 – 408.

[311] SINKOVICS R R, KUIVALAINEN O, ROATH A S. Value co – creation in an outsourcing arrangement between manufacturers and third – party logistics providers: resource commitment, innovation and collaboration [J]. Journal of Business & Industrial Marketing, 2018, 33 (4): 563 – 573.

[312] SINOTRANS LIMITED. 中国外运荣获华为“金牌供应商”“物流协同”两项荣誉大奖 [EB/OL]. (2016 – 11 – 21) [2019 – 12 – 29]. http://www.sinotrans.com/art/2016/11/21/art_2391_25121.html.

[313] SPERANZA M G. Trends in transportation and logistics [J]. European Journal of Operational Research, 2018, 264 (3): 830 – 836.

[314] SPREITZER G M. Psychological empowerment in the workplace: Dimensions, measurement, and validation [J]. The Academy of management Journal, 1995, 38 (5): 1442 – 1465.

[315] SRIDHARAN R, SIMATUPANG T M. Power and trust in supply chain collaboration [J]. International journal of value chain management, 2013, 7 (1): 76 – 96.

[316] SRINIVASAN R, SWINK M. An investigation of visibility and flexibility as complements to supply chain analytics: An organizational information processing theory perspective [J]. Production and Operations Management, 2018, 27 (10): 1849 – 1867.

[317] STACHOWIAK A, OLEŚKOWSZLAPKA J. Agility Capability Maturity Framework [J]. Procedia Manufacturing, 2018, 17: 603 – 610.

[318] STECKEL J H, GUPTA S, BANERJI A. Supply chain decision making: Will shorter cycle times and shared point – of – sale information necessarily help? [J]. Management Science, 2004, 50 (4): 458 – 464.

[319] STEPHENS S. Supply chain operations reference model version 5.0: a new tool to improve supply chain efficiency and achieve best practice [J]. Information Systems Frontiers, 2001, 3 (4): 471 – 476.

[320] STERNAD M, LERHER T, GAJŠEK B. Maturity levels for logistics 4.0 based on NRW's Industry 4.0 maturity model [J]. Business Logistics in Modern Management, 2018.

[321] STRADER T J, LIN F R, SHAW M J. The impact of information sharing on order fulfillment in divergent differentiation supply chains [M] //Global perspective of information technology management. IGI Global, 2002: 276-296.

[322] STRANDHAGEN J O, VALLANDINGHAM L R, FRAGAPANE G, et al. Logistics 4.0 and emerging sustainable business models [J]. Advances in Manufacturing, 2017, 5 (4): 359-369.

[323] SUBRAMANIAN N, GUNASEKARAN A, NACHIAPPAN D, et al. 4th party logistics service providers and industrial cluster competitiveness [J]. Industrial Management & Data Systems, 2016, 116 (7): 1303-1330.

[324] SUH Y, KIM M S. Dynamic change of manufacturing and service industries network in mobile ecosystems: The case of Korea [J]. Telematics and Informatics, 2015, 32 (4): 613-628.

[325] SUN L, MIAO C, YANG L, et al. Ecological-economic efficiency evaluation of green technology innovation in strategic emerging industries based on entropy weighted TOPSIS method [J]. Ecological Indicators, 2017, 73: 554-558.

[326] SUN Q, WANG C, ZUO L, et al. Digital empowerment in a WEEE collection business ecosystem: A comparative study of two typical cases in China [J]. Journal of Cleaner Production, 2018, 184: 414-422.

[327] SHAH S M, LIU G, YANG Q, et al. Emergy-based valuation of agriculture ecosystem services and dis-services [J]. Journal of Cleaner Production, 2019, 239: 118019.

[328] TAI L J, HU R F, CHEN C W, et al. Manufacturing resources and demand intelligent matching in cloud manufacturing environment [C] //Advanced Materials Research. Trans Tech Publications Ltd, 2013, 616: 2101-2104.

[329] TANG P, DENG C, SHAO S, et al. Leveraging intergovernmental and cross-sectoral networks to manage nuclear power plant accidents: A case study from China [J]. Journal of cleaner production, 2017, 162: 1551-1566.

[330] TANG P, LAI S. A framework for managing public security risks with

complex interactions in cities and its application evidenced from Shenzhen City in China [J] . Cities, 2019, 95: 102390.

[331] TAO F, CHENG J, CHENG Y, et al. SDMSim: a manufacturing service supply – demand matching simulator under cloud environment [J] . Robotics and computer – integrated manufacturing, 2017, 45: 34 – 46.

[332] TAO F, QI Q, LIU A, et al. Data – driven smart manufacturing [J] . Journal of Manufacturing Systems, 2018, 48: 157 – 169.

[333] TEECE D J. Business ecosystem [J] . The Palgrave Encyclopedia of Strategic Management, 2016: 151 – 154.

[334] THIEL U, L ABBATE M, PARADISO A, et al. Intelligent E – commerce with guiding agents based on Personalized Interaction Tools [M] //E – business Applications. Berlin: Springer, 2003: 61 – 76.

[335] THOBEN K D, WIESNER S, WUEST T. "Industrie 4.0" and smart manufacturing – a review of research issues and application examples [J] . International journal of automation technology, 2017, 11 (1): 4 – 16.

[336] TJAHJONO B, ESPLUGUES C, ARES E, et al. What does industry 4.0 mean to supply chain? [J] . Procedia Manufacturing, 2017, 13: 1175 – 1182.

[337] TOKTAY L B, WEIN L M. Analysis of a forecasting – production – inventory system with stationary demand [J] . Management Science, 2001, 47 (9): 1268 – 1281.

[338] TONTINI G, SÖILEN K S, ZANCHETT R. Nonlinear antecedents of customer satisfaction and loyalty in third – party logistics services (3PL) [J] . Asia Pacific Journal of Marketing and Logistics, 2017, 29 (5): 1116 – 1135.

[339] TOUBOULIC A, CHICKSAND D, WALKER H. Managing imbalanced supply chain relationships for sustainability: A power perspective [J] . Decision Sciences, 2014, 45 (4): 577 – 619.

[340] TRACEY M. The importance of logistics efficiency to customer service and firm performance [J] . The International Journal of Logistics Management, 1998, 9 (2): 65 – 81.

[341] TSAY A A, AGRAWAL N. Channel conflict and coordination in the e – commerce age [J] . Production and operations management, 2004, 13 (1):

93 – 110.

[342] TURBAN E, OUTLAND J, KING D, et al. Intelligent (smart) E – commerce [M] //Electronic Commerce 2018. Berlin: Springer, 2018: 249 – 283.

[343] TZENG G H, HUANG C Y. Combined DEMATEL technique with hybrid MCDM methods for creating the aspired intelligent global manufacturing & logistics systems [J]. Annals of Operations Research, 2012, 197 (1): 159 – 190.

[344] UCKELMANN D. A definition approach to smart logistics [C] //International Conference on Next Generation Wired/Wireless Networking. Berlin: Springer, 2008: 273 – 284.

[345] ULIERU M, BRENNAN R W, WALKER S S. The holonic enterprise: a model for Internet – enabled global manufacturing supply chain and workflow management [J]. Integrated Manufacturing Systems, 2002, 13 (8): 538 – 550.

[346] VAN HOOF B, THIELL M. Collaboration capacity for sustainable supply chain management: small and medium – sized enterprises in Mexico [J]. Journal of Cleaner Production, 2014, 67: 239 – 248.

[347] VENSELAAR M, GRUIS V, VERHOEVEN F. Implementing supply chain partnering in the construction industry: Work floor experiences within a Dutch housing association [J]. Journal of Purchasing and Supply Management, 2015, 21 (1): 1 – 8.

[348] WANG C X. A general framework of supply chain contract models [J]. Supply Chain Management: An International Journal, 2002, 7 (5): 302 – 310.

[349] WANG S, LIN T. Driving – force, Framework, and Suggestions on the Development of Intelligent Logistics [J]. China Business and Market, 2019, 1: 35 – 42.

[350] WANG X. Optimization study based on lean logistics in manufacturing enterprises [M] //Proceedings of China Modern Logistics Engineering. Berlin: Springer, 2015: 463 – 471.

[351] WANG Z, WANG K. Research on Evaluation Index System of the Third – Party Logistics [C] //2016 International Seminar on Education Innovation and Economic Management (SEIEM 2016). Atlantis Press, 2016.

[352] WEYL E G. A price theory of multi – sided platforms [J] . American Economic Review, 2010, 100 (4): 1642 – 72.

[353] LEE H L, WHANG S. Information sharing in a supply chain [J] . International Journal of Manufacturing Technology Management, 2000, 1 (1): 79 – 93.

[354] WIBOWO A A, SURYANEGARA M. On developing the model of Smart Logistic Transport in Indonesia [C] //2016 IEEE International Conference on Management of Innovation and Technology (ICMIT) . IEEE, 2016: 99 – 104.

[355] WILLIAMSON O E. The vertical integration of production: market failure considerations [J] . The American Economic Review, 1971, 61 (2): 112 – 123.

[356] WINDT K, HÜLSMANN M. Changing Paradigms in Logistics – Understanding the Shift from Conventional Control to Autonomous Cooperation and Control [M] //Understanding Autonomous Cooperaration & Control. Berlin: Springer, 2007.

[357] WINKELHAUS S, GROSSE E H. Logistics 4. 0: a systematic review towards a new logistics system [J] . International Journal of Production Research, 2020, 58 (1): 18 – 43.

[358] WONG A. E – commerce business methodologies for supply and demand chain management: U. S. Patent Application 11/260, 776 [P] . 2006 – 4 – 27.

[359] WONG D T W, NGAI E W T. Critical review of supply chain innovation research (1999 – 2016) [J] . Industrial Marketing Management, 2019, 82: 158 – 187.

[360] WRIGHT L T, PIRES G D, STANTON J, et al. The internet, consumer empowerment and marketing strategies [J] . European Journal of Marketing, 2006, 40 (9/10): 936 – 949.

[361] WU L, CHIU M L. Examining supply chain collaboration with determinants and performance impact: Social capital, justice, and technology use perspectives [J] . International Journal of Information Management, 2018, 39: 5 – 19.

[362] WU L, YUE X, JIN A, et al. Smart supply chain management: a review and implications for future research [J] . International Journal of Logistics Management, 2016, 27 (2): 395 – 417.

[363] WU Q. Modern logistics system based on information technology [J] .

Journal of Wuhan University of Technology (Social Sciences Edition) . 2003 (6): 683 - 687.

[364] XIAO T, CHEN G. Wholesale pricing and evolutionarily stable strategies of retailers with imperfectly observable objective [J] . European Journal of Operational Research, 2009, 196 (3): 1190 - 1201.

[365] XIAO T, YANG D, SHEN H. Coordinating a supply chain with a quality assurance policy via a revenue - sharing contract [J] . International Journal of Production Research, 2011, 49 (1): 99 - 120.

[366] XIE Y, TAI A H, CHING W K, et al. Pricing strategy for a two - echelon supply chain with optimized return effort level [J] . International Journal of Production Economics, 2016, 182: 185 - 195.

[367] XU S X, CHENG M, HUANG G Q. Efficient intermodal transportation auctions for B2B e - commerce logistics with transaction costs [J] . Transportation Research Part B: Methodological, 2015, 80: 322 - 337.

[368] XU X. IOT Technology Research in E - commerce [J] . Information Technology Journal, 2014, 13 (16): 2552 - 2559.

[369] YANG B, JIN W. Research on Incentive Strategy of Logistics Outsourcing About Manufacturing Enterprises [M] //Recent Developments in Data Science and Business Analytics. Berlin: Springer, 2018: 157 - 164.

[370] YANG C C. Assessing the moderating effect of innovation capability on the relationship between logistics service capability and firm performance for ocean freight forwarders [J] . International Journal of Logistics Research and Applications, 2012, 15 (1): 53 - 69.

[371] YANG M, MAHMOOD M, ZHOU X, et al. Design and implementation of cloud platform for intelligent logistics in the trend of intellectualization [J] . China Communications, 2017, 14 (10): 180 - 191.

[372] YANG Q, WANG Q, ZHAO X. A taxonomy of transaction - specific investments and its effects on cooperation in logistics outsourcing relationships [J] . International Journal of Logistics Research and Applications, 2019, 22 (6): 557 - 575.

[373] YAN J, XIN S, LIU Q, et al. Intelligent supply chain integration and

management based on cloud of things [J]. International Journal of Distributed Sensor Networks, 2014, 10 (3): 245 - 260.

[374] YAO J. Supply chain scheduling optimisation in mass customisation based on dynamic profit preference and application case study [J]. Production Planning & Control, 2011, 22 (7): 690 - 707.

[375] YAO W X, CHEN Q. Post - processing of supply chain stress testing: from the perspective of flexible supply chain [J]. Technol. Manag. Res. 2015, 4: 193 - 197.

[376] YIN F, YUAN W. The research on ecological chain structure of high intelligence work in the big data era [J]. Management and Organizational Studies, 2017, 4 (4): 29 - 39.

[377] YIN J, WANG Z, ZHANG B. A multi - stage optimization module for logistic outsourcing partner selection [C] // IEEE/INFORMS International Conference on Service Operations. IEEE, 2009.

[378] YIN R K, YIN R. Case study research: Design and methods fourth edition [M]. Los Angeles and London: SAGE, 2009.

[379] YIN R K. Case study research: design and methods [M]. California: Thousand Oaks, 1994.

[380] YIN R K. The Case Study Anthology [M]. California: Thousand Oaks, 2004.

[381] YIOU. Logistics technology dream of SF, Tongda and partners [EB/OL]. (2019 - 06 - 27) [2019 - 12 - 01]. https://www.iyiou.com/p/103892.html.

[382] YI Y, YANG H. Wholesale pricing and evolutionary stable strategies of retailers under network externality [J]. European Journal of Operational Research, 2017, 259 (1): 37 - 47.

[383] YOO S H, KIM D S, PARK M S. Pricing and return policy under various supply contracts in a closed - loop supply chain [J]. International Journal of Production Research, 2015, 53 (1): 106 - 126.

[384] YU C. The analysis of the China national logistics costs structure [J]. Management & engineering, 2015 (21): 77.

[385] YUKSEL M, MILNE G R, MILLER E G. Social media as complementary consumption: The relationship between consumer empowerment and social interactions in experiential and informative contexts [J]. Journal of Consumer Marketing, 2016, 33 (2): 111-123.

[386] ZELBST P J, GREEN K W, SOWER V E, et al. Impact of RFID on manufacturing effectiveness and efficiency [J]. International Journal of Operations & Production Management, 2012, 32 (3): 329-350.

[387] ZENG Z. An intelligent e-commerce recommender system based on web mining [J]. International journal of business and management, 2009, 4 (7): 10-14.

[388] ÖZER Ö. Replenishment strategies for distribution systems under advance demand information [J]. Management Science, 2003, 49 (3): 255-272.

[389] ZHANG C, ZHANG C H. Design and simulation of demand information sharing in a supply chain [J]. Simulation Modelling Practice and Theory, 2006, 15 (1): 32-46.

[390] ZHANG M, HUO B. The impact of dependence and trust on supply chain integration [J]. International Journal of Physical Distribution & Logistics Management, 2013, 43 (7): 544-563.

[391] ZHANG P, ZHOU Y. Innovation investment and revenue sharing in collaborative New Product Development [C] //2016 3th International conference on service systems and service management. IEEE, 2016.

[392] ZHANG S, ZHANG J. Agency selling or reselling: E-tailer information sharing with supplier offline entry [J]. European Journal of Operational Research, 2020, 280 (1): 134-151.

[393] ZHANG Y, GUO Z, LV J, et al. A Framework for Smart Production-Logistics Systems Based on CPS and Industrial IoT [J]. IEEE Transactions on Industrial Informatics, 2018, 14 (9): 4019-4032.

[394] ZHANG Y, QIAN C, LV J, et al. Agent and cyber-physical system based self-organizing and self-adaptive intelligent shopfloor [J]. IEEE Transactions on Industrial Informatics. 2017, 13 (2): 737-747.

[395] ZHANG Y, WANG Y, WU L. Research on Demand-driven Leagile

Supply Chain Operation Model: A Simulation Based on AnyLogic in System Engineering [J] . Systems Engineering Procedia, 2012 (3): 249 - 258.

[396] ZHAO D, WANG M. Research on Logistics Business Outsourcing and Logistics Service Innovation [C] //2010 International Conference on Management and Service Science. IEEE, 2010.

[397] ZHAO H, LIN B, MAO W, et al. Differential game analyses of logistics service supply chain coordination by cost sharing contract [J] . Journal of Applied Mathematics, 2014: 1 - 10.

[398] ZHONG X, YANG X. Science and Technology Policy Reform and Its Impact on China's National Innovation System [J] . Technology in Society, 2007, 29 (3): 317 - 325.

[399] ZHOU L, GU W, ZHOU J. Self - Organizing Evolution Mechanism and Phases of Regional Logistics System in The View of Ecology [J] . International Journal of Digital Content Technology and its Applications, 2013, 7 (5): 1087 - 1096.

[400] WANG Z, WANG K. Research on Evaluation Index System of the Third Party Logistics [C] . In 2016 International Seminar on Education Innovation and Economic Management, 2016.

[401] 安小米，宋刚，路海娟，等. 实现新型智慧城市可持续发展的数据资源协同创新路径研究 [J] . 电子政务，2018 (12): 90 - 100.

[402] 百度百科. 网络外部性 [EB/OL] . [2020 - 07 - 16] . https: //baike. baidu. com/item/% E7% BD% 91% E7% BB% 9C% E5% A4% 96% E9% 83% A8% E6% 80% A7/5727663? fr = aladdin#reference - [1] - 1040939 - wrap.

[403] 曹凑贵. 生态学概论 [M] . 北京: 高等教育出版社，2002.

[404] 陈广仁，唐华军. 供应链企业的商业模式创新机制研究 [J] . 科研管理，2018，39 (12): 113 - 122.

[405] 陈世清. 供给侧结构改革与科技体制创新 [EB/OL] . (2016 - 06 - 20) [2019 - 12 - 15] . http: //finance. takungpao. com/mjzl/mjhz/2016 - 06/3335411. html，2016.

[406] 程扬. 经济发展的新趋势: 智慧经济 [J] . 岭南学刊，2010 (3):

64 - 67.

［407］崔凤阁，李全喜，齐懿冰．不确定条件下供应链的柔性和绩效研究框架［J］．企业经济，2012，31（1）：101 - 104.

［408］德勤．中国智慧物流发展报告［R/OL］．（2018 - 08 - 01）［2019 - 12 - 15］．https：//www2. deloitte. com/cn/zh/pages/about - deloitte/articles/pr - china - smart - logistic - whitepaper. html.

［409］邓宇轩．基于收益共享契约的 ODM 电商模式绿色供应链绩效研究［D］．杭州：杭州电子科技大学，2019.

［410］凤凰网山东．58 速运以数据驱动供应链，推动物流数字化发展［EB/OL］．（2018 - 06 - 12）［2020 - 08 - 11］．https：//sd. ifeng. com/a/20180612/6648933_ 0. shtml.

［411］高飞．C2B 模式下电商智慧物流发展对策及措施研究［J］．安徽科技学院学报，2017，31（01）：91 - 94.

［412］工业和信息化部．工业和信息化部关于印发《促进新一代人工智能产业发展三年行动计划（2018—2020 年）》的通知［EB/OL］．（2017 - 12 - 13）［2019 - 12 - 15］．http：//www. miit. gov. cn/n1146295/n1652858/n1652930/n3757016/c5960820/content. html.

［413］国家发展改革委．发展改革委关于印发《“互联网 +”高效物流实施意见》的通知［EB/OL］．（2016 - 07 - 29）［2019 - 12 - 15］．http：//www. gov. cn/gongbao/content/2017/content_ 5191704. htm.

［414］国家发展改革委等部门．关于推动物流高质量发展促进形成强大国内市场的意见［EB/OL］．（2019 - 09 - 29）［2019 - 12 - 15］．http：//www. gov. cn/zhengce/zhengceku/2019 - 09/29/content_ 5434995. htm.

［415］原国家质检总局等 11 部门．关于推动物流服务质量提升工作的指导意见［EB/OL］．（2017 - 04 - 19）［2019 - 12 - 15］．http：//www. chinawuliu. com. cn/zcfg/201704/19/320661. shtml.

［416］国务院办公厅．国务院办公厅关于推进电子商务与快递物流协同发展的意见［EB/OL］．（2018 - 01 - 23）［2019 - 12 - 15］．http：//www. gov. cn/zhengce/content/2018 - 01/23/content_ 5259695. htm.

［417］国务院办公厅．国务院办公厅关于积极推进供应链创新与应用的指导意见［EB/OL］．（2017 - 10 - 05）［2019 - 12 - 15］．http：//www. gov.

cn/zhengce/content/2017－10/13/content_ 5231524. htm.

［418］国务院．国务院关于印发物流业发展中长期规划（2014—2020年）的通知［EB/OL］．（2014－09－12）［2019－12－15］．http：//www. gov. cn/zhengce/content/2014－10/04/content_ 9120. htm.

［419］国务院．国务院关于印发“十三五”现代综合交通运输体系发展规划的通知［EB/OL］．（2017－02－28）［2019－12－15］．http：//www. gov. cn/zhengce/content/2017－02/28/content_ 5171345. htm.

［420］韩东亚，余玉刚．智慧物流［M］．北京：中国财富出版社有限公司．2018.

［421］韩小改．大数据时代电子商务物流信息反馈机理研究［J］．江西社会科学，2014，34（8）：232－235.

［422］贺北时．携手打造智慧物流生态圈 福田戴姆勒牵手罗计［J］．商用汽车新闻，2015（25）：5.

［423］胡东波，黎清毅．努力水平影响需求的供应链收入共享契约研究［J］．商业研究，2011（1）：63－68.

［424］胡中峰，杨学春．基于可持续发展的智慧物流生态系统构建［J］．物流科技，2019，42（9）：41－45.

［425］黄芳．物流网络运作风险评估与预警研究［D］．北京：北京交通大学，2010.

［426］姜忠辉，边伟军．企业生态群落的制度经济学解析［J］．生产力研究．2007（12）：13－14.

［427］井然哲，王金成．服务外包理论与实务［M］．北京：清华大学出版社，2012.

［428］李东，苏江华．技术革命、制度变革与商业模式创新——论商业模式理论与实践的若干重大问题［J］．东南大学学报（哲学社会科学版），2011，13（2）：31－38＋126－127.

［429］李鹏涛．京东商城是如何利用大数据来构建智慧物流的?［EB/OL］．（2017－02－22）［2019－12－25］．https：//www. iyiou. com/p/39652. html.

［430］李翔，何梅，谢凤．智慧物流背景下应用型物流人才培养模式的探讨［J］．物流工程与管理，2018，40（3）：130－132.

［431］李蕴怡．X 铁路局与第三方物流企业的合作利益分配问题研究

[D]．上海：东华大学，2015.

[432] 李振基，陈小麟，郑海雷．生态学［M］．北京：科学出版社，2000.

[433] 李宗富．信息生态视角下政务微信信息服务模式与服务质量评价研究［D］．长春：吉林大学，2017.

[434] 李宗富，张向先．政务微信信息生态链的构成要素、形成机理、结构与类型［J］．情报理论与实践，2016，39（8）：32－39.

[435] 廖建文，崔之瑜．经典战略框架过时了，未来企业拼的是"竞争优势＋生态优势"［EB/OL］．（2017－03－13）［2019－12－15］．https：//www.hbrchina.org/2017－03－13/5066.html.

[436] 刘东宁，徐哲，李飞飞．基于合作博弈协商机制的分布式资源受限多项目调度［J］．系统工程理论与实践，2019，39（6）：1507－1516.

[437] 刘璠，刘家国．供应链中断应对策略研究评述［J］．中南财经政法大学学报，2019（3）：148－156.

[438] 刘佳佳．智慧物流背景下物流企业的发展现状及应对策略研究［J］．物流科技，2018，41（9）：27－28.

[439] 刘佳，彭鹏，黄雨微．面向科技创新的科技信息服务生态链模型构建研究［J］．现代情报，2019，39（6）：32－37.

[440] 刘伟华，季建华，王振强．基于服务产品的服务供应链设计［J］．工业工程，2008（4）：60－65.

[441] 刘伟华，刘亮，王振强．基于混合型数值决策信息的供应商选择方法及其应用［J］．武汉理工大学学报（交通科学与工程版），2008，32（5）：865－868.

[442] 刘伟华．物流服务供应链能力合作的协调研究［D］．上海：上海交通大学，2007.

[443] 刘伟华．中国智慧物流的发展模式、路径与趋势［N］．现代物流报，2019－05－13（A04）．

[444] 刘向荣，孙红英．智慧经济——知识经济时代的下一个经济形态［J］．商业时代，2010（31）：14－15＋20.

[445] 刘彦平．物流外包边界问题研究［J］．中国工业经济，2005（8）：35－41.

［446］娄策群．信息生态位理论探讨［J］．图书情报知识，2006（5）：23－27.

［447］卢梦飞，陈伟炯，梁承姬．缓解中断风险的应急供应链网络鲁棒优化［J］．合肥工业大学学报（自然科学版），2015，38（10）：1417－1423.

［448］骆轶琪．从纵深信息化到平台式运营 智慧城市演进下的巨头竞合［EB/OL］．（2018－10－24）［2019－12－15］．http：//www. cniteyes. com/archives/33843.

［449］马彦华，路红艳．智慧供应链推进供给侧结构性改革——以京东商城为例［J］．企业经济，2018，37（6）：188－192.

［450］毛太田，刘蓉．连锁零售企业供应链风险控制策略研究［J］．物流工程与管理，2015，37（1）：133－136.

［451］罗伯特·S. 平狄克，丹尼尔·L. 鲁宾费尔德．微观经济学［M］．8 版．李彬，高远，译．北京：中国人民大学出版社，2013.

［452］佚名．数字生活智能方便远程控制资源共享［EB/OL］．（2019－06－05）［2019－12－15］．http：//www. xunjk. com/xinwen/rongzi/2019/0605/82843. html.

［453］任芳．于贞超：物联网时代下的场景物流生态——访青岛日日顺物流有限公司总经理于贞超［J］．物流技术与应用，2019，24（6）：86－88.

［454］国家邮政局，商务部．国家邮政局 商务部关于规范快递与电子商务数据互联共享的指导意见［EB/OL］．（2019－06－27）［2019－12－15］．http：//www. mofcom. gov. cn/article/b/fwzl/201906/20190602876548. shtml.

［455］邵广利．基于物联网技术的智慧物流发展模式研究［J］．物流工程与管理，2015，37（11）：111－114.

［456］施云．供应链架构师：从战略到运营［M］．北京：中国财富出版社有限公司，2016.

［457］佚名．别人家系列：菜鸟全球智能仓配技术与实践大揭秘［EB/OL］．（2018－08－07）［2020－8－11］．https：//www. sohu. com/a/245662891_ 466844.

［458］佚名．京东物流为什么这么快？—青龙系统详解！［EB/OL］．（2017－02－13）［2020－8－11］．https：//www. sohu. com/a/126164383_ 608776.

［459］佚名．从数字化到智慧化 数字经济正重塑中国新未来［EB/OL］．

(2017-07-19)[2019-12-15].http://www.sohu.com/a/158373196_351410.

[460] 佚名.京东物流系统架构演进中的最佳实践[EB/OL].(2019-04-21)[2019-12-15].http://www.sohu.com/a/309483568_120043609.

[461] 佚名.利润越来越薄，物流企业如何通过差异化找到新出路?[EB/OL].(2018-03-05)[2019-12-15].https://www.sohu.com/a/224860481_343156.

[462] 佚名.深度解读：菜鸟全球智能仓配技术与实践大揭秘[EB/OL].(2018-08-11)[2019-12-15].http://m.sohu.com/a/246604347_99922725.

[463] 佚名.生态圈、生态系统、生态链到底是个什么鬼?[EB/OL].(2016-11-14)[2019-12-15].http://www.sohu.com/a/118942031_446677.

[464] 佚名.中国物流与采购联合会：实施生态链一体化 打造智慧物流体系[EB/OL].(2017-11-10)[2020-8-11].https://www.sohu.com/a/203489034_524227.

[465] 陶蓉.基于生态位理论的成人教育发展策略[J].中国成人教育，2018(21):35-37.

[466] 田志虹.基于自组织理论的电子商务市场网络的演化机制研究[D].北京：北京交通大学，2015.

[467] 汪传雷，张岩，王静娟.基于共享价值的物流产业生态圈构建[J].资源开发与市场，2017，33(7):849-855.

[468] 王丹，张海涛，徐海玲，等.基于自组织理论的商务网络信息生态链价值模型演化研究[J].情报理论与实践，2018，41(9):18-24.

[469] 王洪艳.基于大数据智慧物流模式创新研究[J].管理观察，2019(11):11-12.

[470] 王帅，林坦.智慧物流发展的动因、架构和建议[J].中国流通经济，2019，33(1):35-42.

[471] 王之泰.城镇化需要“智慧物流”[J].中国流通经济，2014，28(3):4-8.

[472] 邬贺铨.物联网等新技术驱动数字经济[J].中国信息安全，2017(8):48-49.

[473] 吴建材，谢永平.商业生态系统演化发展及其动力学分析——基于自组织理论的视角[J].企业经济，2017，36(11):96-101.

［474］吴彤．自组织方法论论纲［J］．系统辩证学学报，2001，9（2）：4－10.

［475］仵凤清，付慧娴．基于自组织理论的创新集群形成机理研究［J］．技术与创新管理，2019，40（4）：448－456.

［476］徐晨莉，左晓静．物联网的智慧物流技术的发展模式［J］．计算机产品与流通，2019（4）：55.

［477］许芳，李建华．企业生态位原理及模型研究［J］．中国软科学，2005（5）：130－139.

［478］许浩．基于创新自组织理论的制造业供应链协同与绩效评价研究［D］．济南：山东大学，2018.

［479］许培培．基于 SCOR 模型的怡亚通公司供应链风险识别与防范［D］．南昌：江西财经大学，2018.

［480］杨娟，王芳，王巍．现代物流产业生态圈研究与应用［J］．中国物流与采购，2018（12）：74－75.

［481］杨樱．企业战略发展路径分析——基于战略集团图分析法［J］．华东经济管理，2009，23（3）：100－104.

［482］姚卫新，陈茜．供应链压力测试的后处理——弹性供应链的视角［J］．科技管理研究，2015，35（4）：193－197.

［483］叶青，吴旭娇．基于可持续发展目标的智慧城市空间组织和规划思考［J］．城市建筑，2016（30）：70.

［484］杨俏．顺丰、通达系与合作伙伴的物流科技梦［EB/OL］．（2019－06－27）［2019－12－15］．https：//www. iyiou. com/p/103892. html.

［485］张海涛，王丹，徐海玲，等．基于价值网络的商务网络信息生态链价值协同创造机理研究［J］．情报理论与实践，2018，41（9）：25－30＋11.

［486］张季平，施晓敏．云物流平台协同创新系统协同演化机理研究——基于自组织理论［J］．嘉兴学院学报，2019，31（2）：110－117.

［487］张连峰．商务网络信息生态链价值协同创造研究［D］．长春：吉林大学，2016.

［488］郑秋丽．我国智慧物流发展模式、问题及对策［J］．商业经济研究，2019（18）：108－111.

［489］郑向婧．互联网背景下供应链金融的创新模式研究——以京东为

例［J］. 财讯，2018（21）：52.

［490］李颜峰. 从《报告》看智慧物流新进展［J］. 中国储运，2019（2）：37－39.

［491］商务部电子商务和信息化司. 中国电子商务报告（2018）［R/OL］.（2019－05－30）［2019－12－15］. http：//dzsws. mofcom. gov. cn/article/ztxx/ndbg/201905/20190502868244. shtml.

［492］佚名. 2018 年中国数字经济总量突破 30 万亿元，占 GDP 比重 34. 8%［EB/OL］.（2019－04－25）［2019－12－15］. http：//www. askci. com/news/chanye/20190425/1148191145362. shtml.

［493］周文辉，李兵，周依芳，等. 创业平台赋能对创业绩效的影响：基于“海尔＋雷神”的案例研究［J］. 管理评论，2018，30（12）：276－284.